◎ 高等院校经济与管理核心课经典系列教材 ◎

金融衍生工具

Jinrong Yansheng Gongju

（第四版）

主　编 ◎ 张元萍
副主编 ◎ 郗文泽

首都经济贸易大学出版社
Capital University of Economics and Business Press
·北 京·

图书在版编目(CIP)数据

金融衍生工具/张元萍主编. —4 版. —北京：首都经济贸易大学出版社，2015.10

ISBN 978 - 7 - 5638 - 2399 - 4

Ⅰ. ①金… Ⅱ. ①张… Ⅲ. ①金融衍生工具—教材 Ⅳ. ①F830.9

中国版本图书馆 CIP 数据核字(2015)第 183345 号

金融衍生工具(第四版)

张元萍 主编 郗文泽 副主编

出版发行 首都经济贸易大学出版社

地　　址 北京市朝阳区红庙（邮编 100026）

电　　话 (010)65976483　65065761　65071505(传真)

网　　址 http://www.sjmcb.com

E - mail publish@cueb.edu.cn

经　　销 全国新华书店

照　　排 首都经济贸易大学出版社激光照排服务部

印　　刷 北京泰锐印刷有限责任公司

开　　本 710 毫米×1000 毫米　1/16

字　　数 422 千字

印　　张 24

版　　次 2003 年 4 月第 1 版　2007 年 10 月第 2 版
2011 年 7 月第 3 版　**2015 年 10 月第 4 版**
2016 年 12 月第 16 次印刷

印　　数 58 001 ~ 70 000

书　　号 ISBN 978 - 7 - 5638 - 2399 - 4/F · 1353

定　　价 39.00 元

图书印装若有质量问题，本社负责调换

前 言

本书系统地介绍了金融衍生工具的基本理论、基本观点、基本方法，逻辑严密，层次清楚，体现出教材基础性特征，同时又展示了金融衍生工具市场理论及实践的最新发展趋势和成果，达到基础性和前瞻性的统一。书中将理论综述、实务操作、案例分析有机结合，全面地勾画了金融衍生工具的脉络框架，阐述了金融衍生工具市场的发展规律。

以美国次贷危机为起点进而蔓延到全球的金融危机，对金融衍生工具的发展与监管提出了新的课题。由于金融衍生工具的经济角色具有双重性。它在套期保值和风险管理中发挥了重要的作用，从而促进了资本的流动和经济的繁荣。与此同时，由于杠杆效应和规避谨慎性规制监控作用的发挥，金融衍生工具又为与资本相关的风险加剧提供了适应的环境。使得金融市场系统风险增加，风险扩散的可能性增加。

近年来，我国多层次资本市场建设取得了重要进展，新三板市场推向全国，证券公司柜台市场平稳起步，区域性股权交易市场规范发展；证券监管部门进一步放松管制、加强监管，积极保护投资者特别是中小投资者的利益，为资本市场平稳运行提供了有力保障，金融衍生品市场不断拓展，国债期货、股指期权等新品种相继推出，对本教材的更新提出了新的要求。

为了便于学生不断更新学习内容，本书附有知识扩展、案例分析、教学课件、习题解答等内容，读者可从相关网站以及天津财经大学金融衍生工具教学平台、首都经济贸易大学出版社网站下载。

本书主编天津财经大学张元萍，副主编天津财经大学郗文泽。各章参编人员如下：第一、二章由天津财经大学张元萍、韩騄、张瑞旺编写，第三、四章由天津财经大学郗文泽、刘嘉、张瑞旺编写，第五、六章由天津财经大学郗文泽、韩騄、齐国宝编写，第七、八章由天津财经大学郗文泽、张萌编写，第九、十章由天津财经大学郗文泽、杨意编写，第十一、十二章由天津财经大学赵欣颜、张萌编写，第十三、十四章由天津财经大学赵欣颜、张庆伟编写。

本书在编写过程中参考了国内外大量文献，张新颖同学提供了大量的英文参考资料，首都经济贸易大学出版社对教材的出版提供了支持和帮助，在此一并表示感谢。由于水平有限，书中不足和错误之处，欢迎指正。

张元萍

2015 年 3 月

目　录

第一章 金融衍生工具导论

★ 本章学习指导 ★

金融衍生工具，是与基础金融产品相对应的一个概念；是一种其价格随基础金融产品的价格(或数值)变动的派生金融产品。通过本章学习，应该在深刻理解金融衍生工具的含义及其特点的基础上，进一步认识金融衍生工具的分类、构件和金融衍生工具市场的功能，了解金融衍生工具产生的背景和新发展。

第一节 金融衍生工具概述

一、金融衍生工具的定义

金融衍生工具，英文名称是 Financial Derivatives，简称 Derivatives，国内对其叫法不统一，常见的译称有金融衍生产品、金融衍生工具、衍生金融工具和金融派生品等。

美国经济学家弗兰克·J. 法伯齐等指出："一些合同给予合同持有者某种义务或对某一种金融资产进行买卖的选择权。这些合同的价值由其交易的金融资产的价格决定，相应的这些合约被称为衍生工具。"①

2010 年，《巴塞尔资本协议Ⅲ》规定："金融衍生交易合约的价值取决于一种或多种基础资产的价值或相关乘数，除了远期、期货、互换(掉期)和期权等基本合约形式之外，具有以上任一种或多种特征的结构化金融工具也称为衍生工具。"

国内学者认为："金融衍生工具是指以另一金融工具的存在为前提，以这些金融工具为买卖对象，价格也由这些金融工具决定的金融工具。"②"衍

① 弗兰克·J. 法伯齐. 资本市场：机构与工具[M]. 北京：经济科学出版社，1998.

② 周立. 金融衍生工具：发展与监管[M]. 北京：中国发展出版社，1997.

生金融商品是以货币、债券、股票等传统金融商品为基础,以杠杆或信用交易为特征的金融工具。它既指一类特定的交易方式,也指由这种交易方式形成的一系列合约。”①

综上所述,一般可以把金融衍生工具定义为:金融衍生工具是给予交易对手的一方,在未来的某个时间点,对某种基础资产拥有一定债权和相应义务的合约。广义上把金融衍生工具理解为一种双边合约或付款交换协议,其价值取自于或派生于相关基础资产的价格及其变化。

对金融衍生工具含义的理解包含三点:

(一)金融衍生工具是从基础金融工具衍生出来的

金融衍生工具是由金融基础工具衍生出来的各种金融合约及其各种组合形式。所谓基础金融工具主要包括:货币、外汇、利率(如债券、商业票据、存单等)以及股票等。在基础金融工具的基础上,借助各种衍生技术,可以设计出品种繁多,特性各异的金融衍生工具来。由于金融衍生工具是在基础金融工具上派生出来的产品,因此其价值主要受基础金融工具价值变动的影响;股票指数的变动影响股指期货的价格,认股权证跟随股价波动等。

(二)金融衍生工具是对未来的交易

金融衍生工具是在现时对基础工具未来可能产生的结果进行的交易。交易盈亏结果要在未来时刻才能确定。这些基础金融工具在未来某种条件下处置的权利和义务以契约形式存在。

(三)金融衍生工具具有杠杆效应

金融衍生工具是通过预测基础金融工具的市场行情走势,以支付少量保证金签订远期合约或互换不同金融商品的衍生交易合约。市场参与者利用少量资金就可以进行几十倍金额的金融衍生工具交易,参与交易的各方讲求信用,具有以小搏大的高杠杆效应。如果运用于套期保值,可在一定程度上分散和转移风险;如果运用于投机,可能带来数十倍于保证金的收益,也可能产生巨额的亏损。

二、金融衍生工具的特点

与基础金融工具相比,金融衍生工具具有一些明显的特点。

(一)金融衍生工具构造具有复杂性

对期货、期权和互换等基本金融衍生工具的理解和运用已经不易,而国际金融市场的“再衍生工具”进一步把期货、期权和互换进行组合,形成了构造更为复杂的衍生金融工具。这种复杂多变的特性,导致衍生金融产品的

---

① 王建国.衍生金融产品[M].成都:西南财经大学出版社,1997.

设计要求较高的数学方法，同时大量采用现代决策科学方法和计算机科学技术，仿真模拟金融市场运作，在开发、设计金融衍生工具时，采用人工智能和自动化技术。这使得金融衍生工具一方面更具有充分的弹性，能够满足使用者的特定需要；另一方面导致复杂的衍生工具组合，难以为一般投资者理解、掌握和驾驭。

（二）金融衍生工具的交易成本较低

金融衍生工具能够得到保值者、投机者青睐，并迅速发展的重要原因之一，就是金融衍生工具可以用较低的交易成本来达到规避金融风险和投机获利的目的。金融衍生工具的成本优势在股指期货和利率期货的投资中表现尤为明显。例如，交易者不必逐一购买单只股票，只需购买股票指数期货，便可用少量的资本投入、低廉的交易成本实现其对冲风险或投机获利的目的。又如，拥有浮动利率市场借款优势的借款人可与拥有固定利率借款优势的借款人进行利率互换，从而达到降低双方借款成本的目的。

（三）金融衍生工具设计具有灵活性

交易者参与金融衍生工具市场的目的主要有：实现套期保值；利用金融市场的价格波动进行投机牟利；利用市场供求关系的暂时失衡套取无风险利润等。为适应不同市场参与者的需要，金融衍生工具可根据交易者所要求的时间、杠杆比率、风险等级、价格参数的不同进行设计、组合和拆分，从而创造出大量特性各异的金融衍生产品。

（四）金融衍生工具具有虚拟性

虚拟性是指信用制度膨胀下，金融活动与实体经济偏离或完全独立的那一部分经济形态。它以金融系统为主要依托，其行为主要体现在虚拟资本（包括有价证券、产权、物权、金融衍生工具、资本证券化等）的循环运动上。虚拟经济是以信息技术为工具的经济活动，是一种涉及权益的经济。虚拟经济的运作需要以大量的衍生工具为媒介，交易者的交易对象正是虚拟化了的产权、信用和风险，交易的目的在于谋取差价。金融衍生工具独立于现实资本运动，是一种收益获取权的凭证，它本身没有价值，具有虚拟性，但却能给交易者带来收益。

三、金融衍生工具的分类

随着金融创新的发展，金融衍生工具经过衍生再衍生，组合再组合的螺旋式发展，种类繁多。目前，国际金融市场衍生工具已经发展到“量身定做”的地步。

（一）按照金融衍生工具自身交易方法分类

1. 金融远期（Financial Forwards）。金融远期指合约双方同意在未来日期按照协定价格交换金融资产的合约。金融远期合约规定了将来交换资产的类别、交换的日期、价格和数量,合约条款因合约双方的需要不同而不同。主要包括:远期利率协议、远期外汇合约、远期股票合约三种。

2. 金融期货(Financial Futures)。金融期货指买卖双方在有组织的交易所内以公开竞价的形式达成的,在将来某一特定时间交收标准数量特定金融工具的协议。主要包括:货币期货、利率期货和股票指数期货三种。

3. 金融期权(Financial Options)。金融期权是指合约双方按约定价格,在约定日期内就是否买卖某种金融工具所达成的契约。主要包括:现货期权和期货期权两大类,每类又可分为多种。

4. 金融互换(Financial Swaps)。金融互换是指两个或两个以上的当事人按共同商定的条件,在约定的时间内,交换一定支付款项的金融交易,主要包括:货币互换和利率互换两类。

(二)按照基础工具种类的不同分类

1. 股权式衍生工具(Equity Derivatives)。股权式衍生工具是指以股票或股票指数为基础工具的金融衍生工具。主要包括:股票期货、股票期权、股票指数期货、股票指数期权以及上述合约的混合交易合约。

2. 货币衍生工具(Currency Derivatives)。货币衍生工具是指以各种货币作为基础工具的金融衍生工具。主要包括:远期外汇合约、货币期货、货币期权、货币互换以及上述合约的混合交易合约。

3. 利率衍生工具(Interest Derivatives)。利率衍生工具是指以利率或利率的载体为基础工具的金融衍生工具。主要包括:远期利率协议、利率期货、利率期权、利率互换以及上述合约的混合交易合约。

(三)按照金融衍生工具交易性质的不同分类

1. 远期类工具(Forward - Based Derivatives)。在这类交易中,交易双方均负有在将来某一日期按一定条件进行交易的权利与义务,双方的风险收益是对称的。属于这一类的有:远期合约(包括:远期外汇合约、远期利率协议等)、期货合约(包括:货币期货、利率期货、股票指数期货等)、互换(包括:货币互换、利率互换等)。

2. 选择权类工具(Option - Based Derivatives)。在这类交易中,合约的买方有权根据市场情况选择是否履行合约。换句话说,就是合约的买方拥有不执行合约的权力,而合约的卖方则负有在买方履行合约时执行合约的义务。因此,双方的权利义务以及风险收益是不对称的。属于这一类的有期权合约(包括:货币期权、利率期权、股票期权、股票指数期权等),另有期权的变通形式——认股权证(Warrants,包括:非抵押认股权证和备兑认股权证)、可转换债券(Convertibles)、利率上限(Caps)、利率下限(Floors)、利率上下限(Collars)等。

上述分类是从三个不同的视角对金融衍生工具进行的基本分类，随着金融衍生工具的发展，基本分类的界限已模糊难辨，如由期货和期权组成的期货期权（Option on Futures），由期权和互换合成的互换期权（Swap Options），由远期和互换合成的远期互换（Forward Swaps）等。

第二节 金融衍生工具的构件

形形色色的金融衍生工具为投资者提供了保值、投机和套利的机会，也为金融机构和厂商提供了风险管理、存货管理和资产组合管理的工具。金融衍生工具市场参与者、交易方式、组织机构形成了相应的构件。

一、金融衍生工具市场的参与者

金融衍生工具市场的参与者主要有：保值者、投机者、套利者和经纪人。

（一）保值者

保值者（Hedgers）参与金融衍生工具市场的目的是降低甚至消除他们已经面临的金融风险。

例如，一家美国进口商在 90 天后要支付 100 万英镑给英国出口商，那么美国进口商将会面临英镑汇率上升的风险。如果美国进口商要避免这种风险，可以在远期外汇市场上购入 90 天 100 万英镑的远期合约，从而将 90 天后支付英镑的实际汇率固定在目前的英镑远期汇率上。（购买外汇期货或期权也能达到同样的目的。）

保值行为一般不会带来利润，保值者的目的在于减少未来的不确定性，而不是增加未来的盈利。如上例中，90 天后英镑汇率下降到低于目前远期汇率水平，那么美国进口商购买远期外汇反而使其支出更多的美元。如果保值的同时又带来盈利，那是一种很幸运的结果。

（二）投机者

与保值者相反，投机者（Speculators）希望增加未来的不确定性，他们在基础市场上并没有净头寸，或需要保值的资产，他们参与金融衍生工具市场的目的在于赚取远期价格与未来实际价格之间的差额。

例如，90 天远期英镑价格为1.560 0美元，投机者预期 90 天后英镑的价格将会超过这一水平，那么，他可以买入大量的远期英镑。如果 90 天后英镑价格高达 1.595 0 美元，投机者每一英镑可赚到0.0350美元。如果 90 天后英镑实际汇率低于目前的远期价格，那么投资者就会遭受惨重损失。

金融衍生工具市场投机与基础金融工具市场投机有一个很重要的区别：即金融衍生工具市场的杠杆作用。例如，在上例中，投机者也可以在当前就在现汇市场购入英镑，等日后英镑上涨后抛出，但这样的投机需要大量的资本;相比购买远期英镑,当前无须任何投入,购买英镑期货或期权也只需很小比例的保证金。因此,同样一笔投机资本,在衍生市场上可周转好几倍的金额,金融衍生工具市场给投机者“以小搏大”的机会,这就是衍生市场更被投机者青睐的原因。

(三)套利者

套利一般可分为跨市套利、跨期套利和跨品种套利。跨市套利是指在不同市场上的套作;跨期套利是指在不同的现时、远期市场上的套作;跨品种套利是指在不同交易品种间的套利。

套利者(Arbitrageurs)通过同时在两个或多个市场进行交易而获得无风险的利润。

(四)经纪人

经纪人(Broker)作为交易者和客户的中间人,主要以促成交易收取佣金为目的。经纪人分为佣金经纪人和场内经纪人两种。佣金经纪人是经纪公司在交易所场内的代理人,接受经纪公司客户的指令,并且负责在交易所内执行这些指令,同时也为自己账户做交易,起交易商的作用。

二、金融衍生工具市场交易方式

金融衍生工具市场的交易方式有场内交易、场外交易和自动配对系统等。

(一)场内交易

场内交易,又称交易所交易,指所有的供求方集中在交易所进行竞价交易的交易方式。这种交易方式具有交易所向交易参与者收取保证金、同时负责进行清算和承担履约担保责任的特点。此外,由于每个投资者都有不同的需求,交易所事先设计出标准化的金融合同,由投资者选择与自身需求最接近的合同和数量进行交易。

所有的交易者集中在一个场所进行交易,这就增加了交易的密度,一般可以形成流动性较高的市场。期货交易和部分标准化期权合同交易都属于这种交易方式。可见,场内衍生品交易市场管理更为严格,是衍生品市场稳步发展的重要基石。

(二)场外交易

场外交易(OTC)又称“店头交易”或“柜台交易”,是指具有如下特征的市场:①无固定的场所;②较少的交易约束规则;③交易由交易者和委托人通过电话或电脑网络直接进行,而不是在交易大厅中进行。

随着全球电子交易网络和自动清算系统的铺设,场外交易凭借较低的交易成本、较快的成交效率、可转让非上市证券等优点,发展速度大大快于交易所交易,并成为衍生品交易的主要场所。然而,次级债危机爆发后,国际场外金融衍生品市场透明度极低、流动性不足和监管缺失的痼疾愈发明显，使得越来越多的国际金融机构将业务风险管理工具的使用由 OTC 市场转向了透明度更高、流动性更强，监管更加有力的交易所交易的场内金融衍生品市场①。

(三)自动配对系统

许多交易所采用自动配对系统来扩展它们的交易时间。这种系统或由多方联合投资建成，如由路透集团、法国国际期货市场和新加坡国际金融交易所共同投资；或者为某一家交易所拥有，如伦敦国际金融期货期权交易所的自动交易系统。自动配对系统的运作遵循与交易大厅相同的交易规则。其优点还在于交易匿名进行，因而有时也被称为电子经纪人。自动配对系统有三个特征：①使用者将他们的叫买价和叫卖价输入中心配对系统。②将收到的叫买价和叫卖价传达给所有其他的市场参与者。③系统以价格、规格、信用和与市场有关的其他规则确认可能的交易。

交易所交易的迅速电子化将对市场产生重大的影响：①这将大大增加交易的效率和透明度，降低交易成本，从而增强交易所对 OTC 市场的竞争力；②交易所推行这种电子交易，将极大地吸引小型投资者，从而可能改变市场参与者的结构；③电子交易无疑也会给交易所带来交易系统脆弱性增大的风险；④交易所之间的界限将进一步模糊，竞争也会更加激烈。

三、金融衍生工具市场的组织结构

金融衍生工具的交易是通过交易所来进行的，所以金融衍生工具市场的组织由交易所、清算所、经纪行组成。

(一)金融衍生工具交易所

金融衍生工具交易所是一种有组织的市场，它是从事金融衍生工具交易者依据法律所组成的一种会员制的团体组织。金融衍生工具市场本身并不直接参与交易，价格完全由市场参与者的公开竞价以及影响市场的力量决定；金融衍生工具交易所仅提供交易的场所与设备，制定规章制度，并充当交易的中介人和仲裁人。

金融衍生工具交易所是一个非营利性的团体，虽然要收取一定的会员席位费、会员费以及一部分佣金，但只是为正常的行政管理活动和组织活动，以及要支付必要的交易设施的费用。金融衍生工具交易所一般由交易大厅、经纪行、结算和保证公司、交易者四部分组成。

---

① 胡俞越、孙昉．全球期货市场崛起下的银行衍生品业务发展方向[J]．北京工商大学学报(社会科学版)，2008(04)．

金融衍生工具交易所的职责主要包括:①提供一个有组织的市场和制定会员业务经营的公平竞争原则;②提供统一的交易规则和标准;③订立统一的交易时间;④订立统一的金融衍生工具交易品种、合约文件、交割时间、保证金和佣金等交易文件;⑤调解会员间的纠纷;⑥为会员提供履行合约及财务责任的担保;⑦收集、传播价格、市场信息、政府政策等给会员及社会公众。

(二)金融衍生工具清算所

世界各地不同的交易所使用不同的清算所,它是金融衍生工具交易所的附属机构,具有类似的功能。清算所割断了买卖双方的直接联系,使交易的双方互不依赖,一切交易均通过清算所来完成。

清算所一般也采用会员制,但只有部分资金雄厚的交易所会员才能成为清算所会员。按照规定,只有清算所会员才能直接与清算所发生关系,投资者或其他交易主体要使交易得以完成,必须通过清算所会员。

为了保证交易的顺利进行,清算所设立了一套相应的制度。主要有登记结算制度、保证金制度、每日结清制度、交易限额制度和风险处理制度等。

(三)金融衍生工具经纪公司

金融衍生工具经纪公司是介于金融衍生工具交易所会员和投资者之间的中介公司。其基本职能是为那些不拥有交易所会员资格的投资者服务,代为下达买卖指令,收取保证金和佣金。金融衍生工具经纪行有严格的管理制度,如登记注册制度、保证金制度、账户分立制度和防止欺诈制度等。同时,金融衍生工具经纪公司都设有结算、保证金、信贷、落盘、交割等职能部门,代理客户进行一切交易和清算。

第三节　金融衍生工具的功能

金融衍生工具是市场经济发展到相当程度的产物,实质是当今金融创新和市场组织变革的集中体现,它是市场经济体制框架中不可或缺的组成部分。综合分析金融衍生工具的市场功效,可以从微观和宏观两个方面对金融衍生工具的功能进行以下定位:

一、转化功能

转化功能是金融衍生工具最主要的功能,也是金融衍生工具一切功能得以存在的基础。通过金融衍生工具,可以实现外部资金向内部资金的转化、短期流动资金向长期稳定资金的转化、零散小资金向巨额大资金的转化、消费资金向生产经营资金的转化。

二、定价功能

定价功能是市场经济运行的客观要求。在金融衍生工具交易中,市场参与者根据自己了解的市场信息和对价格走势的预期,反复进行金融衍生产品的交易,在这种交易活动中,通过平衡供求关系,能够较为准确地为金融产品形成统一的市场价格。

以远期交易和期货交易为例。远期价格和期货价格反映了市场上的供求者对将来价格的预期。因此,人们可以直接通过远期价格和期货价格来分析现货价格的走势,从而节省了对未来价格的预测成本。

再看期权市场。尽管期权并不直接反映人们对未来价格的预期,但是期权价格的变化,反映了人们对将来价格波动率的预期,即人们对现货资产价格风险的预期①。

三、避险功能

传统的证券投资组合理论以分散非系统风险为目的,对于占市场风险50%以上的系统性风险无能为力。金融衍生工具恰是一种系统性风险转移市场,主要通过套期保值业务发挥转移风险的功能。同时,从宏观角度看,金融衍生工具能够通过降低国家的金融风险、经济风险,进而起到降低国家政治风险的作用。

四、盈利功能

金融衍生工具的盈利包括投资人进行交易的收入和经纪人提供服务的收入。对于投资人来说,只要操作正确,衍生市场的价格变化在杠杆效应的明显作用下会给投资者带来很高的利润;对经纪人来说,衍生交易具有很强的技术性,经纪人可凭借自身的优势,为一般投资者提供咨询、经纪服务,获取手续费和佣金收入。

五、资源配置功能

金融衍生工具价格发现机制有利于全社会资源的合理配置。因为社会资金总是从利润低的部门向利润高的部门转移,以实现其保值增值。而金融衍生工具能够将社会各方面的零散资金集中起来,把有限的社会资源分配到最需要和能够有效使用资源者的手里,从而提高资源利用效率,这是金融衍生工具的一项主要功能。

---

① 叶永刚. 衍生金融工具概论[M]. 武汉:武汉大学出版社,2000.

第四节　我国金融衍生品市场的发展状况[①]

一、我国金融衍生品市场的发展历程

以1990年10月12日郑州粮食批发市场的开业为标志，我国衍生品市场已经走过了二十多年的发展历程。商品期货市场建立后不久，我国就推出了早期的金融期货，包括外汇期货、国债期货、股票指数期货、认股权证等金融衍生品。根据市场形势和发展状况，可以把我国金融衍生品市场发展进程划分为1992年6月—1995年5月的初步尝试阶段、1996年6月—2004年的停滞阶段和2005年6月以来的恢复发展阶段。

1992年6月1日，上海外汇调剂中心率先推出外汇期货，进行人民币与美元、日元、德国马克的汇率期货交易，但当时的汇率期货交易并不活跃，并且存在许多违法经营活动，1993年，上海外汇调剂中心停止人民币汇率期货交易。后来成立的中国外汇交易中心于1995年试行人民币远期交易，也没有取得成功。海南证券交易中心于1993年3月推出8个品种的股票指数期货交易，标的物为深圳综合指数和深圳A股指数，仅仅运营半年时间就由于严重投机全部平仓停止交易。1992年12月，上交所首先向证券公司推出了国债期货交易，并于1993年12月正式推出了我国第一张国债期货合约，进一步向全社会公众开放。而后北京交易所、广州商品交易所、武汉证券交易所等地共计13家证券交易所或证券交易中心相继开办了国债期货交易。到1995年，各地挂牌的国债期货合约已达60多个品种，但是由于投机气氛浓厚，出现了“327国债事件”等严重违规操作现象，造成价格异常波动，市场极度混乱。1995年5月，中国证监会发布《关于暂停国债期货交易试点的紧急通知》，我国金融衍生品市场的初步尝试以失败而告终。

2005年5月16日，中国人民银行发布《全国银行间债券市场债券远期交易管理规定》，6月15日，工商银行和兴业银行做成首笔银行间市场债券远期交易。这是我国银行间市场首只真正的衍生产品，也标志着我国金融衍生品市场恢复发展的开始。同年8月，中国人民银行发布了《关于扩大外汇指定银行对客户远期结售汇和开办人民币与外币掉期业务有关问题的通知》，建立银行间人民币远期市场，并正式引入人民币远期询价交易，初步形成有代表性的国内人民币远期汇率。债券远期交易和远期外汇的推出，标志着场外金融衍生品市场的大幕拉开。此后，人民币结构性理财产品（2005

---

① 根据刘伟琳，赵文荣：《我国衍生品市场发展的历程回顾、现状分析与前景展望》（《理论界》，2010年第9期）整理。

年8月)、人民币利率互换(2006年1月)、人民币外汇掉期(2006年4月)陆续推出。2005年,我国证券市场的首只统一指数——沪深300指数发布,次年4月,沪深300指数被定为首个股指期货标的。2006年9月8日,国内以金融期货交易为目标的中国金融期货交易所在上海挂牌成立。2006年10月30日,股指期货仿真交易启动,2010年1月8日,国务院原则上同意推出股指期货和开展融资融券试点,2010年4月,正式推出股指期货交易。2013年8月6日,上海证券交易所通知券商将正式组织开展个股期权全真模拟交易。2013年9月6日,国债期货正式在中国金融期货交易所上市交易。2013年9月,郑州商品交易所开展白糖期货期权全真模拟交易。2015年又推出10年期国债期货交易。并开启上证50ETF期权交易。为经济转型升级提供方向性和波动性风险管理工具。

二、我国期货市场发展现状

随着中国市场经济的推行和对外开放的扩大,中国期货市场规模不断扩大,商品期货成交量连续4年位列全球前列,已经取得某些产品定价的支配地位。从本质上看,期货衍生品市场的发展,其推动力始终是为了更好地满足实体经济和金融改革对资本市场日益多样化的需求,集中反映了资本市场由基本的投资和融资功能,向资产定价、资产管理及相应的流动性和风险管理功能逐步拓展的发展方向。

就商品期货而言,国内期货品种逐步形成了覆盖农产品、金融、能源、化工、林木等国民经济重要行业的产品体系。期货市场在服务实体企业,增强金融管理能力,提升企业竞争力方面的作用日益凸显,一些企业重视利用商品期货市场进行套息保值、管理风险、锁定成本,有效地规避了现货交易的风险,实现了稳定经营。国际农产品期货和金属期货交易量可以从侧面反映这种需求。商品期货市场的发展逐渐成为中国经济增长的晴雨表。在农产品方面,中国在豆粕、白糖、天然橡胶、豆油、棕榈油和玉米上有定价的主导权。

上海中国金融期货交易所的股指期货的交易量也有显著增长。虽然该交易所于2010年才推出沪深300指数合约,但该合约一直持续稳定增长。2013年交易量达1.932亿手,同比增长83.9%,该指数合约已经成为全球第十大活跃的股指合约。沪深300股指期货上市后,改变了市场“单边市”的特征。来自中金所的数据显示,股指期货上市后,沪深300指数涨跌幅超过2%和3%的交易日分别减少了54%和66%,而且波动幅度越大的交易日,减少幅度越明显。波动幅度在1%以内的交易日则增加了131天,增幅约14%,显示投资者较少追涨杀跌,投资越来越理性。股指期货促进了系统的稳定。

国债期货自2013年9月上市以来，单月成交量和持仓量甚至远低于股指期货单日的量，市场容量极为有限。2015年2月27日，中国金融期货交易所发布修订后的《5年期国债期货合约》、《5年期国债期货合约交易细则》以及《5年期国债期货合约交割细则》，将5年期国债期货合约的最小变动价位由0.002元调整为0.005元；将5年期国债期货合约的可交割券范围由“合约到期月份首日剩余期限为4~7年的记账式附息国债”调整为“合约到期月份首日剩余期限为4~5.25年的记账式附息国债”；将最低交易保证金由1.5%调整为1%，交割月份前一个月下旬的前一交易日结算时起，交易保证金为合约价值的1.5%，交割月份第一个交易日的前一交易日结算时起，交易保证金为合约价值的2%；将涨跌停板幅度由±1.5%调整为±1.2%。其中，最小变动价位的调整于2015年3月16日结算时起实施；可交割券范围、保证金标准和涨跌停板幅度的调整适用于新上市合约。

2015年十年期国债期货合约也在上海的中国金融期货交易所正式上市交易，填补了中国内地债券市场长期避险工具的空白。据悉，此次上市的十年期国债期货合约标的为面值100万元人民币、票面利率3%的名义长期国债，实行到期实物交割，最低交易保证金为2%，每日最大波动幅度则为前一交易日结算价的上下2%。

三、我国期权市场发展状况

早在1992年6月，为解决国有股股东资金到位问题，飞乐股份发行了我国第一只认股权证，同年10月底，深圳宝安发行了我国第一张中长期认股权证。由于后期的过度炒作，1996年年底，管理层叫停了权证交易。直到2005年，证监会宣布启动股权分置改革，随后上交所和深交所分别推出了《权证管理暂行方法》，权证交易又重新出现。

随着我国市场化水平的不断提高，以及经济和金融市场改革的不断深化，国内金融衍生品市场变得更加丰富，作为世界各衍生品市场中最具活力的品种，国内对期权的呼声逐渐高涨。2010年，上交所启动个股期权开发工作。2012年6月，上交所启动个股期权模拟交易。2013年12月26日，上交所启动期权全真模拟交易。这次全真模拟交易合约标的包括中国平安、上汽集团、上证50ETF、180ETF。上市首日合约总数达160个，由于波动加挂的合约数为64个，截至2014年3月31日，合约总数增加到224个。

各券商非常重视个股期权业务发展，截至2014年3月31日，79家具备融资融券资格的证券公司，共76家券商申请了经纪业务，53家申请了自营业务，14家申请了做市商业务。同时，投资者在个股期权模拟交易阶段表现积极，个人投资者开户数为22.68万个，机构开户数803个，日均参与交易的账户为4 600个。其中有2家券商已参与交易的客户账户数超过1 000

户，共有 34 家券商有超过 100 户客户账户参与了交易。同时进一步明确、细化证券公司各项准备工作，要求按照生产环境做好全面准备。通过现场检查等方式，督促、指导、推动各项准备工作，特别对期权交易、结算、违约处理、风险控制与风险处置等关键业务进行现场指导。同时通过制定投资者适当性管理指引、督促、指导证券公司加强对投资者，特别是中小投资者的期权知识教育等措施对投资者进行投资者教育，并通过各类媒体做好期权知识的普及。经中国证监会批准，上海证券交易所决定于 2015 年 2 月 9 日上市交易上证 50ETF 期权合约品种。

四、我国外汇产品发展状况

中国衍生品市场主要依赖于外汇产品，占年总量的 80%，利率衍生品占年总量的 20%，其他场外衍生产品占很少的比例。虽然中国场外衍生产品市场发展迅速，但从产品数量、流动性、市场结构和存在的基础设施看，目前仍是不成熟的市场。

2013 年，中国金融市场总体运行平稳，产品创新不断深化，规范管理进一步加强，金融市场对促进经济结构调整和转型升级的基础性作用进一步发挥。货币市场交易量上升，利率总体下降；债券发行量增加，银行间债券指数总体呈上行趋势；股票市场指数总体下行，市场交易量有所增加；年末，上证综指收于 2 115.98 点，较去年末下降 153.15 点，跌幅 6.75%。上证综指最高 2 434.48 点，最低 1 950.01 点，波幅为 484.5 点。市场全年累计成交金额 22.9 万亿元，日均成交金额 960.92 亿元，同比增加 41.9%。

人民币汇率弹性明显增强，人民币外汇衍生品市场成交额快速增长；2013 年，人民币利率互换交易共发生 2.4 万笔，名义本金总额 2.7 万亿元，同比减少 6.0%。从期限结构来看，1 年及 1 年期以下交易最为活跃，其名义本金总额 2.1 万亿元，占总量的 75.6%。

为促进场外金融衍生产品市场健康规范发展，建立场外金融衍生产品集中清算机制，从 2014 年 2 月初起，上海清算所开始为市场参与者提供人民币利率互换交易的集中清算服务。

五、中国衍生品市场发展趋势

（一）大力发展现货市场是场外金融衍生品市场发展的前提

从国外金融衍生品市场发展的历程来看，无论是成熟的市场还是新兴市场，其发展都是以活跃的现货市场为基础。场外衍生品是现货市场衍生出来的，现货资产则服务于实体经济需要。基础产品与衍生品相辅相成，缺一不可。现货市场价格的大幅波动，是场外衍生品推出和发展的诱因，美国首先推出汇率衍生产品，是由于外汇市场的剧烈波动，而日本金融衍生品先推出股指期货是由于日本股市的大幅震动。衍生产品是以基础资产为标的而设计的，如果没有活跃的现货市场做支撑，场外衍生品市场就难以做大。

（二）优先发展股指期货和利率期货是衍生品推出的路径选择

发达国家衍生品市场的发展是以农产品为开端，之后沿着金融期货自然演进，而新兴市场经济国家和发展中国家，则往往由于其新型的证券市场与国际证券市场处于相对分割的状态，股指运行相对独立，导致投资者对于运行股指期货避险的需求较为强烈。

同时为吸引海外投资者，需要提供一些避险工具，加之新兴市场的资本市场规模飞速扩展又为股指期货提供了规模基础。新兴市场国家都谨慎地发展金融衍生品市场，在严密认真论证的基础上，借鉴和吸收金融衍生品市场发展的经验教训，结合本国情况，一般都是以股权类衍生品作为发展的突破口，首先推出有良好基础市场支持的股指期货，经过试点为投资者积累管理经验，再推出股指期权和个股期权，使股权类衍生品市场逐步深化；利率衍生品则主要以国债期货作为突破口。

（三）成熟的机构投资者是金融衍生品市场发展的推动力量

从各个衍生品市场的市场主体机构可以看出，做市商之间的交易量往往在市场总交易量中占了重要地位。做市商作为市场流动性的提供者，自身面临着较大的风险敞口，他们主要通过做市商间的市场来调整风险暴露。所以为了做大市场，就必须完善做市商制度，进行市场分层，大力发展做市商间市场，提高做市商报价的积极性、主动性。

非金融机构作为衍生品市场的最终需求者，激发他们的积极性，能够有效地提高市场的深度和活跃程度。中国作为新兴市场，机构投资者还不成熟，对较为复杂的衍生品业务还不熟悉，并且机构内部风控制度不够完善，难以应对衍生品市场较大的市场风险。要大力培育中国机构投资者，加强衍生产品业务相关培训，要求机构投资者在从事衍生品交易时建立完善的风控体系等。

（四）完善的制度是交易所良好运行的保障

在金融衍生品市场交易过程中，存在大量的信息不对称现象，这些信息不对称行为及其引发的逆向选择和道德风险使金融衍生工具原本较高的金融风险愈发被人为放大。制度作用的一条重要途径是以减少人们经济活动的风险来增进经济效益。

建立和完善各种市场规则正是防范和化解金融衍生工具的微观风险，并从源头上控制工具宏观风险的制度基础。作为发展中国家交易所衍生品市场的建设，要充分享受后发性利益给市场带来的好处，做好充分的制度准备，从而节约成本、减少风险，加速衍生品市场发展步伐。

在较为成熟的市场中，政府监管淡化，逐渐形成以自律监管为主的监管框架;而新型的市场,在发展初期往往以政府监管为主,并通过建立专门的市场自律组织,为市场行为制定指引和标准,同时也担任着在市场成员和政府监管机关之间进行沟通的重任。

(五)逐渐推进金融衍生品市场国际化进程是增强竞争力的重要体现

衍生品的国际化水平体现了一国金融在国际范围的广度和深度,是该国金融产业在国际范围内竞争力的重要体现。中国经济有巨大的规模和较快的发展速度,中国经济的发展需要吸引海外的资金进入中国,而中国高储蓄率和社会逐步老龄化也使中国资本有走出去的压力和动力。这些资金都有对定价和避险的需求。

中国可以通过借鉴先进国家的经验走跨越式发展的道路,先在国内金融某些趋于成熟细分市场推出与这一市场相关的衍生品,在这些成熟的衍生品交易达到一定规模和流动性后就可以推出以国外资产或指数为标的的衍生品。同时,在推进中国衍生品市场国际化的进程中,要积极防范国际投机资本对中国开放的衍生品市场的冲击。

中国目前是世界第二大经济体,国际贸易量巨大。高盛预测,2030 年中国可能是第一大经济体,中国实体经济发展的总量会越来越大,这个总量会带来很多附加值。从发展定位看,中国衍生品市场要从服务经济、国家战略的高度来推动发展,其发展定位可以借鉴欧美等发达国家以及新加坡等新兴市场国家的经验,去粗取精,去弊存利,以我为主,为我所用,发展中国的衍生品市场。

从发展思路看,要统一规划,处理好场内市场与场外市场的发展关系。场内、场外市场都要发展,场内市场要加快发展,场外市场要稳妥发展,要注意加大透明度和集中清算的问题,还要加大对外开放。需要引进大量人才,逐步引进境外机构参与。此外,从发展保障看,要积极推进产品创新和投资者教育与保护,积极为创新活动提供支持,同时平衡创新和风险的关系。

本章小结

1. 金融衍生工具是指给予交易对手的一方,在未来的某个时间点,对某种基础资产拥有一定债权和相应义务的合约。也可以理解为一种双边合约或付款交换协议,其价值取自于或派生于相关基础资产的价格及其变化。

2. 金融衍生工具具有构造复杂性、交易成本较低、虚拟性、设计具有灵活性等特点。

3. 按照金融衍生工具自身交易方法,可分为金融远期、金融期货、金融期权、金融互换四类;按照基础工具种类的不同,可分为股权式、利率式、货币式衍生工具三种;按照金融衍生工具交易性质的不同,可分为远期类、选择权类两种。随着金融衍生工具日新月异的发展,经过变化、组合以及合成这几种方式创造出来的再衍生工具和合成衍生工具正在出现。

4. 金融衍生工具市场由市场参与者、交易方式、组织机构形成了相应的构件。参与者包括:保值者、投机者、套利者和经纪人四种;交易方式有公开叫价、场外交易和自动配对系统等;组织结构由交易所、清算所、经纪行组成。

5. 金融衍生工具具有转化、定价、避险、盈利、资源配置等功能。其中转化功能是最基本的功能。

6. 金融衍生工具的产生和发展是在一系列因素推动下向前推进的,对经济增长既有积极的正面效应,也有消极的负面影响。

7. 金融衍生工具在多个行业领域有了新发展。

关键术语

金融衍生工具　金融远期　金融期货　金融期权　金融互换　保值者　投机者　套利者　场内交易　场外交易

能力训练

一、选择题

1. 金融基础工具主要包括(　　)

A. 货币　B. 外汇　C. 利率工具　D. 股票　E. 远期

2. 金融衍生工具按照自身交易方法可分为(　　)

A. 金融远期　B. 金融期权　C. 金融期货　D. 金融互换

3. 金融互换主要包括(　　)

A. 股票互换　B. 货币互换　C. 利率互换　D. 债券互换

4. 具有无固定场所、较少的交易约束规则,以及在某种程度上更为国际化特征的市场是指(　　)

A. 场内交易　B. 场外交易　C. 自动配对系统　D. 自由交易

5. 金融衍生工具市场的组织结构由(　　)构成

A. 咨询机构　B. 交易所　C. 监管机构　D. 清算所

E. 经纪公司

6. 通过同时在两个或两个以上的市场进行交易,而获得没有任何风险的利润的参与者是(　　)

A. 保值者　B. 投机者　C. 套利者　D. 经纪人

7. 金融衍生工具最主要,也是一切功能得以存在的基础功能是指(　　)

A. 转化功能　B. 定价功能　C. 规避风险功能　D. 盈利功能

E. 资源配置功能

8. 1972年12月,诺贝尔经济学奖获得者(　　)的一篇题为《货币需要期货市场》的论文为货币期货的诞生奠定了理论基础。

A. 米尔顿·弗里德曼　B. 费雪·布莱克

C. 默顿·斯克尔斯　D. 约翰·纳什

9. (　　)是20世纪80年代以来国际资本市场的最主要特征之一。

A. 金融市场资本化　B. 金融市场国际化

C. 金融市场创新化　D. 金融市场证券化

10. 下面选项中属于金融衍生工具新产品的有(　　)

A. 巨灾再保险期货　B. 巨灾期权合约

C. 气候衍生品　D. 能源衍生品

二、思考题

1. 如何定义金融衍生工具? 怎样理解金融衍生工具的含义?

2. 与基础工具相比,金融衍生工具有哪些特点?

3. 金融衍生工具的功能有哪些?

4. 金融衍生工具市场的参与者有哪些?

5. 请简述金融衍生工具对金融业的正、负两方面影响。

6. 请根据下述各种情况,指出分别运用了哪种金融衍生工具,并简要说明如何操作。

情况一:9月初,你决定购买一辆新汽车。在选定想要的车型后你去找当地的交易商。在展示厅里,你和交易商确定了所要买的车和议定价格。交易商告诉你,如果今天签单并支付一笔佣金,你就可以在3个月之内取货。不管3个月之内交易商对所有的新车打折10%,还是你选的车型价格上涨,都不会对你们的交易产生影响,即汽车交货时的价格已经商定,不再改变。

情况二:假设你在展示厅看到了想要买的汽车,标价为20 000英镑,但你必须在今天就买下这辆车。你手里没有足够的现金,获得贷款需要1星期的时间。这时,你可以向交易商支付一笔押金,订立一份合约。

情况三:你打算向交易商支付100英镑,如果交易商将这辆车保留1星期并保持价格不变,那么周末时,不管你是否买下这辆车,这100英镑归他所有。交易商接受了你的提议。

情况四:在情况三的约定下,如果在这一周内,你发现另一家交易商以19 500英镑的价格出售一模一样的汽车,你将怎么办?

情况五:你计划购买的汽车热销,价格涨至22 000英镑。你的一个朋友也想买这辆车,听说你拥有在一周时间内以20 000英镑购买这辆车的权利。在与银行谈过之后,你得知自己无法获得贷款,你将怎么办?

参考文献与网站链接

1. 江秀平. 金融衍生品基础知识[M]. 北京:中国物价出版社,2001.

2. 叶永刚. 衍生金融工具概论[M]. 武汉:武汉大学出版社,2000.

3. 郑振龙. 金融工程[M]. 北京:高等教育出版社,2003.

4. 冉华. 衍生品市场对经济增长的作用[M]. 北京:中国金融出版社,2006.

5. Andrew Kasapi. 信用衍生工具[M]. 于研译. 上海:上海财经大学出版社,2002.

6. 阿尔弗雷德·施泰因赫尔. 金融衍生品的发展与监管[M]. 陈晗等译. 上海:上海远东出版社,2003.

7. 约翰·赫尔. 期权、期货和其他衍生产品[M]. 张陶伟译. 北京:人民邮电出版社,2009.

8. 田国强. 现代经济学与金融学前沿发展[M]. 北京:商务印书馆,2002.

9. 中国证券业协会. 证券市场基础知识[M]. 北京:中国财政经济出版社,2009.

10. 国际互换与衍生品协会网站 http://www.isda.org。

11. 中国金融期货交易所网站 http://www.cffex.com.cn。

第二章　远期合约

★ 本章学习指导 ★

远期合约是最基本、最简单的金融衍生工具，其他各种衍生工具都是远期合约的延伸或重新组合。通过本章学习，应该在深刻理解远期合约的定义、特征及其优缺点的基础上，熟练计算即期利率和远期利率，掌握远期利率协议、远期外汇合约的具体运用和操作流程。

第一节　金融远期合约概述

一、金融远期合约的定义

金融远期合约(Forward Contracts)是指交易双方约定在未来的某一确定时点，按照事先商定的价格(如汇率、利率或股票价格等)，以预先确定的方式买卖一定数量的某种金融资产的合约。

合约中规定在将来买入标的物的一方称为多方(Long Position)，在未来卖出标的物的一方称为空方(Short Position)。合约中规定的未来买卖标的物的价格称为交割价格(Delivery Price)。如果信息是对称的，而且合约双方对未来的预期相同，那么合约双方所选择的交割价格应使合约的价值在签署合约时等于零。这意味着无需成本就可处于远期合约的多头或空头状态。

我们把使得远期合约价值为零的交割价格称为远期价格(Forward Price)。这个远期价格显然是理论价格，它与远期合约在实际交易中形成的价格(即双方签约时所确定的交割价格)并不一定相等。但是，一旦远期价格与交割价格不相等，就会出现套利(Arbitrage)机会。若交割价格高于远期价格，套利者就可以通过买入标的资产现货、卖出远期合约并等待交割来获取无风险利润，从而促使现货价格上升、交割价格下降，直至套利机会消失；同理，若交割价格低于远期价格，套利者就可以通过卖出标的资产现货、买入远期合约来获取无风险利润，从而促使现货价格下降，交割价格上升，直至套利机会消失。此时,远期价格等于交割价格。

一般来说,价格总是围绕着价值波动的,而远期价格与远期价值却相差很大。例如,当远期价格等于交割价格时,远期价值为零。其原因在于远期价格指的是远期合约中标的物的交割价格,它是跟标的物的现货价格紧密相连的,而远期价值则是指远期合约本身的价格,它是由远期价格与交割价格的差距决定的。在合约签署时,若交割价格等于远期价格,则此时合约价值为零。但随着时间推移,远期价格有可能改变,而原有合约的交割价格则不可能改变,因此原有合约的价值就可能不再为零。

二、金融远期合约的种类

金融远期合约主要有远期利率协议、远期外汇合约和远期股票合约等。

(1)远期利率协议(Forward Rate Agreement)是买卖双方同意在未来一定时点(清算日),以商定的名义本金和期限为基础,由一方将协议合同利率与参照利率之间差额的贴现额度付给另一方的协议。

(2)远期外汇合约(Forward Exchange Contracts)是指双方约定在将来某一时间按约定的远期汇率买卖一定金额的某种外汇的合约。

(3)远期股票合约(Equity Forwards)是指在将来某一特定日期按特定价格交付一定数量单只股票或一揽子股票的协议。

三、金融远期合约的特征

金融远期合约作为场外交易的衍生工具,与场内交易的期货、期权等衍生工具相比具有以下特征:

第一,金融远期合约是通过现代化通信方式在场外进行的,由银行给出双向标价,直接在银行与银行之间、银行与客户之间进行。

第二,金融远期合约交易双方互相认识,而且每一笔交易都是双方直接见面,交易意味着接受参与者的对应风险。

第三,金融远期合约交易不需要保证金,双方通过变化的远期价格差异来承担风险。金融远期合约大部分交易都导致交割。

第四,金融远期合约的金额和到期日都是灵活的,有时只对合约金额最小额度做出规定,到期日经常超过期货的到期日。

四、远期合约的产生和优缺点

远期合约是适应规避现货交易风险的需要而产生的。相对于原始社会自给自足的状态而言,现货交易是人类的一大进步。通过交易,双方均可获得好处。但现货交易的最大缺点在于无法规避价格风险。一个农场主的命运完全取决于收割时农作物现货市场的价格。如果在播种时就能确定农作物收割时卖出的价格,农场主就可安心致力于农作物的生产了。远期合约正是适应这种需要而产生的。

远期合约是非标准化合约。因此它不在交易所交易,而是在金融机构之间或金融机构与客户之间通过谈判后签署远期合约。已有的远期合约也可以在场外市场交易。

在签署远期合约之前,双方可以就交割地点、交割时间、交割价格、合约规模、标的物的品质等细节进行谈判,以便尽量满足双方的需要。因此远期合约与下面将要介绍的期货合约相比,灵活性较大。这是远期合约的主要优点。

但远期合约也有明显的缺点:首先,由于远期合约没有固定的、集中的交易场所,不利于信息交流和传递,不利于形成统一的市场价格,市场效率较低。其次,由于每份远期合约千差万别,这就给远期合约的流通造成较大不便,因此远期合约的流动性较差。最后,远期合约的履约没有保证,当价格变动对一方有利时,对方有可能无力或无诚意履行合约,因此远期合约的违约风险较高。

第二节　远期利率协议

一、远期利率协议的相关概念

远期利率协议,简称 FRA。从使用者角度来看,远期利率协议是希望对未来利率走势进行保值或投机的双方所签订的一种协议。保值者要对未来的利率风险进行防范,投机者虽然面临利率风险,但指望从未来的利率变化中获利。实际上,远期利率协议的买方相当于名义借款人,而卖方则相当于名义贷款人,双方签订远期利率协议,相当于同意从未来某一商定日期始,按协定利率借贷一笔数额、期限、币种确定的名义本金。只是双方在清算日时,并不实际交换本金,而是根据协议合同利率和参照利率之间的差额及名义本金额,由交易一方支付给另一方结算金。

(一)重要术语

为了规范远期利率协议,英国银行家协会(British Banker's Association)于 1985 年颁布了远期利率标准化文件(简称 FRABBA),作为市场实务的指导原则。目前世界上大多数远期利率协议都是根据 FRABBA 签订的。该标准化文件使每一笔 FRA 交易仅需一个电传确认即可成交,大大提高了交易速度和质量。

FRABBA 对远期利率协议的重要术语做了规定:

合同金额(Contract Amount)——借贷的名义本金额;

合同货币(Contract Currency)——合同金额的货币币种;

交易日(Dealing Date)——远期利率协议成交的日期;

结算日(Settlement Date)——名义借贷开始的日期,也是交易一方向另一方交付结算金的日期;

确定日(Fixing Date)——确定参照利率的日期;

到期日(Maturity Date)——名义借贷到期的日期;

合同期(Contract Period)——结算日至到期日之间的天数;

合同利率(Contract Rate)——在协议中双方商定的借贷利率;

参照利率(Reference Rate)——在确定日用以确定结算金的在协议中指定的某种市场利率;

结算金(Settlement Sum)——在结算日,根据合同利率和参照利率的差额计算出来的,由交易一方付给另一方的金额。

(二)交易流程

为了进一步了解这些概念之间的相互关系,我们以一个实例来说明FRA的交易流程。

【例2-1】假定今天是2015年3月16日星期一,双方同意成交一份1×4名义金额100万美元、合同利率(r_k)4.75%的远期利率协议。其中“1×4”是指起算日和结算日之间为1个月,起算日至名义贷款最终到期日之间的时间为4个月。交易日与起算日时隔一般两个交易日。在本例中,起算日是2015年3月18日星期三,而结算日则是2015年4月20日星期一(4月18日、19日为非营业日),到期时间为2015年7月20日星期一,合同期为2015年4月20日至2015年7月20日,即91天。在结算日之前的两个交易日(即2015年4月17日星期五)为确定日,确定参照利率(r_r)5.50%。

这样,在结算日,由于参照利率高于合同利率,名义贷款方就要支付结算金给名义借款方(具体计算方法将在后文介绍)。上述流程可用图2.1表示。

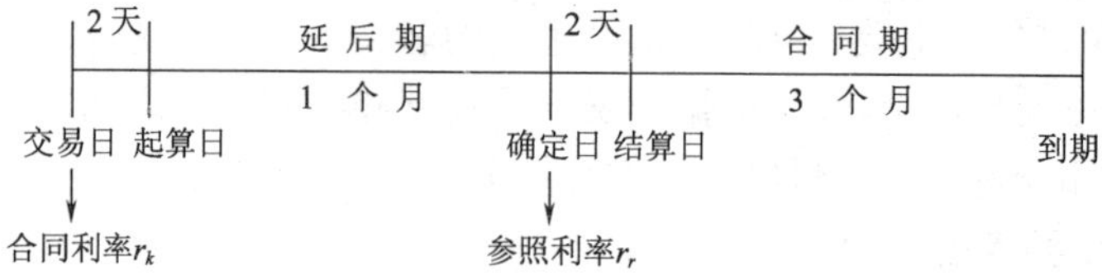

图2.1 远期利率协议流程图

(三)结算金的计算

在远期利率协议下,如果参照利率(r_r)高于合同利率(r_k),那么卖方就要支付给买方一笔结算金(名义贷款方支付结算金给名义借款方),以补偿买方在实际借款中因利率上升而造成的损失。一般来说,实际借款利息是在贷款到期时支付的,而结算金则是在结算日支付的,因此结算金并不等于因利率上升而给买方造成的额外利息支出,而等于额外利息支出在结算日的贴现值，具体计算公式如下：

$$结算金=\frac{(r_r-r_k)\times A\times\frac{D}{B}}{1+\left(r_r\times\frac{D}{B}\right)} \tag{2.1}$$

式中：r_r 表示参照利率，r_k 表示合同利率，A 表示合同金额，D 表示合同期天数，B 表示天数计算惯例（如美元为 360 天，英镑为 365 天）。

在式（2.1）中，分子表示由于合同利率与参照利率之间的差异所造成的额外利息支出；而分母是对分子进行贴现，以反映结算金的支付是在合同期开始之日而非结束之时。

当 $r_r>r_k$ 时，结算金为正，卖方向买方支付利差（名义贷款方支付结算金给名义借款方）；

当 $r_r<r_k$ 时，结算金为负，买方向卖方支付利差（名义借款方支付结算金给名义贷款方）。

将上例的数字代入式（2.1），就可算出卖方应向买方支付的结算金为：

$$结算金=\frac{(0.055-0.047\,5)\times1\,000\,000\times\frac{91}{360}}{1+0.055\times\frac{91}{360}}=1\,869.84（美元）$$

需要注意的是，远期利率协议是一种能把金融风险转化为确定性的工具。如果市场参照利率 r_r 最终高于合同利率 r_k（4.75%），远期利率协议的买方从远期利率协议的卖方收到一笔结算金作为名义借款人较高利息支出的补偿；如果市场利率 r_r 最终低于合同利率 r_k（4.75%），远期利率协议的买方将向远期利率协议的卖方支付一笔结算金作为名义贷款人较低贷款利息收入的补偿。无论是哪一种情况出现，或者说，不管最终伦敦银行同业拆放利率（LIBOR）的水平高低，远期利率协议的买方和卖方实际上最终都以 4.75% 的合同利率 r_k 完成交易。

（四）远期利率

上例中的合同利率实际上是远期利率（Forward Interest Rate）。所谓远期利率是指现在时刻的将来一定期限的利率。如上例中的 1 ×4，即表示 1 个月之后开始的期限3 个月的远期利率。

那么，远期利率是怎么决定的呢？远期利率是由一系列即期利率决定的。

【例 2 - 2】如果一年期的即期利率为 10%，两年期的即期利率为 10.5%，那么其隐含的一年到二年的远期利率就约等于 11%，这是因为：

$$(1+10\%)(1+11\%)\approx(1+10.5\%)^2$$

一般地说，如果现在时刻为 t，T 时刻到期的即期利率为 r，T^* 时刻（$T^*>T$）到期的即期利率为 r^*，则 t 时刻的 T^*-T 期间的远期利率 $\hat{r}$ 可以通过下式求得：

$$(1+r)^T(1+\hat{r})^{T^*-T}=(1+r^*)^{T^*} \tag{2.2}$$

应注意的是，式(2.2)仅适用于每年计一次复利的情形。

(五)连续利率

为了更精确地算出即期利率和远期利率之间的关系，我们必须引入连续复利的概念。连续复利在以后几章的金融衍生工具定价中有相当广泛的应用。

假设数额 A 以单利率 R 投资了 n 年，如果利息按每一年计一次复利，则上述投资的终值为：

$$A \cdot (1+R)^n \tag{2.3}$$

如果每年计 m 次复利，则终值为：

$$A \cdot \left(1+\frac{R}{m}\right)^{m \times n} \tag{2.4}$$

当 m 趋于无穷大时，就称为连续复利(Continuous Compounding)，此时的终值为：

$$\lim_{m \to \infty} A \cdot \left(1+\frac{R}{m}\right)^{m \times n} = A \cdot e^{Rn} \tag{2.5}$$

表 2.1 表示了提高复利频率所带来的效果。从表 2.1 可以看出，连续复利(精确到小数点后两位)与每天计复利得到的效果一样。因此，从实用目的来看，通常可以认为连续复利与每天计复利等价。

表 2.1　复利频率与终值

提高计复利的频率对 \$100 在 1 年末终值的影响，利率为每年 10%	
复利频率	\$100 在一年末的终值(取两位小数)
每一年($m=1$)	110.00
每半年($m=2$)	110.25
每季度($m=4$)	110.38
每 月($m=12$)	110.47
每 周($m=52$)	110.51
每 天($m=365$)	110.52
连续复利	110.52

假设 R_1 是连续复利的利率，R_2 是与之等价的每年计 m 次复利的利率，从式(2.3)和(2.4)我们有：

$$e^{R_1 n} = \left(1+\frac{R_2}{m}\right)^{mn} \quad \text{或} \quad e^{R_1} = \left(1+\frac{R_2}{m}\right)^{m}$$

这意味着：

$$R_1 = m\ln\left(1+\frac{R_2}{m}\right) \tag{2.6}$$

$$R_2 = m(e^{R_1/m} - 1) \tag{2.7}$$

通过式(2.5)和(2.6),我们可以实现每年计 m 次复利的利率与连续复利之间的转换。

当即期利率和远期利率所用的利率均为连续复利时,即期利率和远期利率的关系可表示为:

$$\hat{r} = \frac{r^*(T^* - t) - r(T - t)}{T^* - T} \tag{2.8}$$

这是因为:

$$e^{r(T-t)} \times e^{\hat{r}(T^*-T)} = e^{r^*(T^*-t)}$$

所以

$$r(T - t) + \hat{r}(T^* - T) = r^*(T^* - t)$$

例如,当一年期和两年期的连续复利年利率分别为10%和10.5%时,一年到二年的连续复利远期年利率就等于11%,这是因为:

$$e^{0.10} \times e^{0.11} = e^{0.105\times2}$$

二、远期利率协议的功能

远期利率协议最重要的功能在于通过固定将来实际交付的利率而避免了利率变动风险。签订FRA后,不管市场利率如何波动,协议双方将来收付资金的成本或收益总是固定在合同利率水平上。

例如,当参照利率上升时,表明协议买方的资金成本加大,但由于买方可以从卖方得到参照利率与协议利率的差价,正好可以弥补其加大了的资金成本,而卖方则固定了其资金收益。反之,当参照利率下降时,表明协议卖方的资金收益减少,但由于卖方可以从买方得到参照利率与协议利率的差价,正好可以弥补其减少的资金收益,而买方则固定了其资金成本。

另外,由于远期利率协议交易的本金不用交付,利率是按差额结算的,所以资金流动量较小,这就给银行提供了一种管理利率风险而无须通过大规模的同业拆放来改变其资产负债结构的有效工具,这对于增加资本比例,改善银行业务的资产收益率十分有益。

与金融期货、金融期权等场内交易相比,远期利率协议具有简便、灵活、不需支付保证金等特点,更能充分满足交易双方的特殊需求。但与此同时,由于远期利率协议是场外交易,故存在信用风险和流动性风险,其信用风险和流动性风险也较场内交易的金融期货合约要大,但其市场风险较金融期货小,因为它最后实际支付的只是利差而非本金。

三、远期利率协议交易

(一)远期利率协议的报价

远期利率协议常常以LIBOR为参照利率,其报价一般由银行报出。如银行报出"美元3V6V10.03-9.99",说明美元FRA3个月后起息,再过6个月结束;10.03 和 9.99 分别为银行卖价和买价,表示银行愿以 10.03% 的利率卖出,以 9.99% 的利率买入 FRA。

【例 2-3】某公司将在 7 月 15 日借入一笔为期 3 个月,以 LIBOR 浮动利率支付利息的 1 000 万英镑债务,现在是 4 月 15 日,为防止利率上涨,该公司买入一笔 1 000 万英镑"3V6V10.03"的远期利率协议。假定 7 月 15 日 3 个月英镑 LIBOR 上升为10. 50%,该公司如果以此利率借入 3 个月期英镑,在 10 月 15 日须付息:

$$10\ 000\ 000 \times 10.50\% \times 92/365 = 264\ 657.5\text{(英镑)}$$

而由于购买了 FRA,7 月 15 日该公司从 FRA 卖方得到利差的现值:

$$\text{结算金} = \frac{10\ 000\ 000 \times (10.50\% - 10.03\%) \times 92/365}{1 + 10.50\% \times 92/365} = 11\ 541.1\text{(英镑)}$$

将这笔钱以 10.50% 的利率存入 3 个月期,10 月 15 日得利息 302.95 英镑,因此,10 月 15 日 1 000 万英镑债务实际利息支出为:

$$264\ 657.5 - 11\ 541.1 - 302.95 = 252\ 813.45\text{(英镑)}$$

这样,相当于利率为 10.03%。假如 7 月 15 日 LIBOR 利率降至 10.03% 以下,该公司须支付利差,而将借款成本提高到 10.03%。由此可见,该公司通过购买 FRA 将其借款成本锁定在 10.03%。

(二)远期利率协议的盈亏

在远期合约交割日,合约的多方必须以交割价格 K 购买基础资产,而此时基础资产的市价为 S_T,这样多方就有了盈亏,多方的盈亏也即为到期时多头远期合约的价值:$A(S_T - K)$,A 为合约基础资产的交易单位。同样,同一份远期合约的空方盈亏就为 $A(K - S_T)$。上述两个盈亏可正可负,多方的盈(亏)必为空方的亏(盈),两者之和为 0。如图 2.2 所示。

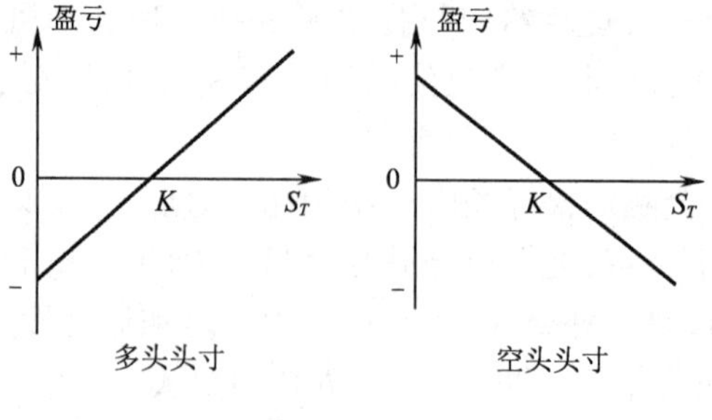

图 2.2　远期利率协议盈亏图

(三)远期利率协议的运用

远期利率协议的主要优势是:交割日时不需实际收付本金,只是用 LIBOR 将利率协议期第一天确定的利率与该日前两个营业日时的 LIBOR 之间的利息差额贴现为现值，据此进行交割。远期利率协议项下的交易方分为买方和卖方。所谓买方，是指根据协议在交割日形式上收入交易本金的一方；卖方是指根据协议在交割日形式上支出交易本金的一方。市场上通常每笔交易金额为1 000万~2 000万美元，协议期限以3个月和6个月为主，也有1个月期至1年期的交易期限。

远期利率协议运用的原则是：

未来时间里持有大额负债（借款）的银行，在面临利率上升、利息支出增加时，必须买入远期利率协议；未来时间里拥有大额资产（贷款）的银行，在面临利率下降、利息收入减少时，必须卖出远期利率协议。

运用远期利率协议可以实施利率风险管理。

【例2-4】假设甲银行根据其经营计划在3个月后需向某银行拆借一笔1 000万美元，期限3个月的资金，该银行预测在短期内利率可能在目前7.5%（年利率）的基础上上升，从而将增加其利息支出，增大筹资成本。为了降低资金成本，甲银行采取买入远期利率协议的交易将其在未来的利息成本固定下来。

甲银行的操作是：按3个月期年利率7.5%的即期利率买入1 000万美元的远期利率协议，交易期限为3个月对6个月。3个月后，如果LIBOR上升为8.5%，由于甲银行采取了如下交易，从而使得利息支出固定了下来。

（1）轧平远期利率协议头寸。即按3个月后远期利率协议交割日当天的LIBOR8.5%，卖出3个月期1 000万美元远期利率协议。由于利率水平上升，甲银行可以从远期利率协议交易中取得利差，其计算结果如下：

$$\text{结算金} = \frac{10\ 000\ 000 \times (8.5\% - 7.5\%) \times 90/360}{1 + 8.5\% \times 90/360} = 24\ 479.8(\text{美元})$$

（2）按交割日LIBOR8.5%取得3个月期美元贷款9 975 520.2美元（即10 000 000-24 479.8）。由于甲银行已从远期利率协议中取得了24 479.8美元的收益，因而，它只需取得9 975 520.2美元的贷款，即可满足借款1 000万美元的需要。由此可以计算出甲银行此笔借款利息支出为：

借款利息支出=(10 000 000-24 479.8)×8.5% ×90/360=211 979.8(美元)

远期利率协议所得:24 479.8 美元

最终利息支出:187 500 美元(211 979.8-24 479.8)

年利率=1875 00 ×4÷9 975 520.2=7.5%

由此可以看出，甲银行在预期LIBOR上升的情况下，通过买入远期利率协议的交易方式，将未来利息支付固定在原来的7.5%的水平，从而避免了筹资成本增大的风险。

【例2-5】假设乙银行3个月后会收回一笔2 000万美元的贷款，并计划将这笔贷款再作3个月的短期投资。但乙银行预测短期内利率将在目前7.5%的基础上下降，将使未来投资收益减少。为了减少损失，乙银行决定通过卖出远期利率协议的交易使其未来的收益固定下来。

乙银行的操作是:按3个月期年利率7.5%的即期利率卖出2 000万美元的远期利率协议,交易期限为3个月对6个月。3个月后,如果LIBOR下降为7%,由于乙银行采取了以下交易,从而使得其利息收益固定下来。

(1)轧平远期利率协议头寸。即按3个月后远期利率协议交割日当天的LIBOR,买入3个月期2 000万美元远期利率协议。由于利率水平下降,乙银行可从远期利率协议交易中获取利差收益。其计算结果如下:

$$结算金=\frac{20\ 000\ 000\times(7\%-7.5\%)\times 90/360}{1+7\%\times 90/360}=-24\ 570(美元)$$

其中,负号代表利差支付方向为买方支付给卖方。

(2)按交割日LIBOR7%贷出3个月期美元贷款20 024 570美元(即20 000 000+24 570)。由于远期利率协议的利差收益在开始日已支付,因而可打入本金计算复利。由此可以计算出乙银行此笔放款的利息收益为:

放款利息收入=(20 000 000+24 570)×7%×90÷360=350 430(美元)

远期利率协议所得:24 570美元

最终利息收入:375 000美元(350 430+24 570)

年利率=375 000×4÷20 024 570=7.5%

由此可以看出,乙银行在预期LIBOR下降的情况下,采取卖出远期利率协议的交易方式,将未来的收益固定在原有的7.5%水平上,从而避免了利息收入减少的风险。

第三节 远期外汇协议

一、远期外汇合约

远期外汇合约(Forward Exchange Contracts)是指双方约定在将来某一时间按约定的远期汇率买卖一定金额的某种外汇的合约。交易双方在签订合同时,就确定好将来进行交割的远期汇率,到时不论汇价如何变化,都应按此汇率交割。在交割时,名义本金并未交割,而只交割合同中规定的远期汇率与当时的即期汇率之间的差额。

按照远期的开始时期划分,远期外汇合约又分为直接远期外汇合约(Outright Forward Foreign Exchange Contracts)和远期外汇综合协议(Synthetic Agreement for Forward Exchange ,简称SAFE)。

直接远期外汇合约的远期期限是直接从现在开始算的,远期外汇综合协议的远期期限是从未来的某个时点开始算的,因此实际上是远期的远期外汇合约。如1×4远期外汇综合协议是指从起算日之后的一个月(结算日）开始计算的为期 3 个月的远期外汇综合协议。

（一）远期汇率

远期汇率（Forward Exchange Rate）是指两种货币在未来某一日期交割的买卖价格。

远期汇率的标价方法有两种：一种是直接标出远期汇率的实际价格；另一种是报出远期汇率与即期汇率的差价，即远期差价（Forward Margin），也称远期汇水。升水（Premium）是远期汇率高于即期汇率时的差额；贴水（Discount）是远期汇率低于即期汇率时的差额。若远期汇率与即期汇率相等，那么就称为平价（At Par）。就两种货币而言，一种货币的升水必然是另一种货币的贴水。

在不同的汇率标价方式下，远期汇率的计算方法不同。

直接标价法下，远期汇率 = 即期汇率 + 升水，或远期汇率 = 即期汇率 - 贴水。

间接标价法下，远期汇率 = 即期汇率 - 升水，或远期汇率 = 即期汇率 + 贴水。

不过，如果标价中将买卖价格全部列出，并且远期汇水也有两个数值时，那么，前面这些情况也可以不去考虑，只要掌握下述规则即可求出正确的远期外汇买卖价格。加减的规则是“前小后大往上加，前大后小往下减”。“前小后大”和“前大后小”是指差价的排队方式。

（1）若远期汇水前大后小时，表示单位货币的远期汇率贴水，计算远期汇率时应用即期汇率减去远期汇水。

【例 2 -6】市场 GBP/USD 即期汇率为 1.706 0 - 1.707 0

3 个月远期汇水为 94/ 89，则 3 个月的远期汇率为：

	1.706 0 - 1.707 0
	-0.009 4 - 0.008 9
3 个月英镑远期汇率	1.696 6 - 1.698 1

（2）若远期汇水前小后大时，表示单位货币的远期汇率升水，计算远期汇率时应把即期汇率加上远期汇水。

【例 2 -7】市场即期汇率为£ 1 = US $ 1.604 0 - 1.605 0

3 个月远期汇水为 64/80，则 3 个月的远期汇率为：

	1.604 0 - 1.605 0
	+0.006 4 - 0.008 0
3 个月远期汇率£ 1 = US $	1.6104 - 1.613 0

那么，远期汇率是由什么决定的呢？根据套利定价的原理，远期汇率与即期汇率的关系是由两种货币间的利率差决定的，其公式为：

$$F = S \cdot e^{(r-r_f)(T-t)} \tag{2.9}$$

其中，F 表示 T 时刻交割的直接远期汇率，S 表示 t 时刻的即期汇率，r 表示本国的无风险连续复利利率，r_f 表示外国的无风险连续复利利率。

根据远期差价的定义，其计算公式为：

$$W = F - S = S \cdot [e^{(r-r_f)(T-t)} - 1] \tag{2.10}$$

其中，W 表示远期差价。从式(2.9)可以看出，当 $r > r_f$ 时，将出现远期升水，反之则出现远期贴水。

(二)远期外汇综合协议的定义

远期外汇综合协议(Synthetic Agreement for Forward Exchange，简称SAFE)，是指从未来某个时点起算的远期外汇协议，即当前约定未来某个时点的远期汇率，其实质是远期的远期。

在实践中，金融机构通常采用以下方式对远期外汇综合协议进行结算：双方在当前 t 时刻约定买方在结算日 T 时刻按照协议中规定的结算日直接远期汇率 K 用第二货币(本币)向卖方买入一定名义金额 A 的第一货币(外币)，然后在到期日 T^* 时刻再按合同中规定的到期日直接远期汇率 K^* 把一定名义金额 A 的第一货币(外币)出售给卖方。上述流程可用图 2.3 表示。

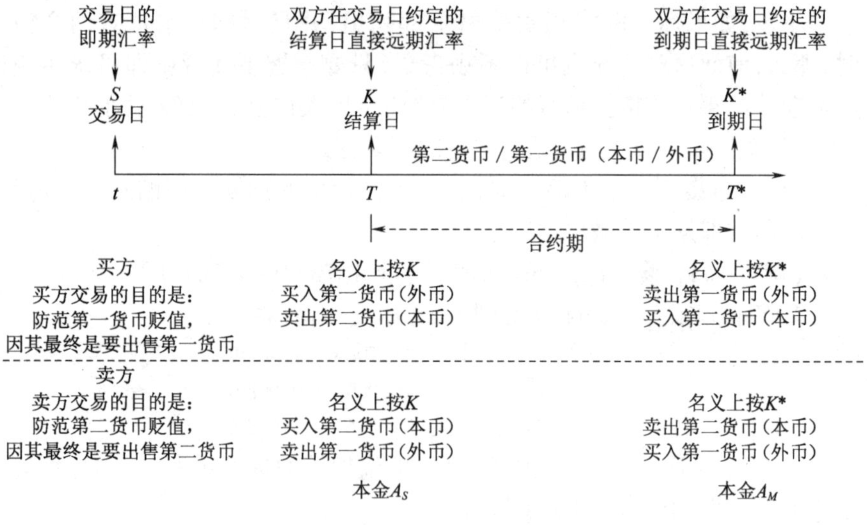

图 2.3 远期外汇综合协议流程图

远期外汇综合协议(SAFE)的要素：

(1)交易双方同意进行名义上的远期—远期货币互换，并不涉及实际的本金兑换。

(2)名义上互换的两种货币分别称为第一货币(Primary Currency)和第二货币(Secondary Currency)。名义上在结算日进行首次兑换，在到期日进行第二次兑换。

(3)在交易日确定两次互换的金额，确定合约汇率和到期日汇率；在确定日确定两次兑换日实际的市场汇率。

(4)买方指首次兑换买入第一货币的一方,也是第二次交易出售第一货币的一方;卖方则相反。

从上述定义还可看出,远期外汇综合协议是对未来远期差价进行保值或投机而签订的远期协议,这是因为根据远期差价的定义,我们有:

$$W_k = K^* - K \tag{2.11}$$

$$W_R = F_R^* - F_R \tag{2.12}$$

$$W_k - W_R = (K^* - F_R^*) - (K - F_R) \tag{2.13}$$

式中,W_k 表示交易日确定的合同期内远期差价,它等于合同中规定的到期日(T^* 时刻)直接远期汇率(K^*)与合同中规定的结算日(T 时刻)直接远期汇率(K)之间的差额,而 W_R 表示确定日确定的合同期的远期差价,它等于确定日确定的到期日直接远期汇率(F_R^*)与确定日确定的结算日直接远期汇率(F_R)之间的差额。

(三)远期外汇综合协议与远期利率协议的区别和联系

远期外汇综合协议与远期利率协议的最大区别在于:前者的保值或投机目标是两种货币间的汇率差以及由此决定的远期差价,后者的目标则是一国利率的绝对水平。

但两者也有很多相似之处:①标价方式都是 $m \times n$,其中,m 表示合同签订日到结算日的时间;n 表示合同签订日至到期日的时间。②两者都有五个时点,即合同签订日、起算日、确定日、结算日和到期日,而且有关规定均相同。③名义本金均不交换。

(四)远期外汇综合协议的交易流程和结算

在交易日,交易双方就结算日和到期日将兑换的原货币的名义金额 A_S 和 A_M,相关的直接远期汇率(K 和 K^*)和合同远期差价(W_K)达成协议,据此可算出第二货币的名义金额。

在确定日,双方根据市场汇率确定即期结算汇率(F_R)、到期日远期结算汇率(F_R^*)和远期差价(W_R),并通过比较直接远期汇率、合同远期差价和即期结算汇率、远期结算差价,算出结算金。

根据计算结算金的方法不同,我们可以把远期外汇综合协议分为很多种,其中最常见的有两种:一是汇率协议(Exchange Rate Agreement,ERA),一是远期外汇协议(Forward Exchange Agreement,FXA)。

汇率协议(ERA)的结算金计算公式为:

$$\text{结算金(ERA)} = A_M \times \left[\frac{W_K - W_R}{1 + (i \times \frac{D}{B})}\right] \tag{2.14}$$

式中,A_M 表示原货币到期日名义本金数额;i 表示结算日第二货币期限为结算日到到期日的无风险利率；D 表示合同期天数；B 表示第二货币计算天数，通行惯例（360 天或 365 天）。

远期外汇协议（FXA）的结算金计算公式为：

$$\text{结算金(FXA)} = A_M \times \left[\frac{K^* - F^*}{1 + (i \times \frac{D}{B})}\right] - A_S \times (K - F) \qquad (2.15)$$

式中，A_S 表示原货币结算日的名义本金数额，在大多数远期外汇综合协议中，$A_M = A_S$。

注意两点：①SAFE 一般都用原货币来表示名义本金数额，而用第二货币来表示结算金数额。②如果结算金为正值，则表示卖方支付给买方；反之，如果结算金为负值，则表示买方支付给卖方。

二、远期外汇交易

（一）基本原理

远期外汇交易（Forward Transaction），又称期汇交易，是指买卖外汇双方先签订合同，规定买卖外汇的数量、汇率和未来交割外汇的时间，到了规定的交割日期买卖双方再按合同规定办理货币收付的外汇交易。在签订合同时，除交纳 10% 的保证金外，不发生任何资金的转移。

远期外汇交易的期限有 1 个月、3 个月、6 个月和 1 年等几种，其中 3 个月最为普遍。远期外汇交易很少超过 1 年，因为期限越长，交易的不确定性越大。

人们进行期汇交易的具体目的是多方面的，但不外乎是为了套期保值、平衡头寸、投机的动机。具体包括以下几方面：

（1）进出口商和外币资金借贷者为避免商业或金融交易遭受汇率变动的风险而进行期汇买卖。在国际贸易中，自买卖合同签订到货款清算之间有相当一段时间，在这段时间内，进出口商可能因计价货币的汇率变动而遭受损失，为避免汇率风险，进出口商可预先向银行买入或卖出远期外汇，到支付或收进货款时，就可按原先约定的汇率来办理交割。同样的，拥有外币的债权人和债务人可能在到期收回或偿还资金时因外汇汇率变动而遭受损失，因此，他们也可在贷出或借入资金时，相应卖出或买入相同期限、相当金额的期汇，以防范外汇风险。

（2）外汇银行为平衡其远期外汇头寸而进行期汇买卖。进出口商和顾客为避免外汇风险而进行期汇交易，实质上就是把汇率变动的风险转嫁给外汇银行。外汇银行为满足客户要求而进行期汇交易时，难免会出现同一货币同一种交割期限或不同交割期限的超买或超卖，这样，银行就处于汇率变动的风险之中。为此，银行就要设法把它的外汇头寸予以平衡，即将不同期限不同货币头寸的余缺进行抛售或补进，由此求得期汇头寸的平衡。

(3)外汇投机者为谋取投机利润而进行期汇买卖。在浮动汇率制下,汇率的频繁剧烈波动,会给外汇投机者进行外汇投机创造有利的条件。所谓外汇投机是指根据对汇率变动的预期,有意保持某种外汇的多头或空头,希望从汇率变动中赚取利润的行为。其特点是:①投机活动并非基于对外汇有实际需求,而是想通过汇率涨跌赚取差额利润;②投机者与套期保值者不同,他们是通过有意识地持有外汇多头或空头来承担外汇风险,以期从汇率变动中获利。

外汇投机既可以在现汇市场上进行也可以在期汇市场上进行。二者的区别在于,在现汇市场上进行投机时,由于现汇交易要求立即进行交割,投机者手中必须持有足够的现金或外汇。而期汇交易只需缴纳少量保证金,无需付现汇,到期轧抵,计算盈亏,因此,不必持有巨额资金就可进行交易。所以,期汇投机较容易,成交额也较大,但风险也较高。

外汇投机有两种形式:①先卖后买,即卖空(Sell Short)或称“空头”(Bear)。当投机者预期某种外币的汇率将下跌时,就在外汇市场上以较高的价格预先卖出该种货币的期汇,若到时该种外币的汇率果真下跌,投机者就可按下跌后的汇率低价补进现汇,交割远期合约,赚取差价利润。②先买后卖,即买空(Buy Long)或称“多头”(Bull)。当投机者预期某种外币的汇率将上升时,就在外汇市场上预先以低价买进该种货币的期汇,若到期时,该种货币的汇率果真上升,投机者就按上升后的汇率卖出该种货币的现汇来交割远期,从中赚取投机利润。

(二)远期外汇交易方式

1. 远期外汇交易的两种方式

(1)固定交割日的远期交易(Fixed Maturity Date Forward Transaction),即交易双方事先约定在未来某个确定的日期办理货币收付的远期外汇交易。它是一种在实际中较常用的远期外汇交易方式,但它缺乏灵活性和机动性。

因为在现实中,外汇买卖者(如进出口商)往往事先并不知道外汇收入和支出的准确时间,因此,他们往往希望与银行约定在未来的一段期限中的某一天办理货币收付,这时,就需采用择期交易方式,即选择交割日的远期交易。

(2)选择交割日的远期交易(Optional Maturity Date Forward Transaction),指主动请求交易的一方可在成交日的第三天起至约定的期限内的任何一个营业日,要求交易的另一方,按照双方事先约定的远期汇率办理货币收付的远期外汇交易。

确定择期交割日的方法有两种:①事先把交割期限固定在两个具体日期之间。如某一出口商在10月13日成交一笔出口交易,预期3个月内收到货款。这样,该出口商马上在外汇市场上卖出一笔3个月的远期外汇,并约定择期日期为 10 月 17 日至 12 月 17 日。这样该出口商便可在这段时间内的任何一天,随时将收到的外汇卖给银行。②事先把交割期限固定在不同月份之间。如上例中,出口商可视其需要,将交割期限规定为第一个月、第二个月、第三个月,或三个月中的任意两个月,或选择三个月。

由于择期交易在交割日上对顾客较为有利,因此,银行在择期交易中使用的是对顾客较不利的汇率,也就是说,银行将选择从择期开始到结束期间最不利于顾客的汇率作为择期远期交易的汇率。其具体原则见表 2.2。

表 2.2　银行对择期交易的报价原则

汇率变动情况	银行买入本币,卖出外汇	银行卖出本币,买入外汇
本币升水	择期从现时始,用即期汇率	按择期的最末日报价
外币贴水	择期在未来两日之间,按最初日报价	
本币贴水	按择期的最末日报价	择期从现时始,用即期汇率
外币升水		择期在未来两日之间,按最初日报价
本币从升水到贴水(或相反)	按择期期间最高外币升水或最低本币贴水报价	按择期期间最高本币升水或最低外币贴水报价

【例 2-8】假设某家美国银行的报价如下:

即期　　£ 1 = US $ 1.550 0 - 1.555 0

1 月期　　£ 1 = US $ 1.560 0 - 1.565 0

2 月期　　£ 1 = US $ 1.570 0 - 1.575 0

3 月期　　£ 1 = US $ 1.580 0 - 1.585 0

如果择期从第一个月开始,到第三个月结束,对向该行出售外汇的顾客来说,适用的汇率是£ 1 = US $ 1.550 0,对于从该行购买外汇的顾客来说,适用的汇率为£ 1 = US $ 1.585 0。如果择期在第二、三两个月,则对出售外汇的顾客和购买外汇的顾客适用的汇率分别为£ 1 = US $ 1.560 0 和£ 1 = US $ 1.585 0。由此可见,对于购买者来说,适用的汇率在两种情况下都一样,面对出售外汇者来说,适用的汇率则有所差别。

2. 掉期交易。掉期交易(Swap),又称时间套汇(Time Arbitrage),是指同时买进和卖出相同金额的某种外汇,但买与卖的交割期限不同的一种外汇交易,进行掉期交易的目的也在于避免汇率变动的风险。掉期交易可分为以下三种形式:

(1)即期对远期(Spot Against Forward),即在买进或卖出一笔现汇的同时，卖出或买进相同金额该种货币的期汇。期汇的交割期限大都为1星期、1个月、2个月、3个月、6个月。这是掉期交易中最常见的一种形式。

【例2-9】假设某日一美国投资者在现汇市场上以£1 = US $1.950 0的汇价，卖出195万美元，买入100万英镑，到英国进行投资，期限6个月，为避免投资期满时英镑汇率下跌，同时在期汇市场上卖出6个月期100万英镑（这里忽略不计利息），若6个月期汇汇率为£1 = US $1.945 0，则100万英镑可换回194.5万美元，0.5万美元（195 - 194.5）即为掉期保值成本。

（2）明日对次日（Tomorrow - Next or Rollover），即在买进或卖出一笔现汇的同时，卖出或买进同种货币的另一笔即期交易，但两笔即期交易交割日不同，一笔是在成交后的第二个营业日（明日）交割，另一笔反向交易是在成交后第三个营业日（次日）交割。这种掉期交易主要用于银行同业的隔夜资金拆借。

（3）远期对远期（Forward to Forward），指同时买进并卖出两笔相同金额、同种货币、不同交割期限的远期外汇。这种掉期形式多为转口贸易中的中间商使用。

第四节　远期合约的定价

一、不支付收益证券的远期合约的定价

（一）符号表示

T：远期合约到期的时间（年）；

t：现在的时间（年）；

S：远期合约标的资产在时间 t 时的价格；

S_T：远期合约标的资产在时间 T 时的价格（在 t 时刻这个值是未知的）；

K：远期合约中的交割价格；

f：时刻 t 时，远期合约多头的价值；

F：时刻 t 时的远期价格；

r：对 T 时刻到期的一项投资而言，时刻 t 以连续复利计算的无风险利率。

变量 T 和 t 是从合约生效之前的某个日期开始计算的，以年为单位。$(T-t)$ 代表远期合约中，以年为单位表示的剩下的时间。可以简单地认为 $(T-t)$ 是一个变量。

（二）不支付收益证券的远期合约

不付红利的股票和贴现债券就是此类证券。由于没有套利机会，对不支付收益证券而言，该证券远期价格 F 与现价 S 之间的关系应该是：

$$F = Se^{r(T-t)} \tag{2.16}$$

为了证明上式,先假设 $F > Se^{r(T-t)}$。一个投资者可以以无风险利率借 S 美元,期限为 $T-t$,用来购买该证券资产,同时卖出该证券的远期合约。在时刻 T,投资者以合约中约定的价格 F 卖掉资产,同时归还借款本息 $Se^{r(T-t)}$。这样,在时刻 T 就实现了 $F - Se^{r(T-t)}$ 的利润。

再假设 $F < Se^{r(T-t)}$。投资者可以卖出标的证券,将所得收入以年利率 r 进行投资,期限为 $T-t$,同时购买该资产的远期合约。在时刻 T,投资者以合约中约定的价格 F 购买资产,冲抵了原来的空头,实现的利润为 $Se^{r(T-t)} - F$。

【例 2-10】考虑一个基于不支付红利的股票的远期合约,3 个月后到期。假设股价为 \$40,3 个月期无风险利率为年利率 5%。这里,$T-t=0.25$,$r=0.05$,$S=40$,有:$F=40\ e^{0.05\times0.25} = \$40.50$。

这将是今天签订远期合约中的交割价格。如果实际的远期价格大于 \$40.50,则某套利者可以先借钱买股票,然后卖出远期合约,则可获得净收益。如果实际的远期价格小于 \$40.50,则套利者可以先卖股票,将所得收入进行投资,同时购买远期合约,同样可获得净收益。

当考虑 A,B 两个组合时公式变化如下:

组合 A:一个远期合约多头加上一笔数额为 $Ke^{-r(T-t)}$ 的现金。假设现金以无风险利率投资,则到时刻 T 时,现金数额将达到 K。在远期合约到期时,这笔钱正好可用来购买该标的证券。

组合 B:一单位标的证券。

在时刻 T,两个组合都将包含一单位的标的证券。在时刻 t 时,两个组合的价值应该相等,否则,投资者就可以通过购买相对便宜的组合,出售相对昂贵的组合来获得无风险利润。因此有:

$$f + Ke^{-r(T-t)} = S\text{,或者}\quad f = S - Ke^{-r(T-t)} \tag{2.17}$$

当一个新的远期合约生效时,远期价格等于合约规定的交割价格,且使该合约本身的价值为 0。因此,远期价格 F 就是式(2.17)中令 $f=0$ 时的 K 值,即 $F = Se^{r(T-t)}$。

【例 2-11】考虑一个 6 个月期的远期合约的多头状况,标的证券是 1 年期贴现债券,远期合约交割价格为 \$950。我们假设 6 个月期的无风险利率(连续复利)为年利率 6%,债券的现价为 \$930。这里 $T-t=0.50$,$r=0.06$,$K=950$,$S=930$,根据式(2.17)可以知道远期合约多头头寸的价值 f 为:$f=930-950e^{-0.5\times0.06}=8.08$。类似地,该远期合约空头的价值为 -8.08。

二、支付已知现金收益证券的远期合约的定价

支付已知现金收益证券的远期合约,标的资产将为持有者提供可完全预测的现金收益。例如,支付已知红利的股票和付息票的债券。设 I 为远期

合约有效期间所得收益的现值，贴现率为无风险利率。由于没有套利机会，F 和 S 之间的关系应是：

$$F = (S - I)e^{r(T-t)} \tag{2.18}$$

若假设 $F > (S - I)e^{r(T-t)}$。某套利者可以借钱购买资产，卖出远期合约。到时刻 T 时，依照合约中约定的条款，以价格 F 卖掉资产。假定用所得收入偿还部分借款，则还有 $(S - I)e^{r(T-t)}$ 金额的借款要在 T 时刻归还。于是，在时刻 T，实现的利润为 $F - (S - I)e^{r(T-t)}$。若再假设 $F < (S - I)e^{r(T-t)}$。套利者可以出售资产，将所得收入进行投资，同时购买远期合约。在这种情况下，在时刻 T，实现的利润为 $(S - I)e^{r(T-t)} - F$。

【例 2－12】考虑一个股价为 $50 的股票的 10 个月期远期合约。我们假设对所有的到期日，无风险利率（连续复利）都是年利率 8%，且利率的期限结构是平坦的。同时我们假设在 3 个月、6 个月以及 9 个月后都会有每股 $0.75 的红利付出。红利的现值 I 为：$I = 0.75e^{-0.08 \times \frac{3}{12}} + 0.75e^{-0.08 \times \frac{6}{12}} + 0.75e^{-0.08 \times \frac{9}{12}} = 2.162$。变量 $T - t$ 为 0.833 3 年，因此远期价格 F 为：$F = (50 - 2.162)e^{0.08 \times 0.8333} = \$51.14$。

如果远期价格低于上面的值，则套利者可以卖出股票购买远期合约。若远期价格高于此数，则套利者可以卖出远期合约，购买股票。

考虑 A、B 两个组合。组合 A：一个远期合约多头加上一笔数额为 $Ke^{-r(T-t)}$ 的现金；组合 B：一个单位的证券加上以无风险利率借 I 数额的资金。由于证券的收益可以用来偿还借款，因此在 T 时刻，这个组合与一单位的证券具有相同的价值。组合 A 在 T 时刻也具有同样的价值。因此，在 T 时刻，这两个组合应具有相同的价值，即：

$$f + Ke^{-r(T-t)} = S - I \text{ 或 } f = S - I - Ke^{-r(T-t)} \tag{2.19}$$

远期价格 F 就是使 $f = 0$ 的 K 值。由式(2.19)可得：$F = (S - I)e^{r(T-t)}$。

【例 2－13】考虑一种 5 年期债券，价格为 $900。假设这种债券的 1 年期远期合约的交割价格为 $910。在 6 个月后和 12 个月后，预计都将收到 $60 的利息。第二次付息日正好在远期合约交割日之前。6 个月期和 12 个月期的无风险利率分别为年利率 9% 和 10%。在此例中，$S = 900$，$K = 910$，$r = 0.10$，$T - t = 1$，且有：

$$I = 60e^{-0.09 \times 0.5} + 60e^{-0.10} = 111.65$$

远期合约多头的价值 $f = 900 - 111.65 - 910e^{-0.10} = -35.05$，远期合约空头的价值为 $+35.05$。

三、支付已知红利收益率证券远期合约的定价

货币和股票指数是提供已知红利收益率的证券。一个已知的红利收益率意味着表示为证券价格百分比的收益是已知的。我们假设红利收益率按

照年率 q 连续支付。假设红利收益率为每年 5%，$q=0.05$。当证券价格为 \$10 时，下一个小的时间段的红利按照每年 \$0.50 的比率支付。当证券价格为 \$100 时，下一个小的时间段的红利按照每年 \$5 的比率支付，依此类推。

考虑 A、B 两个组合。组合 A：一个远期合约多头加上一笔数额为 $Ke^{-r(T-t)}$ 的现金；组合 B：$e^{-q(T-t)}$ 个证券并且所有的收入都再投资于该证券。其中拥有证券的数量随着获得红利的增加而不断增长，因此，到时刻 T 时，正好拥有一个单位的该证券。在时刻 T 时，组合 A 和组合 B 价值相等。在 t 时刻两者也相等。公式为：

$$f+Ke^{-r(T-t)}=Se^{-q(T-t)}，或 f=Se^{-q(T-t)}-Ke^{-r(T-t)} \tag{2.20}$$

远期价格 F 就是使 $f=0$ 时的 K 值：

$$F=Se^{(r-q)(T-t)} \tag{2.21}$$

注意，如果在远期合约有效期间红利收益率是变化的，式（2.21）仍然是正确的，此刻 q 等于平均红利收益率。

【例 2-14】考虑一个 6 个月期远期合约，标的资产提供年率为 4% 的连续红利收益率。无风险利率（连续复利）为每年 10%。股价为 \$25，交割价格为 \$27。这里，$S=25$，$K=27$，$r=0.10$，$q=0.04$，$T-t=0.5$。

远期合约多头的价值 f 为：

$$f=25e^{-0.04\times0.5}-27e^{-0.1\times0.5}=-1.18$$

远期价格 F 为：

$$F=25e^{0.06\times0.5}=25.76$$

本章小结

1. 金融远期合约是指交易双方约定在未来的某一确定时间，按照事先商定的价格，以预先确定的方式买卖一定数量的某种金融资产的合约。

2. 远期价格指的是标的资产的远期价格。它是指使得远期合约价值为零的交割价格。远期价值指的是远期合约本身的价值，它取决于远期价格与交割价格的差额。

3. 金融远期合约主要有远期利率协议、远期外汇合约和远期股票合约等。

4. 远期利率协议是买卖双方同意在未来一定时间（清算日），以商定的名义本金和期限为基础，由一方将协定利率与参照利率之间差额的贴现额度付给另一方的协议。

5. 远期外汇合约是指双方约定在将来某一时间按约定的远期汇率买卖

一定金额的某种外汇的合约。

6. 远期股票合约是指在将来某一特定日期按特定价格交付一定数量单个股票或一揽子股票的协议。

7. 远期利率是指将来时刻的一定期限的利率，它可通过一系列即期利率求出。

8. 远期外汇综合协议是指双方约定买方在结算日按照合同中规定的结算日直接远期汇率用第二货币向卖方买入一定名义金额的原货币，然后在到期日再按合同中规定的到期日直接远期汇率把一定名义金额原货币出售给卖方的协议。

9. 远期合约的定价主要考虑三种情况：不支付收益证券的远期合约定价、支付已知现金收益证券的远期合约定价、支付已知红利收益率的远期合约定价。对所有资产，下式都是正确的：$f=(F-K)e^{-r(T-t)}$。因为无论 $f>(F-K)e^{-r(T-t)}$ 还是 $f<(F-K)e^{-r(T-t)}$ 都存在套利机会。

关键术语

金融远期合约　远期利率协议　远期外汇合约　远期股票合约　升水　贴水　交割价格　远期价格　掉期交易

能力训练

一、选择题

1. 合约中规定的未来买卖标的物的价格称为(　　)

A. 远期价格　　B. 交割价格　　C. 理论价格　　D. 实际价格

2. 金融远期合约主要有(　　)

A 远期利率协议　　B. 远期外汇合约

C. 远期股票合约　　D. 远期货币合约

3. 远期合约是(　　)

A. 标准化合约　　B. 非标准化合约

C. 灵活性较小　　D. 灵活性较大

4. 远期利率协议的买方相当于(　　)

A. 名义借款人　　B. 名义贷款人

C. 实际借款人　　D. 实际贷款人

5. 远期利率协议成交的日期为(　　)

A. 结算日　　B. 确定日　　C. 到期日　　D. 交易日

6. 远期利率是指(　　)

A. 将来时刻的将来一定期限的利率

B. 现在时刻的将来一定期限的利率

C. 现在时刻的现在一定期限的利率

D. 过去时刻的过去一定期限的利率

7. (　　)的远期期限是从未来某个时点开始算的

A. 直接远期外汇合约　　B. 远期外汇综合协议

C. 远期利率协议　　D. 远期股票合约

8. 远期外汇综合协议与远期利率协议的相似之处为(　　)

A. 标价方式都是 $m \times n$

B. 两者都有四个时点

C. 名义本金均不交换

D. 两者保值和投机的目标都是一国利率的综合水平

9. 期汇投机的特点是(　　)

A. 成交额较大　　B. 成交额较小　　C. 风险较高　　D. 风险较低

10. 掉期交易的形式包括(　　)

A. 明日对次日　　B. 即期对远期

C. 远期对远期　　D. 即期对次日

11. 已知下列即期利率：$r_{60}=4\%$，$r_{90}=5\%$，$r_{150}=6\%$(一年按 360 天计算)。请问一份 3×5FRA 的合同利率为(　　)

A. 6.0%　　B. 6.9%　　C. 7.4%　　D. 7.9%

12. 远期合约的远期价格和交割价格是两个概念，远期价格可能大于、小于、等于交割价格，上述说法(　　)

A. 正确　　B. 错误　　C. 不能确定

二、思考题

1. 简述金融远期合约的含义和特征。

2. 金融远期合约的种类有哪些？

3. 远期利率协议的功能有哪些？

4. 试述远期外汇综合协议与远期利率协议的区别和联系。

5. 远期利率是如何决定的？

6. 远期价格与远期价值的区别有哪些？

三、计算题

1. 一笔债务本金为 1 000 元，年利率为连续复利 8%，实际上利息每季支付一次，请计算实际每季付息多少。

2. 远期利率协议某交易日是 2015 年 7 月 6 日星期一，双方同意成交一份 1×4金额 100 万美元，利率为 6.25% 的远期利率协议，确定日市场利率为 7%。请指出：①1×4 的含义；②起算日；③确定日；④结算日；⑤到期日；⑥结算金。

3. 设香港某银行的即期汇率牌价为 HK/USD7.786 4－7.787 0，三个月远期为 360－330。请问：

(1)三个月远期实际汇率 HK/USD 是多少？

(2)假设某商人卖出三个月远期 USD10 000，可换回多少三个月远期 HK＄？

(3)如按上述即期外汇牌价，我国某公司出口机床原报价每台 HK＄30 000，现香港进口商要求改用美元向其报价,则该公司应报价多少?为什么?

4.设某市场美元/英镑的即期汇率为 1 英镑 =1.5 美元,该市场英镑利息率(年利)为 7.5%,美元利息率(年利)为 5%。运用利率平价理论,求一年期远期汇率为多少?

5.某股票预计在 1 个月和 3 个月后每股派发 1 元股息,该股票目前市价为 10 元,所有期限的无风险连续复利年利率为 5%。某股票投资者刚刚取得该股票 6 个月的远期空头合约,请问:

(1)该远期价格是多少?

(2)若交割价格等于远期价格,则远期合约的初始投资价值为多少?

6.下面两组资料显示了 Pearson 先生所处的市场环境:

资料一:初始的市场汇率和利率

	即期	1 月	4 月	1×4 月
美元/欧元汇率	1.300 0	53/56	212/215	158/162
美元利率	9.6%	9.625%	9.875%	9.88%
欧元利率	5.75%	6%	6.25%	6.30%

资料二:一个月后的市场汇率和利率

	即期	3 月期
美元/欧元汇率	1.300 0	176/179
美元利率	9.7%	10%
欧元利率	5.8%	6%

(1)Pearson 先生进行了欧元/美元 1×4 远期对远期掉期交易,下图分别描述了这项交易的资金流动和利润变动情况。图中实线表示最初 1×4 月期远期对远期交换;虚线表示 1 个月后执行的即期/3 月期平仓交换。请选择合适的数据进行计算,并将下图填补完整。

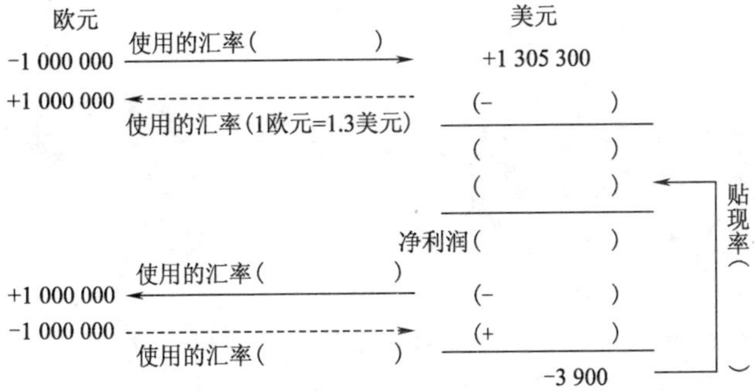

(2)Pearson 先生打算出售一份 1×4 远期外汇协议，根据资料一、二，请计算结算金是多少？若 Pearson 先生改变主意，出售一份 1×4 汇率协议，结算金又会是多少？（名义本金为 1 000 000 欧元）

参考文献与网站链接

1.周立.金融工程与风险管理[M].北京：中国金融出版社，2001.

2.斯科特·梅森等.金融工程案例[M].胡维熊译.大连：东北财经大学出版社，2003.

3.周洛华.金融工程学[M].上海：上海财经大学出版社，2004.

4.朱利安·沃姆斯利.新金融工具[M].北京：中国人民大学出版社，2003.

5.宋清华、李志辉.金融风险管理[M].北京：中国金融出版社，2003.

6.陈工孟、吴文峰，朱云.金融工程[M].北京：清华大学出版社，2003.

7.郑振龙.金融工程[M].北京：高等教育出版社，2003.

8.李一智.期货与期权教程[M].北京：清华大学出版社，2003.

9.国际期货行业协会网站 http://www.futureindustry.org.

10.国际互换与衍生品协会网站 http://www.isda.org.

11.芝加哥期货交易所 http://www.cbot.com.

第三章　期货交易概述

★ 本章学习指导 ★

期货是金融衍生工具的重要组成部分，其交易是在期货交易所内买卖标准化的期货合约的交易。交易的目的一般不是获得实物，而是规避价格波动的风险和投机套利，因此很少进行实物交割。本章阐述了期货交易中的相关概念、期货交易的功能、种类以及期货市场的组织结构和管理。通过本章学习，应该掌握期货交易、头寸、对冲等重要概念，理解期货合约的基本内容，熟悉期货交易规则和流程，了解期货市场的管理方式。

第一节　期货交易的相关概念

一、期货交易的定义和基本特征

期货交易(Futures Transaction)，是指交易双方在集中性的市场以公开竞价的方式所进行的期货合约的交易。

期货市场的基本特征主要有以下几个方面：

(一)期货市场具有专门的交易场所

期货交易是在专门的期货交易所内进行的，一般不允许场外交易（除了EFP——期货转现货交易以外，EFP是唯一合法的场外交易方式）。期货交易所不仅为期货交易者提供了一个专门的交易场所，提供了进行期货交易所必需的各种设备和服务，而且还为期货交易制定了严密的规章制度，使得期货市场成为一个组织化、规范化程度很高的市场，同时，它还为所有在期货交易所内达成的交易提供财务上和合约履行方面的担保。这是期货交易区别于现货即期交易和现货远期交易的一个重要方面。由于期货交易所内汇集了众多的买方和卖方，并对交易行为进行规范，为交易提供担保，这就为期货合约的买卖创造了有利条件，即使得交易者寻找交易对手比较容易，也使得交易者不必担心交易的安全性而专心致志于期货合约的买卖，从而使得期货交易所内买卖合约的活动比较频繁，大大提高了市场流动性。

（二）期货市场的交易对象是标准化的期货合约

期货交易买卖的标的物是标准化的期货合约，现代期货市场的产生正是以标准化期货合约的出现为标志的，这也是期货交易区别于现货远期合约交易的一个重要方面。正是鉴于现货远期合约交易的非标准化特征，所以，在期货交易产生之初，期货交易所就为期货交易制定了标准化的期货合约，这在期货市场发展史上是一个重要的里程碑。期货合约的数量、等级、交割时间、交割地点等条款都是标准化的。合约中唯一可变的变量是价格。标准化期货合约的出现，既简化了交易手续，降低了交易成本，又防止了因交易双方对合约条款的不同理解而可能出现的争议和纠纷。同时，由于期货合约是标准化的，这就为合约持有者今后进一步转让该合约创造了便利条件。

（三）适宜于进行期货交易的期货商品具有特殊性

由于期货市场自身的特点，决定了并非所有的商品都适宜于进行期货交易，大多数适宜于进行现货即期和远期合约交易的商品，并不适宜于进入期货市场进行交易。一般而言，期货商品上市的条件主要有以下几方面：

（1）商品可以被保存相当长的时间而不易变质损坏，以保持现货市场和期货市场之间的流动性。

（2）商品的品质等级可以进行明确的划分和评价，能为公众认可，以保证期货合约的标准化。

（3）商品的生产量、交易量和消费量足够大，以保证单个或少数参与交易者无法操纵市场。

（4）商品的价格波动较为频繁，以保证套期保值目的和投机目的的实现。商品的未来市场供求关系和动向不容易估计，以保证存在交易对手。

（四）期货交易是通过买卖双方公开竞价的方式进行的

在期货交易中，期货合约的买卖是由代表众多的买方和卖方的经纪人在交易所内通过公开喊价或计算机自动撮合的方式达成的。期货市场是一个公开、公平、公正和竞争的场所，由于期货交易和期货市场的这种特征，就使得期货市场上的期货价格能够较为准确地反映出现货市场上真实的供求状况及其变动趋势。

（五）期货市场实行保证金制度

在期货市场进行交易需要交纳一定数量的履约保证金（一般为成交金额的5% ~15%），并且在交易的过程中，需要维持一个最低的履约保证金水平，随着期货合约交割期的临近，保证金水平会不断提高，这种做法的目的是为了给期货合约的履行提供一种财务担保，也就是说，如果交易者未能将其所持有的期货合约在合约到期前进行对冲平仓，那么就必须在合约到期后根据合约的规定进行实物交割。保证金制度对于期货交易来说是至关重要的，它增加了期货交易的安全性，使得期货交易所和结算所能够为在交易所内达成并经结算所结算的期货交易提供履约担保。

（六）期货市场是一种高风险、高回报的市场

期货交易是一种保证金交易，投入 5% ～15% 的资金就可以从事 100% 的交易，正是由于这种杠杆原理，决定了期货交易是一种高风险，同时也是一种高投资回报的交易。投入一定数量的资金，交易者可能获得数倍甚至数十倍于这笔资金的收益，同时也面临着数倍甚至数十倍于这笔资金的投资风险。然而，也正是由于期货市场的这种高风险、高回报的特点，吸引着越来越多的投资者源源不断地加入到期货市场中来。

（七）期货交易是一种不以实物商品的交割为目的的交易

交易者进行期货交易的目的有两种——套期保值或者进行投机。期货交易的这两种特定的目的决定了期货交易是一种不以实物商品的交割为目的的交易。期货交易中最后进行实物交割的比例通常很小，一般只有 1% ～3%，绝大多数的期货交易者都以对冲平仓的方式了结交易。

二、期货合约的交易

期货合约（Futures Contract）是指买卖双方签订的在将来一个确定时间按确定的价格购买或出售某项资产的协议。

期货交易中的头寸（Position）是指多头或空头。当合约的一方同意在将来某个确定的日期以某个确定的价格购买标的资产时，就称这一方为多头（Long Position）。另一方同意在同样的日期以同样的价格出售该标的资产，就称这一方为空头（Short Position）。换句话说，购买期货合约的一方被称为是持有期货多头头寸的投资者，出售期货合约的一方就被称为是持有期货空头头寸的投资者。无论投资者的初始交易是购买还是出售期货合约，我们都称这一行为是开仓；无论投资者是持有多头头寸，还是空头头寸，我们都把这一行为叫作持仓。

投资者在持仓的过程中，会根据市场价格发生的波动决定是否有必要将持仓合约在合约到期以前转让给其他交易者，若持仓者在到期日之前改变他已有的头寸，在市场上买卖与自己合约品种、数量相同但方向相反的期货，就称这一交易行为是期货合约的对冲交易（Reversing Transition）。

期货合约的对冲是期货交易平仓（Closing out a Position）方式中的一种，平仓的另一种方式是期货合约到期时进行实物的交割（Delivery）。

例：孙先生预计在期货市场上大豆价格将会有一定幅度的上涨，于是决定买入 30 手 3 月份大豆合约，随后价格果然上涨，10 天后，孙先生认为时机已成熟，遂将合约卖出，盈利收入囊中。

该例中,孙先生买入30手合约既属于开仓行为,开仓后他的仓位即有30手多头合约。10天后孙先生作了与前面开仓时的买入交易相反的卖出交易,目的是将前面的仓位进行了结,这种行为即为平仓。这里孙先生的持仓时间是10天,孙先生卖出交易成交时,他是在对冲手中的多头合约,即平仓交易。开仓后到平仓这段时间,孙先生一直拥有30手多头合约,这种状态即为持仓。

三、期货合约的基本内容

期货合约是一种在规范的交易所内进行交易的标准化的远期合约,在合约中对有关交易的标的、合约规模、交割时间、标价方法等都有标准化的条款,同时,它也是一种大众化的公共约定。一张期货合约通常包括以下基本内容:

(一)交易品种

交易品种(Trading Variety)是指具有期货商品性能,并经过批准允许作为进入商品交易所进行期货买卖的品种,也叫作"上市品种"。根据品种的不同,期货一般可分为商品期货和金融期货两类。

(二)交易单位

交易单位(Trading Unit)也叫作"合约规模"(Contract Size),是指交易所对每一份期货合约所规定的交易数量。在进行期货交易时,人们只需买进或卖出这一标准数量的某一整数倍,即买进或卖出多少份这样的期货合约,简化了期货交易的计算。但是,这也在一定程度上限制了人们根据自己的实际需要确定交易数量的余地。

(三)交割品级

商品期货合约规定了统一的、标准化的质量等级(Delivery Grade),一般采用国家制定的商品质量等级标准。对于金融期货来讲,由于不存在品质的差异,所以交易所除对一些特殊的金融期货合约作些必要规定外,一般不做具体规定。

(四)最小变动价位

最小变动价位(Minimum Price Change)也叫作最小价格波动、一个刻度(Tick),是指某一商品报价单位在每一次报价时所允许的最小价格变动量。有了最小变动价位的规定,竞价双方就都有了遵循,在相同的价位上就可以成交。

(五)每日价格最大波动限制

每日价格最大波动限制(Daily Price Limit)是指为了防止过度投机而带来的暴涨暴跌,交易所对大多数的期货合约所规定的每天价格相对于上一日收盘价可以波动的最大限度。如果价格变化超过这一幅度,交易就自动停止。这种限制一般也称为"每日停板额限制"。在交易所规定了每日价格波动限制以后,若某种期货合约的价格已上涨到上限,但仍供不应求,则许多卖者要等到下一交易日,再以更高的价格买入相应的合约,这样,交易将处于停止状态。这种因价格已上涨至上限而不能再涨所引起的交易停止状态，就称为“涨停板”（Limit Up）。反之，若由于价格已下跌到下限而不能再跌所引起的交易停止状态，就称为“跌停板”（Limit Down）。设置每日价格波动限制的主要目的是限制风险，保障期货交易者在期货价格出现猛涨或狂跌时，免受重大损失。但这一设置阻碍了价格迅速移向新的均衡水平，从经济效益上讲，它阻止了市场及时恢复均衡，限制了价格发现功能的实现。

（六）合约交割月份

合约交割月份（Contract Months）是指期货合约到期交收实货的月份。在金融期货交易中，除少数合约有特殊规定外，绝大多数合约的交收月份都定为每年的3月、6月、9月和12月。

（七）交易时间

交易时间（Trading Hours）是指交易所规定的各种合约在每一交易日可以进行交易的具体时间。不同的交易所可以规定不同的交易时间，在同一个交易所，不同的合约也可以有不同的交易时间。

（八）最后交易日

最后交易日（Last Trading Day）是指由交易所规定的各种合约停止交易的最后截止时间。在期货交易中，绝大多数成交的合约都是通过对冲交易结清的，如果持仓者到最后交易日仍不作对冲交易，那就必须通过交接实物或结算现金来结清。

（九）交割条款

交割条款（Delivery Clause）是指由交易所规定的各种期货合约因到期未平仓而进行实际交割的各项条款，包括交割日、交割方式及交割地点等。

表3.1为上海期货交易所阴极铜期货合约的内容。

表3.1 上海期货交易所阴极铜期货标准合约

交易品种	阴极铜
交易单位	5吨/手
报价单位	元（人民币）/吨
最小变动价位	10元/吨
每日价格最大波动限制	不超过上一交易日结算价±3%
合约交割月份	1~12月
交易时间	上午9:00~11:30 下午1:30~3:00及交易所规定的其他交易时间
最后交易日	合约交割月份的15日（遇法定假日顺延）
交割日期	合约交割月份16~20日（遇法定假日顺延）
交割品级	标准品：阴极铜，符合国标GB/T 467—2010中1号标准铜（Cu-CATH-2）规定，其中主成分铜加银含量不小于99.95%。
	替代品：阴极铜，符合国标GB/T 467—2010中A级铜（Cu-CATH-1）规定或符合BS EN 1978:1998中A级铜（Cu-CATH-1）规定。

续表

交易品种	阴极铜
交割地点	交易所指定交割仓库
最低交易保证金	合约价值的5%
交易手续费	不高于成交金额的万分之二(含风险准备金)
交割方式	实物交割
交易代码	CU
上市交易所	上海期货交易所

资料来源:上海期货交易所 www.shfe.com.cn

四、期货合约的标准化

从期货合约的基本要素,我们可以清楚地看到期货合约最显著的特征就是合约的标准化。期货合约的标准化主要体现在以下几个方面:

(一)商品品质的标准化

商品的品质不同,则价格各异。由于同类产品的产地或生产厂家不同,其产品的品质也不一定相同。为了使期货合约的买卖和转让能正常进行,首先必须对相关商品的品质进行标准化,制定相关商品品质的统一标准,以避免交易中产生品质纠纷。同时,还制定了非标准品的质量贴水规定,使得所有交易者进行买卖的对象完全是统一的标准合约,没有品质差异,促进了合约的转让买卖,增大了交易市场的流动性。

(二)商品计量的标准化

在一份期货合约中,商品的计量单位和交易数量都有其标准化规定,以避免由于合约的买卖和转让交易频繁且交易量大所带来的结算和统计的不便。

(三)交割月份的标准化

期货合约按交割月份来划分。交易所必须指定在交割月份中可以进行交割的确切日期。对于许多期货合约来说,交割时期是整个交割月。交割月份随合约的不同而不同,由交易所根据客户的需要进行选择。在任何给定的时间,交易的合约包括有最近交割月的合约和一系列随后交割月的合约。由交易所指定特定月份合约开始交易的时刻,交易所同时也对给定合约的最后交易日作了规定。最后交易日通常是最后交割日的前几天。

(四)交割地点的标准化

交易所必须指定商品交割的地点。这对可能存在较大的运输费用的商品期货尤为重要。当指定几个交割地点时,空头方收取的价款有时会根据他选择的交割地点进行调整。

经过以上各项的标准化,期货合约交易单位的内容变得十分简洁明了,在品种、交割期、买或卖、数量、价格中，只有价格是随行情的变量，拟成交的数量与买卖方向由交易者意愿而定，品种和交割期由交易者选定。

第二节　期货交易的规则

期货交易规则主要包括保证金制度、涨跌停板制度、持仓限额制度、强行平仓制度、大户报告制度、每日无负债结算制度、实物交割制度、风险准备金制度和信息披露制度等。

一、保证金制度

如果两个投资者相互间直接接触并同意在将来某时刻按某一特定的价格交易一项资产，这就明显地存在风险。一方投资者可能会后悔该项交易，极力想毁约。另一方面，该投资者也可能没有财力来保证该项协议的实施。为了有效防止交易者因市场价格波动而导致的违约给结算公司带来损失，交易所建立了保证金制度。因此，凡参与期货交易的投资者，无论买方，还是卖方，都必须按规定缴纳保证金。

当投资者进入交易后，经纪人会要求投资者建立一个保证金账户（Margin Account），以供存放保证金。

初始保证金（Initial Margin）是指签约成交每一份新期货合约时，买卖双方都必须向交易所交纳的存入其保证金账户的保证金。初始保证金按照合约价值的一定比率来计算，它是确保交易者履约的财力担保金，而不是交易中的定金或交易者应付价款的一部分。当合约履约后，原持仓人注销了这份合约时，该合约相关的已交交易保证金在结算时予以全数退还，不计利息。若违约，则违约一方的保证金被收缴，用来冲抵违约所造成的损失，包括价格波动带来的损失和应付违约罚金。这也被称作违约方必须付出的违约成本。

初始保证金的比率是根据价格波动的一般波动幅度和结算制度确定的，大体确定为合约价值的5%～10%，这一比率由经纪人确定，但不得低于结算公司为此规定的最低标准。这就是说，在合约成交的下一个交易日，价格的波动幅度不会超过5%～10%，所交纳的初始保证金足以抵偿价格不利波动时所带来的账面亏损。

二、涨跌停板制度

涨跌停板制度包括涨停板和跌停板两种。它是指为了防止过度投机而带来的暴涨暴跌，交易所对大多数的期货合约所规定的每天价格相对于上一日收盘价可以波动的最大限度。如果价格变化超过这一幅度，交易就自动停止。不过,当价格波动较大时,也可适当调整期货合约的价格波动限制。在某一交易商品的期货合约中,需列明每日停板额,它是根据该合约的交易日结算价加上或减去一定比例的金额计算出来的,交易者不得在确定的停板价格之外进行交易。

三、持仓限额制度

持仓限额是指交易所规定会员或客户可以持有的,按单边计算的某一合约持仓的最大数额。如果同一客户在不同会员处开仓交易,则要将该客户在各账户下的持仓合并计算。

四、强行平仓制度

强行平仓制度是与持仓限额制度和涨跌停板制度等相互配合的风险管理制度。当交易所会员或客户的交易保证金不足并未在规定时间内补足,或当会员或客户的持仓量超出规定的限额,或当会员或客户违规时,交易所为了防止风险进一步扩大,将对其持有的未平仓合约进行强制性平仓处理,这就是强行平仓制度。

五、大户报告制度

大户报告制度是与限仓制度紧密相关的另外一个控制交易风险、防止大户操纵行为的制度。期货交易所建立限仓制度后,当会员或客户某品种持仓合约的投机头寸达到交易所对其规定的投机头寸持仓限量80%以上(含本数)时,必须向交易所申报。申报的内容包括客户的开户情况、交易情况、资金来源和交易动机等,便于交易所审查大户是否有过度投机和操纵市场行为以及大户的交易风险情况。

六、每日无负债结算制度

每日无负债结算制度又称每日盯市制度,是指每日交易结束后,交易所按当日各合约结算价结算所有合约的盈亏、交易保证金及手续费、税金等费用,对应收应付的款项实行净额一次划转,相应增加或减少会员的结算准备金。经纪会员负责按同样的方法对客户进行结算。

该制度实际上是对持仓合约实施的一种保证金管理方式。按正常的交易程序,交易所在每个交易日结束后,由结算部门先计算出当日各种商品期货合约的结算价格。当日结算价一般是指交易所某一期货合约当日成交价格按成交量计算的加权平均价;当日无成交的,以上一交易日结算价作为当日结算价。结算价确定后,以此为依据计算各会员的当日盈亏(包括平仓盈亏和持仓盈亏)、当日结算时的交易保证金、当日应交的手续费、税金等相关费用。最后,对各会员应收应付的款项实行净额一次划转,相应调整增加或减少会员的结算准备金。结算完毕,如果某会员“结算准备金”明细科目余额低于规定的最低数额,交易所则要求该会员在下一交易日开市前30分钟补交,从而做到无负债交易。

七、实物交割制度

实物交割是指期货合约到期时,交易双方通过该期货合约所载商品所有权的转移,了结到期未平仓合约的过程。商品期货往往通过交易所指定的交割仓库完成实物交割过程,而金融期货大多实行现金交割来代替实物交割。实物交割要收取双方一定的交割费用。实物交割是联系期货与现货的枢纽。

交割分为实货交割或现金结算两种形式。实货交割是指交易者按已到交割期的持仓合约的内容进行实货商品的交或收的履约行为。实货交割的主要形式有:

(1)标准仓单交割。由交易所认可注册的仓库根据卖方提交的合格实货开出交易所认可的标准仓单,合约卖方持此标准仓单到结算机构交割、结算货款。

(2)3日滚动交割。在期货合约规定的交割月份的第1个交易日,到期持仓合约卖方可以提出交割要求,在第2个交易日,到期持仓合约买方中的持仓时间最长者将被通知要准备交割,第3个交易日,该买卖双方按规定具体办理交割手续。这样在交割日期范围内,卖方每天都可提出交割要求。

(3)价差交割。主要用于金融期货合约的交割,是买卖双方补偿价差部分来实现合约平仓的办法。

多数期货合约允许有多个交割工具,在合约中通常指明多头向空头支付的价格要根据交割产品的质量进行调整。

一些金融期货,如标的物为股票指数的期货,是以现金结算的。这是由于直接交割标的物资产非常不方便或者是不可能。例如,标的物为S&P500的指数期货合约,交割标的资产将包括交割一个500种股票的组合。当合约以现金结算时,最后交易日的结算价格等于其基础工具的现货收盘价。所有的合约在这一天都要盯市,所有的头寸都将被关闭。

最后交易日的结算价格等于现货收盘价这一规则的一个例外情况是S&P500期货合约。该期货合约的最后结算价格取决于最后交易日次日早晨该指数的开盘价。它的目的是为了避免股票指数期货、股票指数期权和股票指数期货期权在同一天到期而产生的相关问题。套利者经常在这三种合约中持有大量相互抵消的头寸,当他们企图平仓时,可能会出现交易混乱并在到期日结束时引起价格的巨幅波动。

八、风险准备金制度

风险准备金制度是指期货交易所从自己收取的会员交易手续费中提取一定比例的资金，作为确保交易所担保履约的备付金的制度。

交易所风险准备金的设立，是为维护期货市场正常运转而提供财务担保和弥补因不可预见的风险带来的亏损。

九、信息披露制度

交易所按即时、每日、每周、每月向会员、投资者和社会公众提供期货交易信息。内容涉及各种价格、成交量、成交金额、持仓量、仓单数、申请交割数以及交割库库容情况等。

第三节　期货交易的功能

一、风险转移功能

风险转移是期货交易最基本的经济功能。在日常经济活动中，市场主体常面临商品价格、利率、汇率和证券价格的变动（通称价格风险），所谓风险转移（Risk Shifting），就是将市场上变化的风险从不愿承担风险的人身上转移到愿意承担风险的人身上。有了期货交易后，生产经营者就可利用套期保值交易把价格风险转移出去，以实现规避风险的目的。

套期保值是指在现货市场某一笔交易的基础上，在期货市场上做一笔价值相当，期限相同但方向相反的交易，以期保值。套期保值回避价格波动风险的经济原理是某一特定商品的期货价格和现货价格，应该共同受相同的经济因素的影响和制约，也就是说，两者价格的走势具有趋同性。现货价格上升，期货价格也会上升，相反情况是很少的；而且，当期货合约临近交割时，现货价格与期货价格的差（基差，Basis），也往往接近于零，否则，会引起套利机会。所以，投资者只要在期货市场建立一种与其现货市场相反的头寸，则在市场价格发生变动时，他在一个市场遭受损失，必然在另一个市场获利。以获利弥补损失，即可达到保值的目的。期货的套期保值分为两种形式：多头（买进）套期保值和空头（卖出）套期保值。

多头套期保值是指在现货市场处于空头的情况下在期货市场做一笔相应的多头交易，以避免现货价格变动的风险。

【例 3－1】美国某公司 5 月 1 日借入 100 000 英镑，偿还期限为 11 月 1 日，公司在外汇现货市场按即期汇率 1 英镑＝2 美元把 100 000 英镑兑成美元使用，他们希望6 个月之后也是按此汇率把美元兑成英镑，偿还贷款，固定成本。公司为防止偿还时英镑升值的汇率风险,可以买进英镑期货合约,6个月后卖掉合约,以达到保值目的。现用数字计算如表3.2所示。

表3.2 期货多头套期保值

	现货市场	期货市场
5月1日	借入100 000英镑按汇率1英镑=2美元卖出英镑	按汇率1英镑=1.95美元买入4份12月交割的英镑期货合约,每份合约面额为25 000英镑
11月1日	按汇率1英镑=2.05美元买回100 000英镑	按汇率1英镑=2美元卖出4份12月交割的英镑期货合约
损益	亏损5 000美元	盈利5 000美元

注:基差风险和手续费均忽略不计。

通过表3.2可以看到,在现货市场公司亏损5 000美元,在期货市场盈利5 000美元,盈亏相抵,公司达到规避汇率风险的目的。

空头套期保值是指在现货市场处于多头的情况下,在期货市场做一笔相应的空头交易,以避免现货价格变动的风险。

【例3-2】某贸易商打算经销小麦现货,先买进,后卖出,担心在买卖过程中小麦价格会下跌而带来亏损,于是,他在期货市场上做空头(卖出)套期保值。见表3.3。

表3.3 期货空头套期保值

	现货市场	期货市场
6月10日	某贸易商买进小麦100吨,价格为1 590元/吨	该贸易商卖出10手12月到期的小麦期货合约,价格为1 848元/吨
11月8日	该贸易商卖出小麦100吨,价格为1 500元/吨	该贸易商买进10手12月到期的小麦期货合约,价格为1 758元/吨
损益	亏损90×100=9 000(元)	盈利90×100=9 000(元)

从表3.3可以看出,该贸易商经受了小麦价格下跌给现货买卖带来的风险,因为他在期货市场上盈利,盈亏完全相抵,达到了完全保值。当然,不一定始终都能完全保值,可能会盈一点或亏一点。

二、价格发现功能

价格发现是期货交易的另一重要功能。价格发现(Price Discovering),也叫价格形成(Price Formation),是指大量的买者和卖者通过竞争性的叫价而后造成的市场货币价格,它反映了人们对利率、汇率和股指等变化和收益曲线的预测及对目前供求状况和价格关系的综合看法。这种竞争性的价格一旦形成并被记录下来，通过现代化的通信手段迅速传到世界各地，就会形成世界性的价格。

期货交易正是在有组织的正规化的期货交易所内进行的，由买卖双方公开竞价而产生了期货价格，它反映出众多的买卖双方对当前、几个月及一年以后现货供求关系、价格走势预期的均衡。此外，按照期货交易所的价格报告制度，所有在交易所内达成的每一笔新交易的价格，都要向会员及其场内经纪人报告并公之于众，这就使所有的期货交易者及场内经纪人能及时了解期货市场上的行情变化，及时做出新判断。通过继续在期货市场开立多头或空头头寸，这种新判断又会反映到期货价格上，使期货价格具有持续性和公开性的特征，这进一步提高了期货价格的真实性和预测性。

期货交易的价格发现功能有利于形成公平、合理、统一的价格，从而也有利于消除垄断，促进竞争，使各生产经营者、投资者和金融机构根据这一价格做出合理的生产经营决策和投资决策，以实现公平合理、机会均等的竞争。随着期货市场的不断发展完善，尤其是随着国际性联网期货市场的出现，期货价格在更大范围内综合反映了潜在的供求关系及其变化趋势，期货交易的价格发现功能因此越来越完善。

但是，如果期货市场存在着投机过度或价格操纵行为，会削弱期货价格的真实程度，甚至操纵完全扭曲价格，扰乱期货市场进而波及现货市场。为了防止期货价格出现不正常波动，各国期货交易所一致采取相应防范措施，如规定每日最高合约数量限制，每日最高价格波动幅度限制等，这有利于期货市场的正常运行，有利于价格发现功能得到充分发挥。

三、投机功能

期货交易之所以能够规避价格风险，并不是因为期货交易本身能从根本上消除各经济主体在生产经营和投资过程中所面临的种种风险，而是因为通过期货交易，套期保值者能够将其面临的价格风险转移给别人。这种风险的转移，必须是以有人愿意承担风险作为基本前提的。在期货市场上，愿意承担风险的交易者便是投机者。

投机（Speculation），是指人们根据自己对金融期货市场的价格变动趋势的预测，通过看涨时买进，看跌时卖出而获利的交易行为。期货交易具备了良好的投机功能的原因，主要有以下几点：

（一）期货交易方便灵活

进行期货合约的买卖，其手续比较简单，只需在交易所的会员经纪公司中选择你所信服的一家，签订委托书，投放一笔资金给经纪商，就可以委托他代理买卖期货合约。在代理中，你有权提供一份买卖意向订单（包括品种、数量、交割期以及价格限制的范围)，经纪商需按意向订单的要求进行交易。交易的目的也很简单，只取决于价格波动可能带来的收益或亏损，一般并不涉及商品实货的运输与交割。若要退出经纪公司或交易所，只需将持仓合约平仓后结算清楚，即可退出。

(二)保证金数额较低

对于一般的期货交易客户，所交纳的交易保证金(包括初始保证金和追加保证金)的数额较低，一般为合约价值的5% ~10%；而进行证券、股票的买卖则需要付全额资金。

(三)信息的系统性和公开性

期货交易实行公开竞价买卖，大量参与交易者将商品供求状况的信息集中到了交易所，通过公开竞价将其公开化；同时价格的波动也会系统地反映出来，交易者可以从价格波动的系统性中捕捉机遇。对比股票市场，股票的价格因素则主要取决于各个上市公司内部的情况，以及整个股市的情势，而这些情况往往是不系统、不透明的。

第四节 期货交易的种类

期货的品种一般可以分为两大类：商品期货和金融期货。

一、商品期货

(一)商品期货的特征

在期货市场上进行交易的商品应具有以下几个特征：

1. 价格多变，波动频繁。由于期货交易的目的是为了转移价格或从中获利，所以没有价格风险的商品也就不必进行期货交易。越是价格波动频繁，就越适合于期货交易。对价格的任何人为的控制，也将限制期货交易市场的作用。

2. 期货交易的商品必须是可长期储存和易于运输的商品。尽管期货交易的目的主要不在于实物交割，但是实物交割毕竟是交易的一个主要环节。从期货合约签订到实物交割要经过一定时期，所以期货商品必须是能够长期保存，不易变质同时适于运输的商品。由于现代储藏技术的发展和流通条件的改善，一些易腐的生鲜食品，已具备了成为期货商品的可能性。

3. 可以进行大量的买卖交易。期货上市要求有众多的买主和卖主，以便交易所能提供大量的买卖机会，形成具有竞争性的市场。若市场上只有少数买主或卖主，则价格的主动权只能被一方掌握，难以形成公正的价格。

4. 商品的质量、等级、规格等可以明确划分。为了使到期交割的实物商品符合期货合约中的等级质量规定，避免在期货标准方面发生纠纷，提高交割效率和透明度,要求进入期货市场交易的期货商品必须容易划分出质量等级。那些品种复杂、技术指标繁多、等级划分困难而且专业性很强的商品不宜做期货商品,如煤炭等。

(二)商品期货的品种

目前世界上的商品期货品种非常多,大体可分为农产品期货、黄金期货和金属与能源期货三个层次。

1. 农产品期货。农产品期货是最古老的期货品种,其中也可以分为三类:谷物和油菜籽、牲畜和肉类以及食品和纤维。

(1)谷物和油菜籽是进行期货交易的最早品种,它们在很多年中都是交易最活跃的期货。然而,在最近几年中,它们的交易额被金融期货超越了。参与此类交易的主要是进行投机和套期保值的农场主、食品加工厂、谷物仓储公司、出口商和外国谷物进口商等。影响谷物和油菜籽期货价格的主要因素是农产品产量、气候、政府农业政策和国际贸易。

(2)牲畜和肉类期货曾被认为是完美的投机工具,但是在现实中并不比其他种类更具有投机性。这类期货的价格不但受到一些明显因素的影响,如国内和世界肉类需求,还受到一些不太明显的因素影响,如谷物价格、政府政策、人口趋势和国际贸易。参与交易的主要是农场主、肉类包装厂以及猪肉和牛肉的主要使用者,如快餐连锁店等。

(3)食品和纤维期货包括的品种比较广泛,比如,咖啡、可可、棉花、橙汁和白糖等。它的价格也同样受到上述诸多因素的影响。此外,由于这一种类中的大多数商品是进口的,所以国际经济及政治条件也是一个重要的影响因素。

2. 黄金期货。世界黄金市场是国际上买卖黄金的场所,由分布在世界各国的近40个国际性黄金市场所组成。目前,黄金的期货市场交易已遍及西欧、北美、亚洲以及澳洲等地。纽约、伦敦、苏黎世和香港是世界四大黄金交易中心。

3. 金属和能源期货。除黄金以外,金属期货商品还有白银、铜、铝、铅、锌、镍、钯、铂等8种。能源产品有原油、取暖用油、无铅普通汽油、丙烷等4种。每一种商品都被认为是不可恢复的自然资源。许多商品是由在政治上不稳定的国家生产的。这类商品的大部分现货和期货是在伦敦、巴黎、阿姆斯特丹和苏黎世进行交易的。国际政治和经济是影响此类期货交易的重要因素。

二、金融期货

根据标的物的性质不同,金融期货也可分为三大类:外汇期货、利率期货和股票指数期货。

(一)外汇期货

外汇期货(Foreign Exchange Futures)是指交易双方约定在未来特定的时

期进行外汇交割,并限定了标准币种、数量、交割月份及交割地点的标准化合约。外汇期货也被称为外币期货(Foreign Currency Futures)或货币期货(Currency Futures)。外汇期货产生于1972年,由芝加哥商业交易所的国际货币市场(IMM)首创,最初的交易货币包括英镑、德国马克、瑞士法郎、加拿大元和日元等。此后,美国中美洲商品交易所、费城期货交易所等相继推出外汇期货交易。1982年9月,类似于IMM的伦敦国际金融期货交易所开张营业,1984年新加坡国际金融期货交易所也开始进行外汇期货交易。目前,世界上主要的期货市场大多都进行外汇期货交易(参见表3.4)。

表3.4 世界上主要外汇期货交易所及其经营的外汇期货种类

交易所名称	外汇期货种类
悉尼期货交易所	澳大利亚元
芝加哥国际货币市场	欧元、英镑、瑞士法郎、加拿大元、日元
中美洲商品交易所	瑞士法郎、英镑、欧元、加拿大元、日元
纽约棉花交易所	欧元
费城证券交易所	瑞士法郎、英镑、欧元、加拿大元、日元、澳大利亚元
伦敦国际金融期货交易所	英镑、美元、日元、瑞士法郎、欧元
伦敦证券交易所	英镑、美元
多伦多期货交易所和温哥华证券交易所	欧元、日元、欧洲美元、英镑
奥克兰期货交易所	新西兰元、美元
法国国际期货交易所	欧元
东京国际金融期货交易所	欧洲日元、日元、欧洲美元

(二)利率期货

利率期货(Interest Rate Futures)是继外汇期货之后产生的又一个金融期货类别,它是指标的资产价格依赖于利率水平的期货合约,如长期国债期货、短期国债期货和欧洲美元期货。利率期货是有利息的有价证券期货,进行利率期货交易主要是为了固定资金的价格,即得到预先确定的利率或收益。1975年10月,芝加哥期货交易所推出了第一张利率期货合约——政府国民抵押协会抵押凭证期货合约;1976年1月,国际货币市场推出了3个月期的美国国库券期货合约,短期利率期货得到了迅速的发展;1977年8月,芝加哥期货交易所又推出了美国长期国债期货合约,从此长期利率期货蓬勃发展。目前,利率期货的品种繁多,交易十分活跃(参见表3.5)。

表 3.5 世界主要利率期货合约及交易所

国别	交易所	利率合约名称
美国	芝加哥商业交易所国际货币市场(IMM)	3 月期欧洲美元利率
		3 月期政府债券
	芝加哥期货交易所	市政债券指数/美国中期国库券/美国长期国库券
英国	伦敦国际金融期货交易所	政府公债/3 月期欧洲美元利率
日本	东京证券交易所	10 年政府债券
新加坡	新加坡国际商品交易所	欧洲美元利率
澳大利亚	悉尼期货交易中心	3 月期银行债券/10 年政府公债

随着我国经济体制的改革和金融监管的不断成熟,国债现货市场的规模、期限结构和利率市场化的程度得到了长足的发展,2012 年 4 月 23 日,国债期货开始仿真交易;2013 年 9 月 6 日,国债期货在中国金融期货交易所挂牌上市交易,并在当年的 12 月 18 日完成了合约的首次交割,意味着其平稳成功地走完了一个周期。至 2013 年年底我国国债余额为 86 700 亿元,占同期 GDP 的 15.24%,因此我国国债规模/GDP 的比重与各国推出国债期货时相比处于中间水平,能够支撑起国债期货的运行。

虽然我国国债期货上市仅有一年半的时间,但在这段不长的时间里已经在促进国债现货市场的发行、提高现货的流动性、健全收益率曲线使其更好地反映供求关系、推进利率市场化进程等方面渐渐地显现其功能。国债期货上市初期中金所主要推出的是 5 年期的国债期货,之后在 2015 年 3 月 20 日为给中期利率提供更准确的价格发现和风险对冲工具,推出了 10 年期国债期货,让国债期货的产品布局更加合理。5 年期国债期货(细则调整后)和 10 年国债期货合约内容见表 3.6、表 3.7。

表 3.6 5 年期国债期货合约

	5 年期国债期货合约表
合约标的	面值为 100 万元人民币、票面利率为 3% 的名义中期国债
可交割国债	合约到期月首日剩余期限为 4 ~ 5.25 年的记账式附息国债
报价方式	百元净价报价
最小变动价位	0.005 元
合约月份	最近的三个季月(3 月、6 月、9 月、12 日中的最近三个月循环)

续表

交易时间	09:15～11:30,13:00～15:15
最后交易日交易时间	09:15～11:30
每日价格最大波动限制	上一交易日结算价的±1.2%
最低交易保证金	合约价格值的1%
最后交易日	合约到期月份的第二个星期五
最后交割日	最后交易日后的第三个交易日
交割方式	实物交割
交易代码	TF

表3.7　10年期国债期货合约

	10年期国债期货合约表
合约标的	面值为100万元人民币、票面利率为3%的名义长期国债
可交割国债	合约到期月份首日剩余期限为6.5～10.25年的记账式附息国债
报价方式	百元净价报价
最小变动价位	0.005元
合约月份	最近的三个季月(3月、6月、9月、12日中的最近三个月循环)
交易时间	09:15～11:30,13:00～15:15
最后交易日交易时间	09:15～11:30
每日价格最大波动限制	上一交易日结算价的±2%
最低交易保证金	合约价格值的2%
最后交易日	合约到期月份的第二个星期五
最后交割日	最后交易日后的第三个交易日
交割方式	实物交割
交易代码	TF

(三)股票价格指数期货

股票价格指数期货(Share Price Index Futures,简称SPIF)指期货交易所同期货买卖者签订的、约定在将来某个特定的时期,买卖者向交易所结算公司收付等于股价指数若干倍金额的合约。股票指数期货是所有期货交易中最复杂和技巧性最强的一种交易形式,其交易标的物不是商品,而是一种数字,可谓买空卖空之最高表现形式。股票指数期货交易于1982年2月由美国堪萨斯期货交易所首创，堪萨斯期货交易所当时推出的合约是价值线综合平均指数期货。继堪萨斯期货交易所之后，芝加哥商业交易所（1982 年 4 月）、纽约证券交易所（1982 年 5 月）及芝加哥期货交易所（1984 年 7 月）也相继开办了股票指数期货交易（参见表 3.8）。

表 3.8　世界各国和地区股票市场指数情况

国家和地区	股票指数	国家和地区	股票指数
美国	S&P500	日本	日经指数
英国	FT - SE100	中国香港	恒生指数
瑞士	SMI	中国台湾	台湾加权指数
德国	DAX	巴西	Bovespa
法国	CAV40	俄罗斯	ROS

三、商品期货和金融期货的区别

第一，金融期货没有实际的标的资产（如股指期货等），而商品期货交易的对象是具有实物形态的商品，例如，农产品、金属等。

第二，金融期货的交割具有极大的便利性。商品期货的交割比较复杂，除了对交割时间、地点、交割方式都有严格的规定以外，对交割等级也要进行严格划分。而金融期货的交割一般采取现金结算，因此要简便得多。此外，即使有些金融期货（如外汇期货和债券期货）发生实物交割，但由于这些产品具有同质性以及基本上不存在运输成本，其交割也比商品期货便利很多。

第三，有些金融期货适用的到期日比商品期货要长，美国政府长期国库券的期货合约有效期限可长达数年。商品期货价格，尤其是农产品期货价格受季节性因素的影响非常明显。

第四，持有成本不同。将期货合约持有到期满日所需的成本费用即持有成本，包括三项：储存成本、运输成本和融资成本。各种商品需要仓储存放，需要仓储费用，金融期货合约不需要储存费用。如果金融期货的标的物存放在金融机构，则还有利息，例如，股票的股利、债券与外汇的利息等，有时这些利息会超出存放成本，产生持有收益（即负持有成本）。

第五，金融期货的交割价格盲区大大缩小了。在商品期货中，由于存在较大的交割成本，这些交割成本给多空双方均带来一定的损耗。例如，大豆的交割价为 3 000 元/吨，即使这一价格与当时当地的现货价是一致的，但对于价格的卖方来说，实际上可能只得到了 2 970 元/吨，对买方来说，加上运输、提库费用与交割费等实际上可能要花到3 020元，两者之间相差的50元便是价格盲区。在金融期货中，由于不存在运输成本和入库出库费，这种价格盲区就大大缩小了。因此，投资者进入商品期货市场时，必须考虑价格盲区这一客观事实，以防止投资亏损。而对于金融期货则不必考虑价格盲区。

第六，金融期货中逼仓行情难以发生。在商品期货中，有时会出现逼仓行情，它通常表现为期现价格存在较大的差异，并且超过了合理的范围，随着交割期的临近，期价仍不收敛于现货价格。更严重的逼仓是操纵者同时控制现货和期货，1979—1980年美国发生了亨特兄弟操纵白银期货案，1991—1996年日本发生了住友公司操纵LME铜期货案，我国2004年7月份的天然橡胶发生了"多逼空"的典型案例。而金融期货中逼仓行情之所以难以发生，首先是因为金融现货市场是一个庞大的市场，庄家操纵不了；其次是因为强大的期现套利力量的存在，将会埋葬那些企图发动逼仓行情的庄家；最后，一些实行现金交割的金融期货，期货合约最后的交割价就是当时的现货价，这等于是建立了一个强制收敛的保证制度，杜绝了逼仓行情产生的可能。

第五节　期货市场管理

期货市场是进行期货交易的场所。期货投资者通过期货经纪公司，在期货交易所内，根据交易所的交易规则买卖期货合约，最后在期货结算所进行结算，完成期货交易。在本节里，我们将分别介绍期货市场的参与者、组织结构以及管理。

一、期货市场的参与者

期货市场中的参与者有保值者、投机者、套利者、期货交易顾问、期货基金经理等。

（一）保值者

保值者，即套期保值者，是指那些把期货市场当作回避与转移价格风险的场所，利用期货合约作为将来在现货市场上买卖商品的临时替代物，对其现在已买进（或已经拥有或将拥有）准备以后售出的商品或者对将来需要买入商品的价格进行回避风险的交易者，换句话说，保值者就是在期货市场进行套期保值交易的个人或企业。

一般来说，保值者只从事与本企业的生产经营相关的商品的期货交易，他们进行期货交易的目的是寻求价格保障，尽可能地降低价格风险，从而把主要的精力集中于本企业的生产经营业务上，以此来取得正常的生产经营利润。保值者的交易活动,在现货与期货之间,近期与远期之间,建立了一种行之有效的对冲机制,可以很容易地把价格风险降低到最低限度,以减少生产经营者的价格风险,保证生产经营活动的正常进行。套期保值交易是整个期货市场保持稳定的基础,是期货市场的生命力所在,没有保值者参加的市场是不稳固的,期货交易也无法正常发挥其经济功能。

保值者的交易特点是:交易量大;在期货市场中的头寸具有相对稳定性,一般不随意变动;期货合约的持有时间较长,只进行一次性平仓或实物交割,而不像投机者那样频繁转手。

(二)投机者

投机者是指通过预测期货价格的未来变动趋势,以低买高卖的手段赚取期货价格波动差额的交易者。

投机者与保值者的最根本区别在于两者参与期货交易的动机不同:投机者所追求的是通过期货价格的波动产生的差额,他们对实际商品根本不感兴趣,除非万不得已,投机者是不会进行实物商品的交割的;而保值者所追求的则是回避价格风险,以期货市场上的盈利或亏损来冲抵现货市场上的亏损或盈利,而锁定预期利润或成本。

当投机者认为某种期货商品的价格将上涨时,往往选择时机买入期货合约,这种做法被称为“买空”或“多头”,而当投机者认为价格将要下跌时,他先在交易所内抛售期货合约,然后待机补进,这种做法被称为“卖空”或“空头”。无论是卖空还是买空,都存在着非常大的价格风险,同时也存在着巨大的获利机会,关键在于投机者的胆识和对价格的预测能力。

投机者的交易特点是,每次的交易量一般都较小;在期货市场中的位置经常变换;期货合约的持仓时间较短,合约转手率较高。

(三)套利者

套利者是通过市场上暂时存在的不合理的价格关系,通过同时买进和卖出相同或相关的期货合约而赚取其中的价差收益的交易者。

套利者与投机者的区别:

(1)从交易的方式来看。套利者(包括各种价差交易者)都是同时做多头与空头。通过对冲买卖部位获取无风险利润。与套利者不同,投机者在某一特定时间往往只做其中之一,即当价格较低而预期价格上升时做多头,而当价格较高但预期价格下跌时做空头。如果预期正确,投机者可获利;如果预期错误,则投机者将受损。

(2)从利润的来源来看。投机者的利润来源于价格水平的变动;而套利者的利润来源于价格关系的变动。因此二者的获利机会未必同时存在,也未必同时消失。

(3)从承受的风险来看。由于套利者是根据客观存在的价格差同时做多头和空头的，而投机者是根据他们对价格变动的预测来进行交易的，在某一时间建立的往往是一种单一的开放部位，所以，套利者承受的风险要远小于投机者所承受的风险。

（四）期货交易顾问

期货交易顾问是指以收取报酬为目的，直接或通过出版物、文件或电子媒介向他人提供期货或期权合约买卖的建议人。由于期货是一种高度专业化的交易，影响价格的因素多种多样，各种技术指标纷繁复杂，因此期货投资者经常通过专业的期货交易顾问的帮助来进行期货交易。

（五）期货基金经理

期货基金经理就是出售股权和受益凭证方式向社会公众募集资金，全部或者部分用于期货投资的人。与期货交易顾问相比，期货基金经理能够向期货投资者提供较为廉价的专业服务，但其投资策略较为稳定，不允许投资者按照个人意志随意变更投资策略，而期货交易顾问则仅仅向投资者提供建议，最后的投资决定权在投资者本身。

二、期货市场的组织结构

期货市场的组织构成包括：期货交易所、期货结算所和期货经纪公司。

（一）期货交易所

期货交易所是专门供参与期货交易的交易者买卖合约的场所。它是由生产、经营或代理买卖同类或几类商品的企业和个人为进行期货交易而设立的经济组织。

期货交易所内最基本的活动就是期货合约的买进卖出，但它是一种非营利的经济组织，本身不参加期货交易，不拥有任何商品，不买卖期货合约，也不参与期货价格的形成，它只是为期货交易者提供一个场所。

期货交易所具有十分重要的作用：

（1）为期货交易制定标准化的期货合约，减少甚至杜绝了交易者之间因期货合约本身而引起的纠纷与争执，大大提高了交易效率和市场流动性。

（2）为期货交易制定统一的交易规则和其他各种规章制度并保证实施，确保交易公平有序地进行。

（3）为期货交易提供专门的有组织的交易场所和先进的交易设施，方便交易的进行。

（4）为期货交易充当中介，为交易所会员提供合约履行及财务方面的担保，凡在交易所内签订、买卖的期货合约只要符合交易所的有关规定，就可获得这种担保。

（5）监督、管理交易所内进行的交易活动，为因期货交易而产生的经济纠纷提供有效的调节和仲裁。

(6)为期货交易所会员和社会公众提供信息服务，及时把场内所形成的期货价格以及其他期货交易所内形成的期货价格、金融工具的市场行情、现货市场的行情公布于众，以便交易者及时调整交易。

大多数期货交易所都采用会员制组织形式，主要分为权力机构、行政机构和监督机构三部分。

交易所的最高权力机构是全体会员组成的会员大会，决定交易所的方针大略；由会员大会选举产生的理事会是交易所的最高管理机构或会员大会的常设执行机构；在理事会下，还设立若干专业委员会以保证和协助理事会有效地开展工作。例如，芝加哥期货交易所就设置了会员资格审查委员会、交易行为管理委员会、合约规格委员会、结算委员会、规则委员会、检查交收委员会、经纪人资格委员会、仲裁委员会、对外公共宣传委员会、交易厅委员会等共100多个专业委员会，保障了交易所广大会员民主管理交易所的权利的实现。

理事会负责聘任交易所的总裁，负责交易所的日常行政业务，总裁下设几个甚至十几个负责某一方面具体业务的副总裁；另外交易所还要设立一些职能部门，如综合部、交易部、信息部、法规部、发展研究部、监审部、人力资源部、财务部、结算部、交割部和公共关系部等。

除了权力机构和行政机构以外，监督机构也必不可少。交易所的监督机构为监事会，代表社会各方面的利益，保证对交易所的活动实施有效的监督，保证交易所的正常运行。

期货交易所的会员分为一般会员和全权会员两类。一般会员只能在交易所内从事自营期货交易业务，不能接受他人委托从事代理业务；全权会员既可以在交易所内从事自营业务，也可以从事代理业务。经过正式申请并审查批准的交易所的正式会员能够享受各种非会员不能享受的权利。

(二)期货结算所

期货结算所又称“票据交换所”或“期货清算所”，是负责期货交易结算的机构，其工作包括到期未平仓期货合约的交割和未到期合约的平仓，并承担每笔交易的清算和期货合约到期履约等责任。

结算所的设立在期货交易中发挥着重要的作用：

(1)结算所充当买卖的第三方，使得期货交易者可随时通过其经纪人进行反向买卖期货合约的方式平仓，简化了结算手续，大大活跃了交易。

(2)结算所为每张期货合约的履行提供担保，即使合约的一方由于破产或其他原因无法履约，结算所也负有履约的责任，以保障合约持有者的合法权益。

(3)结算所简化了期货交易的实物交割。

结算所以两种形式存在:一是分离于期货交易所之外的独立的期货结算所;一是包含在期货交易所之中,作为交易所下设的一个职能部门。结算所的日常工作通常由结算所总裁负责,结算所内部通常设有登记部、结算部、经济部、信息部和交割部等职能部门。

像交易所一样,结算所的会员也分为两类:普通结算会员和全权结算会员。全权结算会员都是资金实力雄厚、组织机构与规章制度健全、信誉可靠的大公司,既可以为自己所从事的期货交易进行结算,也可以代理其他无结算会员资格的交易所会员进行结算;普通结算会员的综合实力稍差,只能为自己所从事的期货交易进行结算,而不能代理其他会员进行结算。

(三)期货经纪公司

期货经纪公司是专门从事接受非期货交易所会员(客户)的委托进行期货交易并收取佣金的民间公司。经纪公司的性质与交易所和结算所都不同,它属于营利性的经济组织,主要收入来自于代客户从事期货交易所收取的服务报酬,即佣金。

绝大部分的期货交易都是通过期货经纪公司进行的,所以经纪公司也是期货市场的一个重要的组成部分,它的重要作用如下:

(1)是期货交易所的延伸,解决了非交易所会员参加期货交易不便的问题,充分地调动起潜在的期货交易者参与期货交易的动机,拓宽了交易所的服务功能,把广大的期货交易参加者和交易所紧密连接在一起,促进了期货交易的发展。

(2)为交易者提供了财力保证。为每一客户设立专门的保证金账户,并负责监督客户的保证金状况和财力状况,防止个别客户超过其经济能力进行交易造成亏损、破产而给交易所维持期货交易的正常进行带来困难和影响经纪公司的经济利益。

(3)使期货交易进一步制度化和规范化。期货交易者进行交易要通过经纪公司履行一定的手续,经过一定的程序并随着交易状况的变动履行相应的义务、职责。

(4)拓宽了信息传播渠道,便于客户根据反馈的市场信息及时、灵活地调整交易方针,尽可能避免由于信息传递不及时、内容不完整带来的经济损失。

期货经纪公司内部一般要设立保证金账户部、结算部、信贷部、交易部、客户服务部、实物交割部、研发部和行政等部门来保证其充分发挥作用。

图3.1概要地反映了期货市场的结构及期货交易所涉及的主要当事人。

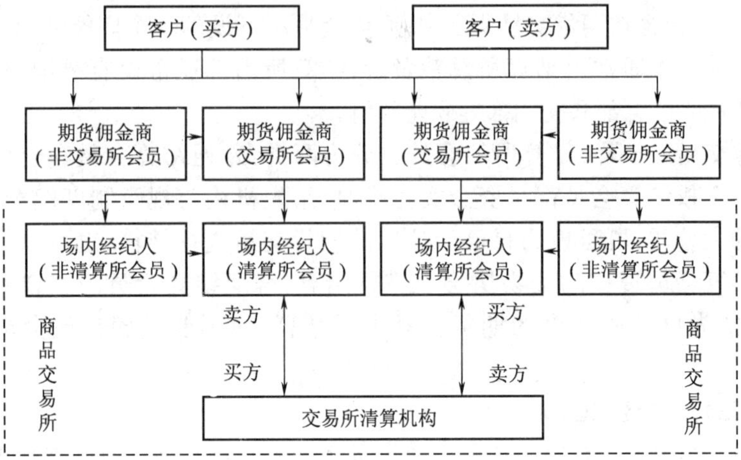

图3.1　期货市场的结构及期货交易所涉及的主要当事人

资料来源：陈信华. 金融衍生工具——定价原理、运作机制及实际运用[M]. 上海：上海财经大学出版社，2006.

三、期货市场的管理

期货市场的有效管理是市场顺利运转的必要保证，它能够防范和阻止囤积居奇、市场垄断和价格操纵现象的发生，加快流通速度，提高交易的效率，保证交易品种的稳定，保证市场上的交易情况能正确反映供求状况，传播正确的市场信息。

（一）政府行政管理

以美国为例，美国商品期货交易委员会（Commodity Futures Trading Committee，简称CFTC）是美国联邦政府对期货交易进行全面管理和独立管理的机构。它的管理职能包括：

1. 监督交易所的业务活动。CFTC负责审批交易所提出的准备用于上市商品的期货合约的内容，审批原则是新商品期货合约能否实现套期保值与价格发现的功能；负责审批交易所的成立及营业许可，审批原则是交易所法人资格、管理规定、组织章程及交易规则等是否符合联邦有关法则。

2. 对市场参与者进行管理。CFTC有权否认交易所批准的会员资格，对会员施以纪律处分，增加某种进入特权，对经纪商、代理人和业务经理等市场参与者进行业务考试、资格审查和登记注册；要求期货经纪公司必须将其代理的客户的资金分立账户，禁止挪用任何客户的资金以满足自身或其他客户的资金需求。

3. 仲裁与处罚。CFTC 要求各交易所必须在其有关文件中制定交易纠纷的仲裁程序和违章交易处罚的规则以及赔偿处理规则;当由行政法官主持索赔听证会时,CFTC 可以审阅法官所做的裁决。

4. 监管交易所及其会员日常的交易活动。CFTC 要求交易所将逐日的交易活动记录在案,备查和公布,并对交易活动中的违法行为有权处理,直到追究当事人的刑事责任。

(二)行业自律监管

作为期货市场行业自律管理机构,在美国,CFTC 在 1974 年就授权成立了一个全国性的行业协会——全国期货协会(National Futures Association,简称 NFA)。它的主要职责包括:

1. 实施有关条例,保护客户利益。NFA 有权在必要时监督和稽查期货交易所的经营活动是否保护客户利益,保护客户利益包括交易活动、结算业务和客户的资金管理等许多方面。

2. 审查和甄别会员与经纪人的资格。NFA 在必要时可对会员、经纪人的法人资格进行审查,还应对这些单位派出的参与交易活动的专业人员和其他期货专业人员进行期货专业资格的考试。

3. 审计、监督会员、经纪人等期货专业人员的资本额、财务状况以及有关规则的执行情况。随着经营业务的发展,任何单位的资本额与财务状况都会发生变化,因而,必要时应进行重新审计。

4. 为期货交易出现的纠纷提供一个统一的仲裁系统。协会会员间的纠纷与反诉可选择 NFA 的仲裁系统进行解决,由仲裁者做出的仲裁决定为最终裁决,不得再向协会上诉。对于不按照仲裁决定行事的任何一方将施行纪律处罚。

5. 向会员及公众进行宣传教育。NFA 负有向其会员和公众普及遵纪守法教育,以及期货交易基础知识教育的责任,并且有责任宣传期货协会的作用,加强职业道德规范的宣传教育。

(三)期货交易所和清算所

期货交易所和清算所对期货交易实施有效监控,以保证交易的公正性、公开性和期货交易财务的健全性。为了保证期货交易的顺利进行,交易所和清算所禁止的交易行为主要有:①事前交易(Prearranged Trading),即两个市场参与者事先就协商同意按某一确定的价格进行有关的交易,而不通过市场的公开竞价,从而影响了市场价格公正性的交易行为。②抢先交易(Front Running),即经纪人抢在其客户所下达的指令得以执行之前,就按其客户指令所要求的价格,先替自己的账户进行交易,获取私利的交易行为。③虚假交易(Fictitious Trading),即仅仅制造交易的假象,而没有实际商品所有权的变更,从而造成虚假价格信息的交易行为。

本章小结

1. 期货交易是指交易双方在集中性的市场以公开竞价的方式所进行的期货合约的交易。

2. 期货合约是指买卖双方之间签订的在将来一个确定时间按确定的价格购买或出售某项资产的协议。在合约中对有关交易的标的、合约规模、交割时间、标价方法等都有标准化的条款。

3. 期货交易规则主要包括保证金制度、涨跌停板制度、持仓限额制度、强行平仓制度、大户报告制度、每日无负债结算制度、实物交割制度、风险准备金制度和信息披露制度等。

4. 期货合约在交易所内进行交易,通过交易所的清算部或专设的清算所结算。合约双方都交纳保证金,并每天结算盈亏。合约双方均可单方通过平仓结束合约。

5. 期货市场大致分为商品期货和金融期货两大类。商品期货分为农产品期货、黄金期货和金属与能源期货三个层次。金融期货也可分为三大类:外汇期货、利率期货和股票指数期货。

6. 期货市场的有效管理是市场顺利运转的必要保证,它能够防范和阻止囤积居奇、市场垄断和价格操纵现象的发生,加快流通速度,提高交易的效率,保证交易品种的稳定,保证市场上的交易情况能正确反映供求状况,传播正确的市场信息。分为政府行政管理和行业自律管理两方面。

关键术语

期货交易　期货合约　风险转移　价格发现　投机　商品期货　金融期货　外汇期货　利率期货　股票指数期货

能力训练

一、选择题

1. 期货交易是指交易双方在集中性的市场以(　　)的方式所进行的期货合约的交易

A. 自动竞价　　B. 公开竞价　　C. 自由竞价　　D. 非公开竞价

2. 期货合约的标准化主要体现在哪几个方面(　　)

A. 商品品质的标准化　　B. 商品计量的标准化

C. 交割月份的标准化　　D. 交割地点的标准化

3. 下列各项中有关商品和金融远期合约正确的说法是(　　)

A. 它们不在场内进行交易　　B. 它们涉及交纳保证金

C. 它们有标准且公开的合约条款　　D. 它们由私下议定达成

4. 期货交易参与套期保值者所利用的是期货市场的(　　)功能

A. 价格发现功能　　B. 风险转移功能

C. 获得风险收益功能　　D. 投机功能

5. 期货交易的功能是(　　)

A. 价格发现功能　　B. 风险转移功能

C. 稳定市场功能　　D. 投机功能

6. 期货的品种可以分为哪两大类(　　)

A. 股指期货　　B. 外汇期货

C. 商品期货　　D. 金融期货

7. 商品期货可以分为的层次是(　　)

A. 黄金期货　　B. 金属和能源期货

C. 农产品期货　　D. 外贸期货

8. 金融期货可以分为的层次是(　　)

A. 利率期货　　B. 股票指数期货

C. 国库券期货　　D. 外汇期货

9. 套利者和投机者的区别是(　　)

A. 交易方式的不同　　B. 利润的来源不同

C. 交易动机不同　　D. 承担风险程度不同

10. 期货市场的组织结构是(　　)。

A. 监督机构　　B. 期货交易所

C. 期货结算所　　D. 期货经纪公司

二、思考题

1. 期货交易的含义和基本特征。

2. 试述期货交易所的作用。

3. 期货保值与投机根本区别分析。

4. 举例说明期货市场的功能。

5. 期货合约标准化的含义。

6. 试述期货交易规则。

7. 试述期货市场管理方式。

三、计算题

1. 8 月份,某油厂预计 12 月份需用 200 吨大豆做原料。当时大豆的现货价格为 2 700 元/吨,该油厂预测未来大豆价格可能上涨,于是在期货市场进行大豆套期保值交易,当时 12 月大豆期货价格为 2 750 元/吨。若 4 个月后,大豆的现货价格涨到 2 900 元/吨,期货市场上当时交割的价格为 2 950 元/吨。问该厂商应如何套期保值?

2. 6 月份,大豆在现货市场的价格为 2 000 元/吨,某农场对该价格比较满意,但要等到9月份才能将100吨大豆出售,因此担心价格下跌带来损失,为避免风险,决定在期货市场进行套期保值,此时期货市场的9月份大豆期货价格为2 050元/吨。若9月份,大豆的现货价格跌到1 880元/吨,期货价格为1 930元/吨。该农场应如何套期保值?

参考文献与网站链接

1. 黄海沧. 期货交易精要及案例[M]. 杭州:浙江大学出版社,2005.

2. 申觅. 外汇期货投资[M]. 广州:暨南大学出版社,2004.

3. 杨丹. 股指期货投资[M]. 广州:暨南大学出版社,2004.

4. 陈洪辉. 利率期货投资[M]. 广州:暨南大学出版社,2004.

5. 陈信华. 金融衍生工具——定价原理、运作机制及实际运用[M]. 上海:上海财经大学出版社,2006.

6. 朱国华,褚玦海. 期货投资学——理论与实务[M]. 上海:上海财经大学出版社,2006.

7. 叶永刚. 衍生金融工具[M]. 北京:中国金融出版社,2004.

8. 郑振龙. 衍生产品[M]. 武汉:武汉大学出版社,2005.

9. 路透. 金融衍生工具导论[M]. 北京:北京大学出版社,2001.

10. 罗伯特·A. 斯特朗. 衍生产品概论[M]. 王振山,等,译. 大连:东北财经大学出版社,2005.

11. 约翰·赫尔. 期权、期货和其他衍生产品[M]. 张陶伟译. 北京:华夏出版社,2000.

12. 上海证券交易所 www. shfe. com. cn

13. 上海期货交易所 http://www. shfe. com. cn

14. 芝加哥期货交易所 www. cbot. com

15. 新浪财经频道 finance. sina. com. cn

16. 纽约证券交易所 www. nyse. com/

17. 欧洲证券交易所网址 www. euronext. com/.

18. 中金在线 www. cnfol. com/.

19. 华尔街日报 www. wsj. com.

第四章 期货交易策略

★ 本章学习指导 ★

期货交易者参与交易的目的主要是保值或投机获利。本章主要阐述套期保值策略、基差策略和投机策略的相关原理、作用、操作过程和应用。要求理解套期保值和投机的定义、原理、作用、分类，掌握基差、基差风险的含义，学会计算套期保值比率、套期保值的利润、保值资产的有效价格，熟练掌握各种策略的操作，并能够进行盈亏分析。

第一节 套期保值策略

在期货交易中，生产经营者可以通过套期保值，实现转移价格风险。在这一节里，我们将详细分析套期保值策略的原理及具体应用。

一、套期保值概述

套期保值是指在现货市场某一笔交易的基础上，在期货市场上做一笔价值相当，期限相同但方向相反的交易，以期保值。

(一)套期保值的两个基本原理

套期保值之所以能够达到规避价格风险的目的，其基本原理有两个：

1. 同一品种的商品，其期货价格与现货价格受到相同因素的影响和制约，虽然波动幅度会有不同，但其价格的变动趋势和方向有一致性。

如图 4.1 所示，在某段时间，同一品种的现货价格与期货价格走势一致，一旦保值者在期货市场上建立了与现货市场相反的头寸，则无论市场价格朝哪一方向变动，均可避免风险，实现保值。不过，在套期保值中，保值者一般只能做到保值，而不能获利。因为，保值者在一个市场上获得的利润将被另一市场的损失所抵消。

2. 随着期货合约到期日的临近，期货价格和现货价格逐渐聚合，在到期日，基差接近于零，两价格大致相等，如图 4.1。如果两价格不一致，会引起

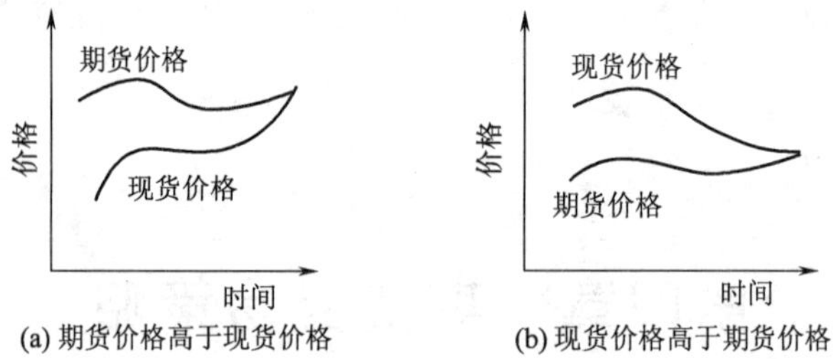

图 4.1　期货价格与现货价格的关系

期货市场与现货市场间的套利行为，众多交易者低买高卖的结果，会大大缩小两市场间的价差。

若假定在交割期间，期货的价格高于现货的价格，则通过卖空期货合约买入现货资产进行交割，必定会盈利，该盈利额等于期货价格高于现货价格的那部分。一旦交易者发现这一套利机会，期货的价格就会下降。若假定在交割期间，现货的价格高于其期货的价格，打算获得该标的现货资产的公司将会发现，买入期货合约然后静等空头方交割对公司更为有利。一旦公司进行如此操作，期货的价格就会上升。

一个期货品种的成功与否，套期保值能否达到既定目标，取决于该品种的期货价格与现货价格的联动关系，还取决于期货市场与现货市场的市场状况及有关交易规则是否有利于套利行为的发生。

（二）套期保值的作用

1. 规避现货价格波动带来的风险。价格波动风险是市场经济中客观存在的主要风险。现货的生产者、经营者通过套期保值，将价格波动风险转移给投机者，能不同程度地规避风险，从而保障正常的生产、经营利润。

2. 期货市场价格发现。众多的现货生产者、经营者对相关品种的市场情况往往有较为理性的预测，他们只有在价格变动对自己不利时，才会做出保值决策，这有助于增强市场价格发现的功能，并制约投机活动使之理性化。

3. 锁定相关品种的成本，稳定产值和利润。生产加工企业的目的是获得本行业的正常的预期利润。加工企业可通过保值锁定进货成本，从而保证加工利润；而生产企业则可利用期货市场预先卖出产品，达到稳定收入的目的。

4. 减少资金占用 。由于期货交易的保证金杠杆作用，使保值者可以预先用少量的资金控制大量的现货资产，既能保证今后正常生产经营的需要，又能避免库存、减少资金占用、降低经营成本、加快资金周转。

5. 能够提前安排运输和仓储，降低储运成本。当所需要购买或销售的商品必须储存时，根据预期信息，可提前安排运输和仓储，降低储运成本，减少费用。

6. 提供购买和销售时机的更多选择和灵活性。由于套期保值能提供某种程度的价格保护，使得现货买卖可以视情况需要选择购买和销售时机。

7. 能够提高企业的借贷能力。由于套期保值者的经营更加保险，所以往往从银行融资更容易，从而提高了企业的借贷能力。

（三）套期保值的分类

由于期货品种很多，这些品种的生产者、加工者、经营者、相关的储运商和贸易商都可以在必要时利用期货市场保值，所以，按保值的性质和目的不同，又可以分为如下四类：

1. 存货保值。有存货的交易者关心的是存货的价格在将来不会贬值，并且能体现出持有成本，包括仓储费用、保险费用、存货占用的资金利息等，于是他将会关注期货价格比现货价格高出的部分是否可以弥补持有成本。例如，某储运商购入小麦，欲储存3个月后再售出获利，则其今后的保本销售价大致等于购买小麦的成本和3个月的持有成本。他可以利用期货市场进行空头套期保值以达到保值目的。

2. 经营保值。对于贸易商、经销商、加工商等中间商来说，其现货市场的经营是稳定且有连续性的，他们面临的是双重的风险，既要担心以后购进商品时价格上涨，又要担心以后卖出商品时价格下跌，所以，他们有时做多头保值，有时做空头保值，以保证其中间利润（如加工利润、贸易差额等）的实现。

3. 选择保值。选择保值是指现货交易者在适当的时候进行价格投机的交易，是否保值取决于交易者对未来的价格预期。一些大公司，通常要进行全额保值，但有时却根据价格预期不进行保值或不进行全额保值。在价格低时，敢于进行价格投机；在价格越高，波动越大时，越是会进行严格的保值。

选择保值者所做出的保值与否的决定，代表着人们对价格变化的态度，有助于增强期货市场的价格发现功能，而经营保值者和存货保值者遵循相等且相反的原则，对价格发现的贡献有限。

4. 预期保值。预期保值是以预期价格为基础进行的保值交易，保值者在初次建立期货头寸时，没有相应的存货或有效的合同与之对应，它只是作为以后进行的现货贸易合同的一个暂时替代交易，以抓住眼下有利的价格。预期保值通常有以下几种情况：加工商在没有签订成品售出合同时，买进期货合约以确保以后的原材料供应；生产者在产品产出之前就在期货市场上卖出相应的期货合约，以保证产品卖出好价钱；贸易商在尚未签订买卖合同之前，在期货市场上预先买进或卖出相关的期货合约。

套期保值按其操作手法的不同,可以分为空头(卖出)套期保值、多头(买入)套期保值和交叉套期保值。套期保值在期货市场上的操作可分为两步:第一步,交易者根据现货交易情况,通过买进或卖出期货合约建立第一个期货头寸;第二步,在期货合约到期前,通过建立另一个相反的头寸将先前的合约平仓。

二、空头套期保值

空头套期保值(Short Hedge)是指在现货市场处于多头的情况下在期货市场做一笔相应的空头交易,以避免现货价格变动的风险。相关商品的空头情况意味着套期保值者交割相关商品有固定期货价格的承诺,或相关商品有很高的价格关联关系。

空头套期保值一般适用于持有商品的交易商担心未来商品价格下跌,以及适用于预测资产的未来销售价格下降的情况。

下面用一个玉米期货的例子来理解空头套期保值的实现。

【例4-1】假设在2010年4月,某贸易商购进100吨玉米,计划在未来一到两个月内以1 900元/吨的价格出售。由于担心价格下降,决定通过期货市场进行空头套期保值。此时,大连商品交易所玉米期货5月合约的价格为1 876元/吨,该贸易商卖出10手该合约(10吨/手)。到5月,玉米价格果然下跌,现货价格跌至1 860元/吨,由于交易商与需求方签订供货合同,必须以该价格出售,因此在现货市场遭受损失。而同时,该贸易商在期货市场上以1 836元/吨的价格对冲平仓,其获利弥补了现货市场的损失,达到锁定收益,规避风险的目的。具体操作见表4.1。

表4.1 空头套期保值

	现货市场	期货市场
3月	计划以1 900元/吨的价格买入100吨玉米	以1 876元/吨的价格卖出5月期货合约10手
4月	以1 860元/吨的价格卖出100吨玉米	以1 836元/吨的价格买入5月期货合约10手
损益	(1 860 - 1 900) × 100 = -4 000(元)	(1 876 - 1 836) × 10 × 10 = 4 000(元)

因此,该贸易商在套期保值的状况下,总损益为0。

要注意,他之所以能实现"完全的套期保值",原因有两个:一是他卖出的期货与他持有的现货有着正好相同的面值;二是期货价格与现货价格不仅变动方向相同,而且变动幅度也相同。

三、多头套期保值

多头套期保值(Long Hedge)是指在现货市场处于空头的情况下,在期货市场做一笔相应的多头交易,以避免现货价格变动的风险。

多头套期保值通常适用于类似这样的场合:投资者准备在将来某一时刻购买商品却担心商品涨价,或者某投资者在资产上做空头时,可用多头套期保值策略进行风险管理,这种应用并不广泛却十分有效。

用一个预购大豆的例子来说明多头套期保值的应用。

【例4-2】2010年4月,国内某豆油压榨企业计划在4个月后购进1 000吨大豆,此时现货价格为7 700元/吨,9月的大豆期货合约的价格为7 784元/吨。由于担心价格继续上涨,该企业决定通过期货市场进行买入套期保值,在大连商品交易所买入9月合约100手(10吨/手),到8月份,现货价格上涨至7 900元/吨,而此时期货价格为7 984元/吨。于是该企业卖出期货合约对冲平仓,每吨盈利200元,又以高于两个月前的价格买入现货,每吨亏损200元。二者相抵,锁定成本,消除了价格风险。具体操作见表4.2。

表4.2 多头套期保值

	现货市场	期货市场
4月	计划以7 700元/吨的价格买入1 000吨大豆	以7 784元/吨的价格买入9月大豆期货合约100手
8月	实际以7 900元/吨的价格买入1 000吨大豆	以7 984元/吨的价格卖出9月大豆期货合约100手
损益	(7 700-7 900)×1 000=-200 000(元)	(7 984-7 784)×100×10=+200 000(元)

因此,该企业在进行套期保值的状况下,总损益为0。

我们用表4.3对套期保值策略做小结。

表4.3 套期保值策略小结

今天的条件	风险	合适的套期保值策略
持有资产	资产价格有可能下跌	空头套期保值
计划购买资产	资产价格有可能上涨	多头套期保值
已卖空资产	资产价格有可能上涨	多头套期保值

四、交叉套期保值

当用来套期的与期货合约对应的商品是不可交割的时,保值者同样面临商品价格的风险。如果用来套期的商品不可交割,由于现货价格与期货价格在期货合约到期时不一定收敛,那么商品的价格风险就不能彻底消除。

交叉套期保值(Cross - hedging)是指将期货合约用于不可交割商品的套期保值。在实际中,许多情况都是交叉套期保值,比如,在甲地的小麦持有者可能拥有可交割的小麦期货,但由于运输到交割地的成本高昂,使其成为不可交割的期货合约。这就意味着在甲地和乙地的小麦价格不收敛,而且由于两个市场不确定的需求状况导致甲地和乙地两地小麦价格差也可能不确定。这就要使用交叉套期保值。

交叉套期包括:①在白金的头寸上用银的期货进行套期保值;②使用股票指数期货对单个股票头寸进行套期保值;③使用国债期货对公司债进行套期保值;④使用甲地小麦期货对储存于乙地的小麦进行套期保值;⑤外汇的套期保值等。

【例 4 -3】日本一家公司在某年 7 月 10 日预计一个月后将收到一笔2 000 000加元的款项。如果在此一个月中,加元对日元的汇率下跌,则该公司在收到这2 000 000加元后将兑得较少的日元。为回避这种风险,该公司自然应该利用外汇期货交易实行套期保值。然而,目前在各外汇期货市场却没有以日元兑换加元,或以加元兑换日元的期货合约可供该公司进行直接的套期保值。所以,它只能通过日元期货合约与加元期货合约实行交叉套期保值。

假设在 7 月 10 日时有如下汇率:US $ 0.008 20/JPY ¥,US $ 0.800 00/CAD $;故得到交叉汇率:CAD $ 0.010 25/JPY ¥(0.008 20/0.800 00)。

据预测,一个月后汇率将变动为:US $ 0.009 00/JPY ¥,US $ 0.750 00/CAD $;交叉汇率将变为:CAD $ 0.012 00/JPY ¥(0.009 00/0.750 00)。显然,日元将升值,而加元将贬值。

因此,该公司实行交叉套期保值的具体办法是:一方面做日元期货的多头;另一方面做加元期货的空头。如果一个月后市场汇率果然如预测的那样变动,则该公司即可在日元期货的多头交易中获利,又可以在加元期货的空头交易中获利。此两种货币期货交易中的获利可部分或全部地抵补该公司在现货市场所受的损失。见表 4.4。

表 4.4　交叉套期保值应用

	7 月 10 日	8 月 10 日	损 益
汇 率	US $ 0.008 20/JPY ¥ US $ 0.800 0/CAD $ CAD $ 0.010 25/JPY ¥	US $ 0.009 00/JPY ¥ US $ 0.750 0/CAD $ CAD $ 0.012 00/JPY ¥	
现货市场	预计 1 个月后 将收入 2 000 000 加元 = 195 121 950 日元	实际 1 个月后 收入 2 000 000 加元 = 166 666 667 日元	-28 455 283 日元

续表

		7月10日	8月10日	损 益
期货市场	日元期货	买进16张9月份日元期货合约,合约总值1 640 000美元	卖出16张9月份日元期货合约,合约总值1 800 000美元	160 000美元合17 777 778日元(以8月10日汇率计算)
	加元期货	卖出20张9月份加元期货合约,合约总值1 600 000美元	买进20张9月份加元期货合约,合约总值1 500 000美元	100 000美元折合11 111 111日元(以8月10日汇率计算)
套期保值结果				433 606日元

当进行交叉套期保值时,要注意相关头寸的价格变化的比例关系。如果在某种程度上这种关联是稳定的,你就可以调整套期的规模,更好地进行交叉套期保值。

五、套期保值比率的确定

确定套期保值所需的期货合约的规模,最重要的是要决定使用期货合约的数量与风险现货数量的比例,即最佳套期保值比率。

确定套期保值比率的最基本方法是使期货市场的头寸与现货市场的头寸相等,但这并不一定是最佳的。当期货价格变化小于即期价格变化时,期货头寸多于现货头寸是最佳的;相反,如果期货价格变化大于即期价格变化,期货头寸小于现货头寸是最佳的。下面用最小方差估计套期保值比率。

我们定义一些符号如下:

ΔS:在套期保值期限内,现货价格 S 的变化($\Delta S = S_2 - S_1$);

ΔF:在套期保值期限内,期货价格 F 的变化($\Delta F = F_2 - F_1$);

$\sigma_{\Delta S}$:ΔS 的标准差;

$\sigma_{\Delta F}$:ΔF 的标准差;

$\mathrm{Cov}(\Delta S, \Delta F)$:$\Delta S$ 和 ΔF 之间的协方差;

ρ:ΔF 和 ΔS 之间的相关系数;

h:套期保值比率,即每单位商品对应的期货合约的数量;

π:单位商品的套期盈利。

对于空头套期保值者而言(持有资产的多头和期货的空头),在套期保值期限内保值者的收益为:

$$\pi = (S_2 - S_1) + (F_1 - F_2) \cdot h = \Delta S - \Delta F \cdot h \quad (4.1)$$

对于多头套期保值而言(持有资产的空头和期货的多头),在套期保值期限内保值者的收益为:

$$\pi = (S_1 - S_2) + (F_2 - F_1) \cdot h = -\Delta S + \Delta F \cdot h \quad (4.2)$$

在以上两种情况下,套期保值利润的方差为:

$$\mathrm{Var}\ \pi = \sigma_{\Delta S}^2 + h^2\sigma_{\Delta F}^2 - 2h \cdot \mathrm{Cov}\ (\Delta S,\Delta F) \quad (4.3)$$

对 h 求偏导数,有

$$\frac{\partial V}{\partial h} = 2h \cdot \sigma_{\Delta F}^2 - 2\mathrm{Cov}\ (\Delta S,\Delta F) \quad (4.4)$$

欲令风险最小,可令 $2h \cdot \sigma_{\Delta F}^2 - 2\mathrm{Cov}(\Delta S,\Delta F) = 0$, 则有

$$h = \frac{\mathrm{Cov}(\Delta S,\Delta F)}{\sigma_{\Delta F}^2} = \rho \cdot \frac{\sigma_{\Delta S}}{\sigma_{\Delta F}} \quad (4.5)$$

这就是最佳的套期保值比率。

式中的 $\sigma_{\Delta F}^2$ 和 $\sigma_{\Delta S\Delta F}$ 可按下式计算:

$$\sigma_{\Delta F}^2 = \frac{1}{n-1} \cdot \sum_{j=1}^{n-1} (\Delta F^{(j)} - \overline{\Delta F})^2 \quad (4.6)$$

$$\sigma_{\Delta S\Delta F} = \frac{1}{n-1}\sum_{j=1}^{n-1} (\Delta S^{(j)} - \overline{\Delta S})(\Delta F^{(j)} - \overline{\Delta F}) \quad (4.7)$$

其中,$\overline{\Delta S}$与$\overline{\Delta F}$是 $\Delta S^{(j)}$ 与 $\Delta F^{(j)}$ $(j=1,2,\cdots,n-1)$ 的平均值;新时间序列 $\Delta F^{(j)}$ 与 $\Delta S^{(j)}$ 可以从最近期货价格时间序列 F_i 和现货价格时间序列 S_i $(i=1,2,\cdots,n)$ 中按下式求得:

$$\Delta F^{(j)} = F_{i+1} - F_i, \text{或者 } \Delta F^{(j)} = F_n - F_i \quad (4.8)$$

$$\Delta S^{(j)} = S_{i+1} - S_i, \text{或者 } \Delta S^{(j)} = S_n - S_i (j,i = 1,2,3,\cdots,n-1) \quad (4.9)$$

【例4-4】某公司知道它将在3个月后购买100万加仑的航空燃料油。在3个月内每加仑航空燃料油的价格变化的标准方差为0.035。公司选择购买热油期货合约的方法来进行套期保值。在3个月内热油期货价格变化的标准方差0.046,且3个月内航空燃料油价格的变化与3个月内热油期货价格变化之间的相关系数为0.73。因此根据公式最佳的套期保值比率为:

$$0.73 \times 0.035/0.046 = 0.56$$

一张热油期货合约是42 000 加仑。因此公司应购买:

$$0.56 \times 1\ 000\ 000/42\ 000 = 13.3$$

省略小数,需要13张合约。

在进行金融期货的套期保值的过程中,由于盯市导致的期货合约每日的利润或损失对套期保值有很大影响,这就需要交易者随时调整套期保值比率,以达到风险最小或收益最大的目的,这被称作动态套期保值或跟踪套期保值。下面以一个例子来说明动态套期保值的操作。

【例4-5】某投资机构在现货市场拥有价值1 000 万美元的组合投资头

寸,并进行空头套期保值来预防现货市场的损失。如表 4.5 所示。

表 4.5　动态套期保值过程　　万美元

时间(T)	现货市场盈亏	期货市场盈亏	总价值	期货头寸	套期保值比率
0	0.00	0.00	1 000.00	-500.00	0.50
1	-20.00	10.00	990.00	-550.00	0.56
2	-20.00	11.10	981.10	-600.00	0.61
3	-20.00	12.20	973.30	-700.00	0.72
4	-40.00	28.80	962.10	-800.00	0.83
5	-368.60	306.50	900.00	-900.00	1.00

在 $T=0$ 时,投资机构在现货市场拥有 1 000 万美元的组合投资头寸,在期货市场上卖出 500 万美元的期货合约,套期保值比率为 50%。

在 $T=1$ 时,现货市场价格下跌,现货组合部位价值损失 20 万美元,由于进行了 50% 的套期保值,在期货市场盈利 10 万美元。所以投资机构在现货市场和期货市场的头寸总价值为 990 万美元。为了防止更大的损失,投资机构又在期货市场卖出了价值为 50 万美元的期货合约,这样,套期保值比率上升为 56%(550 万美元/990 万美元)。

在 $T=2$ 时,价格继续下降,现货市场又损失了 20 万美元,此时期货市场盈利 11.1 万美元(20 万美元 ×56%),现货市场和期货市场的总价值 981.10 万美元。以后现货市场价格每下跌一次,投资机构就增加在期货市场的套期保值头寸,套期保值比率逐渐上升。

直到 $T=5$ 时,投资机构在现货市场持有的交易部位价值已经下跌到预设的保险底线,投资机构进行的是完全的套期保值,比率为 100%。

反之,若现货市场的价格上升,由于投资机构只进行部分套期保值,期货市场上的损失将比现货市场上的盈利小,总价值将增加;若期货价格继续上升,投资机构可以逐步降低套期保值比率。

需要注意两点:①动态套期保值需要较为频繁的买卖期货,这就意味着交易成本的增加;②对于风险厌恶程度低的保值者来说,有时甚至会出现在期货、现货两个市场持有同方向头寸的情况。

六、制定套期保值策略的方法

投资者在制定套期保值策略的时候,首先要了解所交易的商品的现货市场供需状况以及影响其价格的主要因素,做好该商品的供给和需求计划安排;要弄清楚所交易商品的性质、生产特点和市场构成,确定出合理的目标利润和目标成本。其次,要了解所交易的商品在期货市场上的交易状况,交易所的有关规则,注册仓库的地点,尤其要弄清需保值商品的规格、品质与期货合约规格的差异,以明确质量升、贴水额。然后遵循以下程序,结合生产、经营情况做出套期保值的决策。

(1) 利用基本分析或技术分析等各种分析价格的方法,估计价格变动的可能性有多大,变动的幅度是多少,并计算出净风险额。比如,某出口商预计3个月后出口商品,现在的总价值为100万美元,假设通过分析认为价格下降的可能性是60%,下降幅度为10%,则净风险额为6万美元(100万美元×60%×10%)。

(2) 计算保值的各项成本费用,包括保证金利息、佣金、手续费、交割费用等各项支出。

(3) 将净风险额与保值费用做对比,若净风险额大于保值费用,且自己不愿或无力承担净风险额,就应该进行套期保值。

(4) 在保值过程中,要根据价格长期趋势制订长期保值计划,也要根据价格短期走势预测确定入市和平仓的有利时机。

(5) 要对基差变量做出预测,估计保证金的需求量,并根据市场情况灵活地选择对冲方式。

(6) 根据运输情况、交割特点灵活决定是否进行实物交割,若不准备或不能够进行实物交割,就不要在即将期满的合约上操作。

在实际应用时,套期保值效果也许并不理想,也就是说,没有达到持平保值的完美状态。影响保值效果的主要原因是:①由于期货商品的品种限制,需要对冲其价格风险的资产与期货合约的标的资产可能并不完全一样;②套期保值者可能并不能肯定购买或出售资产的确切时间;③由于期货合约的交割月份标准化的限制,套期保值可能要求期货合约在其到期日之前就进行平仓;④由于期货合约的交易单位标准化的限制,需要保值的资产的现货交易数量和期货交易数量也许不相等。由于保值策略的局限性,需要引入基差分析的思路。

第二节 基差策略

一、基差及其对套期保值效果的影响

(一)基差

基差(Basis)是期货市场的一个重要概念,它是指在某一时间、同一地点、同一品种的现货价格与期货价格的差,即

$$基差 = 现货价格 - 期货价格 \tag{4.10}$$

如果要进行套期保值的资产与期货合约的标的资产一致，在期货合约到期日基差应为零。但现货价格与期货价格的变化并不一定完全同步，而且多数时候变动幅度是不一样的，这就会引起基差的不断变动，基差可能为正值、负值和零，只不过其波动幅度比其价格的变动幅度要小得多。

1. 基差为负的正常情况。在正常的商品供求情况下，参考价持有成本及风险的原因，基差一般应为负数，即现货价格应小于该商品的期货价格。

2. 基差为正数的倒置情况。当市场商品供应出现短缺，供不应求的现象时，现货价格高于期货价格。

3. 基差为零的市场情况。当期货合约越接近交割期，基差越来越接近零。

当现货价格上涨幅度大于期货价格上涨幅度（期货价格下跌幅度大于现货价格下跌幅度）时，基差随之增大，称为基差扩大或基差变强（Strengthening of the Basis）。

当期货价格上涨幅度大于现货价格上涨幅度（现货价格下跌幅度大于期货价格下跌幅度）时，基差随之减小，称为基差缩小或基差变弱（Weakening of the Basis），见图 4.2。

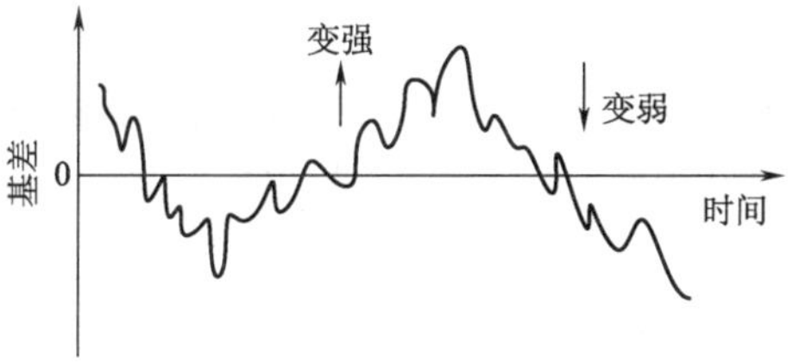

图 4.2　基差的变动

（二）基差变化对套期保值效果的影响

对于农产品、有色金属和能源等商品而言，由于供需之间的不平衡及有时存储商品的困难，可能会导致基差的大范围变化；对于黄金、外汇、股票指数等投资资产来说，基差变动就比较小。基差的不可预期的变动可能会给套期保值者带来盈利，也可能使其产生亏损。以一个持有小麦的空头套期保值为例：

【例 4 -6】假设一个储藏者于 9 月 1 日买入 1 蒲式耳小麦，并通过卖出 12 月 1 日的期货合约来套期保值，并且不考虑任何保证金、手续费、佣金及仓储费等的影响（见表 4.6）。

表 4.6　基差变动对空头套期保值效果的影响

日期	现货市场		期货市场				基差
	交易	价格	交易	可供选择的价格			
9 月 1 日	买入 1 蒲式耳	3.00	卖出期货合约	3.09	3.09	3.09	-0.09
11 月 1 日	卖出 1 蒲式耳	2.70	买入期货合约	①2.79	②2.84	③2.75	① -0.09 ② -0.14 ③ -0.05
盈利		-0.30		0.30	0.25	0.34	
净盈利				0.00	-0.05	0.04	

在 9 月 1 日，该储存者在现货市场买入 1 蒲式耳小麦，价格为 3.00 美元，卖出 12 月的期货合约中小麦价格为 3.09 美元，基差为 -0.09 美元(3.00 -3.09)；在 11 月 1 日，在现货市场将小麦卖出，价格为 2.70 美元，同时对冲其持仓合约，期货价格为 2.79 美元(表内①)，基差仍为 -0.09 美元(2.70 -2.79)，保持不变；这样，该储藏者在现货市场上的损失 0.30 美元被期货市场上的盈利 0.30 美元补偿，保值有效。

若在 11 月 1 日，期货价格为 2.84 美元(表内②)，则基差变为 -0.14 美元(2.70 -2.84)，基差的负值增大了 0.05 美元，即基差变弱，这时该储藏者在期货市场上的盈利只有 0.25 美元(3.09 -2.84)，不足以补偿他在现货市场上的 0.30 美元的损失，影响了保值的效果。

若在 11 月 1 日，期货价格为 2.75 美元(表内③)，则基差变为 -0.05 美元(2.70 -2.75)，基差的负值缩小了 0.04 美元，即基差变强，这时该储藏者不仅补偿了现货市场上 0.30 美元的损失，保值有效，而且还有 0.04 美元的净盈利。

此例说明，基差变弱削弱了空头套期保值的作用，而基差变强则增强了这种作用。对于多头套期保值来讲，基差的变化对保值作用发挥的影响正好相反：基差变强削弱了多头套期保值的作用，而基差变弱则增强了这种作用。

(三) 对买入套期保值者有利的基差变化

1. 期货价格上涨，现货价格不变，基差变弱，结束套期保值交易就能在保值的同时获取额外的利润。

2. 期货价格不变，现货价格下跌，基差变弱，结束套期保值交易就能在保值的同时获取额外的利润。

3. 期货价格上涨，现货价格下跌，基差变极弱，结束套期保值交易就能在保值的同时在两个市场获取额外的利润。

4. 期货价格和现货价格都上涨，但期货价格上涨幅度大于现货价格上涨幅度，基差变弱，结束套期保值交易就能在保值的同时获取额外的利润。

5. 期货价格和现货价格都下跌，但现货价格下跌幅度大于期货价格下跌幅度，基差变弱，结束套期保值交易就能在保值的同时获取额外的利润。

6. 现货价格从期货价格之上跌破下降，基差变弱，结束套期保值交易就能在保值的同时获取额外的利润。

（四）对卖出套期保值者有利的基差变化

1. 期货价格下跌，现货价格不变，基差变强，结束套期保值就能在保值的同时获取额外的利润。

2. 期货价格不变，现货价格上涨，基差变强，结束套期保值就能在保值的同时获取额外的利润。

3. 期货价格下跌，现货价格上涨，基差变极强，结束套期保值就能在保值的同时在两个市场获取额外的利润。

4. 期货价格和现货价格都上涨，但现货价格上涨幅度大于期货价格上涨幅度，基差变强，结束套期保值交易就能在保值的同时获取额外的利润。

5. 期货价格和现货价格都下跌，但期货价格下跌幅度大于现货价格下跌幅度，基差变强，结束套期保值交易就能在保值的同时获取额外的利润。

6. 现货价格从期货价格以下上涨，基差变强，结束套期保值交易就能在保值的同时获取额外的利润。

二、基差风险

从例 4－6 可以看出，基差的变化就是套期保值的利润。当 11 月 1 日期货价格为 2.79 美元（表内①）时，基差没有发生变化，套期保值的利润，也就是表内的净利润，为 0；当期货价格为 2.84 美元（表内②）时，基差的变化值为 －0.05，此时保值的效果是亏损 0.05 美元；当期货价格为2.75美元（表内③）时，基差的变化为 +0.04，保值的效果是盈利 0.04 美元。

基差的变化是不确定的，这种基差变化的不确定性被称为基差风险（Basis Risk）。

我们使用以下一些符号来检验基差风险的本质：

S_1：在 t_1 时刻现货的价格；

S_2：在 t_2 时刻现货的价格；

F_1：在 t_1 时刻期货的价格；

F_2：在 t_2 时刻期货的价格；

b_1：在 t_1 时刻的基差；

b_2：在 t_2 时刻的基差。

假定保值者在 t_1 时刻入市开仓建立第一个期货头寸，在 t_2 时刻平仓出市。根据基差的定义，$b_1 = S_1 - F_1$，$b_2 = S_2 - F_2$。

对于空头套期保值者，平仓时在现货市场的损益为 S_2-S_1，在期货市场的损益为 F_1-F_2，这时候的保值利润是：

$$空头套期保值者的利润=(S_2-S_1)+(F_1-F_2)=(S_2-F_2)-(S_1-F_1)=b_2-b_1 \tag{4.11}$$

若 $b_2-b_1=0$，则为持平保值；若 $b_2-b_1>0$，则为有盈保值；若 $b_2-b_1<0$，则为减亏保值。保值者卖出套期保值资产获得的有效价格是：

$$空头套期保值资产的有效价格=S_2+F_1-F_2=F_1+(S_2-F_2)=F_1+b_2 \tag{4.12}$$

在 t_1 时刻，F_1 是已知的，若 b_2 也是已知的，就可以进行完全的套期保值，也就是说，套期保值可以消除价格的所有不确定性。

对于多头套期保值，上述情形就要反过来，平仓时在现货市场的损益为 S_1-S_2，在期货市场的损益为 F_2-F_1，这时候的保值利润是：

$$多头套期保值者的利润=(S_1-S_2)+(F_2-F_1)=(S_1-F_1)-(S_2-F_2)=b_1-b_2 \tag{4.13}$$

若 $b_1-b_2=0$，则为持平保值；若 $b_1-b_2>0$，则为有盈保值；若 $b_1-b_2<0$，则为减亏保值。保值者买入套期保值资产实际支付的有效价格是：

$$多头套期保值资产的有效价格=S_2-(F_2-F_1)=F_1+(S_2-F_2)=F_1+b_2 \tag{4.14}$$

现在可以得出结论，在现货与期货数量相等的情况下，基差变强对空头套期保值有利，这意味着卖出现货收到的有效价格升高；基差变弱对多头套期保值有利，这意味着实际支付的有效价格降低。另外，还要注意，套期保值时要产生期货交易成本，如保证金、手续费和佣金等。如果持有资产，还要发生储存成本，如仓储费。这些成本会降低利润。

三、基差交易

由于有基差风险的存在，套期保值交易并不能完全抵消价格风险。一般来讲，基差变动的风险比单纯价格变动的风险要小得多，但它毕竟还是会给交易者、消费者和生产者带来不利影响。基差交易策略是提高套期保值效果的较好方法。

基差交易是指为了避免基差变化给套期保值交易带来不利影响所采取的以一定的基差和期货价格确定现货价格的方法。通常，基差交易的双方至少有一方进行了套期保值，但其最终的实际现货交易价格并不是交易时的市场价格，而是根据下面这一公式确定的：

$$交易的现货价格=商定的期货价格+预先商定的基差 \tag{4.15}$$

基差交易成功的关键在于确定合理的对冲基差，估计的原则有：①必须保证收回成本；②能够确保合理的利润；③充分研究基差的变动规律以找到合适的交易对手。下面以一个空头套期保值者的基差交易为例，说明基差交易策略的操作。

【例 4-7】某食品批发商在1月份以3 800元/吨的价格购入白糖若干吨，欲在5月份销售出去，同时，该批发商以3 900元/吨的价格做了空头套期保值，基差为-100。据估计，在对冲时基差至少要达到-50才可以弥补仓储、保险等成本费用，并可保证合理利润，即根据空头套期保值者的利润b_2-b_1，有

$$批发商的盈利=(-50)-(-100)=50(元/吨)$$

考虑到若以后基差变弱会于已不利，该批发商保值后便考虑是否寻求基差交易以避免基差变动造成的不利影响。

如果不进行基差交易，5月份的现货价格、期货价格分别为3 810元/吨、3 880元/吨，该批发商在现货上的盈利为10元/吨(3 810-3 800)，加上期货合约对冲盈利20元/吨，则卖出现货实际收到的有效价格为3 830元/吨，即根据空头套期保值资产的有效价格$=F_1+b_2$，有

$$卖出白糖的有效价格=3\ 900+(-70)=3\ 830(元/吨)$$

该批发商仍然面临风险，不能达到预先制定的50元/吨的盈利目标。

若批发商能够找到一家食品厂，进行基差交易，也就是说，双方在5月份按当时的期货价格和-50的基差成交现货，即

$$成交价格=3\ 880+(-50)=3\ 830(元/吨)$$

则可以完全实现既定目标，见表4.7。在本例中，食品厂愿意以“5月份期货价格-50”定价，而不直接以3 830元/吨定价，是因为该食品厂通过分析认为白糖价格将下跌，且5月份基差将弱于-50元/吨。如果先将价格固定下来不一定有利，按基差定价，比较灵活机动，富有弹性。这样，既保证了有可靠的白糖供应来源，又有可能使价格向有利于已的方向转化。

表 4.7　基差交易　　元/吨

		现货价格	期货价格	基 差	交易盈利
1月		3 800	3 900	-100	
5月	不做基差交易	3 810	3 880	-70	30
	做基差交易	3 830	3 880	-50	50

第三节　投机策略

期货交易一向被认为是投机意识十足的投资工具，由于这种交易采取保证金方式，吸引了大量只想赚取价差，根本没有套期保值需求的投资者。一般将期货市场投机分为两类：一类是正常的单项式投机，即普通的买空、卖空活动，纯粹利用单个期货品种价格的波动进行的投机交易；另一类是利

用期货合约之间、现货和期货之间反常的价格关系进行的投机，也就是套利交易。

一、投机策略的特点

与套期保值策略相比，投机策略具有以下特点。

（一）以获利为目的

投机者制定投机策略，试图在期货市场上低价买进高价卖出或高价卖出低价买进来赚取利润，他们的根本目的是获利，这一点也是投机与套期保值的根本区别。

（二）不需实物交割，只做买空卖空

投机策略只关注期货合约的买卖价差，频繁买进卖出合约以赚取价差，并没有什么商品需要保值，也不关心实物交割。

（三）承担价格风险，结果有盈有亏

期货市场中的风险是客观存在的，套期保值需要转移价格风险，投机则必须承担风险。投机者大量介入，使期货市场的流动性大大增加，又使套期保值成为可能。买空卖空的风险是很大的，因而投机交易有盈有亏。

（四）利用对冲技术，加快交易频率

期货投机的操作条件在于期货合约的对冲性。投机者在发现价格变化有利时可以方便地对冲已有头寸，迅速退出市场避免更大损失。另外，对冲技术的应用方便投机者加快交易频率，加速资金周转，从交易量的增加中获得更多的收益。

（五）交易量比较大，交易比较频繁

投机为市场提供了大量交易资金，同时降低了市场的交易成本。这样又吸引新的投机者加入，从而市场的交易量大为增加，交易比较频繁，使市场具有更大的流动性。

除了上述主要特点外，投机交易还有交易时间短、信息量大、覆盖面广的特点。这些为投机交易的迅速发展奠定了基础，也为期货市场的发展创造了条件。

二、单项式投机策略

单项式投机（Speculation），是指人们根据自己对期货市场的价格变动趋势的预测，通过看涨时买进，看跌时卖出而获利的交易行为。

根据投机者持仓时间的长短，投机分为一般头寸投机（Position Trade）、当日投机（Day Trade）和逐小利投机即抢帽子（Scalp）。一般头寸投机者持仓时间较长，他们以多种商品期货为对象，一般利用较长时间的价差来获利,交易量较大。当日投机者只进行当天平仓期货交易,交易对象为他们认为有利可图的各种期货,希望利用较大差价获利。追逐小利投机者是随时买进或卖出,赚取很小差价,他们交易频繁,往往一天内买卖合约数次,其交易期货品种较为单一,但交易量一般较大,对增强市场流动性具有十分重要的意义。

按具体的操作手法不同,投机可分为多头投机和空头投机。空头投机是指投机者预期某期货合约的市场价格将下跌,从而先行卖空合约,并于合约到期前俟机平仓,以从价格下跌中获取利润的交易策略。

【例4-8】在11月2日,CBOT主要市场指数期货的市场价格为472,某投机者预期该指数期货的市场价格将下跌。于是他以472的价格卖出20张12月份到期的主要市场指数期货合约。这样,在合约到期前,该投机者将面临三种不同的情况:市场价格下跌至456,市场价格不变和市场价格上涨至488。

若市场价格下跌至456,他可获利80 000美元[(472-456)×250美元×20];若市场价格不变,该投机者将既无盈利也无亏损;若市场价格上涨至488,他将损失80 000美元[(472-488)×250美元×20]。空头投机的盈亏特征如图4.3所示。

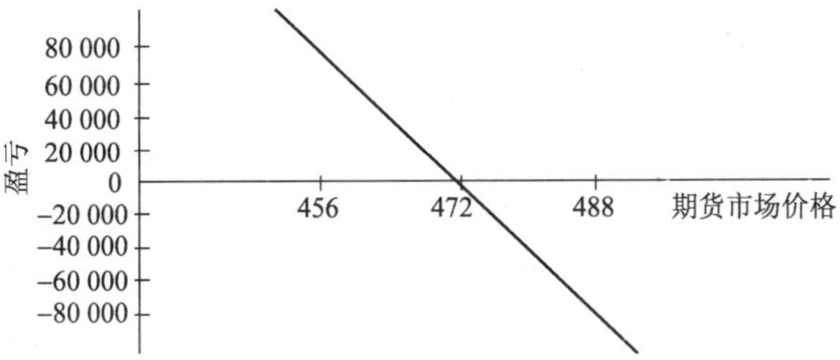

图4.3 期货的空头投机

由图4.3可以看出,当投机者建立了空头投机部位后,其盈亏状况将完全取决于期货市场价格的变动方向和幅度。若期货市场价格下跌,则投机者可以获利,市场价格下跌越多,投机者获利也就越多;反之,若市场价格上涨,则投机者将受损,市场价格上涨越多,投机者受损也就越多。

多头投机是指投机者预期期货合约的市场价格将上涨时买进期货合约,在合约到期前平仓获利的交易策略。多头投机在期货市场上处于多头部位。与空头投机的盈亏特征相反,若市场价格上涨,则投机者将获利,市场价格上涨越多,投机者获利也越多;若市场价格下跌,则投机者将受损,市场价格下跌越多,投机者受损也就越多。如图4.4所示。

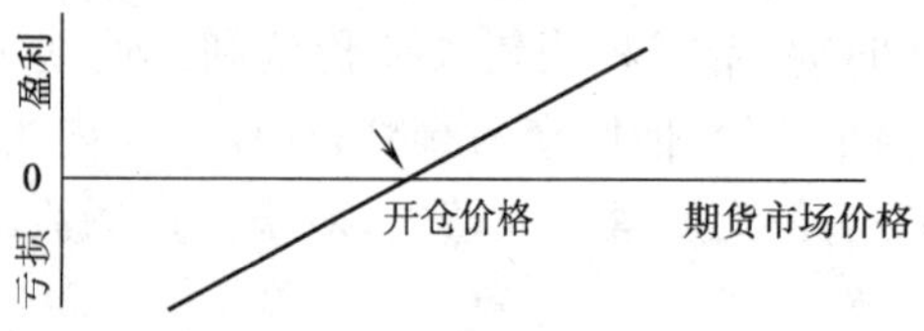

图4.4 期货的多头投机

表4.8列举了期货投机与套期保值的不同特点。

表4.8 期货投机与套期保值特点比较

	参与市场	交易目的	交易方式	交易风险与收益
期货投机	期货市场	以较少资金获取较大利润	买空、卖空	高风险,高收益
套期保值	现货市场 期货市场	规避价格风险为资产保值	两个市场建立方向相反头寸	低风险,低收益

三、套利的原理

套利(Arbitrage),是指人们利用暂时存在的不合理的价格关系,通过同时买进和卖出相同或相关的商品或期货合约,以赚取其中的价差收益的交易行为。其中,不合理的价格关系包括多种不同的情况:①同种商品及期货合约在现货市场和期货市场间的不合理的价格关系;②同种商品或期货合约在不同市场之间的不合理的价格关系;③同一市场、同种期货合约在不同交割月之间的不合理的价格关系;④同一市场、同一交割月的不同期货合约之间的不合理的价格关系。

所有这些不合理的价格关系一般只存在于一个较短的时间中,套利者的套利活动将很快矫正或拉平这些不合理的价格关系。

套利的实质是对不同的合约(包括现货)的价差进行投机,分别建立正反两方向的头寸,这两种合约的联动性很强,所以套利的原理与套期保值的原理很相似:

(1) 两合约的价格大体受相同因素的影响,在正常情况下价格变动趋势相同,但波动幅度会有差异。

(2) 两合约应存在合理的价差范围,在这个范围之外(超过或小于)是受到了外界异常因素的影响,影响消除后,最终还是会恢复到原来的价差范围。

(3) 两合约间的价差变动有规律可循,价差的运动方式是可以预测的。

由于套利策略关心的是合约间的价差变动问题，所以套利的报价也是利用价差报价的。交易者下指令时，并不注明特定的买价和卖价，只指定价差是多少，这样可以加大成交的机会。例如，入市时交易者下达这样的指令："买7月大豆合约、卖11月大豆合约各一张，价差0.6美元/蒲式耳，"平仓时，交易者再下这样的指令："卖7月大豆合约、买11月大豆合约各一张，价差0.8美元/蒲式耳。"

在一般情况下，合约间价差的变化比单一合约的价格变化要小得多，且获利大小和风险大小都较易于估算，所以套利交易颇受投资基金和风格稳健的交易者青睐。另外，套利交易对整个期货市场的良好运行也有很大的贡献：

(1)有利于不合理的价格关系恢复正常。当市场价格不合理时，相关合约价差波动往往超过正常范围，这时就会引发大量的套利交易，大量的交易者低买高卖行为的结果往往会将价格拉回到正常水平。

(2)有利于抑制过度投机。欲操纵市场，进行过度投机的交易者往往利用各种手段将价格拉抬或打压到不合理的水平，以便从中获利。如果期货市场上有大量的理性套利者存在，过度投机行为就会被有效地抑制。

(3)有利于增强市场流动性。套利者一般交易量较大，通过在不同合约上建立正反头寸，可以有效地增强市场的流动性，并带动远月合约的交易。

从套利活动的操作方式来看，套利可分为期现套利、跨期套利、跨市套利和跨品种套利，后三种也被称为套期图利或差价套利。

四、期现套利

期现套利是指在期货市场和现货市场间套利。若期货价格较高，则卖出期货同时买进现货到期货市场交割；若期货价格偏低，买入期货在期货市场上进行实物交割，接受商品，再将它转到现货市场上卖出获利。这种套利通常在即将到期的期货合约上进行。大量的期现套利有助于期货价格的合理回归。

期现套利一般仅涉及现货商人。因为涉及期货、现货两个市场，如果实物交割，还要占用大量的资金，且需要有相应的现货供、销渠道来卖出或买进现货。这样的条件一般投机者不具备，所以一般的投机者很少在即将到期的合约上操作。而期现套利者却最关注进入交割月份的期货合约品种，只要基差足够大，超过预期投机成本，套利者就会入市，最终再根据市场情况灵活选择在期货市场平仓或是进行实物交割。

【例4-9】3月28日，大连商品交易所4月(交割月)豆粕期货价格为3 520元/吨。大连大豆市场现货价格为2 800元/吨，而其中大连交割异地贴水180元/吨，所以基差很大。大连某粮库分析后认为，这是很好的套利机会，于是果断入市,以3 520元/吨卖出500手(1手=10吨)豆粕期货合约。结果期货价格向现货价格回归,最后大连商品交易所4月份豆粕跌至2 630元/吨,粮库决定不再交割实货,而是抓住机会在2 700元/吨左右平仓出市,赚得利润4 100 000元[(3 520-2 700)×500×10]。当然,若粮库选择实物交割,效益也将十分可观,为3 550 000元[(3 520-2 630-180)×500×10]。

五、跨期套利

跨期套利是指在同一交易所同时买进和卖出同一品种的不同交割月份的期货合约,以便在未来两合约价差变动于己有利时再对冲获利。跨期套利在套利交易中最为常见,有三种最主要的交易形式:买近卖远套利、卖近买远套利和蝶式套利。

(一)买近卖远套利

买近卖远套利,也叫牛市套利或买空套利,是指入市时买进近期月份期货合约,同时卖出远期月份合约的跨期套利形式。比如,在价格看涨的市场上,若同一种商品不同时间的期货合约之间的价格差距扩大,也就是说,近月合约的价格上涨幅度大于远月合约的价格上涨幅度,则对冲手中的合约便会获利;在价格看跌的市场上,近月合约的价格下跌幅度小于远月合约的价格下跌幅度,则对冲手中的合约也会获利。举例说明这一策略的运用:

【例4-10】在3月10日,某投资者认为7月份大豆期货价格与新豆上市后的11月份大豆期货的价格差距将出现异常。当时,现货大豆价格看涨,该投资者估计这会带动期货价格上涨,且7月期货价格将比11月期货价格上涨快,于是决定进行买近卖远套利,以价差0.6美元/蒲式耳成交,成交价:7月份合约价格5.5美元/蒲式耳,11月份合约价格4.90美元/蒲式耳。

5月20日,7月份大豆期货价格升至5.74美元/蒲式耳,11月份价格升至5.02美元/蒲式耳。该投资者将手中合约全部平仓,共赚得6 000美元(CBOT大豆合约规模为5 000蒲式耳/手),见表4.9。

表4.9 买近卖远套利

	7月份期货合约	11月份期货合约	价差
3月10日	买进10手,价格5.5美元/蒲式耳	卖出10手,价格4.9美元/蒲式耳	0.6
5月20日	卖出10手,价格5.74美元/蒲式耳	买进10手,价格5.02美元/蒲式耳	0.72
盈利	0.24	-0.12	
套利结果	盈利(0.24-0.12)×5 000×10=6 000(美元)		

下面用符号来分析买近卖远套利的盈亏状况:

F_1:开仓时,近月合约的成交价格;

F_2:开仓时,远月合约的成交价格;

F'_1:平仓时,近月合约的成交价格;

F'_2:平仓时,远月合约的成交价格;

B:开仓时,近月合约与远月合约的价差,$F_1 - F_2$;

B':平仓时,近月合约与远月合约的价差,$F'_1 - F'_2$。

$$\begin{aligned}\text{买近卖远套利的盈利} &= F'_1 - F_1 + F_2 - F'_2 \\ &= (F'_1 - F'_2) - (F_1 - F_2) = B' - B \qquad (4.16)\end{aligned}$$

用实例来检验,

$$B' - B = 0.72 \times 5\,000 \times 10 - 0.6 \times 5\,000 \times 10 = 6\,000(\text{美元})$$

可见,买近卖远套利的盈亏实际上取决于两次交易的价差变化:若开仓价差小于平仓价差,即价差扩大,则盈利;若开仓价差大于平仓价差,即价差缩小,则亏损($B < B'$盈利,$B > B'$亏损)。

(二)卖近买远套利

卖近买远套利,又叫熊市套利或卖空套利,是指入市时卖出近期月份期货合约,同时买进远期月份合约的跨期套利形式。与买近卖远套利相反,投资者希望看到价差的缩小,即在价格看涨的市场上,远月合约价格的上涨幅度大于近月合约价格的上涨幅度;在价格看跌的市场上,远月合约价格的下跌幅度小于近月合约价格的下跌幅度。举例如下:

【例 4-11】2010 年全球气候变化,媒体普遍认为,大豆将减产近一成,使得大豆期货合约的价格高涨。某公司经过在大豆产地调查了解,认为大豆将有好收成,并带来未来大豆的价格下跌,而且近月期货价格将比远月期货价格下跌更快,于是做了卖近买远套利。交易情况见表 4.10。

表 4.10 卖近买远套利 元

	5 月期货合约	7 月期货合约	价差
开仓	卖出价 3 100	买进价 3 150	-50
平仓	买进价 2 700	卖出价 2 800	-100
盈亏	400	-350	
套利结果	盈利 400 - 350 = 50(元)		

延续上面的符号,

$$\begin{aligned}\text{卖近买远套利的盈利} &= F_1 - F'_1 + F'_2 - F_2 \\ &= (F_1 - F_2) - (F'_1 - F'_2) = B - B' \qquad (4.17)\end{aligned}$$

可以验证:

$$B - B' = -50 - (-100) = 50(\text{元})$$

所以说,卖近买远套利的盈亏也只取决于两次交易价差的变化,实际收益为入市价差减去出市价差，换句话说，卖近买远套利是对缩小的价差进行投机。

表4.11是根据近、远月价格的关系，对选择套利形式的总结。

表4.11 价差变动与套利策略选择

近、远月合约价格变动情况		价差变动	策略选择
近、远月合约均上涨	近月上涨更快	扩大	买近卖远套利
	远月上涨更快	缩小	卖近买远套利
近、远月合约均下跌	近月下跌较慢	扩大	买近卖远套利
	远月下跌较慢	缩小	卖近买远套利
近月合约近似持平	远月合约下跌	扩大	买近卖远套利
	远月合约上涨	缩小	卖近买远套利
远月合约近似持平	近月合约上涨	扩大	买近卖远套利
	近月合约下跌	缩小	卖近买远套利
近月合约上涨，远月合约下跌		扩大	买近卖远套利
远月合约上涨，近月合约下跌		缩小	卖近买远套利

(三)蝶式套利

蝶式套利是由买近卖远和卖近买远套利变化而来的，是指由两个共享居中交割月份的买近套利和卖近套利组成的跨期套利方式。它的典型形式为"买7月铜5手/卖8月铜10手/买9月铜5手"以及"卖3月绿豆5手/买5月绿豆10手/卖7月绿豆5手"。前者依次是由一个买近套利"买7月铜5手/卖8月铜5手"和一个卖近套利"卖8月铜5手/买9月铜5手"组成；后者依次是由一个卖近套利"卖3月绿豆5手/买5月绿豆5手" 和一个买近套利"买5月绿豆5手/卖7月绿豆5手"组成。所以，蝶式套利总可以被拆分成一个卖近套利和一个买近套利来进行盈亏分析。

设入市时蝶式套利近月合约与居中月份合约价差为 B_1，居中月份合约与远月合约价差为 B_2；相应的出市时价差分别为 B'_1，B'_2。

对于前买近后卖近组成的蝶式套利方式而言，套利者的实际收益为：

$$实际收益 = 买空套利收益 + 卖空套利收益 = (B'_1 - B_1) + (B_2 - B'_2) \quad (4.18)$$

套利者若想盈利，则最好前一个价差扩大，后一个价差缩小。

对于前卖近后买近组成的蝶式套利方式而言，套利者的实际收益为：

$$实际收益 = 卖空套利收益 + 买空套利收益 = (B_1 - B'_1) + (B'_2 - B_2) \quad (4.19)$$

套利者若想盈利，则最好前一个价差缩小，后一个价差扩大。

(四)跨期套利的套利机会选择

跨期套利者选择恰当的入市机会，应综合考虑各种因素。首先，要选择好合约；其次，分析价格和价差的变化趋势；再次，灵活选择机会，若预测价差将扩大，采用牛市套利策略；若预测价差将缩小，则采用熊市套利策略。

【例 4-12】 12 月 1 日某套利者欲在美国猪腹肉期货上进行跨期套利，他观察到各月份期货合约的报价如下：

2 月 62.65　　3 月 62.77　　5 月 63.85　　7 月 63.72　　8 月 61.10

要求：设计最佳的买近卖远套利机会与卖近买远套利机会。

分析：根据公式（4.16）买近卖远套利的盈利 $=B'-B=$ 出市价差 - 入市价差，由于出市价差要待日后才会确定，所以套利者要选择的是入市价差。牛市套利若想盈利，应在价格看涨阶段，选择较弱的入市价差，以待价差扩大时平仓获利。见表 4.12 中的对比。

表 4.12　牛市套利入市机会对比表

策略	入市价差	月入市价差*
买 2 月/卖 3 月	62.65 - 62.77 = -0.12	-0.12
买 3 月/卖 5 月	62.77 - 63.85 = -1.08	-1.08/2 = -0.54
买 2 月/卖 5 月	62.65 - 63.85 = -1.20	-1.20/3 = -0.40

* 考虑到可比性因素，应将入市价差换算成月价差。

从表中可以看出，最佳牛市套利的入市机会是买 3 月/卖 5 月。

根据公式（4.17）卖近买远套利的盈利 $=B-B'=$ 入市价差 - 出市价差，熊市套利若想获利，应在价格看跌时选择较强的入市价差，以待价差缩小时平仓，见表 4.13。

表 4.13　熊市套利入市机会对比表

策略	入市价差	月入市价差*
卖 5 月/买 7 月	63.85 - 63.72 = 0.13	0.13/2 = 0.065
卖 7 月/买 8 月	63.72 - 61.10 = 2.62	2.62
卖 5 月/买 8 月	63.85 - 61.10 = 2.75	2.75/3 = 0.92

* 考虑到可比性因素，应将入市价差换算成月价差。

由表中结果可以得出，最佳的熊市套利入市机会是卖 7 月/买 8 月。

六、跨市套利

跨市套利是指在两个不同的期货交易所同时买进和卖出同一品种同一交割月份的期货合约，以便在未来两合约价差变动于己有利时再对冲获利。跨市套利的风险及操作难度比跨期套利更大，因为它涉及不同的交易所，交易者必须同时考虑两个市场的情形和影响因素。有时，虽然是同一品种，但各交易所的交易规则、交割等级、最后交易日、交割期的规定都有差异；期货市场上的流动性也不一样。若是做不同国家的跨市套利，还要考虑汇率变动的影响，如果对汇率的变动估计不足或估计错误，则投资者将面临严重的汇率风险，所以必须全面考虑各种因素，才能使套利取得成功。因此国外一般是大的投资基金、投资银行才进行跨市套利交易。

同一品种在不同交易所存在价差，主要是由于地理因素所造成的，也有品质规格不一样的因素起作用。正常情况下，市场应有一合理的价差。一般来说，出现比价不正常的情况持续时间较短，套利者必须抓住时机入市。从实际情况来看，那些在不同交易所都有场内经纪人的投资机构最善于抓住这样的时机，他们的交易量往往很大，在几分钟之间便可获得高盈利。

【例 4－13】11 月初，受利空因素影响，苏黎世市场黄金 1 月期货价格为 395 美元/盎司；同时伦敦市场 1 月黄金期货价为 400 美元/盎司。某投资基金注意到了这一反常价差状况，并判断黄金价格不久还将下降，于是果断入市进行套利操作。一周后，两市场的价格均降为 394 美元/盎司，其盈亏结果如表 4. 14 所示。

表 4.14　跨市套利　　　　美元

伦敦市场	苏黎世市场	价差
11 月初某日，卖黄金期货合约 400	买黄金期货合约 395	5
一周后，平仓 394	平仓 394	0
+6	-1	5

结果盈利为 5 美元/盎司。跨市套利的盈亏结果可分析如下：

设 A、B 两交易所都交易同一品种，若投资者注意到 A 交易所价格相对偏高（注意，是相对于正常的价差偏高，而不是实际价格高），则可在 A 交易所卖出，B 交易所买进，定义符号如表 4. 15 所示。

表 4.15　跨市套利符号

	A 交易所	B 交易所	价 差
入市	F_A	F_B	B
出市	F'_A	F'_B	B'

$$套利结果 = F_A - F'_A + F'_B - F_B = (F_A - F_B) - (F'_A - F'_B) = B - B' \tag{4.20}$$

可见，跨市套利的最终结果也取决于合约间的价差变动。

七、跨品种套利

跨品种套利是指在同一交易所同时买进和卖出同一交割月份的不同品种的期货合约,选择的两种不同合约应在价格变动上有较强的联动性。跨品种套利可以分为相关商品套利和可转换性商品套利两种形式。

(一)相关商品套利

相关商品套利就是利用两种不同品种,但价格又相互关联的期货之间的差价变动进行套利。若两商品期货的价差为正,当预计价差扩大时,可采用这样的策略:入市时,买进价高的商品期货,同时卖出价低的商品期货;当预计价差缩小时,则可采用相反的策略,即入市时卖出价高的商品期货,同时买进价低的商品期货。比如,在美国,冬小麦与玉米之间的套利交易十分流行。这是因为二者用途相似且具有相互替代性。

【例 4-14】冬小麦与玉米价差变化有一定的季节性,一般来说,冬小麦价格高于玉米价格。每年的 5、6、7 月是冬小麦收割季节,冬小麦价格降低,会引起冬小麦与玉米价差的缩小;每年的 9、10、11 月是玉米收获季节,玉米价格降低,会引起冬小麦与玉米价差的扩大。某套利者认为,今年冬小麦与玉米价差变化还将遵循这一规律,于是像往年一样入市进行套利,其操作如表 4.16 和表 4.17 所示。

表 4.16　7 月份入市套利——价差扩大的策略　美元/蒲式耳

	冬小麦期货	玉米期货	价差
7 月 × 日	买进 12 月期货,价 4.4	卖出 12 月期货,价 3.4	1
9 月 × 日	平仓 4.8	平仓 2.85	1.95
结果	+0.4	+0.55	0.95

表 4.17　3 月份入市套利——价差缩小的策略　美元/蒲式耳

	冬小麦期货	玉米期货	价　差
3 月 × 日	卖出 6 月期货,价 4.5	买进 6 月期货,价 3.5	1
5 月 × 日	平仓 4.1	平仓 3.3	0.8
结果	+0.4	-0.2	+0.2

7 月入市套利的结果,盈利 0.95 美元/蒲式耳;3 月份入市套利的结果,盈利 0.2 美元/蒲式耳。

可见,相关商品套利的结果也正好是入市、出市时价差的变动额,因此交易者交易时只需注重价差的变化,不用十分在意具体的成交价格。

（二）可转换性商品套利

可转换性商品指的是原材料与制成品，比如，大豆、豆油、豆粕三者，大豆是生产豆油的原材料，豆油是制成品，豆粕是制油时产生的副产品，可以用来做饲料。利用可转换性商品期货间的价差进行的套利即为可转换性商品套利。由于大豆、豆油、豆粕在期货市场上都有交易，进行套利就非常方便，大豆的加工商经常利用这种套利来防止大豆价格的上涨及豆油和豆粕销售价格的降低。

具体做法如下：

计算三种商品之间的转换差额，即价格差别，公式如下：

$$转换差额 = A \times 每磅豆油期货价格 + B \times 每磅豆粕期货价格 - C \times 每磅大豆期货价格$$

其中，A，B，C 的含义是，在现有的社会平均加工水平下，C 磅大豆可以榨取 A 磅豆油，并生产出 B 磅豆粕。在美国，这三个值分别取11，49，60。在中国，大豆、豆油、豆粕的成分比例为：1∶0.156∶0.78。

如果转换差额经计算为负数，则说明大豆原料价格过高，则套利者预测大豆的需求及价格可能相对下跌，豆油和豆粕的需求和价格可能相对上升。于是，卖出大豆期货，同时，买进豆油、豆粕期货。当大豆价格下跌，豆油、豆粕价格上涨时，对冲获利。

如果转换差额经计算为正数，则说明大豆价格偏低，交易者可买进大豆期货，同时卖出豆油、豆粕期货，待大豆价格上涨，豆油、豆粕价格下跌时，再对冲获利。

本章小结

1. 套期保值是指在现货市场某一笔交易的基础上，在期货市场上做一笔价值相当，期限相同但方向相反的交易，以期保值。套期保值按其操作手法的不同，可以分为空头（卖出）套期保值、多头（买进）套期保值和交叉套期保值。

2. 确定套期保值所需的期货合约的规模，最重要的是要决定使用期货合约的数量与风险现货数量的比例，即最佳套期保值比率。估计套期保值比率最常用的方法是最小方差法。

3. 基差是期货市场的一个重要概念，它是指在某一时间、同一地点、同一品种的现货价格与期货价格的差，基差变化的不确定性称为基差风险。

4. 基差交易是指为了避免基差变化给套期保值交易带来不利影响，所采取的以一定的基差和期货价格确定现货价格的方法。

5. 投机是指人们根据自己对金融期货市场的价格变动趋势的预测，通过看涨时买进,看跌时卖出而获利的交易行为。按具体的操作手法不同,投机可分为多头投机和空头投机。

6. 套利是指人们利用暂时存在的不合理的价格关系,通过同时买进和卖出相同或相关的商品或期货合约,以赚取其中的价差收益的交易行为。

7. 从套利活动的操作方式来看,套利可分为期现套利、跨期套利、跨市套利和跨品种套利,后三种也被称为套期图利或差价套利。跨期套利在套利交易中最为常见,有三种最主要的交易形式:买近卖远套利、卖近买远套利和蝶式套利。跨市套利涉及不同的交易所,风险及操作难度都比跨期套利更大。跨品种套利可以分为相关商品套利和可转换性商品套利两种形式。

关键术语

套期保值　空头套期保值　多头套期保值　交叉套期保值　套期保值比率　基差　基差交易　投机　期现套利　跨期套利　跨市套利　跨品种套利

能力训练

一、选择题

1. 随着期货合约到期日的临近,期货价格和现货价格的关系是(　　)

A. 前者大于后者　　B. 后者大于前者

C. 两者大致相等　　D. 无法确定

2. 按套期保值的性质和目的不同,可以划分为哪几类(　　)

A. 存货保值　　B. 经营保值

C. 选择保值　　D. 预期保值

3. 2005 年 8 月,国内某豆油压榨企业计划在两个月后购进 1 000 吨大豆,此时现货价格为 2 900 元/吨,11 月的大豆期货合约的价格为 3 050 元/吨。由于担心价格继续上涨,该企业决定通过期货市场进行买入套期保值,在大连商品交易所买入 11 月合约 100 手(每手 10 吨),到 10 月,现货价格上涨至 3 100 元/吨,而此时期货价格为 3 250 元/吨。于是该企业卖出期货合约对冲平仓。该企业盈利(　　)

A. 8 000 元　　B. 盈亏相抵　　C. −8 000 元　　D. 无法确定

4. 估计套期保值比率最常用的方法是(　　)

A. 最小二乘法　　B. 最大似然估计法

C. 最小方差法　　D. 参数估计法

5. S_1:在 t_1 时刻现货的价格;S_2:在 t_2 时刻现货的价格;F_1:在 t_1 时刻期货

的价格；F_2：在 t_2 时刻期货的价格；b_1：在 t_1 时刻的基差；b_2：在 t_2 时刻的基差。对于空头套期保值者来说，其利润是（ ），对于多头套期保值者来说，其利润是（ ），空头套期保值资产的有效价格（ ），多头套期保值资产的有效价格（ ）

A. $b_2 - b_1$　　B. $F_1 + b_2$　　C. $b_1 - b_2$　　D. $F_1 + b_2$

6. 在基差交易中，交易的现货价格为（ ）

A. 商定的期货价格 + 预先商定的基差

B. 结算时的期货价格 + 预先商定的基差

C. 商定的期货价格 + 结算时的基差

D. 结算时的期货价格 + 结算时的基差

7. 投机和保值的区别主要体现在哪几方面（ ）

A. 参与的市场　　B. 交易目的

C. 交易方式　　D. 交易风险与收益

8. 在跨期套利中，买近卖远套利的盈利为（ ）；卖近买远的盈利为（ ），其中，B：开仓时，近月合约与远月合约的价差；B'：平仓时，近月合约与远月合约的价差

A. $B' - B$　　B. $B - B'$　　C. $B' \times B$　　D. B' / B

9. 条件同上题，在蝶式套利中，对于前买近后卖近的方式，实际盈利为（ ）；对于前卖近后买近的方式而言，实际盈利为（ ）

A. $(B_1 - B'_1) \times (B'_2 - B_2)$　　B. $(B'_1 - B_1) + (B_2 - B'_2)$

C. $(B_1 - B'_1) + (B_2 - B'_2)$　　D. $(B'_1 - B_1) \times (B'_2 - B_2)$

10. 在相关商品套利中，若两种商品期货的价差为正，当预计价差扩大时，可采用的策略是（ ）

A. 入市时，卖出价高商品期货，同时买进价低商品期货

B. 入市时，买进价高商品期货，同时卖出价低商品期货

C. 入市时，卖出价高商品期货，是否买进不确定

D. 入市时，买进价低商品期货，是否卖出不确定

二、思考题

1. 简要叙述套期保值的经济学原理。

2. 简要叙述空头套期保值、多头套期保值、交叉套期保值的含义及适用情况。

3. 试述基差的含义并分析其变化对套期保值结果的影响。

4. 已经在期货市场进行了套期保值交易的交易者如何寻求基差交易。

5. 试画图分析投机的盈亏特征。

6. 简要叙述套利的基本原理和重要作用。

7. 分析价差的变化对跨期套利结果的影响。

三、计算题

1. 某公司欲在 3 个月后购买 100 万加仑的航空燃料油。在 3 个月内，每加仑航空燃料油的价格变化的标准差为 0.032。该公司选择购买热油期货合约的方法进行套期保值。在 3 个月内，热油期货合约的价格变化的标准差

为0.040,且航空燃料油价格变化与热油期货合约价格变化之间的相关系数ρ为0.8。试计算最佳套期保值比率和该公司应购买的合约规模(一张热油期货合约是42 000加仑)。

2.3月1日,美国某公司得知在7月31日将收到50 000 000日元。该公司预期日元将下跌,于是卖出4张9月日元期货以期保值(每一日元期货合约的交割金额为12 500 000日元),日元的价格变化见下表:

	日元现货价格	日元期货价格
3月1日	0.770 0美分	0.780 0美分
7月31日	0.720 0美分	0.725 0美分

7月31日,该公司收到日元,并将合约平仓。试计算该公司收到的日元的实际有效价格,并对保值结果进行分析。

3.已知某日白银期货行情如下,请找出最有盈利潜力的牛市套利机会和熊市套利机会。

4月	37.85	6月	39.40	8月	40.10
10月	40.60	12月	40.30	2月	39.95

4.设小麦的平均月仓储费为0.025美元/蒲式耳,月保险费为0.005美元/蒲式耳,月资金占用利息为0.010美元/蒲式耳,9月份小麦现货价格为8.20美元/蒲式耳。某储运商以该价格购进小麦,欲12月出售,同时卖出12月小麦期货进行保值。

(1)试计算9月时12月期货的理论价格。

(2)若该储运商以该理论价格成交进行保值,则12月对冲期货部位时,基差应为多少才能保证0.04美元/蒲式耳的盈利。

参考文献与网站链接

1.黄海沧.期货交易精要及案例[M].杭州:浙江大学出版社,2005.

2.朱国华,褚玦海.期货投资学[M].上海:上海财经大学出版社,2006.

3.李一智.期货与期权教程[M].北京:清华大学出版社,2003.

4.朱国华,褚玦海.期货市场学——理论与实务[M].上海:上海财经大学出版社,2004.

5.杨锁柱,王晋生.期货理论与实务[M].北京:经济科学出版社,2005.

6.欧阳良宜.期权期货市场理论与操作[M].北京:中国发展出版社,2006 .

7.欧洲期货交易所.欧洲期货交易所——股票和股指衍生产品交易策略习题与案例[M].北京:中信出版社,2007.

8.李强.论套期保值与期货转现货的关系[OL].国务院发展研究中心信

息网,2003,7.

9. 罗伯特·A. 斯特朗. 衍生产品概论[M]. 王振山,等,译. 大连:东北财经大学出版,2005.

10. 约翰·赫尔. 期权、期货和其他衍生产品[M]. 张陶伟,译. 北京:华夏出版社,2000.

11. 全景网 www. p5w. net.

12. 芝加哥商品交易所 www. cme. com.

第五章　期货交易机制

★ 本章学习指导 ★

金融期货一经产生便得到了迅速的发展和巨大的成功，市场需求不断扩大，本章将详细阐述外汇期货、利率期货、股票指数期货的基本知识和相关交易操作。通过本章学习，应该理解外汇期货、利率期货、股票指数期货的概念，熟悉其特点，掌握其不同的种类和相关交易规则，并能够结合期货交易的策略进行实务分析和操作。

第一节　外汇期货

一、外汇期货的概念和特点

（一）外汇期货的概念

所谓外汇期货（Foreign Exchange Futures），是指交易双方约定在未来特定的时期进行外汇交割，并限定了标准币种、数量、交割月份及交割地点的标准化合约。外汇期货交易则是指在期货交易所中通过喊价成交的外汇合约买卖。外汇期货也被称为外币期货（Foreign Currency Futures）或货币期货（Currency Futures）。

和大多数期货交易一样，外汇期货交易需要遵守规定的交易程序，合约具有约束力，并需缴纳保证金。除此之外，还有以下特点。

（二）外汇期货的特点

1. 外汇期货合约代表汇价预测。外汇期货合约代表交易双方对有关货币汇价变动方向的一种预测。因此，当交易一方买入或卖出一份期货合约时，他无需实际支付买入或卖出合约面值所标明的外汇，而是只需支付手续费。合约生效后，如果当天收市的实际外汇期货市价大于该期货合约上所标明的价格，则期货合约的买方收入差价，卖方支付差价；反之，则买方亏损，卖方受益。

2. 外汇期货价格实际上是预期的现货市场价格。投机者希望期货价格会朝预期的现货市场价格移动,因此,在投机者的参与下,现货与期货的差价会保持一定,即期货价格与现货价格呈同一方向变动,且幅度也大致相同。当两者的变动幅度完全相同时,避险者可以完全规避价格变动的风险。事实上,由于预期因素的变化,两者的变动幅度一般都有差异。因此,利用外汇期货交易并不能回避价格变动的全部风险,而只能规避部分风险。

3. 外汇期货合约属于有形商品。外汇期货的交易品种虽然是商品的一种特殊形式,但它仍然是有形的商品,有着实际的价值。这是外汇期货合约和商品期货合约一致的地方,同时也是它与股票指数期货合约所不一致的地方。股票指数是人为规定的指数点与货币的折算标准,并无具体的东西。

外汇期货合约越接近交割日,现货与期货的差价将随之缩小,到交割日时,卖方可以从现货市场购入即期外汇,交给买方以履行交割的义务。因此在外汇期货合约最后交易日收盘时,现货与期货间的差价等于零,否则,投机者就可以套取其间的利益。

二、外汇期货的交易规则

外汇期货为标准化的合约,每个交易所对外汇期货合约的交易币种、数量、交割月份、地点等都做了统一规定。以 IMM 为例,外汇期货合约的具体规定如表 5.1 所示。

表 5.1　国际上主要的外汇期货合约(IMM)

	欧元	日元	加元	英镑	澳元	瑞士法郎
通用代码	EUR	JPY	CAD	GBP	AUD	SFR
交易单位	12.5 万欧元	1 250 万日元	10 万加元	6.25 万英镑	10 万澳元	12.5 万瑞郎
报价	以 1 外币等于多少美元表示					
最小变动单位	0.000 1 (1 点)	0.000 001 (1 点)	0.000 1 (1 点)	0.000 2 (2 点)	0.000 1 (1 点)	0.000 1 (1 点)
最小变动值	U $12.5	U $12.5	U $10	U $12.5	U $10	U $12.5
涨跌限制 每份合约限制	200 点 U $2 500	150 点 U $1 875	100 点 U $1 000	400 点 U $2 500	150 点 U $1 500	150 点 U $1 875
交易月份	3 月、6 月、9 月、12 月					
交易时间	芝加哥时间上午 7:20 ~ 下午 2:00					
最后交易日	交割日期前第二个营业日的上午 9:16(通常为星期一)					
交割日	合约交割月份的第三个星期三					
交割地	结算所指定的各货币发行国银行					

资料来源:黄海沧. 期货交易精要及案例[M]. 杭州:浙江大学出版社,2005.

（一）交易品种

目前，在期货交易所进行外汇期货交易的品种包括英镑、欧元、瑞士法郎、加元、澳元、日元及 3 个月期的欧洲美元等货币。

（二）交易单位

外汇期货的交易单位都以各种货币的某一特定的数量来表示。这一特定的数量由交易所根据各种标的货币同结算货币之间的某一正常的汇率确定。

（三）标价方式

统一以每种外币折合多少美元标价，报价采取小数形式，小数点后一般是四位数（日元例外，虽然日元期货也是以四位数的形式报价，但实际上省略了两位数，如报价为 0.472 8，则实际价格为 0.004 728）。

（四）最小变动单位

外汇期货的最小变动价位通常以一定的“点”（Point）来表示。所谓点，是指外汇市场所报出的外汇汇率中小数点之后最后一位的数字。但是由于各种货币对美元的汇率中小数点以后的位数不同，所以，同为一个点，不同的货币有不同的含义。在 IMM，英镑、加元和澳元这几种货币的 1 个点为 0.000 1；对日元而言是0.000 001。

外汇期货的最小变动价位是指每一单位标的货币的汇率变动一次的最小幅度。这一最小幅度与交易单位的乘积便是每份外汇期货合约的最小变动价位。

（五）每日价格波动限制

外汇期货的每日价格波动限制一般也以一定的点数来表示。但是需要注意的是，不同货币点数的含义不同，所以外汇期货的每日价格波动限制不能根据点数的绝对值来比较大小。还应注意的是，IMM 对各种外汇期货规定的每日价格波动限制只适用于开市后的 15 分钟，15 分钟以后就不再有任何限制。

三、影响外汇期货价格的因素

外汇期货的价格与人们对未来交付时的某种外汇汇率的预期有关，影响人们对汇率的预期的因素主要包括：一个国家的国际贸易和资本余额、一国国内的经济因素、一国的政府政策和国内政局以及对价格变动本身的预测等。

（一）一国的国际贸易和资本余额

1. 从长期来看，决定一国货币汇率的最重要的因素是这个国家的贸易余额，它反映着该国进出口商品的相对价值。若出口额大于进口额，即存在着贸易顺差时，该国货币则很坚挺；若出口额小于进口额，即存在贸易逆差时，该国货币就会疲软。

2. 一个国家的官方储备也影响着该国货币的汇率变化。官方货币储备一般包括黄金储备、国际货币基金账户上的特别提款权储备和外国货币储备等。这些储备的多寡反映着一国满足其国际责任的能力，包括它的偿债能力、进口能力和干预外汇市场以维持该国货币汇率稳定的能力。当出现贸易顺差时，官方储备就会增加；而当出现贸易逆差时，官方储备就会减少。

3. 一个国家的资本余额也影响着该国货币汇率的变化。资本余额包括直接的外国投资和短期投机资金余额。由于世界金融体系的发达，资金几乎可以在世界上任何地方流动。一方面，资本的流动主要受短期利息率的影响；另一方面，资本的流动又对短期汇率的变化产生巨大的影响。例如，若加拿大 3 个月期利息率增加到比美国同期利息率高 1%，人们就会把手中的货币转向加拿大元，即卖掉手里的美元而买进加拿大元。这样，人们对加拿大元需求的增长会使加拿大元更加坚挺；相反，对美元需求的减少会使美元疲软，从而导致美元汇率的下降。

(二) 国内经济因素

在分析外汇期货价格的决定时，不仅要对每个国家进行单独研究，而且应该对它们做比较研究，衡量一国经济状况好坏的因素，主要有：

1. 一国国内生产总值的实际增长率（指扣除了通货膨胀影响的增长率）。稳定的增长率表明了一国经济的健康发展。

2. 货币供应增长率和利息率水平。它是影响未来经济发展状况的因素，短期里，利息率的变动会引起资本的流动，而资本的流动又会直接影响对该国货币的需求产生影响。

3. 通货膨胀。不同国家里，通货膨胀率的不同是影响一国货币汇率的又一重要因素。由于通货膨胀的最终结果是削弱该种货币的购买力，所以若其他国家没有经历相同幅度的通货膨胀，那么该种货币就会贬值。

4. 一国的物价水平影响着该国的进出口。例如，在国际市场上，对一些美国和日本都能生产的商品，由于日本物价比美国低，就会减少美国的出口，增加美国对日本商品的进口，从而导致美国的贸易逆差。

(三) 政府政策和国内政局

政府可以通过采取促进或者妨碍该国的国际贸易政策影响该国货币的汇率，比如进口税政策、负利息率政策、禁止通商政策等。

国内政局是否稳定也会影响该国货币的汇率。即使在一个很稳定的发达国家，总统的换届选举也会影响该国的外汇市场，事实上，很多经济政策的变化包括货币的增值或贬值，经常都与下一届总统的换届选举有关。此外，政党力量的变化也会经常影响该国的经济发展。

(四)对价格变动的预期

对价格变动的预期本身也会影响一国的外汇市场。例如,在英国进入欧洲共同体市场之前,人们预期英镑在1972年底将贬值,因此,早在那年年初,外汇市场就按照预期的方向发生了变化,迫使英国政府在那年夏天实行了浮动汇率。相似地,人们预期在1976年后半年墨西哥比索将贬值,这种预期必然影响外汇市场,使得外汇市场比预期时间早几个月就按照预期变动的方向进行调整。到1976年9月1日,墨西哥比索已经贬值大约40%。

四、外汇期货的交易

由于外汇汇率变动风险的存在,为避免因此造成的损失,许多跨国公司、进出口公司以及外汇管理机构都以期货交易的方式进行套期保值;另外,许多投机者也看好外汇期货市场。期货的套期保值策略和投机策略理论在第四章中已经介绍,这里举例说明运用这些策略在外汇期货市场进行的交易操作。

【例5-1】外汇期货套期保值策略的应用。

某跨国公司有两个分支机构,一个在美国,另一个在英国。假定某年7月在英国的分支机构有一笔富余资金可以闲置3个月,而在美国的分支机构却缺少维持经营必需的现金。因此,该公司的管理部门希望能把这笔资金从英国调到美国,这就涉及汇率风险的问题。为了避免风险,公司决定运用多头套期保值策略,在以1英镑=2美元的价格在现货市场卖掉62 500英镑的同时,在期货市场上以1英镑=2.05美元的价格买入10月份交割、价值62 500英镑的期货合约。

到9月份,该公司需要把资金从美国调回英国的分支机构,于是在现货市场上以1英镑=2.05美元买回62 500英镑,为了对冲期货合约,公司又在期货市场上卖出价值62 500英镑、10月份交割的期货合约,比价为1英镑=2.10美元。套期保值效果见表5.2。

表5.2 外汇期货套期保值策略应用

	现货市场	期货市场
7月1日	以1英镑=2美元的价格卖出62 500英镑	以1英镑=2.05美元的价格买入10月份交割、价值62 500英镑的期货合约
9月1日	以1英镑=2.05美元的价格买回62 500英镑	以1英镑=2.10美元的价格卖出10月份交割、价值62 500英镑的期货合约
结果	损失3 125美元	盈利3 125美元

因此,该公司在现货市场上损失 3 125 美元[62 500 × (2.05 - 2.00)],在期货市场上获利 3 125 美元[62 500 × (2.10 - 2.05)]。盈亏相抵,该公司在外汇市场上没有发生亏损,同时完成了其经营目的。

【例 5 -2】外汇期货投机策略的应用。

假设近期由于日本国内政局混乱,大批日元期货持有者担心价格不断下跌,因此纷纷抛售所持有的日元期货。某公司推测,本周末日本国内大选将结束,影响日元期货行情巨变的近期因素都将明朗化。因此日元期货行情经过这一个平稳阶段后转向上升趋势。依据该预测结果,该公司决定运用多头投机策略,买入日元期货,待行情上升时再抛出。10 月 20 日,该公司以0.007 030的价格购买了 10 个单位交割月份为 12 月的日元期货。

大选结束后,政局走向平稳,期货商纷纷买回抛售出的日元期货,行情正如该公司所预测的那样,经过平稳阶段后呈上升趋势。因此,该公司于 11 月 1 日以 0.007 110 的价格卖出其在行情处于低谷时所购入的 10 个单位日元期货。投机收入为 10 000 美元。按现货市场上 1∶141 的汇率水平折合 141 万日元。投机结果见表 5.3。

表 5.3 外汇期货投机策略应用

	10 月 20 日	11 月 1 日
期货市场	买入 10 单位 12 月日元期货合约 成交价:7 030 点,即 0.007 030 美元/日元 价值:0.007 030 × 1 250 × 10 = 87.875(万美元)	卖出 10 单位 12 月日元期货合约 成交价:7 110 点,即 0.007 110 美元/日元 价值:0.007 110 × 1 250 × 10 = 88.875(万美元)
结果获利	88.875 - 87.875 = 1(万美元)或(7 110 - 7 030) × 1 250 × 10 = 1(万美元)	

第二节 利率期货

一、利率期货的概念

利率期货(Interest Rate Futures)是继外汇期货之后产生的又一个金融期货类别,它是指标的资产价格依赖于利率水平的期货合约,如长期国债期货、短期国债期货和欧洲美元期货。但是这些长短期债券只是作为计算利率波动的基础,通常在合同期满时并不需要实际交割金融资产,而只是通过计算市场价格的涨落结算利率期货合同的实际价值。利率期货交易则是指在有组织的期货交易所中,通过喊价成交进行的、在未来某一时期进行交割的债券合约买卖。

由于可以作为利率期货标的物的利率相关商品(亦即各种债务凭证)的

种类很多,所以利率期货的种类很多。一般来说,按照标的物的期限长短不同,利率期货可以分为由短期固定收入证券衍生出的短期利率期货和由长期固定收入证券衍生出的长期利率期货两大类。

二、短期利率期货的种类及交易规则

所谓短期利率期货,是指期货合约的标的物的期限不超过1年的各种利率期货,也就是以货币市场的各种债务凭证作为标的物的利率期货,如各种期限的商业票据期货、短期国库券期货以及欧洲美元定期存款期货等。

(一)短期国库券期货

短期国库券期货是交易最活跃的利率期货之一。国库券是政府为弥补财政赤字,筹集资金而向社会公开发行的债务凭证。短期国库券是最受欢迎的投资工具,它期限短,流动性强,具有活跃的二级市场,安全可靠。短期国库券以拍卖的方式折价发行,每周进行一次拍卖,其到期时间通常是91天。同时,短期国库券还是一个纯折现工具,其折现率通常是以360天计算的。

通常91天短期国库券交易较多,但期货合同也允许90天或92天的短期国库券进行交易,不过期货合同的价格总是用90天期短期国库券来计算的。短期国库券的利息按360天计算,发行价 = 面值 - 折扣利息金额,其中,折扣利息金额 = 面值 × 期限/360 × 年利率。

在美国,标准的短期国库券期货合约面值为100万美元,最低波幅为年利率一个百分点的1%,称为1个基点,价值25美元(100万美元×0.01%×90/360)。不同的交易所规定的每日限价不完全相同,芝加哥期货交易所为60个基点(1 500美元),纽约期货交易所为100个基点(2 500美元)。

3月期国库券期货合约见表5.4。

表5.4　IMM3月期国库券期货合约

交易单位	1 000 000美元面值的短期国库券
最小变动价位	0.01
最小变动值	25美元
每日交易限价	0.60,即每张合约1 500美元
合约月份	3月、6月、9月、12月
交易时间	芝加哥时间8:00~14:00
最后交易日	交割日前一天
交割日	交割月份中1年期国库券尚余13周期限的第一天
交割等级	还剩余90,91或92天期限,面值为1 000 000美元的短期国库券

短期国库券期货以指数的形式报价,具体报价方式为100减去短期国库券利率(贴现率),得出的指数便是短期国库券期货的价格。这一报价方式为

IMM 首创,故亦称 IMM 指数。例如,假设某一短期国库券期货合同贴水为 8.25,这一合同的 IMM 指数就是 100 - 8.25 = 91.75。指数与利率期货合约的价值成正比,指数越高,合约价值相应越大;反之,指数越低,合约价值越小。

然而,指数并不是合同交易的真正价格,实际上,每 100 美元的期货价格是用如下公式计算的:

$$f = 100 - (100 - \text{IMM 指数})(90/360)$$

在上例中,IMM 指数为 91.75,$f = 100 - (100 - 91.75)(90/360) = 97.9375$,则合同的价格为 979 375 美元(标准合同的面值 1 000 000 ×97.937 5 ÷100)。

若 IMM 指数上升到 91.76,则期货价格将是 979 400 美元。这样,利率期货的交易者在期货价格出现变动时,能迅速知道其手持利率期货合约价值的变动情况。

短期国库券期货合约的到期月份为 3 月、6 月、9 月和 12 月,最后交易日是当月第三个星期短期国库券发行日之前的工作日,交割可在最后交易日的第二天或在此后的到期月份的任何一天进行。

(二)欧洲美元定期存款单期货

欧洲美元定期存款单期货是短期利率期货中发展最快的利率期货。欧洲美元是存入外国银行或美国银行国外支行的美元。这种储蓄的币种是美元,而不是银行所在国的货币。欧洲美元利率即伦敦同业拆放利率(LIBOR),被认为是最有效的短期借贷指示器。由于欧洲美元不受美国法律的限制,欧洲美元期货的交易十分活跃,交易量迅速超过了作为第一个短期利率期货的短期国库券的交易量。

欧洲美元期货合同是建立在 3 个月欧洲美元 LIBOR 的基础上的。合同的面值是 100 万美元,用 IMM 指数法报价。不过,欧洲美元期货合同是用现金结算的,最后交易日的结算价格是芝加哥商业交易所的清算所决定的 LIBOR 利率,合同到期时间为 3 月、6 月、9 月、12 月直到 10 年,最后交易日是当月第三个星期三之前的第二个伦敦工作日。此外,还有 30 天欧洲美元利率的期货合同。

3 月期欧洲美元利率期货合约如表 5.5 所示。

表 5.5 IMM3 月期欧洲美元利率期货合约

交易单位	1000 000 美元
最小变动价位	0.01
最小变动值	25 美元
合约月份	3 月、6 月、9 月、12 月
交易时间	芝加哥时间 8:00 ~ 14:00
最后交易日	交割日前一天
交割日	交割月份第 3 个周三往回数第 2 个伦敦银行营业日
结算方式	现金结算

短期国库券与欧洲美元的主要区别还在于对它们利率的不同的解释。短期国库券是一个折现工具,而欧洲美元是一种升水工具。所以欧洲美元的利率通常比短期国库券的利率要高。

(三)商业票据期货

商业票据期货是一种以商业票据为交易对象的短期利率期货。商业票据是一些大公司为筹措短期资金而发行的无担保本票,期限一般都少于270天,最常见的期限是30天。这种信用工具没有发行公司的任何资产作为保证,它的保险性不高,不过因为发行公司的信誉不同,其信用也有高低之分。

1977年90天期的商业票据期货开始在芝加哥交易所挂牌上市,1979年30天期的商业票据期货也开始在芝加哥交易所挂牌上市。根据统一规定,30天期的商业票据期货合约的基本交易金额为100万美元,并且这两种期限的商业票据期货合约所代表的商业票据都必须经由标准普尔公司和穆迪公司予以资信评级。

(四)港元利率期货

港元利率期货是以香港同业拆放利率为交易对象的利率期货,其标的物是面值100万港元的3个月香港同业拆放利率,交易期限为3月、6月、9月、12个月,最长期限可达2年。同其他短期利率期货一样,港元利率期货也以贴现的方式报价,即报价数为100减去市场利率。例如,3个月香港同业拆放利率为8%,则报价为92.00,若利率上升到10%,报价为90.00。利率越高,报价越低。

港元利率期货的最低波幅为1个基点,即25港元(100万港元×0.01%×3/12),每日限价为125点,但当某一日交易因达到限额而收市时,随后3个营业日放宽到250点。保证金为3 000港元,当波幅超过保证金数的75%,即已损失90点(3 000×75%/25)时,需追加保证金。当日交割的每份合约的佣金为30港元,非当日交割的每份合约的佣金为50港元。港元利率期货也以现金进行交割。

(五)定期存单期货

定期存单期货是以定期存单为交易对象的利率期货。定期存单是一种存在银行的固定利率的定期存款,是一种可转让的资金收据,它在20世纪60年代出现后就以其不到期便可转让的特点吸引了大批的公司存款和银行的短期资金。目前,定期存单已是一种十分重要的信用工具,在金融市场上占据了相当的份额。

定期存单的期限为30天到90天不等,面值为10万到100万美元不等。定期存单到期的年利率以360天为基础计算,出售时以面值为准,到期时一并偿还本金和利息。一张定期存单的价值就是其面值加上利息。

定期存单期货合约交易始于1981年7月,可在芝加哥交易所、国际货币市场和纽约期货交易所进行。但由于交易商对定期存单本身的信用没有把握,以及欧洲美元期货的崛起,定期存单期货交易很快就减少了。

三、长期利率期货的种类及交易规则

长期利率期货是指期货合约的标的物的期限超过一年的各种利率期货,即以资本市场的各种债务凭证作为标的物的利率期货。在美国,主要的长期利率期货交易有四种:长期国库券期货、中期国库券期货、房屋抵押债券期货和市政债券期货。

(一)长期国库券期货

长期国库券期货(T - Bond)是以长期国库券作为交易对象的利率期货。长期国库券是美国财政部为筹集长期资金而向公众发行的,其本质与中期国库券一样,两者的区别仅在于期限的长短不同。长期国库券的期限从10年到30年不等。从1981年起,20年期的国库券每季度出售一次,30年期的国库券每年不定期出售三次。美国的长期国库券由于具有富于竞争性的利率、保证及时还本付息的信誉、市场流动性强等特点,它的每一次拍卖都可从国内外筹集到数千亿美元的巨额资金。

长期国库券期货合约的交易是从1977年在芝加哥商业交易所开始的,它一直被认为是最成功的利率期货交易之一。这种期货的基本交易单位为面值10万美元、收益率为8%的长期国库券。其期限是从期货合约交易日算起,至少15年到期,最低价格波动幅度是31.25美元,交易月份为3月、6月、9月和12月。

长期国债期货合约见表5.6。

表5.6 CBOT长期国债期货合约

交易单位	100 000美元面值的长期国债
最小变动价位	1/32
最小变动值	31.25美元
每日交易限价	0.03,即每张合约3 000美元
合约月份	3月,6月,9月,12月
交易时间	芝加哥时间周一至周五7:00~14:00 晚场交易周一至周四17:00~20:30
最后交易日	从交割月份最后营业日往回数第7个营业日
交割等级	剩余期限或不可赎回期至少为15年的长期国债
交割方式	联储电子过户簿记系统

长期国库券期货的报价方式与短期利率期货的报价方式不同,采取价格报价法,而不是指数报价法。长期国库券期货以合约规定的标的债券为

基础,报出其每 100 美元面值的价格,且以 1/32 为最小报价单位。例如,标的物为标准化的期限为 20 年、息票利率为 8% 的美国长期国库券的期货合约,若期货市场报出的价格为98 - 22,则表示每 100 美元面值的该种国库券的期货价格为 $98\frac{22}{32}$美元,若以小数点来表示,则为 98.687 5 美元。

在长期国库券期货的交割日,现货市场上总是有着数十种可供期货合约的卖方选择的可交割债券,交易所的结算单位将根据卖方所选择的交付债券确定买方应支付的发票金额。然而,由于各种可交割债券在现货市场的相对价格与它们在期货市场的相对价格往往不太一致,所以在实际交割时,期货合约的卖方可以在这数十种可交割债券中选出一种对他最为有利的债券用于交割,这就是最便宜可交割债券的概念。所谓最便宜可交割债券(Cheapest - to - delivery Bond),是指发票金额高于现货价格最大或低于现货价格最小的可交割债券,换句话说,最便宜可交割债券是相对于发票金额而言的,其现货价格最低的可交割债券。期货合约的卖方选用这种债券交割可获得最大的利润或发生最小的损失。

(二)中期国库券期货

中期国库券期货(T - Note)是以中期国库券作为交易对象的利率期货。美国政府的中期国库券是财政部以面值或相近价值发行的,在偿还时以面值为准,其期限 1 至 10 年不等。和短期国库券一样,中期国库券由联邦储备委员会以拍卖方式出售,以政府的信用作为担保;但不同的是,中期国库券不按折扣价发行,而是以面值或相近的价格发行,偿还时以面值为准。另外,其付息方式是在债券期满之前,每半年付息一次,最后一笔利息在期满之日与本金一起偿付,而短期国库券的利息是在还本时一次付清。

中期国库券期货合约交易始于 1979 年,由芝加哥期货交易所和国际货币市场同时推出。现已开办的中期国库券期货合约交易主要有 3 ~4 年期、4 ~6年期和 10 年期。

(三)房屋抵押债券期货

房屋抵押债券期货是以房屋抵押债券作为交易对象的利率期货。房屋抵押债券是以房屋抵押方式,允许经批准的银行或金融机构发行的一种债券。它是一种标准化的、流通性很好的信用工具,平均期限在 12 年左右,最长可达 30 年。房屋抵押债券期货合同是最早作为利率期货进行交易的标准化合约,1975 年 10 月由芝加哥商业交易所开办,在它之后,其他各种利率期货才相继进入期货交易所。

房屋抵押债券期货交易的基本单位是面值为 10 万美元,息票收益为8% 的房屋抵押债券。这种期货合约的交易月份为 3 月、6 月、9 月和 12 月,合约价格的最小波动幅度为 1 个百分点的 1/32,即 31.25 美元。

（四）市政债券期货

市政债券期货是以市政债券作为交易对象的利率期货。市政债券是由美国各州或市等地方政府为各种不同目的的资金筹集而发行的一种长期债券工具。市政债券不同于其他债券之处是，这种债券的持有人在收取利息时可免除联邦税收，其中一些种类的债券持有人甚至可以免交州市税款。不过，由于发行者各自的信用状况不同，市政债券的安全性也有很大差别。

从类别上分，市政债券主要有两种：由发行方的税收和信贷作保的一般义务公债，和为资助某些特殊用途的建设项目而发行的收入公债。这种收入公债不由州、市等地方政府作担保，偿还这种公债所需的款项则来自于这些建设项目的收益。

由于市政债券的种类繁多，面值不同，期限差别也非常大，所以对于要求标准化、规范化的期货交易而言，市政债券作为金融期货进行交易的进程就不如美国政府国库券期货那样顺利。为了交易的顺利进行，芝加哥交易所创造了一种"市政债券指数"，这种指数是通过每天选择有代表性的50种长期市政债券经计算而得的。芝加哥交易所于1985年正式运用市政债券指数进行市政债券期货合约交易。可见，市政债券期货实际上应该称为市政债券指数期货。故其在交割时与股票指数期货一样，以现金交付，并无具体的债券实物经手。

四、利率期货的交易

投资者可以通过买卖利率期货合约来避免利率波动带来的风险，抵消利率变动对现货交易可能造成的损失，但要特别注意考虑现货商品和期货商品的相关性对基差风险的影响；另外，投资者还可以运用投机策略在利率期货市场获取利润。

【例5－3】短期利率期货套期保值策略的应用。

8月15日，某投资者打算把11月15日将得到的一笔美元收入以LIBOR利率存入银行。该笔美元数量为10 000 000美元。为避免因利率下降引起的利息收入损失，该投资者决定运用多头套期保值策略对此金额进行套期保值，具体操作过程如表5.7所示。

表5.7　短期利率期货套期保值策略应用

	现货市场	期货市场
8月15日	3个月LIBOR利率为8%	买入10单位12月期的欧洲美元期货合约，价格91.00
11月15日	3个月LIBOR利率为7.5%	卖出10单位12月期的欧洲美元期货合约，价格91.50

续表

	现货市场	期货市场
结果	亏损12 500美元[10 000 000×(7.5%-8%)×90/360]	盈利12 500美元[(91.50-91.00)%×1 000 000×10×90/360]

套期保值的结果,期货市场盈利12 500美元,刚好弥补现货市场12 500美元的亏损。

【例5-4】长期利率期货套期保值策略的应用。

某投资人拥有200万美元的长期国库券,他预测不久利率会上升,于是他运用空头套期保值策略,卖出长期利率期货合约进行套期保值。如表5.8所示。

表5.8　长期利率期货套期保值策略应用

	现货市场	期货市场
3月份	持有200万美元长期国库券,市场价值为198万美元	按总值183万美元共卖出20张6月份长期国库券期货合约
5月份	持有200万美元长期国库券市场价值跌至190万美元	按总值175万美元共买进20张6月份长期国库券期货合约
结果	亏损8万美元	盈利8万美元

套期保值的结果,现货市场亏损8万美元,完全可以由期货市场的盈余来弥补,从而避免了利率变动的风险。

【例5-5】中国5年期国债期货的应用。

例如,某机构投资者4月份预计在6月份将购买800万元面值的某5年期A国债,假设该债券是最便宜可交割债券,相对于5年期国债期货合约,该国债的转换因子为1.25,当时A国债价格为每百元面值118.50元,为防止到6月份国债价格上涨,锁住成本,该投资者在国债期货市场上进行买入套期保值,具体操作策略参见表5.9。

表5.9　国债期货多头套期保值示例

	国债现货市场	国债期货市场
当前	4月6日,5年期的A国债,每百元价格118.50元	4月6日,以每百元94.55元的价格购入10份6月份交割的5年期国债期货合约,每份合约面值100万元,共计1 000万元(800×1.25)
价格上涨	6月6日,国债现货市场价上涨至119.70元,买入面值800万元的A国债	6月6日,以95.55元价格平仓10份面值100万元5年期国债期货合约

续表

	国债现货市场	国债期货市场
上涨时购入成本	国债现货购入成本 － 国债期货盈利 =80 000 ×119.70 －10 ×10 000 ×(95.55 －94.55) =9 476 000 元(原购入成本 80 000 ×118.50 =9 480 000 元，按市价购入成本为 80 000 ×119.70 =9 576 000 元)	
价格下跌	6 月 6 日，国债现货市场价下跌至 117.30 元，买入面值 800 万元的 A 国债	6 月 6 日，以 93.55 元价格平仓 10 份面值 100 万元的 5 年期国债期货合约
下跌时购入成本	国债现货购入成本 ＋ 国债期货亏损 =80 000 ×117.30 +10 ×10 000 ×(94.55 －93.55) =9 484 000 元 (按市价购入成本为 80 000 ×117.30 =9 384 000 元)	

资料来源：中金所网站。

为了方便计算，在上例中假设套期保值比率等于转换因子，要对冲 800 万面值的现券则须用 1000 万的期货合约对冲。6 月 6 日，无论利率上行或是下行，投资者实际购入成本与 4 月 6 日 118.50 ×80 000 =9 480 000 元接近，而与当前国债现货的购入成本无关。也就是说，投资者利用国债期货价格的变动锁定现货价格的变动，实现了套期保值。

【例 5 －6】利率期货的投机策略的应用。

1 月 5 日，同在芝加哥交易所(CBOT)交易的美国长期国库券期货和 10 年期美国中期国库券期货行情如表 5.10 所示。

表 5.10　CBOT 利率期货行情(1 月 5 日)

合约种类 / 合约月份	T – Bond 期货	10 年期 T – Note 期货	价　差
3 月	99 – 12	100 – 02	0 – 22
6 月	99 – 04	99 – 21	0 – 17
9 月	98 – 29	99 – 14	0 – 17

从表中可以看出，T – Bond 期货与 T – Note 期货的价差以 3 月份合约之间的价差为最大。某投资者认为这一价差为一不合理的价差。因此，他预测经过一段时间后，这一价差将被缩小。于是，他决定运用跨品种套利策略，在 1 月 5 日入市，买进 10 张 3 月份的 T – Bond 期货合约，同时卖出 10 张 3 月份的 10 年期 T – Note 期货合约。

到 3 月 10 日，T – Bond 期货的价格涨至 99 – 23(上涨了 0 – 11)，而 T – Note 期货的价格涨到 100 – 09(上涨了 0 – 07)，投资者对冲其持仓合约。见

表5.11。

表5.11　利率期货投机策略应用

	T－Bond 期货	10 年期 T－Note 期货	价 差
1月5日	买进 10 张 3 月份的 T－Bond 期货合约，价格为 99－12	卖出 10 张 3 月份的 10 年期 T－Note 期货合约，价格为 100－02	0－22
3月10日	卖出 10 张 3 月份的 T－Bond 期货合约，价格为 99－23	买进 10 张 3 月份的 10 年期T－Note 期货合约，价格为 100－09	0－18
结果	盈利 3 437.5 美元（11 × 31.25 美元 ×10）	亏损 2 187.5 美元（7 ×31.25 美元 ×10）	价差缩小 0－04 获利 1 250 美元

投资者通过对冲 T－Bond 期货而获利 3 437.5 美元，通过对冲 T－Note 期货而损失了 2 187.5 美元，两相抵消后，该投资者还可在此交易中净盈利 1 250美元。

第三节　股指期货

一、股票指数期货的概念和特点

股票指数期货（Stock Index Futures）是指期货交易所同期货买卖者签订的、约定在将来某个特定的时期，买卖者向交易所结算公司收付等于股价指数若干倍金额的合约。股票指数期货一方面是期货的一种，在期货市场上进行买卖；另一方面由于它所买卖的是与股票有关的指数，又与股票市场有关。它的特点主要体现在以下几方面。

（一）现金结算而非实物交割

这是股票指数期货与其他形式期货之间的最大不同之处，使得投资者未必一定要持有股票才能参与股票市场。一般来说，投资者在购买股票时经常遇到的难题就是虽然知道整个股票市场的总趋势，但仍不能真正把握购买哪一种股票为好。这是因为虽然整个股市的走向可以预测，但个别股票的变化却完全可能与之背离，从而造成投资者在股票投资上的风险或损失。股票指数期货的出现正好解决了这一难题，它使得投资者参与了股票市场而又不必拥有股票，同样获利而又可以省去挑选股票所冒的风险。

合约在交易时，股票指数期货实际上只是把股票指数按点数换算成现金进行交易，合约到期时，以股票市场的收市指数作为结算的标准，合约持有人只需交付或收取按购买合约时的股票指数的点数与到期时的实际指数的点数计算的点数差折合成的现金数，即可完成交收手续。这种结算方法避免了要从股票市场上收集股票作为交收的烦琐的步骤，同时也省去了不少交易费用。不过,实际上,真正到期交收的合约只占整个股票指数期货合约的1% ~2%,绝大多数股票指数期货合约的持有者在合约期满前就以对冲的方式了结手中的合约。

(二)高杠杆作用

股票指数期货交易并不是当即实现,而是采用保证金的形式来进行。保证金只是交易金额的一小部分,约占总价值的10%左右。少量的保证金就可以进行大量数额的交易,这就产生了杠杆作用,使投资者可以以小博大。在英国,对于一个初始保证金只有2 500英镑的期货交易账户来说,它进行的金融时报三种指数期货的交易量可达70 000英镑,杠杆比率高达28:1。当然,这种以小本获大利的买卖不仅存在大赚的可能性,而且也潜伏大亏的危险,一旦交易者的预测与市场的走势相反时,这种情况就会发生。

(三)交易成本较低

相对于现货交易而言,股指期货交易的成本是相当低的。股指期货交易的成本包括:交易佣金、买卖价差、用于支付保证金的机会成本和可能支付的税项。例如,在英国,股指期货合约是不用支付印花税的,并且购买股指期货只需要进行一笔交易,而想购买多种(如100种或者500种)股票则需要进行多笔、大量的交易,交易成本很高。而在美国,进行一笔股指期货交易(包括建仓并平仓的完整交易)收取的费用只有30美元左右。据有关专家测算,股指期货的交易成本仅为股票交易成本的10%。

(四)市场的流动性较高

研究表明,股指期货市场的流动性明显高于股票现货市场。如在1991年,FTSE-100指数期货交易量就已达850亿英镑。

所以说,股票指数期货是期货市场与股票市场的共同产物,它既具备了期货的特点,又包含了股票的特色,不过,正是由于股票指数期货结合了两者的特点,它与一般意义上的期货和股票都有着很大的不同。

二、股票指数期货的种类和交易规则

股票指数期货合约的种类较多,都以合约的标的指数的点数报价,合约的价格是由这个点数与一个固定的金额相乘而得。例如,对恒生指数及其分类指数期货而言,这个固定金额为港币50元,假如现时恒生股票指数期货的报价是5 000点,则一张恒生股票指数期货合约的价格就是25万港元(50港元×5 000点)。再例如,标准普尔500种股票指数期货合约的价格是当时指数的250倍,即如果标准普尔500种股票指数某日报价为210点时,一份标准普尔500种股票指数期货合约的价格为52 500美元(250美元×210点)。

根据种类的不同,股票指数期货合约的规定也有所不同,下面介绍几种主要的股票指数期货合约及相关交易规则。

(一)标准普尔500种股票指数期货(S&P500期货)

标准普尔500种股票指数是当今世界金融期货主要的交易对象。S&P500于1923年开始编制。1957年,该指数包括了500种股票,其中工业股400个,公用事业股40个,交通运输股20个,金融股40个。500种股票基本上固定不变,如遇其中上市公司重组购并等事件,相应的股票要进行调整。标准普尔指数于1982年开始在芝加哥商业交易所进行期货交易,当时该指数为117。15年后即1997年指数上升为900,期货交易单位也由最初的每点500美元下调为每点250美元。该指数的基期为1941—1943年500种股票的平均价格,并将其定为10。这样,如果该指数为256.00,则意味着当前的500种股票价格为1941—1943年的25.6倍。它的合约规定如表5.12所示。

表5.12　S&P500期货合约

交易所名称	芝加哥商业交易所(CME)
交易单位	250美元×S&P500股价指数
开盘价格限制	在开盘期间,成交价格不得高于或低于前一交易日结算价格5个指数点,若在交易的最初10分钟结束时,主要期货合约的买入价或卖出价仍受到5个指数点的限制,则交易将停止2分钟后以新的开盘价重新开盘
最小变动价位	0.10个指数点(每张合约25美元)
合约月份	3月、6月、9月、12月
交易时间	上午10:00~下午4:15(美国东部时间)
最后交易日	每个合约交易月份的第3个星期四
交割方式	以最后的结算价格实行现金结算,此最后的结算价格系根据合约月份第三个星期五特别报出的S&P500股价指数之成分股票的开盘价格确定

(二)纽约证券交易所综合指数期货(NYSE综合指数期货)

纽约证券交易所综合指数是股票指数期货广泛采用的一种股价指数,其走势与S&P500走势基本一致,由在纽约证券交易所上市的大约1 500种股票构成,1965年12月31日开始编制,并把基期指数定为50。在1985年时,NYSE综合指数达到近100点,说明纽约证券交易所的股票价格在20年间翻了1倍。NYSE综合指数期货的合约规定如表5.13所示。

表5.13　NYSE综合指数期货合约

交易所名称	纽约期货交易所(NYFE)
交易单位	500美元×NYSE综合指数点
最小变动价位	0.05个指数点(每张合约25美元)

续表

合约月份	3月、6月、9月、12月
交易时间	上午10:00～下午4:15(美国东部时间)
最后交易日	每个合约交易月份的第3个星期五
交割方式	合约到期时以现金结算,最后结算价格系根据构成NYSE综合指数的所有上市股票在合约月份的第三个星期五的开盘价格,经特别计算求得

(三)价值线指数期货

价值线指数是股票指数期货合约最常用的一种股价指数,包括近1 700种股票,这些股票大约占到美国股市总量的96%,反映了美国股市整体价格水平。该指数的计算采用几何平均法,规定1961年6月30日的基期指数为100,这样,价值线指数上升到280点表明此时组成该指数的股价是基期的2.8倍。价值线指数期货的合约规定如表5.14所示。

表5.14　价值线指数期货合约

交易所名称	堪萨斯期货交易所(KCBT)
交易单位	500美元×价值线指数点
最小变动价位	0.05个指数点(每张合约25美元)
合约月份	3月、6月、9月、12月
交易时间	上午10:00～下午4:15(美国东部时间)
最后交易日	每个合约交易月份的第3个星期五
交割方式	根据合约月份的最后交易日收盘时的实际的价值线算术平均指数计算

(四)主要市场指数期货(MMI期货)

主要市场指数是通过对在纽约证券交易所上市的20种"蓝筹股"的价格进行平均而成的,其中的17种成分股为道·琼斯工业平均指数列名公司的股票。主要市场指数期货的合约规定如表5.15所示。

表5.15　主要市场指数期货合约

交易所名称	芝加哥交易所(CBOT)
交易单位	250美元×主要市场指数点
最小变动价位	0.05个指数点(每张合约12.50美元)
合约月份	最初三个连续月份及紧接着的三个以3月、6月、9月、12月循环的月份
交易时间	上午10:00～下午4:15(美国东部时间)

续表

最后交易日	每个合约交易月份的第3个星期五
交割方式	主要市场指数期货根据主要市场指数期货收盘价实行逐日结算,并于最后交易日根据主要市场指数的收盘价实行现金结算

(五)金融时报指数期货(FT－SE指数期货)

金融时报指数用于伦敦证券交易所,有30种股票、100种股票和500种股票三种形式。以金融时报100种股票指数期货为例,其合约规定如表5.16所示。

表5.16　金融时报指数期货合约

交易所名称	伦敦国际金融期货交易所(LIFFE)
交易单位	25英镑×FT－SE100指数点
最小变动价位	0.05个指数点(每张合约12.50英镑)
合约月份	3月、6月、9月、12月
交易时间	上午9:05～下午4:05(伦敦时间)
最后交易日	每个合约交易月份的第3个星期五
报价方式	FT－SE100指数÷10
交割方式	在合约到期日,由交易双方收付合约成交时约定的期货指数与实际的FT－SE100指数发生偏差而引起的价差

(六)日本证券市场指数期货

日本证券市场有两个主要股价指数,即日经—道·琼斯指数和东京证券交易所股价指数,前者是利用修正的美国道·琼斯股票价格平均数的计算方法,按东京证券交易所第一部登记交易的225家公司股票价格算出的平均股价。而后者诞生于1969年7月1日,包括在东京证交所上市的250种较活跃的股票,采取加权平均法计算,以交易额为权数。该指数以1968年1月4日作为基期,基期指数定为100。以日经225指数期货为例,介绍其合约规定,如表5.17所示。

表5.17　日经225指数期货合约

交易所名称	大阪证券交易所(OSE)
交易单位	1 000日元×日经225平均数
最小变动价位	10日元(每张合约10 000日元)
合约月份	3月、6月、9月、12月
交易时间	上午9:00～11:15,下午13:00～15:15,半休日9:00～11:15(日本时间),最后交易日比平时早15分钟收盘
最后交易日	每个合约交易月份的最后一个交易日
结算价格	最后交易日收盘时日经225指数的收盘价格

(七)香港恒生指数期货

香港恒生指数是香港恒生银行与财经人士共同选出的33种股票编制的指数。该指数从1969年11月开始编制,以1964年7月31日为基期,基期指数定为100。香港恒生指数期货的合约规定如表5.18所示。

表5.18　香港恒生指数期货合约

交易所名称	香港期货交易所
交易单位	50港元×恒生指数
最小变动价位	1个指数点(每张合约50港元)
合约月份	现货月份,现货月份随后的一个月份以及最近期的两个季末月份
交易时间	周一至周五上午10:00~12:30,下午14:30~15:45(香港时间)
最后交易日	交易月份的第二个营业日
结算价格	以最后交易日每5分钟报出的恒生指数的平均值去掉小数点后的整数作为最后结算价格

(八)沪深300指数期货

沪深300指数是沪深证券交易所于2005年4月8日联合发布的反映A股市场整体走势的指数。沪深300指数(表5.19)编制目标是反映中国证券市场股票价格变动的概貌和运行状况,并能够作为投资业绩的评价标准,为指数化投资和指数衍生产品创新提供基础条件。沪深300指数是以2004年12月31日为基期,基点为1 000点,其计算是以调整股本为权重,采用派许加权综合价格指数公式进行计算。其中,调整股本根据分级靠档方法获得。

表5.19　沪深300指数期货合约

合约标的	沪深300指数
合约乘数	每点300元
报价单位	指数点
最小变动价位	0.2点
合约月份	当月、下月及随后两个季月
交易时间	上午:9:15-11:30,下午:13:00-15:15
最后交易日交易时间	上午:9:15-11:30,下午:13:00-15:00
每日价格最大波动限制	上一个交易日结算价的±10%

续表

最低交易保证金	合约价值的 12%
最后交易日	合约到期月份的第三个周五,遇国家法定假日顺延
交割日期	同最后交易日
交割方式	现金交割

三、股票指数期货的交易

通过买卖股票指数期货,可以对下述风险进行套期保值:①已持有股票价格下跌;②大量现货股票上市引起的股价下跌;③拟购股票价格上涨。

另外,股票指数期货还可用来进行投机交易,利用不同时期、不同品种或期货与现货间的差异进行套利,赚取利润,并可用于投资组合,加强财务管理。

【例 5-7】股票指数期货套期保值策略的应用

5 月 3 日,某公司股票的市场价格为每股 25 美元。于是,该公司决定一周后以这一价格增发 20 万股股票,以筹措 500 万美元的资本,用于扩充生产规模。然而,若一周后股市下跌,则该公司发行同样多的股票,却只能筹得较少的资本。因此,该公司决定用同年 6 月份到期的 S&P500 指数期货合约做空头套期保值。其基本步骤及结果如表 5.20 所示。

表 5.20　股票指数期货套期保值策略应用

	现货市场	期货市场
5 月 3 日	S&P500 指数为 456,该公司计划于一周后发行股票 20 万股,每股 25 美元,计划筹集资金 500 万美元	卖出 44 张 6 月份到期的 S&P500 指数期货合约,价格为 458,合约总值为 503.8 万美元
5 月 10 日	S&P500 指数跌至 442,一周后该公司发行股票 20 万股,每股 24.25 美元,实际筹得资本 485 万美元	买进 44 张 6 月份到期的 S&P500 指数期货合约,价格为 443,合约总值为 487.3 万美元
结果	亏损 15 万美元[(24.25 - 25) × 20 万股]	盈利 16.5 万美元[(458 - 443) × 250 × 44]

套期保值结果得到 1.5 万美元的净收入。

【例 5-8】股票指数期货投机策略的应用。

3 月 1 日,假定某交易者预测,不久将出现多头股票市场,而且主要市场指数的上涨势头会大于纽约证券交易所综合股票指数的涨势,于是,他运用跨市套利策略，在382.75点水平上买进2张主要市场指数期货合约，并在102.00点水平上卖出1张纽约证券交易所综合股票指数期货合约，当时的价差为280.75点。经过3个月，价差扩大为284.25点。交易者在388.25点水平上卖出2张主要市场指数期货合约，而在104.00点水平上买进1张纽约证券交易所综合指数期货合约，进行合约对冲。见表5.21。

表5.21　股票指数期货投机策略应用

	主要市场指数期货	纽约证券交易所综合指数	价差
3月1日	买进2张12月份主要市场指数期货合约，点数水平382.75	卖出1张12月份纽约证券交易所综合指数期货合约，点数水平102.00	280.75
6月1日	卖出2张12月份主要市场指数期货合约，点数水平388.25	买入1张12月份纽约证券交易所综合指数期货合约，点数水平104.00	284.25
结果	获利2 750美元[(388.25 − 382.75)×250美元×2]	亏损1 000美元[(102.00 − 104.00)×500美元×1]	获利1 750美元(3.5×500)

结果是，由于主要指数期货合约在多头市场中上升了5.50点，大于纽约证券交易所综合指数期货合约上升的2.00点，交易者因此获利1 750美元(3.50×500)。

本章小结

1. 外汇期货是指交易双方约定在未来特定的时期进行外汇交割，并限定了标准币种、数量、交割月份及交割地点的标准化合约。外汇期货交易则是指在期货交易所中通过喊价成交的外汇合约买卖。

2. 利率期货是指标的资产价格依赖于利率水平的期货合约，利率期货交易则是指在有组织的期货交易所中，通过喊价成交进行的、在未来某一时期进行交割的债券合约买卖。按照标的物的期限长短不同，利率期货可以分为短期利率期货和长期利率期货两大类。

3. 短期利率期货是指期货合约的标的物的期限不超过1年的各种利率期货，也就是以货币市场的各种债务凭证作为标的物的利率期货，包括各种期限的短期国库券期货、欧洲美元定期存款单期货、商业票据期货、港元利率期货以及定期存单期货等。

4. 长期利率期货是指期货合约的标的物的期限超过1年的各种利率期

货，即以资本市场的各种债务凭证作为标的物的利率期货，美国主要的长期利率期货包括长期国库券期货、中期国库券期货、房屋抵押债券期货和市政债券期货。

5. 最便宜可交割债券是指交割价格高于现货价格最大或低于现货价格最小的可交割债券，换句话说，最便宜可交割债券是相对于交割价格而言，其现货价格最低的可交割债券。期货合约的卖方选用这种债券交割可获得最大的利润或发生最小的损失。

6. 股票指数期货是指期货交易所同期货买卖者签订的、约定在将来某个特定的时期，买卖者向交易所结算公司收付等于股价指数若干倍金额的合约。股票指数期货合约种类繁多，主要品种有标准普尔500种股票指数期货、纽约证券交易所综合指数期货、价值线指数期货、主要市场指数期货、金融时报指数期货、日经225指数期货、香港恒生指数期货以及沪深300指数期货等。

关键术语

外汇期货　外汇期货套期保值策略　外汇期货投机策略　利率期货　短期利率期货　长期利率期货　最便宜可交割债券　利率期货保值策略　利率期货投机策略　股指期货　股指期货套期保值策略　股指期货投机策略

能力训练

一、选择题

1. 在分析外汇期货价格的决定时，不仅要对每个国家单独研究，而且应该对它们做比较研究，衡量一国经济状况好坏的因素，主要有(　　)

A. 一国国内生产总值的实际增长率(指扣除了通货膨胀影响的增长率)

B. 货币供应增长率和利息率水平

C. 通货膨胀率

D. 一国的物价水平影响着该国的进出口

2. 下列属于短期利率期货的有(　　)

A. 短期国库券期货　B. 欧洲美元定期存款单期货

C. 商业票据期货　D. 定期存单期货

3. 长期国库券期货的最小报价单位为(　　)

A. $\frac{1}{10}$　B. $\frac{1}{16}$　C. $\frac{1}{32}$　D. $\frac{1}{64}$

4. 股票指数期货合约的种类较多，都以合约的标的指数的点数报价，合

约的价格是由这个点数与一个固定的金额相乘而得。标准普尔500种股票指数期货合约的价格是当时指数的多少倍(　　)

A.100　　B.200　　C.250　　D.500

5.5月,一个投资者以0.694 0的价格买入100手6月瑞士法郎期货合约。1周后,美元贬值,6月瑞士法郎期货合约的价格变为0.696 0,该投资者将合约卖出平仓。其损益情况为(　　)

A.15 000美元　　B.20 000美元　　C.25 000美元　　D.30 000美元

6.2001年8月15日,某国际投资银行预测美元对日元会贬值,该公司决定进行投机交易。当日现汇汇率(即期汇率)为122日元/美元,期货市场2月日元期货报价为0.008 196美元/日元,即8 196点。8月15日,在CME买入30份12月日元期货合约(每份1 250万日元)。由于9·11事件的发生,美元贬值,12月日元期货价格上升为0.008 620美元/日元,即8 620点,在9月15日对冲平仓。其损益情况为(　　)

A.14.9万美元　　B.15.9万美元　　C.16.9万美元　　D.17.9万美元

7.3月18日,交易员卖出1份6月欧洲美元期货合约,价格为89.00。该交易员持有合约一直到6月份合约到期。合约最后交割价确定为88.00,该交易员的收益为(　　)

A.2 500美元　　B.3 000美元　　C.3 500美元　　D.4 000美元

8.由于美国2000年失业率上升很快,某交易机构担心这可能会导致美国经济衰退,进而美国联邦储备银行可能会降低利率以刺激美国经济。利率下降会导致长期债券价格的大幅变动,该交易机构根据经验判断近期月份国债期货价格上涨的幅度将大于远期月份国债期货价格上涨的幅度,于是利用芝加哥期货交易所9月份和12月份的美国长期国债期货进行跨期套利交易。交易情况如下表:(长期国债期货每份合约10万美元)

	9月长期国债期货合约	12月长期国债期货合约
2000年7月10日	买入10份,价格为98 $\frac{10}{32}$%	卖出10份,价格为98 $\frac{6}{32}$%
2000年8月5日	卖出10份平仓,价格为99 $\frac{15}{32}$%	买入10份平仓,价格为99 $\frac{4}{32}$%

求其盈亏情况(　　)

A.0.218 75　　B.0.217 85　　C.0.211 25　　D.0.213 75

9.2月5日,某投资者经过分析几个交易所内的股指期货合约的行情变化,认为A交易所内的某种股票指数期货合约价格变化幅度通常大于B交易所内的该股票指数期货合约的价格变化幅度。而且经过市场分析后,认为股票价格呈下降的趋势,估计各股市指数均有不同程度的下降。该投资者首先采用空头策略,售出10份A交易所6月份指数期货合约,同时购进10份B期货交易所6月份指数期货合约,这样他就采取了跨市场套利的策略。15天后,股市正如所预料地出现大幅下跌,该投资者于是获利平仓,交

易情况见下表(每点价值500美元):

	A交易所	B交易所	价差
2月5日	股指期货6月合约价格:855.45,卖出10份合约	股指期货6月合约价格:824.85,买入10份合约	30.6
2月20日	6月股指期货合约价格下降10.3点,为845.15,买入10份平仓	6月股指期货合约价格下降5.5点,为819.35,卖出10份平仓	25.8

求其损益情况(　　)

A. 14 000美元　　B. 24 000美元　　C. 34 000美元　　D. 44 000美元

二、思考题

1. 简述外汇期货的特点与特征。
2. 简述利率期货的概念和种类。
3. 简述短期利率期货和长期利率期货的报价方式。
4. 解释最便宜可交割债券的含义。
5. 简述股票指数期货的概念和特点。
6. 简述股票指数期货的基本种类。

三、计算题

1. 1月2日,某游客计划于6月份启程去瑞士进行为期6个月的旅行。他预计在这次旅行中将花费250 000瑞士法郎。为防止届时瑞士法郎升值而使他多支付美元的风险,该游客便在IMM购买了2份6月份交割的瑞士法郎期货合约,汇率为0.513 4(即1瑞士法郎=0.513 4美元)。到了6月6日准备启程之时,该游客在外汇市场以美元买入所需的瑞士法郎,汇率为0.521 1;同时将持仓期货合约平仓。

要求:列表分析该交易过程并评价套期保值结果。

2. 1月15日,6月份NYSE综合指数期货的价格为98.25,12月份NYSE综合指数期货的价格为96.50,价差为1.75,某投资者预测股票价格会下跌,于是该投资者预备做一笔套利交易,并预备在价差变为2.25时平仓。

要求:为该投资者设计套利策略,并分析结果(所需平仓时的价格数据自拟)。

3. 7月1日,一家服装零售公司看好今年的秋冬季服装市场,向厂家发出大量订单,并准备在9月1日从银行申请贷款以支付货款1 000万美元。7月份利率为9.75%,该公司考虑若9月份利率上升,必然会增加借款成本。于是,该公司准备用9月份的90天期国库券期货做套期保值。

要求:

(1) 设计套期保值方式,说明理由;

(2) 9月1日申请贷款1 000万美元,期限3个月,利率12%,计算利息成本;

（3）7 月 1 日，9 月份的 90 天期国库券期货报价为 90.25；9 月 1 日，报价为88.00，计算期货交易损益；

（4）计算该公司贷款实际利率。

4. 假设一年期的贴现债券价格为 900 元，3 个月无风险利率为 5%（连续复利），如果现在该债券期货市场价格为 930 元，请问是否存在套利机会？若有该如何套利？

参考文献与网站链接

1. 黄海沧. 期货交易精要及案例[M]. 杭州：浙江大学出版社，2005.

2. 陈信华. 金融衍生工具——定价原理、运作机制及实际运用[M]. 上海：上海财经大学出版社，2004.

3. 罗伯特·A. 斯特朗. 衍生产品概论[M]. 王振山等译. 大连：东北财经大学出版社，2005.

4. Don M. Chance. 衍生金融工具与风险管理[M]. 郑磊译. 北京：中信出版社，2004.

5. 郑振龙. 衍生产品[M]. 武汉：武汉大学出版社，2005.

6. 理查德·J. 特维莱斯，弗兰克·J. 琼斯. 期货交易实用指南[M]. 周刚，王化斌，译. 北京：经济科学出版社，2000.

7. John C. Hull. 期权、期货和其他衍生产品[M]. 张陶伟译. 北京：华夏出版社，1999.

8. 雅虎财经频道 http://cn.finance.yahoo.com.

9. 新浪财经频道 http://finance.sina.com.cn.

第六章 期货定价原理

★ 本章学习指导 ★

本章介绍了期货价格与相关现货价格、相关远期价格的关系，以及主要金融期货的定价方法。通过本章学习，应该了解期货价格与预期现货价格之间关系的相关理论，理解期货价格与远期价格的关系，掌握股票指数期货，外汇期货，中、长期国库券期货和短期国库券期货的定价方法，并能够进行相关计算。

第一节 期货价格与相关价格的关系

期货的价格，是指由期货买卖双方在期货交易所，通过公开竞价方式所达成的期货合约的交易价格。

一、期货价格与现货价格的关系

期货价格与现货价格的基本关系，也是期货套期保值策略依据的两个基本原理：①同一品种的商品，其期货价格与现货价格受到相同因素的影响和制约，虽然波动幅度会有不同，但其价格的变动趋势和方向有一致性；②随着期货合约到期日的临近，期货价格和现货价格逐渐聚合，在到期日，基差趋近于零，两价格大致相等。

二、期货价格与预期现货价格的关系

如果将来的现货价格可以完全准确预见的话，将没有一个人再会进行期货买卖了，所以标的资产的期货价格是否等于人们对将来的即期价格的预期是个需要讨论的问题。

(一)期货价格等于预期现货价格

预期假说认为，期货合约当前的交易价格等于大家一致预期的标的资产在交割时的现货市场价格，用符号来表示就是：

$$F = E(S_T)$$

其中,F 是当前的期货合约的交易价格;

$E(S_T)$是期货合约标的资产在交割日的预期现货价格。

这一理论比较客观地描述了期货价格和现货价格两者之间的内在联系。通常是建立在投机者并不十分关心风险的基础上,这样,投机者就乐意在不需要风险升水补偿的情况下与套期保值者合作。因为,如果这种假说是正确的,投机者不可能通过在期货市场上作多头或空头来获取收益,当然,也不可能招致损失。

(二)期货价格低于预期现货价格

著名经济学家凯恩斯认为,预期假说并没有正确的解释期货的价格。他认为,总体而言,套期保值者在期货市场上是以空头出现的,这样他们必须诱使投机者以多头的角色出现在期货市场上。因为持有多头头寸要承担风险,所以保值者就需要通过使持有多头头寸的预期的回报率比无风险状态下更高来吸引投机者,所以期货价格必然会低于预期现货价格。换句话说,当交割期来临时,现货价格实际上要比期货市场所预测的价格略高一些,其差额是对投机者承担保值者不愿承担的风险的一种回报。用符号表示为:

$$F < E(S_T)$$

这样,一个以 F 价格买入期货合约的多头投机者,将被预期在交割日能以一个更高的价格 $E(S_T)$售出合约。期货价格和预期的现货价格之间的这种关系就称为正常期货折价,指期货合约的价格在合约有效期内将被认为是呈上升趋势的。

(三)期货价格高于预期现货价格

一个相反的假说认为,在通常情况下,套期保值者愿意在期货市场上作多头,这样他们必须诱使投机者以空头的角色出现在期货市场上。因为持空头头寸要承担风险,所以保值者就需要通过使持空头头寸的预期回报率比无风险状态下更高来吸引投机者,即期货价格高于预期现货价格:

$$F > E(S_T)$$

这样,一个以 F 价格卖出的期货合约的空头投机者,将被预期在交割日以一个更低的价格 $E(S_T)$买回来,期货价格和预期的现货价格之间的这种关系就称为正常期货溢价,指期货合约的价格在合约有效期内将被认为是呈下降趋势的。

图 6.1 表示了以上三种的关系。

三、期货价格与远期价格的关系

期货合约和远期合约最主要的差别就是期货合约要求每日清算盈利和亏损,而远期合约只在到期日或对冲远期头寸时才能实现盈利和亏损。在到期日,期货价格和远期价格都等于现货价格,但是,对于具有相同的到期

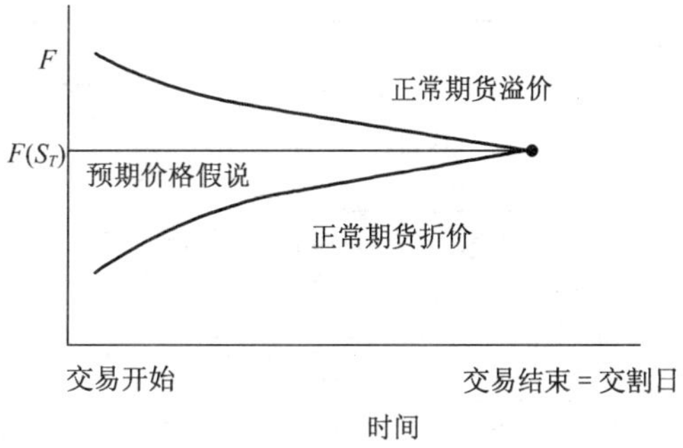

图 6.1　当预期现货价格在交割日保持不变时期货合约的价格随时间的变化

日的期货合约和远期合约来说,在到期日之前的任何时刻,期货价格和远期价格是否相等就是需要讨论的问题了。

(一)无风险利率在合约的期限内保持不变的情况

假定条件:①无风险利率恒定,或至少事前是已知的,并且在合约的期限内保持不变;②交易无成本,即无需支付任何交易费用;③交易无风险,即没有任何违约行为存在;④当套利机会出现时,市场参与者会参与套利活动。

设有一期货合约,期限为 n 天,其他符号定义如下:

i:期货合约期限内的某一天;

S_i:期货合约标的资产在第 t 天的价格;

S_T:期货合约标的资产在到期日 T 时的价格(在 t 时刻这个值是未知的);

F_n:期货合约在到期日 T 时的交割价格;

F_i:第 t 天的期货价格;

δ:每日的无风险利率,设为常数。

考虑如下的滚动投资策略:①在第 0 日末,即合约之初,做一期货多头,投资者持仓量为 e^{δ};②在第 1 日末,将该期货合约多头的持仓量增至 $e^{2\delta}$;③在第 2 日末,将该期货合约多头的持仓量增至 $e^{3\delta}$……以此类推,直到第 $n-1$ 日末,将持仓量增至 $e^{n\delta}$ 为止;④在第 n 日末,将该期货合约多头平仓。见表 6.1。

表 6.1　期货合约的滚动投资策略

日期	期货价格	持仓量	盈亏	连续复利至第 n 日的盈亏
0	F_0	e^{δ}	0	0
1	F_1	$e^{2\delta}$	$(F_1-F_0)e^{\delta}$	$(F_1-F_0)e^{n\delta}$

续表

日期	期货价格	持仓量	盈亏	连续复利至第 n 日的盈亏
2	F_2	$e^{3\delta}$	$(F_2 - F_1)e^{2\delta}$	$(F_2 - F_1)e^{n\delta}$
…	…	…	…	…
i	F_i	$e^{(i+1)\delta}$	$(F_i - F_{i-1})e^{i\delta}$	$(F_i - F_{i-1})e^{n\delta}$
…	…	…	…	…
$n-1$	F_{n-1}	$e^{n\delta}$	$(F_{n-1} - F_{n-2})e^{(n-1)\delta}$	$(F_{n-1} - F_{n-2})e^{n\delta}$
n	F_n	0	$(F_n - F_{n-1})e^{n\delta}$	$(F_n - F_{n-1})e^{n\delta}$
合计				$(F_n - F_0)e^{n\delta}$

由于每日结算制度的存在,在每日末都会计算出当日的盈亏。第0日末的收盘价即为第1日的开盘价,在第1日末,投资者持有的 e^{δ} 的多头利润为 $(F_1 - F_0)e^{\delta}$(当然,若 $F_1 < F_0$,投资者亏损),并将持仓量增加至 $e^{2\delta}$;在第2日末,投资者的当日利润(或亏损)为 $(F_2 - F_1)e^{2\delta}$,并将持仓量变为 $e^{3\delta}$;这样,在第 i 日的开始,投资者持有期货合约的多头头寸为 $e^{i\delta}$,第 i 日末结算的当天的利润(或亏损)为 $(F_i - F_{i-1})e^{i\delta}$,持仓量也增加为 $e^{(i+1)\delta}$;直到第 n 日的开始,持仓量为 $e^{n\delta}$,将该合约平仓,当日利润(或亏损)为 $(F_n - F_{n-1})e^{n\delta}$。

若将每天的利润(或亏损)都以无风险利率 δ 连续复利至第 n 日末,则第1天的利润(或亏损)终值为

$$(F_1 - F_0)e^{\delta} \times e^{(n-1)\delta} = (F_1 - F_0)e^{n\delta} \tag{6.1}$$

第 i 天的利润(或亏损)终值为

$$(F_i - F_{i-1})e^{i\delta} \times e^{(n-i)\delta} = (F_i - F_{i-1})e^{n\delta} \tag{6.2}$$

并且将每天的利润(或亏损)终值加总,得到在第 n 天末的总利润(或亏损)为

$$\begin{aligned}&\sum_{i=1}^{n}(F_i - F_{i-1})e^{n\delta}\\&= [(F_n - F_{n-1}) + (F_{n-1} - F_{n-2}) + \cdots + (F_1 - F_0)]e^{n\delta}\\&= (F_n - F_0)e^{n\delta}\end{aligned} \tag{6.3}$$

即整个投资策略的第 n 日末的价值为 $(F_n - F_0)e^{n\delta}$。

又由于 F_n 与到期日的标的资产现货价格 S_T 相等,从而整个投资策略的最终价值为 $(S_T - F_0)e^{n\delta}$。

现在我们设计一项投资组合 A:在第0日末将资金 F_0 投资于无风险金融资产中,并将这项投资与上述期货合约的滚动投资结合在一起作为一项投资组合,在期货合约的到期日第 n 日末的总收益为

$$F_0e^{n\delta} + (S_T - F_0)e^{n\delta} = S_Te^{n\delta} \tag{6.4}$$

接着我们考虑另一种投资组合 B:假定在第0日末,具有相同标的资产

和相同到期日的远期合约的远期价格为 G_0，购买 $e^{n\delta}$ 个这样的远期合约，并将 G_0 的资金投资于无风险的金融资产，则在到期日第 n 日末，投资组合 B 的总收益为：

$$G_0e^{n\delta} + (S_T - G_0)e^{n\delta} = S_Te^{n\delta} \tag{6.5}$$

对于上述两种投资组合策略，投资组合 A 要求的初始投入为 F_0，投资组合 B 要求的初始投资为 G_0，但是这两种投资组合在到期日都得到了同样的收益 $S_Te^{n\delta}$。因此，在不存在无风险套利的假定条件下，必有

$$F_0 = G_0 \tag{6.6}$$

即，当无风险利率恒定不变时，标的资产和交割期限相同的期货合约的价格与远期合约的价格相等。

（二）无风险利率在合约的期限内无法预测的情况

在现实生活中，利率的变化通常是无法预测的，所以在理论上期货价格与远期价格是不一致的。我们通过利率 r 与标的资产的价格 S 之间的相关关系，来分析期货价格与远期价格的关系。

若 S 与 r 高度正相关，当 S 上升时，一个持有期货多头头寸的投资者会因期货交易中的逐日结算而立即实现一笔盈利。又由于 S 的上涨几乎与利率 r 的上涨同时出现，获得的这笔盈利将会以较高利率进行再投资。同样，当 S 下跌时，投资者立即亏损。亏损将以较低的利率再融资。在上述两种情况下，持有期货合约多头头寸的投资者都会有所收益，而相应持有远期多头头寸的投资者将不会因利率变动而受到影响。因此，期货多头比远期多头更具有吸引力。当 S 与 r 正相关性很强时，期货价格要比远期价格高。当 S 与 r 的负相关性很强时，情况就相反。

从理论上讲，远期价格与期货价格的差异很小，可以忽略不计。期货头寸与远期头寸价值的差别是由持有商品的单位数差别而不是期货价格与远期价格的差别反映出来的。在这种情况下，就要调整一个期货合约的单位数量从而使远期和期货头寸的期末值相等。当然在实际中由于存在交易成本、税收和保证金要求等客观因素，期货价格和远期价格的差额较大。

第二节 股票指数期货与外汇期货的定价

一、股票指数期货的定价

与其他金融期货相比，股票指数期货的一个明显的特征是其标的资产并非实际存在的金融资产，而是一种假定的资产组合。大部分股票指数可以看成支付红利的证券。这里的证券就是计算指数的股票组合，证券所付红利就是该组合的持有人收到的红利。根据合理的近似，可以认为红利是

连续支付的。设 q 为红利收益率，可得股票指数期货价格为：

$$F = Se^{(r-q)(T-t)} \tag{6.7}$$

其中，T 表示期货合约到期的时间（年）；t 表示现在的时间（年），则 $T-t$ 表示期货合约中，以年为单位表示的剩下的时间；S 表示期货合约标的的股票指数在时间 t 时的价格；r 为无风险利率。

【例 6－1】考虑一个 S&P500 指数的 3 个月期期货合约。假设用来计算指数的股票的红利收益率为每年 3%，指数现值为 400，连续复利的无风险利率为每年 8%。这里，$r=0.08$，$S=400$，$T-t=0.25$，$q=0.03$，期货价格为：

$$F = 400e^{(0.08-0.03)\times 0.25} = 405.03$$

实际上，计算指数的股票组合的红利收益率一年里每周都在变化。例如，纽约股票交易所的大部分股票是在每年 2 月份、5 月份、8 月份和 11 月份的第一周付红利的。q 值应该代表合约有效期间的平均红利收益率。用来估计 q 的红利应是那些除息日在期货合约有效期之内的股票的红利。

如果分析者对于计算红利收益率不感兴趣，他可以估计指数中股票组合将要收到的红利金额总数及其时间分布。这时股票指数可以看成是提供已知收入的证券，用下面的公式来计算期货价格：

$$F = (S-I)e^{r(T-t)} \tag{6.8}$$

这个公式对日本、法国、德国的指数很有效，因为这些国家所有的股票都在相同的时间里付红利。

二、外汇期货的定价

确定外汇期货价格的理论依据是国际金融领域著名的利率平价关系。根据利率平价理论，具有相同期限和风险的两国证券在定价上的差异应该等于两国利率的差异。根据第一节的讨论可知，在合理近似的情况下，期货价格可等于远期价格，我们用以下两个组合来给外汇期货定价：

组合 A：一个远期多头加上 $Ke^{-r(T-t)}$ 金额的现金；

组合 B：$Se^{-r_f(T-t)}$ 金额的外汇。

K 表示远期合约中约定的交割价格；S 表示以美元表示的一单位外汇的即期价格；r_f 表示外汇的无风险利率，若外汇的持有人将外汇投资于以该国货币标价的债券，他就能够获得货币发行国的无风险利率的收益 r；f 表示 t 时刻远期多头的价值；采用连续复利方式计息。

这两个组合在时刻 T 时都将等于一单位的外汇，因此，在 t 时刻两者也应该相等，有：

$$f + Ke^{-r(T-t)} = Se^{-r_f(T-t)} \tag{6.9}$$

即

$$f = Se^{-r_f(T-t)} - Ke^{-r(T-t)} \tag{6.10}$$

远期价格 F 就是使得式中 $f=0$ 时的 K 值，因而有

$$F = Se^{(r-r_f)(T-t)} \tag{6.11}$$

在合理近似的情况下，这个价格也是外汇期货价格。对比式(6.11)与式(2.20)可以看出，若将外汇的无风险利率 r_f 作为外汇的红利收益率，就可以认为外汇与支付已知红利收益率的证券是一样的，所以式(6.11)与式(2.20)是一致的。

当外汇的利率大于本国利率时($r_f > r$)，F 始终小于 S，并且合约到期日 T 越大，F 值越小；当外汇的利率小于本国利率时($r_f < r$)，F 始终大于 S，并且合约到期日 T 越大，F 值越大。

第三节　利率期货的定价

一、长期利率期货的定价

长期国库券期货和中期国库券期货是目前交易最活跃的长期利率期货，我们以美国芝加哥交易所的长期国债期货为例来说明其定价问题，定价程序如下。

(一)根据报价计算债券的现金价格

现金价格，又称为不纯价格，它与报价的关系为：

$$\text{现金价格} = \text{报价} + \text{上一个付息日以来的累计利息} \tag{6.12}$$

上一个付息日以来的累计利息是以实际过去的天数与两次息票支付期间实际天数的比率为基础的，计算公式为：

$$\text{累计利息} = \text{每次应计利息} \times \frac{\text{上次付息日到现在实际过去的天数}}{\text{上次付息日到下次付息日的实际天数}} \tag{6.13}$$

【例6-2】假设现在是1999年11月5日，2016年8月15日到期，息票利率为12%的长期国债的报价为94-28(即94.875)。由于美国政府债券均为半年付一次利息，从到期日可以判断，上次付息日是1999年8月15日，下一次付息日是2000年2月15日。由于1999年8月15到11月5日之间的天数为82天，1999年11月5日到2000年2月15日之间的天数为102天，因此累计利息等于：

$$6\text{美元} \times \frac{82}{102} = 4.82\text{美元}$$

该国债的现金价格为：

$$94.875\text{美元} + 4.82\text{美元} = 99.695\text{美元}$$

(二)交割债券与标准债券的转换因子

芝加哥交易所规定，空头方可以选择期限长于15年且在15年内不可赎回的任何国库券用于交割。由于各种债券息票率不同，期限也不同，因此芝加哥交易所规定交割的标准债券为期限15年、息票率为8%的国库券，其他

券种均得按一定的比例折算成标准债券。这个比例称为转换因子(Conversion Factor)。转换因子等于面值为100美元的各债券的现金流按8%的年利率(每半年计复利一次)贴现到交割月第一天的价值,再扣掉该债券累计利息后的余额。在计算转换因子时,债券的剩余期限只取3个月的整数倍,多余的月份舍掉。如果取整数后,债券的剩余期限为半年的倍数,就假定下一次付息是在6个月之后,否则就假定在3个月后付息,并从贴现值中扣掉累计利息,以免重复计算。转换因子由交易所计算并公布。

算出转换因子后,我们就可算出空头方交割100美元面值的债券应收到的现金:

$$空方收到的现金 = 标准债券的期货报价 \times 交割债券的转换因子 + 交割债券的累计利息 \quad (6.14)$$

【例6-3】某长期国库券息票利率为14%,剩余期限还有18年4个月。标准债券期货的报价为90-00,求空头方用该债券交割应收到的现金。

(1)计算转换因子。根据有关规则,假定该债券距到期日还有18年3个月。这样我们可以把将来息票和本金支付的所有现金流,先贴现到距今3个月后的时点上,此时债券的价值为:

$$\sum_{i=0}^{36} \frac{7}{1.04^i} + \frac{100}{1.04^{36}} = 163.73(美元)$$

由于转换因子等于该债券的现值减累计利息。因此我们还要把163.73美元贴现到现在的价值。由于3个月的利率等于$\sqrt{1.04}-1$,即1.980 4%,因此该债券现在的价值为163.73/1.019 804 = 160.55美元。

由于3个月累计利息等于3.5美元,因此转换因子为:

$$转换因子 = 160.55 - 3.5 = 157.05(美元)$$

(2)债券应收到的现金。根据公式(6.14)算出空方交割10万美元面值该债券应收到的现金为:

$$1\,000 \times [(1.570\,5 \times 90.00) + 3.5] = 144\,845(美元)$$

(三)确定最便宜可交割债券

由于转换因子制度固有的缺陷和市场定价的差异,决定了用何种国债交割对于双方而言是有差别的,而空方可选择用于交割的国债多达30种左右,因此空方应选择最合算的国债用于交割。

由于空头方收到的价款为:(期货的报价×转换因子)+累计利息,而购买债券的成本为:债券的报价+累计利息,所以最便宜可交割债券就是购买交割债券的成本与空头方收到的现金之差最小的那个债券,即

$$交割差距 = 债券报价 - (期货报价 \times 转换因子)$$

逐个计算每个可以用来交割的债券,就可以找出交割最便宜的债券了。

【例6-4】假设可供空头方选择用于交割的三种国库券的报价和转换因子如表6.2所示。

表 6.2　可供交割国库券的报价及其转换因子

国库券	报价	转换因子
1	144.50	1.518 6
2	120.00	1.261 4
3	99.80	1.038 0

现在期货的报价为 93 – 16，即 93.50 美元。交割每种国库券的成本如下：

国库券 1：144.50 – (93.50 × 1.518 6) = 2.510 9

国库券 2：120.00 – (93.50 × 1.261 4) = 2.059 1

国库券 3：99.80 – (93.50 × 1.038 0) = 2.747 0

由此可见，最便宜可交割债券是国库券 2。

（四）确定长期国库券期货价格

假设用于交割的最便宜可交割债券和交割日期是已知的，则长期国库券就相当于一提供已知现金收入的证券的期货。式(2.18)适用于长期国库券期货的定价：

$$F = (S - I)e^{r(T-t)} \tag{6.15}$$

但是由于其报价和交割制度的特殊性，使公式的运用较为复杂。其中，I 表示期货合约有效期内的息票利息的现值；T 表示期货合约的到期时刻(年)；t 表示现在的时刻(年)；r 表示无风险利率，S 表示 t 时刻期货合约的标的债券的价格。这里，F 和 S 都为债券的现金价格。通过以下四个步骤来确定国债期货价格(参见图 6.2)。

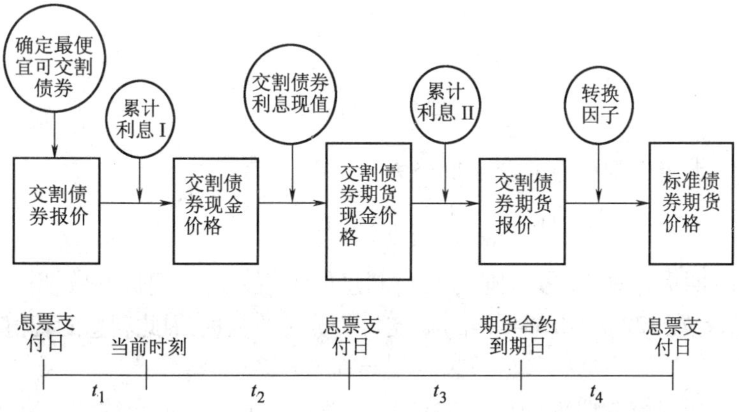

累计利息 I $= \dfrac{t_1}{t_1+t_2} \times$($t_1+t_2$ 时期所得利息)；累计利息 II $= \dfrac{t_3}{t_3+t_4} \times$($t_3+t_4$ 时期所得利息)

图 6.2　长期国库券期货的定价程序

(1) 根据最便宜可交割债券的报价，运用式(6.12)算出该交割债券的现金价格；

(2)运用公式(6.15)，根据交割债券的现金价格算出交割债券期货理论上的现金价格；

(3)运用公式(6.12)，根据交割债券期货的现金价格算出交割债券期货的理论报价；

(4)考虑到最便宜可交割债券和标准的15年期年利率为8%的债券的区别，将以上求出的期货报价除以转换因子，从而得出标准债券的理论报价，也是标准债券期货理论的现金价格。

【例6-5】假定某长期国库券期货合约，已知最便宜可交割债券是息票利率为14%，转换因子为1.3650的国库券，其现货报价为$118，该国库券期货的交割日为270天后。该交割债券上一次付息是在60天前，下一次付息是在122天后，再下一次付息是在305天后，市场任何期限的无风险利率均为年利率10%(连续复利)。请根据上述条件求出国债期货的理论价格。时间如图6.3所示。

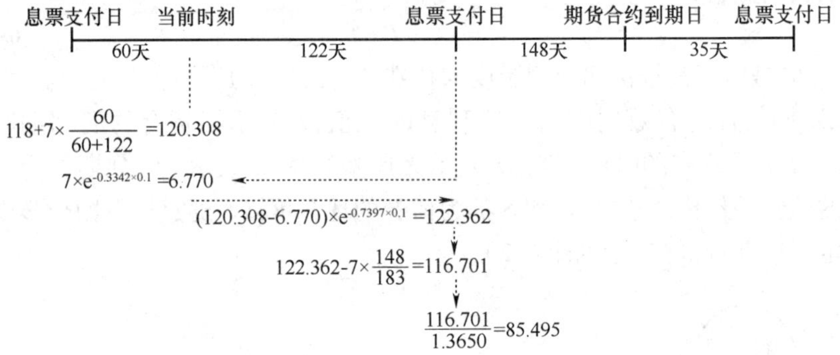

图6.3　时间图

(1)求出交割债券的现金价格为

$$118+\frac{60}{60+122}\times 7=120.308(\text{美元})$$

(2)期货有效期内交割债券支付利息的现值。由于期货有效期内只有一次付息，是在122天(0.3342年)后支付7美元的利息，因此利息的现值为

$$7\times e^{-0.3342\times 0.1}=6.770(\text{美元})$$

(3)交割债券期货理论上的现金价格。由于该期货合约的有效期还有270天(即0.7397年)，我们可以运用公式(6.15)算出交割债券期货理论上的现金价格为

$$(120.308-6.770)\times e^{0.7397\times 0.1}=122.362(\text{美元})$$

(4)交割债券期货的理论报价。由于交割时,交割债券还有148天(即270天－122天)的累计利息,而该次付息期总天数为183天(即305天－122天)运用公式(6.12),我们可求出交割债券期货的理论报价为

$$122.362 - 7 \times \frac{148}{183} = 116.701(\text{美元})$$

(5)求出标准债券的期货报价

$$\frac{116.701}{1.3650} = 85.495 \text{ 或 } 85-16$$

二、短期利率期货的定价

(一)即期利率和远期利率

n 年期即期利率(Spot Interest Rate)是指从当前时间开始计算并持续 n 年的一项投资的利率(以连续复利计息)。比如,4年期即期利率就是从现在开始投资并持续4年的利率。在这 n 年中,没有利息支出,只有在到期时一次性将所有的利息和本金支付给投资者,因此,n 年期即期利率也称为 n 年期零息票收益率(N－Year Zero－coupon Yield)。

远期利率(Forward Interest Rate)是指由当前即期利率隐含的将来时刻的一定期限的利率(以连续复利计息)。

远期利率与即期利率的关系如下:

假设 r 为 T 年期的即期利率,r^* 是 T^* 年期的即期利率,且 $T^* > T$,$\hat{r}$ 是 T 和 T^* 期间的远期利率,如果现在是0时刻,投资者投入1元的资金,按照利率 r 持续 T 年后,再按照远期利率 $\hat{r}$ 持续 $T^* - T$ 年,则收益变为:

$$e^{rT} \cdot e^{\hat{r}(T^* - T)} = e^{rT + \hat{r}(T^* - T)}$$

若直接在0时刻以 r^* 的利率持续投资 T^* 年后,其收益为:

$$e^{r^* T^*}$$

而这两种方式得到的收益结果应该是一样的,则有:

$$e^{rT + \hat{r}(T^* - T)} = e^{r^* T^*} \tag{6.16}$$

即

$$rT + \hat{r}(T^* - T) = r^* T^* \tag{6.17}$$

式(6.17)说明将 T 年期的即期利率 r 和自 T 开始到 T^* 为止这一段时间里的远期利率 $\hat{r}$ 组合起来而得到的整个 T^* 年时间内的等价利率就是 T^* 年期的即期利率 r^*。

整理后,可以得到:

$$\hat{r} = \frac{r^* T^* - rT}{T^* - T} \tag{6.18}$$

(二)短期国库券期货的定价

在短期国库券期货合约中,标的资产是90天期的美国国库券。通常,期

限为13周，即91天的短期国库券交易较多，但期货合同也允许90天或92天的短期国库券进行交易，不过期货合同的价格总是用90天期短期国库券来计算的。在实际交割时，所交割的国库券既可以是新发行的短期国库券，也可以是尚有90天剩余期限（交割日至国库券到期的天数）的原来发行的6个月或1年期的国库券。短期国库券也被称为贴现债券，以折价方式发行，在期限内不付息，在到期日投资者收到债券的面值。

与其他的期货合约相比，短期国库券期货合约有一个明显的特点，就是在合约到期前的时间里，用以在到期日交割的国库券可能尚不存在。将期货合约的标的资产看作是一种在期货合约的有效期内都有价值的贴现债券，并且这种债券在合约的到期日具有与90天期国库券相同的价值。例如，若一个国库券期货合约在120天后到期，则可以认为标的资产就是210天期的贴现债券。经过120天以后，其价值和当天发行的90天期国库券的价值相等，其面值也和90天期国库券的面值相同。

假定t是现在的时间（年）；T是期货合约的到期时间（年）；T^*是期货合约标的资产的贴现债券的到期时间，其中T^*-T约为90天；r表示从t到T的期限内的无风险利率（连续复利）；r^*是从t到T^*期限内的无风险利率；$\hat{r}$是在t时刻的T和T^*期间的远期利率；合约标的资产的贴现债券的面值为100美元；S是其在t时刻的价格，则S为：

$$S = 100\mathrm{e}^{-r^*(T^*-t)} \tag{6.19}$$

F是t时刻的期货价格，则F为：

$$F = S\mathrm{e}^{r(T-t)} = 100\mathrm{e}^{-r^*(T^*-t)}\mathrm{e}^{r(T-t)} = 100\mathrm{e}^{-[r^*(T^*-t)-r(T-t)]}$$

根据式（6.17），可简化上式为：

$$F = 100\mathrm{e}^{-\hat{r}(T^*-T)} \tag{6.20}$$

需要重申的一点是，由式（6.20）得到的期货价格是期货合约的现金价格，是合约的多头方在合约到期时购买100美元面值的国库券所必须支付的价格，它与短期国库券期货合约的报价是有区别的，二者之间的关系为：

$$F = 100 - (100 - 报价) \times \frac{T^*-T}{360} \tag{6.21}$$

通常，短期国库券期货使用IMM指数报价。

【例6-6】假设140天期即期利率是8%，230天即期利率是8.25%，连续复利计息。则自第140天起至第230天止的这段时间里的远期利率为：

$$\frac{0.082\,5\times230-0.08\times140}{230-140}=0.086\,4$$

由90天=0.246 6年，则过140天后到期的100美元面值的短期国库券期货的结算价格为：

$$F = 100\mathrm{e}^{-0.086\,4\times0.246\,6} = 97.89（美元）$$

该期货的报价，合约价格为：

$$100-(100-97.89)\times\frac{230-140}{360}=99.4725(\text{美元})$$

本章小结

1. 期货的价格，是指由期货买卖双方在期货交易所，通过公开竞价方式所达成的期货合约的交易价格。

2. 当无风险利率恒定不变时，标的资产和交割期限相同的期货合约的价格与远期合约的价格相等。

3. 大部分股票指数可以看成支付红利的证券。根据合理的近似，可以认为红利是连续支付的。设 q 为红利收益率，可得股票指数期货价格为：$F=Se^{(r-q)(T-t)}$。

4. 外汇期货价格为：$F=Se^{(r-r_f)(T-t)}$，其中 r_f 表示外汇的无风险利率。

5. 确定国债期货价格的四个步骤如下：

（1）根据最便宜可交割债券的报价，算出该交割债券的现金价格；

（2）根据交割债券的现金价格算出交割债券期货理论上的现金价格；

（3）根据交割债券期货的现金价格算出交割债券期货的理论报价；

（4）考虑到最便宜可交割债券和标准的 15 年期年利率为 8% 的债券的区别，将以上求出的期货报价除以转换因子，从而得出标准债券的理论报价，也是标准债券期货理论的现金价格。

6. 短期国库券期货的现金价格为：$F=100e^{-\hat{r}(T^*-T)}$，其中 $\hat{r}$ 是在 t 时刻的 T 和 T^* 期间的远期利率。

关键术语

期货价格　正常期货折价　远期价格　债券的现金价格　标准债券的转换因子　无风险利率　即期利率　远期利率　利率平价理论

能力训练

一、思考题

1. 期货价格与现货价格的关系。

2. 远期利率与即期利率的关系。

3. 在分析期货价格与远期价格的关系时，利率 r 与标的资产的价格 S 之间存在怎样的相关关系。

二、计算题

1. 现在为 1998 年 5 月 5 日。一种息票利率为 12%，在 2001 年 7 月 27 日到期的政府债券报价为 110－17。现金价格为多少？

2. 假设长期国债期货价格为 101 －12。下面四种债券哪一种为最便宜可交割债券：

债券	价格	转换因子
1	125－05	1.213 1
2	142－15	1.379 2
3	115－31	1.114 9
4	144－02	1.402 6

3. 现在为 1996 年 7 月 30 日。1996 年 9 月份的长期国库券期货合约的最便宜可交割债券为息票利率为 13% 的债券，预期在 1996 年 9 月 30 日进行交割，该债券的息票利息在每年的 2 月 4 日和 8 月 4 日支付，期限结构是平坦的，以半年计复利的年利率为 12%，债券的转换因子为 1.5，债券的现价为 \$110，计算该合约的期货价格和报价。

4.假设 9 个月期的利率为年利率 8%，6 个月期的利率年利率为 7.5%（都为连续复利），估计面值为 \$1 000 000 的 6 个月后交割的 90 天的短期国库券的期货价格。如何报价？

5. 无风险年利率为 7%（连续复利计息），某股票指数的红利年支付率为 3.20%，指数现值为 150，计算 6 个月期限期货合约的价格。

6. 假定某一国债期货合约最合算的交割券是面值为 1000 美元，息票率为 14%（每半年支付一次利息），转换因子系数为 1.375 0 的国债，其现货报价为 120 美元，该国债期货的交割日为 270 天后。该债券上一次付息在 60 天前，下一次付息在 120 天后，再下一次付息在 300 天后，市场任何期限的风险利率为年利率的 10%（连续复利），请根据上述条件求出国债期货的理论价格。（假设一年为 365 天）

7. 美国某公司在 2006 年 6 月 30 日向瑞士出口合同价格为 50 万瑞士法郎的机器设备，6 个月后收回货款。现假设，在 2006 年 6 月 30 日，现货价 1 美元＝1.612 0 瑞士法郎，期货价 1 美元＝1.600 0 瑞士法郎。在 2006 年 12 月 30 日，现货价 1 美元＝1.620 0 瑞士法郎，期货价 1 美元＝1.6175 瑞士法郎。试问为防范外汇风险，该公司应该如何在外汇市场上进行操作。

参考文献与网站链接

1. John C. Hull. 期货与期权市场导论[M]. 周春生，付佳译. 北京：北京大学出版社,2006.

2. 路透. 金融衍生工具导论[M]. 北京:北京大学出版社,2001.

3. Don M. Chance. 衍生金融工具与风险管理[M]. 郑磊译. 北京:中信出版社,2004.

4. 罗伯特 · A. 斯特朗. 衍生产品概论[M]. 王振山等译. 大连:东北财经大学出版社,2005.

5. 陈信华. 金融衍生工具——定价原理、运作机制及实际运用[M]. 上海:上海财经大学出版社,2004.

6. 欧阳良宜. 期权期货市场理论与操作[M]. 北京:中国发展出版社,2006.

7. 郑振龙. 衍生产品[M]. 武汉:武汉大学出版社,2005.

8. 理查德 · J. 特维莱斯,弗兰克 · J. 琼斯. 期货交易实用指南[M]. 周刚,王化斌译. 北京:经济科学出版社,2000.

9. 雅虎财经频道 http://cn. finance. yahoo. com.

10. 新浪财经频道 http://finance. sina. com. cn.

第七章 期权交易概述

★ 本章学习指导 ★

金融衍生工具主要包括远期、期货、期权和互换。其中,远期和期货在交易的程序和方法上虽然有很大不同,但交易的思想是有相同之处的。期权却与它们存在很大区别。在本章中,我们将阐述期权交易中的相关概念,期权交易的类型、功能以及期权与期货、远期的比较。通过本章学习,你应该掌握期权交易合约的要素、看涨期权和看跌期权的内涵,期权保证金的计算等重要内容,理解期权交易的功能,熟悉期权交易制度,了解期权与期货、远期的区别。

期权的萌芽形式已经有几百年的历史了。较早的期权交易主要是用于实物商品、房地产和贵金属业务,都是现货期权。20 世纪 20 年代,美国出现了股票的期权交易,但由于它带着较为浓厚的投机色彩而不为多数人所接受。金融期权是在 20 世纪 70 年代以来的国际金融创新中发展起来的又一新的金融交易形式。1973 年,芝加哥期货交易所(Chicago Board of Trade, CBOT)建立了一家仅用于股票期权交易的交易所——芝加哥期权交易所(Chicago Board Options Exchange,CBOE),并于同年 4 月 26 日开始交易股票期权。金融期权产生以来,得到了飞速发展,应用非常广泛。尤其是在金融风险管理中,它更是一种颇受投资者欢迎的套期保值的新工具。

第一节 期权的相关概念

一、期权的定义

期权(Option)又称选择权,实质上是一种权利的有偿使用,当期权购买者支付给期权出售者一定的期权费后,购买者就拥有在规定期限内按双方约定的价格[称为协议价格(Agreement Price)、敲定价格(Striking Price)或执行价格(Exercise Price)]购买或出售一定数量某种金融资产[称为基础金融资产或标的资产(Underlying Financial Assets)]的权利的合约。

从期权交易的定义中可以看出,它包含三层含义:

(1)选择权的内涵是一定时间、一定价格和一定数量的选择权,超过了这些限度就超出了期权的交易范围。

(2)选择权实质上是权利而不是义务,一旦期权购买者购买了某项期权合约,他就拥有了该合约所规定的权利。就是说,他既可以执行也可以放弃,并不承担必须买进或卖出的义务。

(3)期权交易成立的媒介是期权费。只有买方愿意让渡的期权费与卖方所能接受的期权价格相等时,交易才能成立。

其实,期权的思想在我们的日常生活中有很广泛的应用。例如,我们在商场购物时,发现了一件自己很喜欢的衣服,原价400元,现在由于节日打折降为280元,而恰巧你身上没有带足够的钱,有一种方法就是可以与店主协商,先支付20元作为定金,同时要求店主在2天内保留这件衣服不得出售给别人。而无论你是否购买,定金都不予退回,作为店主的实际收入。这样,你就通过支付20元的定金,取得了在两天内购买这件衣服的权利。而如果你在另外一家商店又发现这件衣服卖260元,甚至更低,你就可以放弃那份权利,而在这家商店购买,因为这样会更划算。

二、期权交易合约的要素

期权交易的买方通过付出一笔较小的权利费费用,便得到一种权利,在期权有效期内,如果标的物价格朝有利于期权买方的方向变化,买方可以选择履约,即按协定价格执行买或卖的权利;如果标的物价格朝不利于期权买方的方向变化,买方也可以选择不履约。同时,在期权合约的有效期内,期权也可以转让。而如果超过有效期,则合约失效,买方的权利随之作废,卖方的义务也被解除。

通过上述对期权交易的描述,我们可以看出,期权合约的要素主要有:

(一)期权的买方

期权的买方即购买期权,支付期权费,获得权利的一方,也称期权的多头方。在金融期权交易中,期权购买者可以在期权合约所规定的某一特定的时间,以事先确定的价格向期权卖方买进或卖出一定数量的某种金融商品或金融期货合约。在期权合约所规定的时间之内或期权合约所规定的某一特定的履约日,期权的买方既可以执行他所拥有的这一权利,也可以放弃这一权利。

(二)期权的卖方

期权的卖方即出售期权,获得期权费的一方,其承担着在规定的时间内履行该期权合约的义务。期权的卖方也称为期权的空头方。在金融期权交易中,期权的卖方应在期权合约所规定的时间内或期权合约所规定的某一特定履约日,无条件地履行期权买方要求执行的期权合约所规定的义务。

(三)协定价格

协定价格也称敲定价格或执行价格,是指期权合约所规定的期权买方在行使权力时所实际执行的价格。在金融期权交易中,协定价格是指期权购买者买卖事先确定的标的资产(或期货合约)的交易价格。这一价格一旦确定,则在期权有效期内,无论期权之标的物的市场价格上升到什么程度或下降到什么程度,只要期权购买者要求执行期权,期权出售者就必须以协定价格履行他必须履行的义务。

如果期权购买者买进了看涨期权,那么在期权合约规定的时间内,即使该期权的标的物——某种金融商品或金融期货合约的市场价格业已上涨,且已经远远高于该期权的协定价格,期权购买者仍然可以以较低的协定价格向期权出售者买进一定数量的某种金融商品或金融期货合约,而期权出售者也必须无条件地以较低的协定价格卖出该期权所规定的标的物。

如果期权购买者买进了看跌期权,那么在期权合约规定的时间内,即使该期权的标的物——某种金融商品或金融期货合约的市场价格业已下跌,且已经远远低于该期权的协定价格,期权购买者仍然可以以较高的协定价格向期权出售者卖出一定数量的某种金融商品或金融期货合约,而期权出售者也必须无条件地以较高的协定价格买进该期权所规定的标的物。

在金融期权交易中,场内交易的协定价格由交易所根据标的物(或期货合约)的价格变化趋势确定;场外交易的协定价格则由交易双方协商确定。

(四)期权费

期权费,又称为权利金、期权价格或保险费,是指期权买方为获取期权合约所赋予的权利而向期权卖方支付的费用。这个费用一旦支付,则不管期权购买者是否执行期权均不予退回。它是期权合约中唯一的变量,其大小取决于期权合约的性质、到期月份及协定价格等各种因素。

与金融期货一样,金融期权也首先是作为一种套期保值的工具而产生的。一般地说,期权交易中的套期保值者主要是期权的买方。买方之所以买进期权,是因为担心市场价格将发生不利于自身的变动。买进期权后,买方便获得了在期权有效期内以已知的协定价格买进或卖出一定数量的某种金融商品或金融期货合约的权利,从而将自己所面临的价格风险转移出去。而与此同时,期权卖方则因为卖出期权而承担了市场价格变动的风险。由此可见,期权买方向期权卖方支付的期权费与投保人向保险公司支付的保险费在本质上是一样的,都是为了规避风险,达到套期保值的目的而付出的代价。正因如此,人们通常把期权费称为保险费。

在金融期权交易中,期权费的确定是一个既十分重要又十分复杂的问题。对这一问题,我们将在金融期权的定价理论一章中作专门的分析和评价。在这里,应该首先明确的是,期权价格,即期权费与协定价格是完全不同的概念。期权费只是期权合约的价格,更确切地说,它是期权合约所赋予权利的价格,而协定价格则是期权合约之标的物的价格。

(五)通知日

当期权买方要求履行标的物(或期货合约)的交货时,他必须在预先确定的交货和提运日之前的某一天通知卖方,以便卖方做好准备,这一天就是通知日。

(六)到期日

到期日也称履行日,在这一天,一个预先作了声明的期权合约必须履行交货。通常,对于期货期权来说,期权的到期日应先于其标的资产——期货合约的最后交易日。期权到期日一般无需指明特定的日期,因为其永远是到期日当月的第三个星期五之后的那个星期六。举例来说,当我们说3月份的期权时,就是指3月第三个星期五之后的那个星期六,很多时候也就是当月的第三个星期六。

下面我们以场内的标准期权合约为例来熟悉期权合约的要素。

【例7-1】场内的标准期权合约报价行情如下:

3	IBM	NOV.	400	Call	premium 15
合约份数	标的物名	期权到期日	协定价格	买权	期权费

其含义是:3份IBM公司的协定价格为400的11月份到期的买权股票期权,期权费为15。

三、期权买卖双方的权利与义务

期权的买方享有在期权届满或之前以规定的价格买进或卖出一定数量标的物的权利,即当行市有利时,他有权要求期权卖方履约,买进或卖出该标的物;当行市不利时,他也可选择不行使期权,放弃买卖该标的物。但是,期权买方并不承担义务。

期权卖方则有义务在买方要求履约时卖出或买进期权买方要买进或卖出的标的物。卖方只有义务而无权利。

所以,期权买卖双方的权利和义务是不对等的,然而,买方要付给卖方一定的期权费,这又体现了双方交易的公平性。

四、期权交易的特点

期权交易的特点是随着期权交易的发展而日趋显露的。早期期权交易的特点是：交易不在固定的、专门的、有组织的机构中进行，而是一种分散的、"两相情愿"式的交易。也就是把期权作为一种"定做"的金融商品，由中间商或经纪人按照他们自己或委托方的要求，逐项进行交易，并规定期权合约在到期之前不得转让。20世纪50年代以后至70年代，随着一些国家由证券期权交易发展到实物期权交易，随着世界主要金融期货市场的发展，一些国家决定设立固定的期权交易场所，并实行期权转让标准化的期权交易市场。这种期权交易市场与过去的那种分散的、"两相情愿"式的期权交易市场相比，是一大进步，标志着期权交易发展到了新的阶段，出现了新的特点，主要表现在：

（一）期权合约标准化

每份期权合约具有统一、标准的规格，按国际惯例进行设计，诸如交易单位、最小变动价位、每日价格最大波动限制、合约月份、交易时间等都是固定的，以便对其进行估价和转让（参见表7.1）。

表7.1　CBOE主要期权合约的基本交易规格

	股票期权	S&P500指数	S&P100指数	NASDAQ100指数
标的资产	标的股票或ADRs	500只指数成分股的市场价值加权	100只指数成分股的市场价值加权	100只指数成分股的市场价值加权
乘数	100股	100美元	100美元	100美元
执行类型	美式	欧式	美式	欧式
到期月	两个最近日历月和所属循环中的下两个月	三个最近日历月和3月循环中的下三个月	四个最近日历月和3月循环中的下一个月	三个最近日历月和3月循环中的下三个月
执行价格级距	2.5、5或10个基点	5个基点	5个基点	5个基点
结算方式	标的物交割	现金	现金	现金

（二）期权交易规范化

期权交易是集中交易，为此建立了专门的固定期权交易场所；期权交易组织机构的设立，为实行集中交易、清算和履约、监督和检查提供了基本的前提条件。同时，现代期权交易市场大多采用了由计算机网络组成的交易系统、信息管理系统、结算系统、审计监测跟踪系统等，处理日常交易业务。计算机网络系统可把交易过程中的交易者的姓名、交易合约的种类、合约的交易数量、成交合约的价格、履约时间等立即显示出来，使期权管理现代化、科学化。还有，为适应现代法制市场经济的要求，期权交易正在走向法制阶段，建立健全期权交易法规，创造一个公开、公平、公正的竞争环境，使期权交易沿着法制轨道稳步前进，已成为现代期权交易规范化的重要标志。

(三)期权交易范围和品种扩大化

现代期权交易范围和品种呈现出不断扩大的趋势。从布局来看，由美国扩展到英国、法国、澳大利亚等国家，几乎覆盖了西方市场经济所有的发达国家；可以预见，发展中国家在建立和发展期货市场的基础上，也必将进行期权交易，这是现代市场经济、现代期货市场发展的必然趋势。从交易品种来看，期权交易已由金融证券发展到农产品、能源化工产品等。

第二节　期权的类型

金融期权的分类标准有很多，按不同的标准可以划分为不同的类型。

一、看涨期权、看跌期权和双向期权

按期权购买者的权利划分，期权可分为看涨期权(Call Option)、看跌期权(Put Option)和双向期权(Double Option)。

(一)看涨期权

看涨期权是指赋予期权的购买者在预先规定的时间以协定价格从期权出售者手中买入一定数量标的物的权利。为取得这种买的权利，期权购买者需要在购买期权时支付给期权出售者一定的期权费。因为它是投资者预期某种标的物的未来价格上涨时购买的期权，所以被称为看涨期权。

【例7-2】某交易商对6月到期的瑞士法郎的期货行情看涨，于是买进一份6月到期的瑞士法郎期货的看涨期权，面值为125 000瑞士法郎，协定价格为1美元=0.95瑞士法郎，期权费为5 000美元，有效期为1个月。1个月后，6月到期的瑞士法郎期货合约的价格果真上涨，市场价格为1美元=0.9瑞士法郎，期权持有人执行期权，以1美元=0.95瑞士法郎的协定价格买进这份瑞士法郎期货合约，付出131 578.95美元(125 000÷0.95)，同时按上升了的外汇市场瑞士法郎汇率卖出瑞士法郎；将合约按市场价格卖出，收回138 888.89美元(125 000÷0.90)，除去期权费后，净获利2 309.94美元(138 888.98－131 578.95－5 000)。如果瑞士法郎的汇率不升反降，期权持有人放弃期权只不过损失5 000美元的期权费。

(二)看跌期权

看跌期权是指赋予期权购买者在预先规定的时间以协定价格向期权出售者卖出一定数量标的物的权利。为取得这种卖的权利，期权购买者需要在购买期权时支付给期权出售者一定的期权费。因为它是投资者预期某种标的物的未来价格下跌时购买的期权，所以被称为看跌期权。

【例7-3】1月初，某交易商认为瑞士法郎的期货行情看跌，于是买进一份3月到期的瑞士法郎期货的看跌期权，面值为125 000瑞士法郎，协定价

格为1美元=0.94瑞士法郎,期权费为3 000美元,有效期为3个月。3个月后,瑞士法郎期货市场价格全面下跌,3月到期的瑞士法郎期货合约的价格为1美元=1瑞士法郎。期权持有人执行期权,以1美元=0.94瑞士法郎的协定价格卖出这份3个月到期的瑞士法郎期货合约,收进132 978.72美元(125 000÷0.94),同时按下降了的外汇市场瑞士法郎汇率买入125 000瑞士法郎进行交割,除去期权费后,净获利4 978.72美元(132 978.72-125 000-3 000)。如果瑞士法郎的汇率不降反升,期权持有人放弃期权只不过损失3 000美元的期权费。

(三)双向期权

双向期权又称为双重期权,是指期权购买方向期权出售方支付了一定的期权费之后,在期权合约有效期之内,按事先商定的协定价格,向期权出售方既购买了某种期货合约的看涨期权,又购买了该标的物的看跌期权。简言之,就是期权买方同时以等价购买等量的同一标的物的看涨期权和看跌期权。显然,购买双向期权的期权费要高于只购买单向期权的期权费,但是双向期权的获利机会和可能性也要高于单向期权。双向期权的购买方预测相关标的物的价格会有较大幅度的变动,但无论价格如何变动,只要当价格大幅上涨时执行看涨期权;当价格大幅下跌时执行看跌期权,均可获利。因为无论相关标的物的价格是高于还是低于协定价格,只要标的物价格与协定价格之差大于该期权买方向期权卖方所支付的期权费,期权买方就会盈利;相反,双向期权的出售方预测相关标的物的价格不会发生较大幅度的波动,可以出售双向期权以获得更多的期权费。双向期权同样可以转让,只要期权费上涨对购买者有利,他就可以直接卖掉期权,获取期权费的价差。

二、欧式期权和美式期权

按期权购买者执行期权的时限划分,期权可分为欧式期权和美式期权。

欧式期权是指期权的购买者只能在期权到期日才能执行期权(即行使买进或卖出标的物的权利),既不能提前也不能推迟。若提前,期权出售者可以拒绝履约;若推迟,期权将被作废。

美式期权则允许期权购买者在期权到期前的任何时间执行期权。美式期权的购买者既可以在期权到期日这一天行使期权,也可以在期权到期日之前的任何一个营业日执行期权。当然,超过到期日,美式期权也同样被作废。

不难看出,对期权购买者来说,美式期权比欧式期权更为有利。因为买进这种期权后,买方可以在期权有效期内根据市场价格的变化和自己的实际需要灵活而主动地选择履约时间。相反,对期权出售者来说,美式期权比欧式期权使出售者承担着更大的风险,卖方必须随时为履约做好准备。因此，在其他情况一定时，美式期权的期权费通常比欧式期权的期权费要高一些。同时，也正是由于上述原因，美式期权与欧式期权在定价方法上也有着很大的不同。

从上面的分析可以看出，所谓的“欧式期权”和“美式期权”实际上并没有任何地理位置上的含义，而只是对期权购买者执行期权的时间有着不同的规定。因此，即使在欧洲国家的金融期权市场上也同样有美式期权在交易，在美国的金融期权市场上也同样有欧式期权在交易。

三、实值期权、平值期权和虚值期权

按协定价格与标的物市场价格的关系不同划分，期权可以分为实值期权、平值期权和虚值期权。

实值期权是指如果期权立即执行，买方具有正的现金流；平值期权是指如果期权立即执行，买方的现金流为零；虚值期权是指如果期权立即执行，买方具有负的现金流。三种期权与看涨、看跌期权的对应关系可参见表7.2。

表7.2 实值期权、平值期权、虚值期权与看涨期权、看跌期权的对应关系

	看涨期权	看跌期权
实值期权	市场价格 > 协定价格	市场价格 < 协定价格
平值期权	市场价格 = 协定价格	市场价格 = 协定价格
虚值期权	市场价格 < 协定价格	市场价格 > 协定价格

实值期权、平值期权、虚值期权描述的是期权在有效期的某个时点上的状态，随着时间的变化，同一期权的状态也会不断变化。有时是实值期权，有时是平值期权，有时变成虚值期权。

四、交易所交易期权和柜台式期权

按交易场所的不同划分，期权可以分为交易所交易期权和柜台式期权。

（一）交易所交易期权

交易所交易期权是指一种标准化的期权，它有正式规定的数量，在交易所大厅中以正规的方式进行交易。用图7.1表示期权交易所的交易流程。首先，买方和卖方向各自的经纪人下达交易指令，其经纪人再要求其经纪公司的场内经纪人进行交易。双方的场内经纪人碰面协商价格，向双方经纪人通报价格，向清算所报告交易信息。经纪人再向买卖双方通报价格后，买卖双方分别在其经纪人处存入期权费，经纪人向其清算公司存入交易的期权费和保证金。最后双方清算公司向期权清算所缴纳交易保证金和期权费。

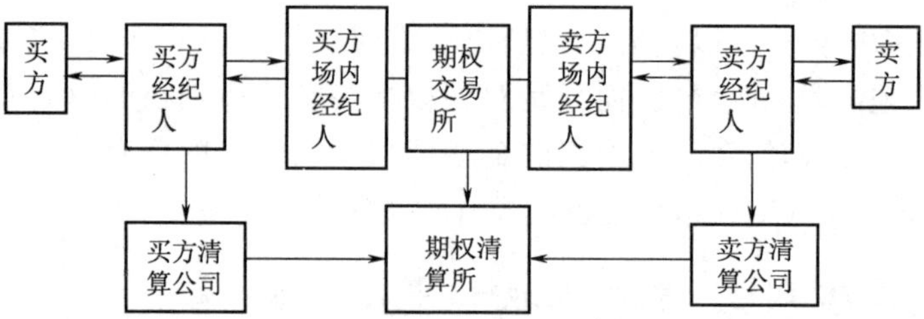

图 7.1　期权交易所交易流程

在交易所交易期权中,期权结算公司(OCC)起到了至关重要的作用。它介于买方与卖方之间,实际上是所有期权交易的保证人。当投资者买进或卖出期权时,该投资者实际是在与期权结算公司进行交易。同时,期权结算公司也对交易者的行为进行管理和规范,设定最低资本保证金,使交易者之间的盈亏关系转化为实际的资金转移。

另外,在交易所交易期权,当投资者希望委托经纪人进行一笔期权交易,他就必须使经纪人准确了解自己的投资意图。这里,市价委托和限价委托是两种重要的方法。其中,市价委托是指投资者委托经纪人以市价买进或卖出期权,从而达到立即交易的目的。而限价委托是指投资者在委托交易时指定了一个特定价格,在一定的限度内可以交易,否则不予交易。限价委托通常也提出一些时间限制,如"撤销前有效(GTC)"或"当日有效"等。

(二)柜台式期权

柜台式期权是期权的出售者为满足某一购买者的特定需求而产生的,它并不在交易大厅中进行,因此也被称为场外交易市场。场外交易市场的交易规模非常大。

(三)两者的差异

交易所交易期权与柜台式期权有着许多差异,两者也各有优势。具体表现在:

1. 从市场种类看,交易所交易期权是在交易所大厅中公开喊价,有的市场有专家组织,有的是依赖市场组织者;柜台式期权则是由交易的两个主体以电话等方式自行联系。

2. 从期权合约的规定来看,交易所交易期权的成交额是由管理机构预先规定的;柜台式期权的成交额是由买卖双方自行商定的。

3. 从执行价格来看,交易所交易期权的执行价格是由管理机构预先规定的;柜台式期权的执行价格是由买卖双方自行商定的。

4. 从期权期限来看,交易所交易期权虽然也有1个月、2个月、3个月的期限,但多为以季度为单位的期限,通常到期日为3月、6月、9月、12月中旬;柜台式期权的到期期限是由交易双方自行商定的。

5. 从交易地点来看,交易所交易期权都是在特定的地点,如芝加哥商品交易所、伦敦国际金融期货交易所等;柜台式期权的交易地点是国际性的,没有具体的地点。

6. 从期权合约的履行担保来看,交易所交易期权的买方和卖方之间由清算所进行联系,清算所同时保证期权合约的执行;柜台式期权合约没有担保,它的执行与否完全看出售者是否履约。

7. 从期权费的支付来看,交易所交易期权的期权费在成交后的第二个营业日支付;柜台式期权的期权费则在成交后的两个营业日中支付。

8. 从是否缴纳保证金来看,交易所交易的中、短期期权需要缴纳保证金,在一定的情况下,长期的也需要缴纳,保证金的数量也因种种原因而异;柜台式期权不需要缴纳保证金,期权的购买者依赖于出售者的信誉。

9. 从二级市场上来看,在交易所交易期权的二级市场上,期权的购买者可以将他所持有的期权卖掉,两笔交易相抵消,完成整个交易;柜台式交易期权的二级市场上,一般是由一家银行提出一个价格将被卖的期权收购,或者期权持有者卖给第三者一个相似的期权,他希望他的既是期权购买者又是期权出售者的身份能在期权到期时相互抵消损益。

在美国有五大交易所,大多数的期权交易是在这五大交易所中进行的。它们是芝加哥期权交易所(CBOE)、费城股票交易所(PHLX)、美国股票交易所(AMEX)、国际证券交易所(ISE)和太平洋股票交易所(PSE)。其中,2000年开业的国际证券交易所是美国第一家完整的电子期权市场。此外,在澳大利亚、英国、加拿大、日本、新加坡、中国香港等地都有规范的期权交易所。

五、现货期权和期货期权

根据标的物的性质,期权可以分为现货期权和期货期权两类。

所谓的现货期权是指以各种金融工具本身作为期权合约之标的物的期权,如各种股票期权、股价指数期权、外汇期权、债券期权等;而所谓的期货期权是指以各种金融期货合约作为期权合约之标的物的期权,如各种外汇期货期权、利率期货期权及股票价格指数期货期权等。

金融期权之所以分为现货期权和期货期权是因为这两类期权在具体的交易规则、交易策略以及定价原理等方面都有很大的区别,而且这两类期权通常由不同的主管机关进行分别管理。

第三节　期权的交易制度

金融期权有着严格而又规范的交易制度。本节将根据金融期权的特点,对其中一些比较重要的交易制度作简要的说明。

一、标准化合约

凡是在集中性的市场上上市的金融期权合约都是标准化的合约。在这些标准化的合约中,交易单位、最小价格变动单位、每日价格波动限制、协定价格、合约月份、最后交易日、履约日等都由交易所作统一的规定。在这些规定中,有些是与金融期货中的规定相同或相似的,而有些则是金融期权交易中所特有的。下面仅就交易单位、协定价格、最后交易日和履约日作简要介绍。

二、交易单位

与金融期货一样,金融期权的交易单位(或称合约规模)也是由各交易所分别加以规定的。因此,即使是标的物相同的金融期权合约,在不同的交易所上市,其交易单位也是不相同的。在美国,金融期货期权的交易单位是一张相关的金融期货合约;股票期权的交易单位是100股标的股票;股价指数的期权交易单位是股价指数与100美元的乘积;至于各种外汇期权,则不同的交易所有不同的规定。

三、协定价格

协定价格是指期权合约被执行时,交易双方实际买卖标的物的价格。一般地说,当交易所准备上市某种期权合约时,将首先根据该合约标的物的最近收盘价,按照某一特定的形式确定一个中心协定价格,然后再根据既定的幅度设定该中心协定价格的上、下各若干个级距的协定价格。因此,在合约规格中,交易所通常只规定协定价格的级距。

例如,在纽约期货交易所上市的NYSE综合指数期货期权合约中有这样的规定:协定价格的级距为2点,任何时候都必须有至少9个协定价格,其中4个为实值的协定价格,1个为平值的协定价格,4个为虚值的协定价格。这样,如果某个时刻NYSE综合指数期货的市场价格为150,则以期货为标的物的期权合约的各个级别的协定价格可设定为:142.00,144.00,146.00,148.00,150.00,152.00,154.00,156.00,158.00。

四、最后交易日与履约日

最后交易日是指某种即将到期的金融期权合约在交易所交易的最后截止日。如果期权购买者在最后交易日不再进行对冲交易,则他要么放弃期权,要么在规定的时间内执行期权。履约日则是由期权合约所规定的,期权购买者可以实际执行该期权的日期。由于期权有欧式期权和美式期权之分,故不同合约的履约日各不相同。

在金融期权交易中,由于期权购买者既可执行期权,也可放弃期权,故最后交易日和履约日是两个必须明确的日期。就履约日而言,交易者必须明确其买卖的是欧式期权还是美式期权。如为欧式期权,则履约日即是该期权的到期日;而如为美式期权,则履约日是期权的有效期内的任一营业日。就最后交易日而言,则不同期权有着不同的规定。

例如,IOM 外汇期货期权的最后交易日为合约月份的第三个星期三往回数的第二个星期五。之所以如此规定,是因为合约月份的第三个星期三为标的外汇期货的交割日,而在这一天之前第二个营业日为标的外汇期货的最后交易日。

又如,CBOT 美国长期国债期货期权的最后交易日为相关期货之第一通知日前至少五个营业日之前的第一个星期五,交易所之所以这样规定,也是由标的国债期货的交易规则决定的。长期国债期货的交割日为合约月份的任一营业日,而在实际交割前,合约的卖方必须提前两个营业日向交易所的结算单位发出交割通知。因此,以长期国债期货合约为标的物的期权合约应在该标的期货之第一通知日前停止交易,并于最后交易日之后履约。

五、对冲与履约

在交易所的期权交易中,如果交易者不想继续持有未到期的期权,那么,在最后交易日或最后交易日之前,他可随时通过反向交易来加以结清。这与金融期货交易的对冲是完全一样的。

相反,若在最后交易日或最后交易日之前,交易者所持有的期权并未平仓,那么,期权购买者就有权要求履约,而期权出售者就必须做好履约的准备。

在期权的履约中,不同的期权会有不同的履约方式。一般地说,除指数期权之外的其他各种现货期权,在履约时,交易双方将以协定价格做实物交收;各种指数期权则按照协定价格与市场价格之差实行现金结算;期货期权则按照协定价格将期权转化为相应的期货。

在交易所期权交易中,无论是对冲还是履约,交易双方都将通过交易所的结算单位加以配对和结清。

六、部位限制

部位(头寸)限制是指交易所对每一账户所持有的期权部位的最高限额。交易所之所以做出这样的规定,主要是为了防止某一投资者承受过大的风险或对市场有过大的操纵能力。

不同的交易所有不同的部位限制。有的以合约的数量作为限制的标准,也有的以合约的总值作为限制的标准。在金融期货期权中,有的将期权部位与对应的期货部位合并计算,而有的将期权部位与对应的期货部位分开计算。另外,在对部位限制所做的规定中,一般要分别对每一单方和整个账户的部位做出规定。在这里,所谓单方,指看涨期权的净买方(或净卖方),或看跌期权的净买方(或净卖方)。

七、保证金制度

在购买股票时,投资者可以支付现金或使用保证金账户。初始保证金通常为股票价值的50%,维持保证金通常为股票价值的25%。金融期权中的保证金制度与金融期货中的保证金制度有着相同的性质和功能。但在具体执行中,这两种保证金制度又有很大的不同。在购买看涨期权和看跌期权时,投资者必须全额支付期权费,不允许投资者使用保证金的方式购买期权。这是因为期权实际上已经包含了一定的杠杆率。按保证金方式购买期权将使这一杠杆比率上升到难以接受的程度。

当投资者出售期权时,出售者必须在保证金账户中保持一定的资金金额。这是因为经纪人和交易所需要保证期权的出售者在行使期权时不会违约。

(1)出售无保护期权。无保护期权是指期权头寸中没有包含冲销该期权头寸的标的股票头寸。初始保证金是以下两个计算结果中较大的那一个:①出售期权的所有收入加上期权标的股票价值的20%减去期权处于虚值状态的份额(如果有这一项的话);②出售期权的所有收入加上期权标的股票价值的10%。

【例7-4】某投资者出售了4份无保护的看涨期权,一份合约可以购买100股股票,期权费为5美元,协定价格为40美元,股票价格为38美元。由于期权处于虚值状态,期权的虚值为2美元。

按以上第一种方法计算,结果为:

$$4\times100\times(5+0.2\times38-2)=4\ 240(\text{美元})$$

按以上第二种方法计算,结果为:

$$4\times100\times(5+0.1\times38)=3\ 520(\text{美元})$$

因此初始保证金为 4 240 美元。

如果在本例中的期权是一个看跌期权，它就处于实值状态，实值为 2 美元，要求的保证金将是：

$$400\times(5+0.2\times38)=5\,040(\text{美元})$$

在以上两种情况中，出售期权的收入都是 2 000 美元，可作为保证金账户中的一部分。

当计算结果表明要求的保证金金额小于保证金账户中的现有金额时，该投资者可以随时从保证金账户中提取资金。当计算结果表明要求的保证金金额大于保证金账户中现有的金额时，交易所将向该投资者发出保证金催付通知。

(2)出售有保护看涨期权。出售有保护看涨期权是指出售股票看涨期权时已持有该股票，以备将来交割。有保护看涨期权的风险远远低于无保护看涨期权，这是由于前者的最坏情况是投资者以低于市场价格出售他已经拥有的股票。如果有保护看涨期权是虚值期权，则没有保证金要求。持有的股票可以用保证金账户购买，且收取的期权费可用来满足部分保证金的要求。如果有保护看涨期权是实值期权，该期权也没有保证金要求。但是为了计算投资者的股权头寸，股价将减少某个量直至期权处于实值状态。如果股票价格上涨，也许会限制投资者从保证金账户中提取的资金数量。

【例 7－5】某投资者决定运用保证金方式购买 200 股某种股票，并出售 2 份有保护的看涨期权。股票的价格为 63 美元，协定价格为 65 美元，期权费为 7 美元。由于该期权处于虚值状态，保证金账户允许投资者借入的金额为股票价格的 50%。投资者也可以用收取的期权费 7 美元 ×200 股，即 1 400美元作为购买股票的部分资金。购买股票需要 63 美元 ×200 股，即 12 600美元。因此，该投资者进行这些交易的初始保证金金额为：

$$12\,600-6\,300-1\,400=4\,900(\text{美元})$$

八、期权清算制度

期权市场中的清算制度是由期权清算公司来贯彻执行的。期权市场中的清算公司与期货市场上的清算公司的功能十分相似，它确保期权的出售方按照合约的规定条款履行他的义务，同时记录所有的多头和空头头寸的情况。期权清算公司拥有一定数量的会员，并且所有的期权交易必须通过其会员来清算。如果经纪人公司本身不是交易所期权清算公司的会员，则必须通过期权清算所的会员结清其交易。会员必须满足资本最低限额的要求，并且必须提供特种基金，若有任一会员无法履行期权中的义务，则可使用该基金。

期权结算公司(OCC)是为美国股票期权进行结算的中央结算公司,是从芝加哥期权交易所(CBOE)的结算公司演变而来的。由于美国证券监督管理委员会(SEC)要求美国所有的股票期权交易必须由一个单一的结算组织结算,因此,期权结算公司于1973年与芝加哥期权交易所分离,并为要求进行股票期权交易的美国证券交易所的期权进行结算。目前,期权结算公司除了为芝加哥期权交易所进行结算,还为美国股票交易所、费城证券交易所、太平洋交易所、纽约股票交易所、全美证券交易商协会、国际证券交易所等多家交易所的期权交易提供结算业务,成为美国股票期权的中央结算公司。

在购买期权时,期权购买者必须在下一个营业日的清晨全额支付期权费。这一资金存放在期权清算公司中。期权的出售方在他的经纪人那里开设一个保证金账户,而经纪人在负责结清其交易的清算公司会员那里开设一个账户,进行交易的清算。

当投资者要执行某个期权时,投资者需要通知他的经纪人。经纪人接着通知负责清算其交易的清算公司会员,该会员于是向期权清算公司发出执行指令。期权清算公司随机的选择某个持有相同期权空头的会员,这个会员以事先订立的程序,选择某个特定的出售该期权的投资者。如果期权是看涨期权,则该投资者必须按协定价格出售股票;如果期权是看跌期权,则出售该期权的投资者必须按协定价格购买股票。该投资者称为被指定者。

在期权的到期日,所有实值期权均应执行,除非交易成本很高,抵消了期权的收益。如果到期日执行期权对其客户有利,一些经纪人公司在到期日将自动为其客户执行期权。许多交易所也制定了一些规则,在到期时执行那些处于实值状态的期权。

九、期权行情表解读

许多报纸都载有期权的行情。在《华尔街日报》的货币和投资板中,在“上市期权”标题下很容易看到股票期权的报价。表7.3是2010年8月28日《华尔街日报》期权行情的报价表。它是前一个交易日(8月27日)的期权价格。

表7.3 2010年8月27日《华尔街日报》期权行情报价表

Option/strike		Exp.	– Call –		– Put –	
			Vol.	Last	Vol.	Last
ADC Tel	35	Sep	239	3^{13}	596	2
36^{06}	35	Oct	32	5	238	4

续表

Option/strike		Exp.	- Call -		- Put -	
			Vol.	Last	Vol.	Last
36^{06}	40	Sep	1 237	1^{19}	59	5^{13}
36^{06}	40	Oct	311	3^{13}	66	6^{50}
36^{06}	45	Sep	418	0^{44}	…	…
36^{06}	45	Feb	226	5^{25}	…	…
ATT Wris	25	Sep	361	1^{63}	402	0^{44}
26^{13}	25	Oct	247	2^{50}	49	1^{50}
26^{13}	30	Oct	887	0^{63}	10	4^{75}
AT&T	30	Oct	4 656	2^{75}	981	1^{50}
30^{61}	35	Oct	4 686	0^{88}	280	4^{83}
30^{61}	40	Oct	1 126	0^{19}	29	4^{88}
Abbt L	42^{50}	Sep	330	1^{83}	12	0^{75}
AberFitch	25	Sep	254	0^{69}	…	…
AdvFibCm	45	Sep	230	3^{25}	10	2^{38}
45^{88}	50	Sep	338	1^{25}	35	5
45^{88}	50	Oct	304	3^{25}	…	…

在第一列中列出了具有股票期权交易的股票公司名称和股票的收盘价。第二列是协定价，第三列是到期日。随后的两列列出了该看涨期权的交易量和最后成交价格（如果某个特定协定价格和特定到期月份的特定看涨期权在前一个交易日有交易的话）。最后两列是针对看跌期权而言的，列出了该看跌期权的交易量和最后成交价格。

行情报价是购买或出售一般股票的期权的价格。一份期权合约可购买或出售100股股票，因此，每份期权合约的成本为所列出价格的100倍。由于大多数期权的价格低于10美元，并且一些期权的价格低于1美元，因此投资者不需要很多资金就可以进行期权交易。

第四节　期权的功能

无论采取哪一种具体的方式，期权交易都存在买方和卖方。对于期权的买方来说，最大的特点是收益不确定，风险有限，即期权买方最高损失程度限定在预先支付的期权费范围内，而收益的可能性却是无限大的；而对于期权卖方而言，其目的主要是以承担风险获取一定的收益补偿，其风险为无限的，而收益却仅限于期权费。

这听起来似乎让人觉得买入期权相当诱人，而卖出期权却很可怕。但是，任何事情都有其两面性，为了弥补期权卖方所承担的风险，期权卖方可以通过概率和时间值的损耗来提升自己的获利空间，加大期权买方损失全部期权费的可能性。

一、期权交易的保值功能

风险是由价格的不确定性变动引起的。所谓价格的不确定性变动，是指在未来某一时间，价格既可能发生有利的变化，也可能发生不利的变化。如果价格发生有利的变化，人们将获得意外的收益，反之，将会遭受损失。因此，所谓风险较大，是指人们获得意外收益的可能性与遭受意外损失的可能性都较大。这种风险，我们称之为"对称性风险"。当标的物面临价格风险时，可以通过在期权市场上支付一定的期权费购买一种期权进行套期保值。这实际上是将"对称性风险"转化为"不对称性风险"。也就是说，在利用期权进行套期保值时，若价格发生不利的变化，则套期保值者可以通过执行期权来避免损失；若价格发生有利的变化时，套期保值者又可以通过放弃期权来保护利益。因此，人们通过期权交易，既可避免价格的不利变动所造成的损失，又可在相当的程度上保住价格的有利变化所带来的收益。这可以从以下的例子中看到。

【例 7－6】美国某公司从英国进口机器设备，需要在 3 个月后向英国出口商支付 1.25 万英镑。为了避免 3 个月后实际支付时汇率变动可能造成的损失，需要将进口成本固定下来。为此，美国公司提前购入一份英镑看涨期权，期权费为每英镑 0.01 美元，一份英镑买权需要支付 125 美元。协议汇率为 1 英镑＝1.6 美元。这样，美国进口公司以 125 美元购得一项权利，允许该公司在今后 3 个月内，随时按协定汇率购买 1.25 万英镑。3 个月后将会出现以下三种情况中的任意一种：其一，英镑升值，如 1 英镑＝1.65 美元；其二，英镑贬值，如 1 英镑＝1.55 美元；其三，汇率不变，仍为 1 英镑＝1.6 美元。

（1）英镑升值至 1 英镑＝1.65 美元，若不买进期权，该公司需支付 206 25美元（1.25 万×1.65）。该公司执行期权，按协定价格 1 英镑＝1.6 美元购买英镑，可比按市场汇率购买英镑少支付 625 美元（1.25 万×1.65－1.25 万×1.6），除去期权费 125 美元，还节省了 500 美元。

（2）英镑贬值至 1 英镑＝1.55 美元，该公司可放弃执行期权，而按市场汇率购进英镑，只需 19 375 美元（1.25 万×1.55），加上期权费 125 美元，总共只需 19 500 美元，节省 500 美元（1.25 万×1.55＋125－1.25 万×1.6）。

（3）英镑汇率保持不变，美国公司可执行期权，也可不执行期权直接按市场汇率购买英镑,其最大的损失就是期权费 125 美元,没有遭受任何汇率变动的损失。

从上述分析可知,对期权购买方而言,购买某种商品或合约的期权,实际上可以视为对商品或合约价格波动的“保险”业务。同理,读者可以从卖方的角度进行分析。

二、期权交易的投机功能

一般而言,交易客户只有在与其相关标的物的价格出现小幅度波动或略有下降的情况下才会卖出看涨期权;只有在与其相关标的物的价格保持平稳或略有上升的情况下才会卖出看跌期权。卖出看涨期权和看跌期权的目的都只有一个,就是赚取期权费。

对于看涨期权的卖方来讲,其最怕出现的情况是:相关标的物价格上涨至足以使期权合约买方行使履约权利的水平,或者说相关标的物价格的上涨足以吞没掉所得到的期权费。

对于看跌期权的卖方来讲,其最怕出现这样的情况:相关标的物价格下降至足以使期权合约买方行使履约权利的水平,或者说相关标的物价格的下降足以吞没掉所得到的期权费。

【例 7-7】某商人预期两个月后瑞士法郎对美元的汇率将上升,于是按协定汇率1 美元 =0.94 瑞士法郎购买一份瑞士法郎看涨期权(金额总共 12.5 万瑞士法郎)。期权价格为每瑞士法郎 0.01 美元;该商人共支付期权费 1 250 美元。这样他获得在未来的两个月内随时以协定汇率购买瑞士法郎的权利。两个月后,如果瑞士法郎的汇率如商人所预期的那样,上升到 1 美元 =0.90 瑞士法郎,他即执行瑞士法郎买权,以 1 美元 =0.94 瑞士法郎的汇率购买 12.5 万瑞士法郎,支付 132 978.72 美元(12.5 万/0.94);然后再按上升了的外汇市场瑞士法郎汇率卖出瑞士法郎,收入 138 888.89美元(12.5 万/0.90),除去期权费和执行瑞士法郎买权合同的成本,净获利 4 660.17 美元(138 888.89 - 132 978.72 - 1 250)。如果两个月后,瑞士法郎的汇率没有变化或下跌,该商人则可放弃执行期权,损失的仅为期权费 1 250 美元。

【例 7-8】1 月份,投资者 A 预期两个月后 M 公司的股票价格将会上涨,因此买入 3 月份到期的欧式股票看涨期权,共支付期权费 1 000 美元。一个月后,M 公司股票价格果然大幅上涨,此时这份期权可能会有其他投资者以高于期权费的价格购买,则投资者 A 有两种选择:一个是将期权卖掉,赚取期权费价差;或者是继续持有期权,希望在到期日获得更大收益。

需要强调的是,期权投机的放大比率比期货还要大——亏损可能就是全部投入的权利金,而盈利则是无限的,经常能够得到超过 100% 的回报。

就资金的投机来说，现货交易放大的倍数是 1 倍，期货交易放大的倍数是 10 ~ 20 倍，而买入期权的放大倍数甚至能够超过 100 倍。在实际操作中，交易量最大的买入期权往往是那些较短期限的买入期权。主要原因在于，这类期权的价格比较便宜，而且更快捷，从而体现出极强的杠杆效应。这时，如果股票价格低于执行价格，则期权会很便宜，而只要股票价格在短期内的到期日时上升，则投资者有机会获得巨额利润；而如果股票价格高于执行价格，则股价每上升一个基点，将导致期权价值上升 100%。一般而言，投资者对短期的股票价格变动的预测比长期股票价格变动的预测更有信心。

三、期权的价格发现功能

同期货一样，期权也具有价格发现的功能。原因在于期权价格的形成具有以下的特点：

（1）期权交易的透明度高。期权市场遵从公开、公平、公正的三公原则，交易指令在高度组织化的期权交易所内撮合成交。交易所内自由报价，公开竞争，避免了一对一的交易中容易产生的欺诈和垄断。

（2）期权交易的市场流动性强。期权交易的参与者众多，这些套期保值者和投机者通过经纪人聚在一起竞争，市场流动性大大增强，从而有助于价格的形成。

（3）期权交易的信息质量高。期权交易价格的形成过程是搜集信息、输入信息、产生价格的连续过程，信息的质量决定了价格的真实性。由于期权交易的参与者往往都熟悉某种商品的行情，有丰富的经营知识和广泛的信息渠道及一套科学的分析、预测方法，他们把各自的经验、方法和信息带到市场上来，这样形成的价格反映了大多数人的预测，具有权威性，能够比较真实地代表供求变动趋势。

（4）期权价格的公开性。期权交易所的价格报告制度规定，在交易所中达成的每一笔新交易的价格，都要向会员及其场内经纪人及时报告并公布于众。通过发达的传播媒介，交易者能够及时地了解市场的交易情况和价格变化，及时地对价格的走势做出判断，并进一步调整自己的交易行为。这种价格预期的不断调整，最后反映到期权价格中来，进一步提高了期权价格的真实性。

（5）期权价格的预期性和连续性。一方面，期权合约包含的远期成本和远期因素必然通过期权价格反映出来，即反映出众多的买方和卖方对于未来价格的预期。另一方面，期权价格是不断地反映供求关系及其变化趋势的一种价格信号，期权合约的转手买卖相当频繁，这样连续形成的价格能够连续不断地反映市场的供求情况及变化。

第五节 期权和期货、远期的比较

金融期权、金融期货、金融远期都是一种衍生性的金融工具，它们之间既有密切的联系，又有显著的区别，正确地认识三者的联系和区别，有助于我们更好地理解期权、期货、远期的不同特性，也有助于我们根据实际情况做出正确的选择和搭配。

一、期权和期货的比较

(一)期权和期货的联系

作为金融衍生工具的两个重要的品种，期权交易与期货交易存在许多的相似之处。

1. 它们都是在有组织的场所——期货交易所和期权交易所内进行的。由交易所制定有关的交易规则、合约内容，由交易所对交易时间、过程进行规范化管理。

2. 场内交易都采用标准化合约的形式。由交易所统一制定交易规模、最小交易变动价位、涨跌停板、合约规格、合约月份等标准。期权合约的月份与交易规模大都参照相应的期货规模，以方便交易。

3. 都由统一的清算机构负责清算。清算机构对交易起担保的作用，清算所都是会员制，清算体系采用分级清算的方式，即清算所只负责对会员名下的交易进行清算，而由会员负责对其客户进行清算。

4. 都具有杠杆作用。交易时只需要交纳相当于合约总额很小比例的资金(保证金和权利金)，能使投资者以小搏大，因而成为投机和风险管理的有效工具。

下面举例对期权的杠杆作用做进一步说明。假设A公司的股票当前为每股10元，而投资者有6 000元可用于投资。我们有较充足的理由相信A公司的股票被低估了，在3个月后它将涨到每股15元。如果通过购买股票的方式进行投资，可以买进600股。3个月后，A公司的股票如预期涨到了每股15元，则出售股票可以得到9 000元，忽略手续费，收益3 000元，收益率为50%。如果投资者使用期权进行投资会有怎样的收益呢？一般而言，买入看涨期权是不需要交纳所谓保证金的(除长期权益预期证券之外)，而只要求足额支付期权费。因为买入看涨期权价值很快就可能变得一文不值，致使收取保证金的经纪商很快就会失去其保证金贷款的抵押品。这样，如果假设A公司股票的权利金为每股2元，那么投资者手中用于投资的6 000元就可以购买3 000股，执行价格为10元的看涨期权。3个月后，投资者可以以10元的价格买入，再以15元的价格在现货市场卖出A

公司的股票,忽略手续费的收益为15 000元,收益率达到了250%。相比直接购买股票的投资方式,买入看涨期权有更大的收益可能。当然,如果3个月后A公司股票未如预期看涨,甚至市值低于每股10元,6 000元的投资将会损失惨重。

【例7-9】假设M公司的股票价格为每股6元。有3份不同的看涨期权,合约的执行价格分别为每股3元、5元和7元。通过分析可知,执行价格为3元的期权的多头方遭到损失的可能性最小,因为只有当股价降至3元以下时,这种情况才会出现。因此这份期权的期权费要更高一点。假设这3份看涨期权的期权费分别为0.8元、0.5元和0.4元。投资者拥有10 000元资金用于投资,则其可买入看涨期权的份数分别为12 500份、20 000份和25 000份。则在忽略佣金的情况下,当股票处于不同的价位时,投资者的收益状况如表7.4所示。

表7.4 投资者的收益状况

到期日股价	执行价格为3元	执行价格为5元	执行价格为7元
小于等于3元	-10 000	-10 000	-10 000
3元至5元之间	$(x-3-0.8)\times 12\,500$	-10 000	-10 000
5元至7元之间	$(x-3-0.8)\times 12\,500$	$(x-5-0.5)\times 20\,000$	-10 000
大于7元	$(x-3-0.8)\times 12\,500$	$(x-5-0.5)\times 20\,000$	$(x-7-0.4)\times 25\,000$

通过分析可知,执行价格为3元的期权虽然遭受全部损失的可能性最小,但其收益的增长也是最慢的(关于x的斜率最小)。而执行价格为7元的期权与之相反,血本无归的可能性更大,但获得收益的可能性也更大(关于x的斜率最大)。

(二)期权与期货的区别

1. 权利和义务。期货合约的双方都被赋予相应的权利和义务,除非用相反的合约抵消,这种权利和义务在到期日必须行使,也只能在到期日行使,期货的空方甚至还拥有在交割月选择在哪一天交割的权利。而期权合约只赋予买方权利,卖方则无任何权利,他只有在对方履约时进行对应买卖标的物的义务。特别是美式期权的买者可在约定期限内的任何时间执行权利,也可以不行使这种权利;期权的卖者则须准备随时履行相应的义务。

2. 标准化。期货合约都是标准化的,因为它都是在交易所中交易的,而期权合约则不一定。在美国,场外交易的现货期权是非标准化的,但在交易所交易的现货期权和所有的期货期权则是标准化的。

3. 盈亏风险。期货交易双方所承担的盈亏风险都是无限的。而期权交易卖方的亏损风险可能是无限的（看涨期权），也可能是有限的（看跌期权），盈利风险是有限的（以期权费为限）；期权交易买方的亏损风险是有限的（以期权费为限），盈利风险可能是无限的（看涨期权），也可能是有限的（看跌期权）。

4. 保证金。期货交易的买卖双方都须交纳保证金。期权的买者则无须交纳保证金，因为买方的亏损不会超过其已支付的期权费，而在交易所交易的期权卖方则要交纳保证金，这跟期货交易一样。场外交易的期权卖者是否需要交纳保证金则取决于当事人的意见。

5. 买卖匹配。期货合约的买方到期必须买入标的物，而期权合约的买方在到期日或到期日之前则有买入（看涨期权）或卖出（看跌期权）标的物的权利。期货合约的卖方到期必须卖出标的物，而期权合约的卖方在到期日或到期之前则有根据买方意愿相应卖出（看涨期权）或买入（看跌期权）标的物的义务。

6. 套期保值。运用期货进行的套期保值，在把不利风险转移出去的同时，也把有利风险转移出去。而运用期权进行套期保值时，只把不利风险转移出去而把有利风险留给自己。

二、期权与远期的比较

要深入了解期权交易这一复杂、独特的交易方式，除了分析期权与期货的关系之外，还必须分析期权与远期的细微差别。

（一）期权交易与远期交易的标的物不同

期权交易的标的物是一种合约选择权的买卖，它代表一种标的物选择买卖权利的形成和转移；远期交易的标的物则代表了一定数量的具体商品（如外汇、证券、黄金、商品等）的具体交割。

（二）期权交易与远期交易的履约责任在交易双方中的分担有差距

在交易所内进行交易的期权，期权购买者通过付出一笔期权费，并与出售方签订了期权交易合约后，购买方相应的就得到了一种可以随时根据市场行情或其他条件的变化自由决定履行或不履行期货合约或商品实物买进或卖出的权利，而不必承担义务；与之相反的是，在远期交易中，一旦签订合约，即使是市场价格发生了巨大的变化，参与交易的任何一方都不得在合约的有效期内按他自己的意愿，对事先已经签订的合约进行修改、放弃或立即执行，而必须在到期日的时候享有和履行买卖双方各自应承担的权利和义务。远期交易的最后双方必须提供商品实物交割。

（三）期权交易与远期交易的合约条款有极为明显的区别

在交易所内进行的期货、期权交易均以交易所制定的标准化、规范化的期货、期权合约为基础，这些标准化的合约一般对商品的品质、规格、数量、交货时间、交易最小涨跌幅、交割方式和交割地点等都做了具体、统一的规定，交易双方只需就价格和合约数量进行商谈确认即可；但是在远期合约交易中，远期合约属于交易双方为固定购销关系、减少价格风险而由双方签订的合约，且合约非标准化、非规范化，转让困难。

（四）期权交易与远期交易的风险责任和利益收益极为不同

在期权交易中，期权的买方只承担有限的风险，其所承担的风险仅限于缴纳给期权卖方的期权费，一旦损失超过期权费时，买方即放弃其所拥有的期权，而期权的卖方也只有比较有限的利润收益。因为无论价格走势是多么的不利，期权的买方至多丧失其所支付的期权费，而卖方则完全相反，不论价格走势对期权卖方是否有利，其所能获得的最大的收益仅是从期权买方得到的期权费，这笔期权费也就是卖方因承担的风险所得到的报酬或风险补偿。与此情况截然相反的是，在远期交易中，买卖双方的风险和收益是相当大的。理论上的合理演绎是：在价格走势出现剧烈的波动时，买卖双方的风险和收益都是不可估量和加以限制的。

【例 7－10】假设你是国内某商业银行业务部的一位客户经理。你所在的银行有一位客户是某开发区的一家进出口企业。我们把这个客户称为 H 公司。该公司的收入主要以美元为主，而多以欧元支付。10 月初，该公司购入一批货物，价值391 000欧元。双方约定 12 月份付清货款。假设即期汇率为 1 欧元＝1.274 5 美元，则成本为 498 329.5 美元。如果 H 公司不做任何风险防范措施，假设 12 月份付款时欧元汇率上升到 1 欧元＝1.300 0 美元，则成本变为 508 300 美元，该公司会有9 970.5美元的损失。因此，H 公司考虑到外汇变动可能给公司带来的不利影响，希望通过一些措施进行套期保值。

在前面几章里，我们已经学过了远期和期货交易的方法。本章又对期权的基本思想做了简要阐述，因此我们可以分别运用这三种金融衍生工具，帮助 H 公司达到套期保值的目的。那么随着外汇市场上欧元兑美元汇率的变化，分别应用这三种不同的金融衍生工具，H 公司会有怎样的盈亏情况呢？

方案一：利用远期外汇交易。

假定欧元 2 个月的远期汇率为 1 欧元＝1.282 3 美元。在这种情况下，该公司可以在签订进口合同的同时买入一份价值 391 000 欧元的在支付货款时交割的远期合约。这就可以保证在支付货款时，H 公司的成本为 501 379.3美元（391 000 × 1.282 3）。虽然该公司多支付了 3 049.8 美元（501 379.3 －498 329.5），但可以消减未来不确定的更大的成本支出，而且可以将增加的成本加到货物成本中。

因此，通过进行远期外汇交易，H 公司可以以一个相对固定的汇率水平在未来进行外汇交易，规避了由于外汇汇率波动可能给公司带来的损失。但是，通过远期外汇交易也使公司失去了外汇市场汇率波动可能带来的收益。

方案二：利用外汇期货交易

假设本案例中的H公司预测12月份欧元的汇率会上升，于是它买入一份价格为1欧元=1.284 5美元的391 000欧元的期货合约。则可能出现以下三种情况。

(1)若12月份欧元汇率上升到1欧元=1.284 5美元，结果见表7.5。

表7.5　欧元汇率上升

	现货市场	期货市场
10月	两个月后需要支付391 000欧元的货款，现汇汇率为1欧元=1.274 5美元，折合成498 329.5美元	按1欧元=1.284 5美元的价格，买入一份391 000欧元的期货合约，支出502 239.5美元
12月	交付货款时，现汇价格为1欧元=1.284 5美元，折合成502 239.5美元，亏损3 910美元	①1欧元=1.294 5美元，12月基差等丁10月基差，卖出得到506 149.5美元，收益3 910美元，与现货市场对冲后，损益为0美元 ②1欧元=1.290 0美元，12月基差小于10月基差，卖出得到504 390美元，收益2 150.5美元，与现货市场对冲后，损失1 759.5美元 ③1欧元=1.299 0美元，12月基差大于10月基差，卖出得到507 909美元，收益5 669.5美元，与现货市场对冲后，盈利1 759.5美元

(2)若12月份欧元汇率持平在1欧元=1.274 5美元，结果见表7.6。

表7.6　欧元汇率持平

	现货市场	期货市场
10月	两个月后需要支付391 000欧元的货款，现汇汇率为1欧元=1.274 5美元，折合成498 329.5美元	按1欧元=1.284 5美元的价格，买入一份391 000欧元的期货合约，支出502 239.5美元
12月	交付货款时， 现汇汇率为1欧元=1.274 5美元，折合成498 329.5美元，损益为0美元	按1欧元=1.284 5美元的价格，卖出一份391 000欧元的期货合约，卖出得到502 239.5美元，与现货市场对冲后，损益0美元

无论是现货市场还是期货市场都没有损失和盈利，风险被降低了。

(3)若12月份欧元汇率下降为1欧元=1.264 5美元，结果见表7.7。

表 7.7　欧元汇率下降

	现货市场	期货市场
10 月	两个月后需要支付 391 000 欧元的货款，现汇汇率为 1 欧元 = 1.274 5 美元，折合成 498 329.5 美元	按 1 欧元 = 1.284 5 美元的价格，买入一份 391 000 欧元的期货合约，支出 502 239.5 美元
12 月	交付货款时，现汇汇率为 1 欧元 = 1.264 5 美元，折合成 494 419.5 美元，收益 3 910 美元。	①1 欧元 = 1.274 5 美元，12 月基差等于 10 月基差，卖出得到 498 329.5 美元，损失 3 910 美元，与现货市场对冲后，损益 0 美元 ②1 欧元 = 1.270 0 美元，12 月基差小于 10 月基差，卖出得到 496 570 美元，损失 5 669.5 美元，与现货市场对冲后，损失 1 759.5 美元 ③1 欧元 = 1.279 0 美元，12 月基差大于 10 月基差，卖出得到 500 089 美元，损失 2 150.5 美元，与现货市场对冲后，盈利 1 759.5 美元

总之，与不买期货的情况相比，风险被减小，甚至有盈利的可能。

方案三：利用外汇期权交易。

假设本案例中的 H 公司预测 12 月份欧元的汇率会上升，于是它买入一份协定价格为 1 欧元 = 1.275 0 美元的 391 000 欧元的看涨期权，期权费为 1%，即 391 000 × 1.275 0 × 1% = 4 985.25 美元。这是 H 公司无论是否执行期权都会损失的沉没成本。

在这种情况下：

①如果 12 月份欧元汇率大于或等于 1 欧元 = 1.275 0 美元，H 公司一定会行使期权。其损失为(1.275 0 − 1.274 5) × 391 000 + 4 985.25 = 5 180.75 美元。这是一个定值。

②如果 12 月份的欧元汇率小于或等于 1.261 75 [(391 000 × 1.274 5 − 4 985.25)/391 000]时，H 公司不行使期权，在现货市场上买进 391 000 欧元最多需要493 344.25美元，加上必须支付的期权费 4 985.25 美元，小于或等于 10 月份的成本。

因此，12 月欧元汇率等于 1.261 75 时，无盈利无损失，小于 1.261 75 时有盈利。如果汇率在 1.261 75 和 1.275 0 之间时，不执行期权，虽比 10 月份有损失，但损失小于执行期权，且随欧元汇率的降低，损失减小。

总之，虽然期权必须支付期权费，但它的损失是一定的，而盈利却是无限的。

本章小结

1. 期权是指赋予其购买者在规定期限内按双方约定的价格购买或出售一定数量某种金融资产的权利的合约。

2. 期权分为看涨期权和看跌期权两大类，这两类中又有美式期权和欧式期权之分。

3. 期权买卖双方的权利和义务是不对等的。期权买者只有权利没有义务，卖者只有义务没有权利。因此，买者要向卖者支付期权费。期权买者不需要缴纳保证金，卖者则可能缴纳保证金，其做法与期货类似。

4. 期权交易的合约要素包括期权的买方、卖方、期权费、协定价格、通知日、到期日等。

5. 期权市场的交易制度有合约标准化制度、保证金制度、对冲与履约制度、部位限制制度和清算制度等。

6. 期权按不同的标准可以分为不同的类型。按期权购买者的权利划分，期权可分为看涨期权、看跌期权和双向期权；按期权购买者执行期权的时限划分，期权可分为欧式期权和美式期权；按协定价格与标的物市场价格的关系不同可划分为实值期权、平值期权和虚值期权；按交易场所的不同可划分为交易所交易期权和柜台式期权。

关键术语

期权　看涨期权　看跌期权　双向期权　期权费　协定价格　实值期权　平值期权　虚值期权　欧式期权　美式期权

能力训练

一、选择题

1. 期权实际上就是一种权利的有偿使用，下列关于期权多头方和空头方的权利与义务的表述，正确的是(　　)

A. 期权多头方和空头方都是既有权利，又有义务

B. 期权多头方只有权利没有义务，期权空头方既有权利又有义务

C. 期权多头方只有权利没有义务，期权空头方只有义务没有权利

D. 期权多头方既有权利又有义务，期权空头方只有义务没有权利

2. 在进行期权交易的时候，需要支付保证金的是(　　)

A. 期权多头方　　　　　　　　B. 期权空头方

C. 都不用支付　　D. A 和 B

3. 某投资者买入一份看涨期权,在某一时点,该期权的标的资产市场价格大于期权的执行价格,则在此时点该期权是一份(　　)

A. 实值期权　　B. 虚值期权　　C. 平值期权　　D. 零值期权

4. 期权多头方支付一定费用给期权空头方,作为拥有这份权利的报酬,则这笔费用称为(　　)

A. 交易佣金　　B. 协定价格　　C. 期权费　　D. 保证金

5. 某投资者买入一份美式期权,则他可以在(　　)行使自己的权利

A. 到期日　　B. 到期日前任何一个交易日

C. 到期日后某一交易日　　D. A 和 B

6. 某投资者,其手中持有的期权现在是一份虚值期权,则下列表述正确的是(　　)

A. 如果该投资者手中的期权是一份看涨期权,则表明期权标的物的市场价格高于协定价格

B. 如果该投资者手中的期权是一份看跌期权,则表明期权标的物的市场价格低于协定价格

C. 如果该投资者手中的期权是一份看跌期权,则表明期权标的物的市场价格等于协定价格

D. 如果该投资者手中的期权是一份看涨期权,则表明期权标的物的市场价格低于协定价格

7. 看涨期权是指买方在约定期限内按(　　)价格(　　)一定数量金融工具的权利

A. 协定,买入　　B. 市场,买入　　C. 市场,卖出　　D. 协定,卖出

8. 下列关于交易所期权与柜台式期权区别的叙述不正确的是(　　)

A. 交易所交易期权是在交易所大厅中公开喊价,柜台式期权则是由交易的两个主体以电话等方式自行联系

B. 交易所交易期权的执行价格是由管理机构预先规定的,柜台式期权的执行价格是由买卖双方自行商定的

C. 交易所交易期权的买方和卖方之间由清算所进行联系,柜台式期权合约没有担保,它的执行与否完全看出售者是否履约

D. 从期权费的支付来看,交易所交易期权的期权费在成交后的两个营业日中支付,柜台式期权的期权费则在成交后的第二个营业日支付

9. 在交易所期权的交易过程中,下列关于期权清算所的功能叙述不正确的是(　　)

A. 作为期权买方和卖方的共同保证人

B. 设定最低资本保证金

C. 代替投资者进行询价

D. 监督交易双方履约

10. 下列关于期权多头方的盈亏情况叙述正确的是(　　)

A. 如果投资者持有的是看涨期权,且市场价格大于执行价格,则该投资

者一定有正的收益

B. 如果投资者持有的是看跌期权，且市场价格大于执行价格，则该投资者一定有正的收益

C. 如果投资者持有的是看涨期权，且市场价格小于执行价格，则该投资者一定处于亏损状态

D. 如果投资者持有的是看跌期权，且市场价格小于执行价格，则该投资者一定有正的收益

11.（多项选择题）某个持有大量分散化股票投资的养老基金预期股市长期看好，但在未来的三个月内将会下跌。根据这一预期基金管理者可以采取的策略包括：（　　）

A. 买入股指期货

B. 购买股指期货的看涨期权

C. 卖出股指期货

D. 购买股指期货的看跌期权

二、思考题

1. 期权购买者与期权出售者在权利和义务上有什么不同？

2. 看涨期权与看跌期权有什么不同？

3. 协定价格与期权费是否相同？若不同，它们之间是否存在某种联系？

4. 欧式期权与美式期权有何不同？

5. 场内期权与场外期权有何区别？

三、计算题

1. 某投资者出售了3份无保护看跌期权和2份有保护看涨期权。其中无保护期权每份合约能买进250股股票，每股期权费2元，协定价格35元，股票价格38元。有保护看涨期权每份可买入200股股票，协定价格42元，股票价格40元，每股期权费3元。则该投资者进行上述交易共需要交纳保证金多少元？

2. 某银行设计了一种理财产品，其承诺年收益率为2.6%。但由于有投资者担心其存在的风险，不敢购买该理财产品。A公司提出为银行的理财产品配套一份期权，以保证投资者的收益达到2.6%。投资者以投资额的0.3%作为期权费，缴纳给A公司。请作图表示随银行理财产品实际年收益率的变化，A公司和投资者的实际盈亏状况。

3. M公司是美国进口商，其从法国进口一批机器，总货款共计1 400万欧元，并约定3个月后付款。假设即期汇率为1欧元=1.31美元。但M公司担心3个月后外汇市场的波动会造成自身经济损失，决定购买期权合约进行套期保值。如果M公司预测3个月后欧元会升值，于是购买了一份欧元看涨期权，协定价格为1欧元=1.35美元，期权费为1%，则在3个月后欧元至少达到什么汇率水平时，M公司会行使期权？若高于或低于这一水平，M公司的策略是什么？这个汇率水平下是否达到了盈亏平衡点？

参考文献与网站链接

1. 罗伯特·A. 斯特朗. 衍生产品概论[M]. 王振山等译. 大连:东北财经大学出版社,2005.

2. Don M. Chance. 衍生金融工具与风险管理[M]. 郑磊译. 北京:中信出版社,2004.

3. Max G. Ansbacher. 新型期权市场[M]. 郑磊译. 北京:中信出版社,2002.

4. 芝加哥期权交易所期权学院. 期权——基本概念与交易策略[M]. 郭晓利,郑学勤译. 北京:中国财政经济出版社,2006.

5. 王勇等. 中国商业银行金融工具配置[M]. 武汉:武汉大学出版社,2002.

6. John F. Marshall. 金融工程词典[M]. 任旭川、李蕊等译. 北京:机械工业出版社,2003.

7. 雅虎财经频道 http://cn. finance. yahoo. com

8. 新浪网财经纵横 http://finance. sina. com. cn

9. 华尔街日报 www. wsj. com

10. 中国证监监督管理委员会网站 www. csrc. gov. cn

第八章　期权交易机制

★ 本章学习指导 ★

金融期权种类繁多，分类方法也多种多样。在具体地说明金融期权时，人们往往更多地以各种具体的标的物来对金融期权进行分类。本章主要以标的物的性质为标准，将金融期权大致分为外汇期权、利率期权、股票期权以及股价指数期权等几种，并依次介绍了它们各自的合约内容、交易惯例、交易规则和操作方法。通过本章学习，应该理解各种类型期权的交易合约内容，交易所的交易规定，掌握各种期权的操作方法，并能进行盈亏分析。

第一节　外汇期权交易

一、外汇期权交易概述

外汇期权（Foreign Exchange Options）交易是在约定的期限内，以某种外国货币或外汇期货合约为交易对象，以商定的价格和数量进行“购买权”或“出售权”的买卖交易。如果期权合约的标的物为某种外币本身，则称为现汇期权（Spot Exchang Currency Futures）；如果期权合约的标的物为某种外汇期货合约，则称为外汇期货期权（Options on Foreign Currency Futures）。

外汇期权的场外交易是从20世纪80年代开始出现的。1982年，费城交易所（PHLX）创立了国际货币市场（IMM），开始了正式的场内挂牌交易。当前在美国，比较有代表性的全球外汇交易市场除了PHLX外，还有芝加哥期权交易市场（CBOE）、美国股票交易所（AMEX）、芝加哥商品交易所分部——指数与期权交易所（IOM）等。

外汇期货期权与外汇现货期权不同，其标的物不是外币本身，而是外汇期货合约。一般地说，一份外汇期货期权的交易单位即为一张相关的外汇期货合约。在履约后，一张看涨期权的购买者（出售者）将成为一张外汇期货合约的购买者(出售者);一张看跌期权的购买者(出售者)将成为一张外汇期货合约的出售者(购买者)。

二、外汇期权合约

为使期权交易的买卖双方能在交易所内以公开竞价的方式进行交易,并有助于外汇期权二级市场的活跃,外汇期权有标准化的合约,除了期权费之外,其他的条件均是固定的。现将外汇期权合约的要点列示如下。

(一)外汇表示方式

为便于交易,所有的汇率均以美元表示,如1英镑等于多少美元,或1欧元等于多少美元。此外,费城交易所还曾开发出几种交叉汇率期权的新品种。

(二)协定价格

协定价格指合约中规定的交易双方未来行使期权买卖外汇的交割汇价。日元期权价格以万分之一美元表示,其他外汇期权以百分之一美元表示。例如,JPY ¥40 Call代表每1日元的看涨期权的协定价格为0.004 0美元;SF40 Put代表每1瑞士法郎的看跌期权的协定价格为0.40美元。

(三)交易数量的规定

交易数量固定,通常每一合约交易单位为12 500英镑,62 500瑞士法郎,6 250 000日元,50 000加拿大元等。

(四)到期月份固定

通常为每年的3月、6月、9月和12月。

(五)到期日

到期日指期权购买方有权履约的最后一天,通常定于到期月份第三周的最后一个交易日。

(六)保证金

期权出售方在购买方要求履约时,有以协定价格进行交割的义务,而为确保合同义务的履行,必须在订约时交纳保证金。卖方所缴纳的保证金通常通过清算所会员缴存于清算所的保证金账户内,随市价涨跌在必要时追加。

(七)期权费

期权费指在订约时由购买方支付给出售方的以取得履约选择权的费用。它的表示方法通常有两种:①按协定价格的百分比表示;②按协定价格换算的每单位某种货币的其他货币数量表示。例如,一笔协定价格为每英镑1.92美元的看涨期权,其期权费可以表示为4%或每英镑0.076 8美元。

(八)交割方式的规定

交割方式通常通过清算所会员进行。例如,全球最大的外汇期权市场——芝加哥证券交易所设有期权清算公司，以保证期权交易的顺利进行，使买卖双方均不必作对方的清算事宜，凡是购买看涨期权者，须在交割日将美元价款通过其清算所会员存入期权清算公司指定的银行账户，而出售看涨期权者须在交割日将外汇存入期权清算公司指定的银行账户。

在表8.1中，列举了费城证券交易所交易量较大的4种现汇期权的合约规格。这几种现汇期权在芝加哥期权交易所也同时上市，但在后者上市的各种合约的交易单位为前者的两倍，且在其他地方亦有不同的规定。

表8.1　费城交易所主要现汇期权的合约规格

币种	英镑	瑞士法郎	日元	加拿大元
交易单位(每份合同)	12 500 英镑	62 500 法郎	6 250 000 日元	50 000 加元
协议价格的标价单位	5	1	0.01	1
报价方式	每英镑为多少费用	每瑞士法郎为多少费用	每100日元为多少费用	每加拿大元为多少费用
期权费用最小单位	0.05	0.01	0.01	0.01
交易月份	3月、6月、9月、12月	3月、6月、9月、12月	3月、6月、9月、12月	3月、6月、9月、12月
协议期限	3个月、6个月、9个月、12个月	3个月、6个月、9个月、12个月	3个月、6个月、9个月、12个月	3个月、6个月、9个月、12个月
期权到期日	3月、6月、9月、12月中的第三个星期三之前的星期六	3月、6月、9月、12月中的第三个星期三之前的星期六	3月、6月、9月、12月中的第三个星期三之前的星期六	3月、6月、9月、12月中的第三个星期三之前的星期六
期满结算日	3月、6月、9月、12月中的第三个星期三	3月、6月、9月、12月中的第三个星期三	3月、6月、9月、12月中的第三个星期三	3月、6月、9月、12月中的第三个星期三
交易限额	25 000 个合同	25 000 个合同	25 000 个合同	25 000 个合同
交易时间	8:30～14:30	8:30～14:30	8:30～14:30	8:30～14:30
清算公司	代理行	代理行	代理行	代理行

续表

币种		英镑	瑞士法郎	日元	加拿大元
资金支付方法	买方	通过清算会员在代理行银行账户支付美元	通过清算会员在代理行银行账户支付美元	通过清算会员在代理行银行账户支付美元	通过清算会员在代理行银行账户支付美元
	卖方	通过在英国的代理行银行账户支付英镑	通过在瑞士的代理行银行账户支付瑞士法郎	通过在日本的代理行银行账户支付日元	通过在加拿大的代理行银行账户支付加拿大元

三、外汇期权的分类

根据外汇交易和外汇期权交易的特点，可以把外汇期权交易分为现汇期权交易、外汇期货期权交易和期货式外汇期权交易三种类型。

（一）现汇期权交易

现汇期权交易是指期权买方有权在期权到期日或以前以协定汇价（或敲定汇价）买进或卖出一定数量的外汇现货。

【例 8 –1】某日本进出口公司计划从国外进口一批机器，按协定，该进出口公司将在 3 个月后向出口商支付货款，货款总价为 500 万美元，但该进出口公司手中持有的是日元。

假设目前美元和日元的汇价行情是日元坚挺，美元疲软。该公司的财务人员对今后几个月的汇价行情进行了充分的研究之后，做出如下预测：1 个月后，由于美国采取一系列的措施改善贸易状况，美元将有升值的可能。基于这种分析，该进出口公司应该尽快在现货市场上购入美元，以免将来美元坚挺造成汇率损失，从而增加公司的进口成本。

但是，财务人员又进一步分析了汇率行情变化的特点，认为影响美元、日元汇率变化的因素很多，美国贸易收支改善固然是一个重要的因素，但是偶然性的投机买卖带来大量需求等不可预测的因素也将对汇率的行情产生突发性的影响，因此很难预测1 个月后某一时点上的汇率水平；若现在购入美元现货，单纯地储备美元，一旦日元进一步的升值，该公司不但丧失了盈利的机会，还会遭受汇率损失。最后，财务人员的决策是：以现汇期权购买美元。

（1）购买计划。购买 500 万美元的美元看涨期权，协定汇价为 1 美元: 82日元，每 1 美元的期权费为 1.5 日元，期权期限是 3 个月。

（2）交易及损益情况。进出口公司签订美元看涨期权协定后，由于美国贸易收支情况改善，美元有进一步升值的趋势，一个月后，汇率由 1 美元: 82 日元升至1 美元: 88 日元。进出口公司行使期权。在 1 美元: 88 日元的现实价格情况下，仍以 1 美元: 82 日元的汇价购买所需的美元资金。

其损益情况如下：

进出口公司的资金成本为：

$$500\text{万美元} \times (82\text{日元/美元} + 1.5\text{日元/美元}) = 4.175\text{亿日元}$$

比现实价格节余成本为：

$$500\text{万美元} \times [88\text{日元/美元} - (82 + 1.5)\text{日元/美元}] = 0.225\text{亿日元}$$

(二)外汇期货期权交易

外汇期货期权交易是指期权买方有权在期权到期日或以前以协定汇价（或敲定汇价）购入或售出一定数量的外汇期货，即买入看涨期权以使买方按协定价格取得外汇期货的多头地位；买入看跌期权以使卖方按协定价格取得外汇期货的空头地位。买方行使期货期权后的交割同外汇期货的交割，而与现汇期权不同的是期货期权的有效期均是美式的。

【例 8－2】某交易商买入一份瑞士法郎 9 月份期货的看涨期权（期货合约金额125 000瑞士法郎），协定价为＄1.06/SF。之后期货行市上涨到＄1.1/SF，期权买方见行市有利，就行使期权，按协定价＄1.06/SF 买入一份瑞士法郎 9 月份合约，从而获利：

$$\begin{aligned} R &= (\$1.1/SF - \$1.06/SF) \times 125\,000SF \\ &= \$0.04/SF \times 125\,000SF \\ &= 5\,000(\text{美元}) \end{aligned}$$

结算后，盈利贷记保证金账户，如超出原始保证金规定金额，则可随时提取超额部分。反之，当期权买方行使看涨期权取得多头地位时，期权卖方便处于空头地位，其亏损借记期货保证金账户。如保证金已低于维持水平，则须立即追加以补足到维持水平。同样，当看跌期权买方行使期权得到空头地位时，期权卖方便处于多头地位，在收存足够保证金的条件下，清算所作为合约各方的“对手方”提供信用保证，并作最终结算。

(三)期货式外汇期权交易

期货式期权（Futures－Style Option）是以外汇期权行市（指期权权利金或期权价格）作为标的物来从事期货交易，又称期权期货。由于外汇行市变化无常，尤其当汇率波动加剧时，外汇期权行市就有很大的不确定性。因此外汇期权也可用期货的形式进行交易，这便是期货式期权交易的由来。

期货式期权与一般的期货合约的相似点是：①交易双方盈亏取决于期权行市的变化方向；②合同双方都必须交纳保证金；③按每天期权收市价进行结算，即按每天收市的期权交易价对期权合约价的变动差额进行盈亏结算。

当期权交易商预测期权行市上涨时，就会买入看涨期权期货，如果日后期权行市果真上涨，则买入者获利，出售者亏本；反之，期权行市下跌，则买入者亏本，出售者盈利。当期权交易商预计期权行市下跌时，就会买入看跌期权期货，如果日后期权行市果然下跌，则多头方获利，空头方亏损。反之，期权行市上涨,则多头方亏本,空头方盈利。

【例8-3】某交易商支付86 000美元的期权费买进一份瑞士法郎看跌期权,当时的看跌期权的行市为SF100 = \$0.234,在有效期内可按协议价\$1.06/SF卖出SF25 000 000。若在期权失效以前,瑞士法郎下跌到协定价格以下,期权持有人就可获得有利的价格差;如果期权行市继续下跌到一定的程度,随着有利的价格差的扩大,期权行市也开始上涨,每100瑞士法郎的看跌期权市场价会上升到0.234美元以上,即出现有利的期权价差。这时期权持有人除可行使期权卖出瑞士法郎,再以反方向在市场买入瑞士法郎,以汇率差收益抵补期权成本获净利之外,还可以直接将期权出售,按已上涨的期权行市收取看跌期权价格差(这时的权利金收入将大于86 000美元),作为净收益。

从以上三种交易的基本性质可知,现汇期权和期货期权的持有人在买入期权时必须支付无追索的期权费,而期货式期权的购买者只需支付保证金,不必支付期权费。保证金可以撤回,也可以追加不足部分,或提取超额部分,但交存保证金与期权的权利金有直接的关系。另外,现汇期权和期货期权在实际行使或转让时,才有现金交割,而期货式期权每日按收市清算价进行盈亏结算,对保证金账户产生影响。

第二节 利率期权交易

一、利率期权交易概述

利率期权交易是指以各种利率相关产品(指各种债务凭证)或利率期货合约作为标的物的期权交易方式。

利率期权是20世纪80年代以来交易最活跃的期权交易方式之一。1982年3月,澳大利亚的悉尼期货交易所率先将期权交易运用于银行票据利率风险的防范,随后利率期权交易被世界上许多国家的交易所广泛地采用,其中以美国的利率期权交易发展最为迅速,美国芝加哥交易所于同年10月推出长期债券利率期权,美国股票交易所也于同年10月开始了中短期债券利率期权交易。由此世界大多数国家的利率期权交易与其他金融期权交易一样进入了最活跃的交易时期。表8-2介绍了美国主要的场内利率期权。

利率期权的交易品种非常多。从大类上来看,在利率期权中,既有场内期权,也有场外期权;既有现货期权,也有期货期权;既有短期利率期权,也有长期利率期权。从80年代后期以来,随着欧洲和亚太许多国家纷纷建立金融期权市场,开展金融期权交易以来,利率期权的交易品种更是层出不穷。

短期利率期权的主要上市金融工具为欧洲美元。就市场规模和流动性而言，欧洲美元是最有代表性的交易商品。这是由于欧洲美元短期利率期权交易有以下背景因素：欧洲美元零售现货市场基础深厚；欧洲美元期货交易活跃以及"表外"零售交易发展迅速等。长期利率期权主要上市品种有美国中长期国库券以及英国、加拿大等国的国债期权。

表 8.2　美国主要的场内利率期权

种类	标的物	交易所	交易单位	最小变动价位
现货期权	欧洲美元	PBOT	面值 1 000 000 美元	0.01 点(25 美元)
	美国 90 天期国库券	AMEX	面值 1 000 000 美元	0.01 点(25 美元)
	美国 30 年期长期债券	CBOE	面值 100 000 美元	1/32 点(31.25 美元)
	美国 10 年期中期债券	AMEX	面值 100 000 美元	1/32 点(31.25 美元)
	美国 5 年期中期债券	CBOE	面值 100 000 美元	1/32 点(31.25 美元)
期货期权	欧洲美元定期存款期货合约	IOM	1 000 000 美元	0.01 点(25 美元)
	美国国库券期货合约	IOM	1 000 000 美元	0.01 点(25 美元)
	美国长期国债期货合约	CBOT	100 000 美元	1/64 点(15.625 美元)
	美国中期国债期货合约	CBOT	100 000 美元	1/64 点(15.625 美元)

二、利率期权合约

利率期权交易中，期权合约对诸如合约单位、协定价格、合约月份、最小变动价位和最大价格波动限制等都有一定的规定(参见表 8.3)。

表 8.3　IOM 3 个月期欧洲美元期货期权合约规格

交易单位	一张欧洲美元定期存款期货合约(如为看涨期权，可买进；如为看跌期权，可卖出)
最小变动价位	一个基本点或 0.01IMM 指数点(每合约 25 美元)，如为对冲交易双方的部位而做限制，则最小变动价位为0.005IMM指数点(每合约12.50 美元)
协定价格	以履约时可交割的欧洲美元定期存款期货合约的 IMM 指数做出规定，间隔为 0.25
每日价格波动限制	无
合约月份	3 月、6 月、9 月、12 月
交易时间	上午 7:20 至下午 2:00(芝加哥时间)，到期合约在最后交易日则于上午 9:30 收盘。在某些节假日或节假日之前，市场将提前收盘
最后交易日	与标的期货合约相同
履约日	期权交易期内的任一营业日

(1)期权交易合约单位一定。如每份欧洲美元存款利率期权合约的金额为100万美元,每份美国中长期国库券期权合约则为10万美元等。

(2)协定价格以点的整数倍标出。如美国芝加哥期货交易所长期国库券期权的协定价格是按2点(2 000美元)的整数倍计算,如果期货合约价格为66点,其期权协定价格可能是60,62,64,66,68,70,72等。

(3)最小变动价位和最大价格波动限制。最大和最小价格变动也均以点报出,如美国的抵押证券期权的最小变动价位为1/64点(15.63美元),最大价格波动限制为3点(3 000美元)。

(4)合约月份或交割月份也为每年的3月、6月、9月、12月。

三、利率现货期权交易

(一)利率现货期权的定义

利率现货期权简称为利率期权,是指在约定的期限内,以利率为交易对象,以商定的价格和数量进行“购买权”或“出售权”的买卖交易。

(二)利率期权的交易结构

期权买方向期权卖方支付期权费用后,在约定的期限内,当市场利率变化有利于自身利益时,可以不行使期权;当市场利率变化不利于自身利益时,期权买方有权按协议价格行使期权,以确保预期收益,由利率行情变化而产生的风险和损失,则由期权卖方承担。从这种交易结构看,利率期权交易是依据期权费与利率变化概率之间的关系而构成的交易形态。对于期权买方来说,所付出的是期权费,所得到的是利率风险的套期保值;对于期权卖方来说,所付出的是承担利率风险,所得到的是期权费。

【例8-4】某企业拟在3个月后筹集一笔美元资金,目前利率水平为4.5%,预测3个月后美元的利率水平将上升,因此该公司决定购买利率期权,以确定自己的筹资成本,避免利率风险。经协商,该公司从期权市场上以5%的协议价和0.1%的期权费,购入3个月后的利率期权。3个月后,美元贷款利率可能出现两种情况:①等于或低于协议价格;②高于协议价格。当市场利率没有多大变化时,即等于或低于协议价格时,该公司可放弃期权,以市价筹集所需的美元资金,放弃权的损失仅是已支付的期权费。当市场价格如预测上升至协议价格以上(如10%)时,该公司则行使期权。交易程序是:该公司以10%的利率筹集到美元资金;通过行使期权,由期权卖方承担协议价格以上部分(10%~5%)的利息支出。

四、利率期货期权

(一)利率期货期权的定义

利率期货期权是以利率期货为交易对象的期权交易。

（二）期货期权交易的特点

1. 期权买入方一旦执行该利率期货期权，便与该期权卖出方构成利率期货买卖合约，由期权交易改为期货交易。

2. 在资金效益方面，利率期货期权比利率现货期权更具有优势。由于在期货期权交易中采用了预付保证金方式签订合同，在期权交割时，买卖双方以轧差的方式清算，因此交易双方可以用少量的资金签订数额较大的期货期权交易合约，以提高资金效益。

3. 在市场上，利率期货期权交易商品已经标准化、统一化，具有较高的流动性，便于交易。

4. 该种交易通常是在交易所进行，从交易程序上看，交易对方就是交易所的清算机构，因此交易中的信用风险比较小。

（三）期货期权交易的缺点

1. 根据利率期货期权交易的特点，交易双方可用少量的资金签订较大的交易合同，如果某些原因致使交易的收益率向不良的方向转化，则有可能蒙受较大的损失，这一点也可以说是所有的期货期权交易的共同特点。但这里也产生了机遇，给投资者或投机者创造了条件。

2. 由于该种交易在交易所中进行，上市的商品品种有限，因此有关协议的交易价格和交易期限等交易条件不能自由商定。

（四）期权交易的协议价格表示

利率现货期权的协议价格是以利率本身表示，如 9.25% 等；但利率期货期权的协议价格使用 100 减去现货利率水平表示，如 90.75 = 100 − 9.25。

【例 8 −5】9 月份，某交易商欲于 12 月份借入 100 万美元，虽然 9 月份的短期利率水平为 8%，但该交易商预测未来 3 个月的利率水平将上涨至 9% 左右。为了在利率上升时能锁定融资成本，同时又在利率下降时能够获得利益，该交易商购入一份利率期货看跌期权合约，协议价格为 92.00，期权费为 0.10，即 10 点（每点 25 美元）。3 个月后，利率上涨至 9%，该交易商行使期权，以 92.00 的协议价格卖出一份 12 月份到期的利率期货合约，同时以 91.00 的市场价格买入一份 12 月份到期的利率期货合约。这样，尽管利率上涨至 9%，但通过上述期权交易操作，实际筹资成本仅为 8.1%，计算如下：

（1）期权费用：$1 \times 10 \times 25 = 250$（美元）

（2）3 个月期借款融资成本：$1\ 000\ 000 \times 9\% \times 90/360 = 22\ 500$（美元）

（3）利率期货买卖收益：$(92.00 - 91.00) \times 100 \times 1 \times 25 = 2\ 500$（美元）

（4）借款实际成本：$250 + 22\ 500 - 2\ 500 = 20\ 250$（美元）

（5）将此成本换算成年利率：$20\ 250/1\ 000\ 000 \times 360/90 \times 100\% = 8.1\%$

通过行使期权，该交易达到了避险的目的，而且又固定了融资成本。相反,3 个月后,利率没有上升,期货市场价格上升至 93.00,此时可以放弃执行该项期权,而以较低的利率筹集资金,这可以享受到利率下降幅度减去期权费用的那部分收益。计算如下:

(1)期权费:1 ×25 ×10 =250(美元)

(2)3 个月期借款融资成本:1 000 000 ×7% ×90/360 =17 500(美元)

(3)借款实际成本:17 500 +250 =17 750(美元)

(4)将此成本换算成年利率:17 750/1 000 000 ×360/90 ×100% =7.1%

这样,该交易商显然从利率下降中节省了更多的成本。

五、几种重要的利率期权交易方式

(一)封顶式利率期权交易

1. 封顶式利率期权交易的定义。封顶式利率期权交易,简称封顶交易,是在期权交易期限内的各利率调整日,当基准利率超过上限利率时,由期权卖方向期权买方支付期权利息差额的一种利率期权交易方式。从形式上看,封顶交易与利率互换交易类似,也是一种浮动利率与固定利率相交换的交易,即基准利率与上限利率相交换。但这两种业务的区别在于:利率互换交易是买卖双方在每一个利息支付日将浮动利率与固定利率相交换,而封顶交易则是当基准利率超过上限利率时才以补差额的方式进行利率互换。

2. 封顶式利率期权合约的主要业务条款。封顶交易是买卖双方的自由交易,交易合约中的各有关条款均由合约的当事人协商确定。合约的主要业务条款包括以下几个方面:

(1)合约期限,通常为 2 ~5 年。

(2)利率调整日,是指更换基准利率的期限,也是将基准利率与上限利率相比较,由此确定利息差额的日期,一般是每 3 个月、6 个月或 1 年调整一次。

(3)基准利率,是实际执行的(浮动)利率,也是与上限利率相比较的利率。在实际交易中,通常将 LIBOR 确定为基准利率。

(4)上限利率,是由买卖双方根据利率行情,对利率发展趋势的预测和交易期限等因素商定的利率水平,该利率确定后,买卖双方均将其视为固定利率,在合约执行中的各利率调整日,当基准利率超过该利率水平时,双方发生利息差额收付业务,由封顶利率期权交易卖方向买方支付利息差额。

(5)费用,是由封顶期权交易买方向卖方支付期权费,作为卖方承担利率封顶风险的补偿。该费用可根据期权费用理论算出。一般情况下,合约期限越长,上限利率越低,则期权费越高。期权费的支付方法是签约时一次预付或分期支付。

(6)利息差额,在每一个利率调整日计算利息差额。当基准利率>上限利率时,有利息差额,由卖方向买方支付;当基准利率≤上限利率时,没有利息差额,也没有收付业务。

利息差额的计算方法是:利息差额=合约金额×(基准利率-上限利率)×到下次利率调整日止的天数/360(或365,依币种和市场的不同而有别),利息差额的实际收付业务在下一个利率调整日进行。

3.封顶式利率期权交易的要点。

(1)当利率行情上升时,资金需求方拟对利率上升风险进行套期保值,但同时又希望在利率下降时能够获得降低成本的效益,在这种情况下,封顶交易是最理想的金融产品。

(2)封顶交易的上限利率和费用水平是对应变化的。一般情况下,上限利率设定得越低,则费用就越高。因此在商定上限利率时,必须将费用成本与将来利率变化趋势进行通盘考虑。

(3)在贷款交易中附加封顶交易,应该注意封顶交易条件必须与贷款条件相符合,以免在执行协议时发生冲突,如金额、期限、利率调整日和基准利率等。

【例8-6】大华公司拟以浮动利率方式借入一笔资金,为避免将来利率上升造成借款成本增加,决定同时购买一笔封顶交易,形成附带封顶交易条款的贷款方式。

大华公司的主要借款条件:

金额:10 000 000 美元　　期限:3 年　　利率:6 个月期 LIBOR +0.5%

大华公司购入的封顶交易条件:

金额:10 000 000 美元　　期限:3 年　　基准利率:6 个月期 LIBOR

上限利率:10.0%　　费用:0.5%,每年分两次支付

三年内的6个月期的 LIBOR 水平(%):8.0,9.0,10.0,11.0,12.0,13.0

大华公司借款的实际成本参见表8.4。

表8.4　大华公司借款的实际成本(%)

6个月期 LIBOR	浮动利率融资成本(6个月期 LIBOR +0.5%)	封顶交易		实际融资成本
		支付费用	收取利息差额	
8.0	8.5	0.5	0	9.0
9.0	9.5	0.5	0	10.0
10.0	10.5	0.5	0	11.0
11.0	11.5	0.5	1.0	11.0
12.0	12.5	0.5	2.0	11.0
13.0	13.5	0.5	3.0	11.0

大华公司封顶交易融资成本曲线如图 8.1 所示。

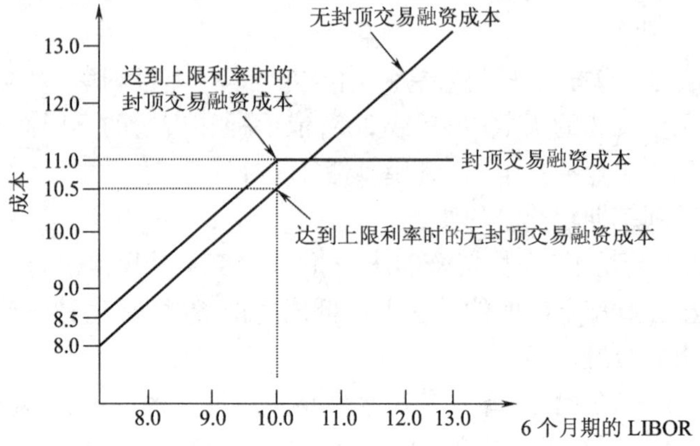

图 8.1　封顶交易融资成本曲线

交易的结果是：当基准利率(6 个月期 LIBOR)超过上限利率(10%)时，大华公司可以收到利息差额，即使利率上升到 13%，大华公司也能将利率固定在 11% 的水平上。

(二)保底式利率期权交易

1. 保底式利率期权交易的定义。保底式利率期权交易，简称保底交易，是在期权交易期限内的各利率调整日，当基准利率低于下限利率时，由期权卖方向期权买方支付利息差额的利率期权交易方式。

封顶交易和保底交易的区别在于：封顶交易设定的是利率上限，保底交易设定的是利率下限。

下限利率是由买卖双方根据利率行情，对利率发展趋势的预测和交易期限等因素商定的利率水平，该利率水平确定后，买卖双方均将其视为固定利率。在合约执行中各利率调整日，当基准利率低于该利率水平时，双方发生利息差额收付业务，由保底交易卖方向买方支付利息差额。

当基准利率 < 下限利率时，利息差额 = 合约金额 ×(下限利率 - 基准利率)× 到下次利率调整日止的天数/360(或 365)

2. 保底交易的注意事项。

(1)保底交易的适用范围：市场利率水平呈下降趋势，资金运用方拟对该种利率风险进行套期保值，同时也想在利率上升时获得额外收益。

(2)保底交易是在资金运用中能够确定最低收益率的金融产品，依据利率走势来运用资金时，酌情附上保底交易方式，往往能够获得更好的结果。

(3)结合保底交易运用资金时，应注意保底交易的各项条件(如本金、期限、利率调整日和基准利率等)要与资金运用条件相一致。

【例8-7】大华公司拟以浮动利率存款方式运用自己的一笔资金,为避免将来利率下降造成收益减少,决定同时购买一笔保底交易,形成附带保底交易条款的存款方式。

大华公司的主要存款条件:

金额:10 000 000 美元　　期限:3 年　　利率:6 个月期 LIBOR -0.5%

大华公司购入的保底交易条件:

金额:10 000 000 美元　　期限:3 年　　基准利率:6 个月期 LIBOR

下限利率:8.0%　　费用:0.3%,每年分两次支付

三年内的 6 个月期的 LIBOR 水平(%):6.0,7.0,8.0,9.0,10.0,11.0

大华公司资金运用的实际收益参见表 8.5。

表 8.5　大华公司资金运用的实际收益(%)

6 个月期 LIBOR	浮动利率筹资收益(6 个月期 LIBOR -0.5%)	保底交易		实际资金收益
		支付费用	收取利息差额	
6.0	5.5	0.3	2.0	7.2
7.0	6.5	0.3	1.0	7.2
8.0	7.5	0.3	0	7.2
9.0	8.5	0.3	0	8.2
10.0	9.5	0.3	0	9.2
11.0	10.5	0.3	0	10.2

大华公司保底交易资金运用收益如图 8.2 所示。

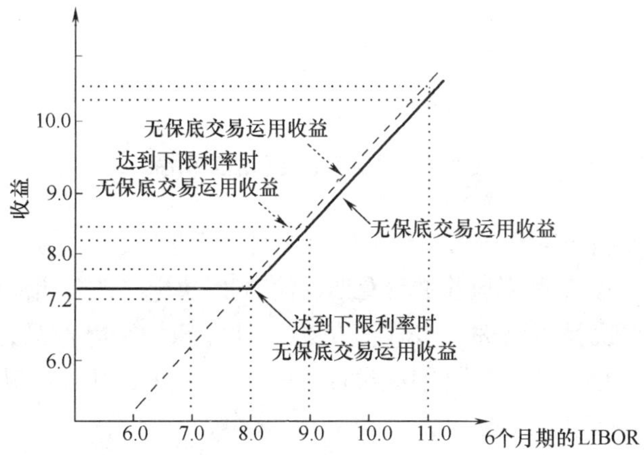

图 8.2　保底交易资金运用收益

交易结果是：当基准利率（6 个月期 LIBOR）低于下限利率（10%）时，大华公司可以收到利息差额，即使利率下降到 6%，大华公司也能将利率固定在 7.2% 的水平上。

（三）封顶保底式利率期权交易

1. 封顶保底式利率期权的定义。封顶保底式利率期权交易，简称封顶保底交易，是将金额、期限、利率调整日和基准利率等期权交易条件相同的购买封底交易与出售保底交易相组合的利率期权交易方式。封顶保底交易是指买方购买封顶交易的同时出售保底交易。其中所购买的封顶交易与单纯的封顶交易一样，目的是在融资中避免浮动利率上升的风险。而组合后的交易作用又与单纯的封顶交易不同，它同时可以用出售保底交易中所获得的期权收益冲抵一部分购买封顶交易的费用，以降低实际融资成本。当市场存贷款利率普遍下降时，封顶保底交易买方的融资成本会随之下降。但是，由于该买方又必须同时向保底交易买方支付因存款（或其他资金运用形式）利率下降而产生的利息差额，所以无法利用因贷款利率下降所造成的降低融资成本的机会，这是封顶保底交易的缺点。封顶保底交易的结构图见图 8.3。

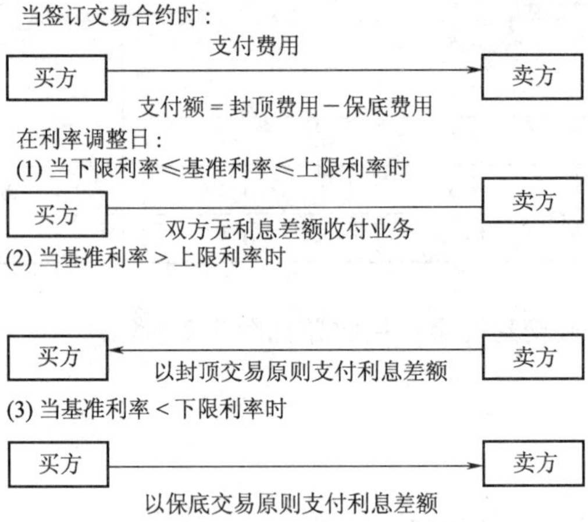

图 8.3　封顶保底交易的结构图

2. 封顶保底交易的要点。封顶保底交易的适用范围：借款人预测利率呈上升趋势时，决定对利率风险进行套期保值，同时决定降低套期保值成本。

封顶保底交易可以进一步地演化出一种特殊的金融产品，即通过调整交易金额，使封顶保底交易费用相同，造成无需支付费用的新型封顶保底交易，即零成本封顶保底交易。

【例 8－8】A 公司决定以浮动利率的方式筹集资金，为避免利率上升的风险，同时尽可能地固定套期保值所需的成本而进行封顶保底交易。

A 公司的主要借款条件:

金额:10 000 000 美元　期限:3.5 年　利率:6 个月期 LIBOR +0.5%

A 公司购入的封顶保底交易条件:

金额:10 000 000 美元　期限:3.5 年　基准利率:6 个月期 LIBOR

上限利率:10.0%　下限利率: 8.0%　费用:0.2%,分期支付

3.5 年内的 6 个月期的 LIBOR 水平(%):6.0,7.0,8.0,9.0,10.0,11.0,12.0

A 公司的实际融资成本如表 8.6 所示。

表 8.6　A 公司的实际筹资成本(%)

6 个月期 LIBOR	浮动利率融资成本(6 个月期 LIBOR +0.5%)	封顶保底交易		实际融资成本
		支付费用	收付利息差额	
6.0	6.5	0.2	2.0	8.7
7.0	7.5	0.2	1.0	8.7
8.0	8.5	0.2	0	8.7
9.0	9.5	0.2	0	9.7
10.0	10.5	0.2	0	10.7
11.0	11.5	0.2	-1.0	10.7
12.0	12.5	0.2	-2.0	10.7

交易的结果是:当基准利率低于下限利率 8.0% 时,该公司的借款成本随之降低,但同时要向保底交易买方支付相应的利息差额,因此融资成本被固定在 8.7% 的水平上;当基准利率高于上限利率 10.0% 时,该公司的借款成本随之升高,但同时又能从封顶交易卖方收取相应的利息差额,因此融资成本被固定在 10.7% 的水平上。

通过上述分析可以得出 A 公司的实际融资成本如图 8.4 所示。

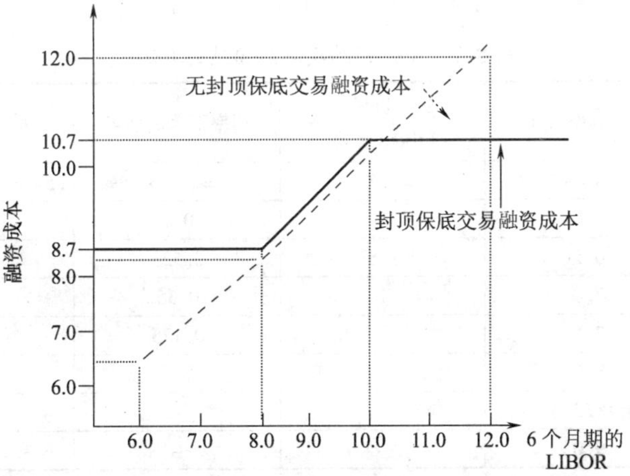

图 8.4　A 公司的实际融资成本图

3. 零成本封顶保底式利率期权交易。

(1)零成本封顶保底式利率期权交易是封顶保底交易的一种特殊形式，是将购买封顶交易与出售保底交易结合起来，使交易成本相互抵消为零，同时避免利率上升风险的利率期权交易。

(2)零成本封顶保底式期权交易的特点。①成本为零。在收益率曲线呈下跌状态时，保底交易的期权费率要高于封顶期权交易的期权费率。针对这一特点调整交易额，购买与贷款本金同额的封顶交易，出售占贷款总额一定比例的保底交易，使买卖两项交易的期权费相等，对冲后为零。②封顶保底交易是通过调整上下限利率水平来减少期权费支出的；而零成本封顶保底交易则是通过调整期权交易金额使期权费抵消为零的，由于买卖的金额不同，成本又为零，因此当利率上升时，能够完全实现套期保值的目的，当利率下降时，也会在一定程度上享受到好处。

【例8－9】A公司在一项借款业务中应用了零成本封顶保底交易。具体条件如下：

A公司的主要借款条件：

金额:10亿日元　期限:3.5年(到期一次偿还)　利率:6个月期LIBOR + 0.5%

A公司购入的封顶交易条件：

金额:10亿日元　期限:3.5年(到期一次偿还)　协定价格:7.5%　期权费:1.3%(1 300万日元)

A公司购入的保底交易条件：

金额:6.5亿日元(占封顶部分的65%)　期限:3.5年(到期一次偿还)　协定价格:7.5%　期权费:2%(1 300万日元)

3.5年内的6个月期的LIBOR水平(%):5.5,6.0,6.5,7.0,7.5,8.0,8.5

A公司的实际融资成本如表8.7和图8.5所示。

表8.7　A公司的实际融资成本(%)

6个月期LIBOR	浮动利率成本	协定价格与LIBOR差额	利率下降时收益	最终融资成本
(1)	(2)=(1)+0.5%	(3)=7.5－(1)	(4)=(3)×35%	(5)=7.5+0.5－(4)
5.5	6.0	2	0.7	7.3
6.0	6.5	1.5	0.525	7.475
6.5	7.0	1	0.35	7.65
7.0	7.5	0.5	0.175	7.825
7.5	8.0	－	－	8.0
8.0	8.5	－	－	8.0
8.5	9.0	－	－	8.0

注:利率下降时收益份额比例(100－6.5)亿日元/10亿日元×100＝35%

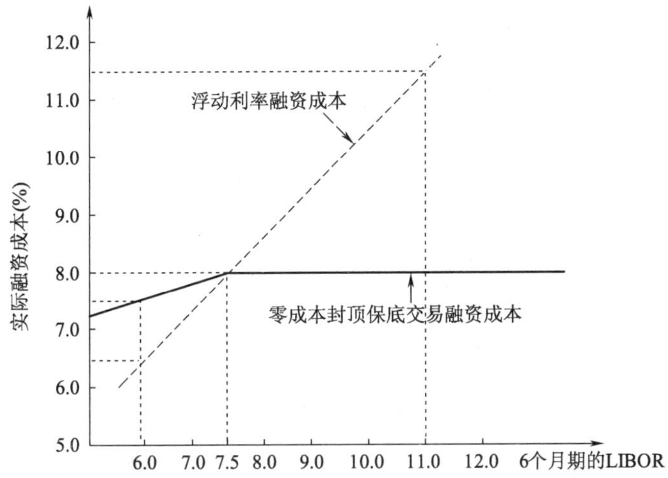

图 8.5　零成本封顶保底交易融资成本

【**例 8－10**】沿用例 7－10 的背景。假设你是国内某商业银行业务部的一位客户经理。你所在的银行有一位客户是某开发区的一家进出口企业。称这个客户为 H 公司。该公司的收入主要以美元为主，而多以欧元支付。10 月初，该公司购入一批货物，价值 391 000 欧元。双方约定 12 月份付清货款。假设即期汇率为1 欧元＝1.274 5 美元，则成本为 498 329.5 美元。如果 H 公司不采取任何风险防范措施，假设 12 月份付款时欧洲汇率升值到 1 欧元＝1.300 0 美元，则成本变为 508 300 美元，该公司会有9 970.5美元的损失。因此，H 公司考虑到这种汇率变动可能给企业带来的不利影响，可以利用外汇期权交易进行套期保值。在例 7－10 中，我们分别运用远期、期货和期权这三种金融衍生工具提出了进行套期保值的方案。但是在达到套期保值目的的同时，三种衍生工具的保值方案又都存在不尽如人意的地方。远期和期货合约虽然实现了保值目的，却使公司损失了汇率水平向有利方向变动带来的收益可能。单一购买一种外汇期权需要交纳一定的期权费，这会给企业带来经济负担。因此，H 公司提出在尽量减少成本的情况下，达到锁定汇率风险的目的。

首先，在购入货物时，H 公司以执行价格 P_1 买入一份欧元的看涨期权，期权费支出为 X_1。同时再以执行价格 P_2 卖出一份欧元看跌期权，获得期权费收入 X_2。且其中 $P_1 > P_2$。不妨假设 P_1 为 1 欧元＝1.275 0 美元，P_2 为 1 欧元＝1.274 0 美元。如果到期日的即期汇率为 1 欧元＝1.275 5 美元，大于 P_1时，则 H 公司一定会执行欧元看涨期权，同时，欧元看跌期权的买方不会行权。在这种情况下，H 公司实际上是在以 P_1的价格筹得欧元。

如果到期日的即期汇率为 1 欧元＝1.273 5 美元，小于 P_2时，则欧元看跌期权的买方会行使期权，同时，H 公司不会行使欧元看涨期权。在这种情况下，H 公司实际上是以 P_2 的价格筹得欧元。

如果到期日的即期汇率在 P_1 和 P_2 之间，则 H 公司不会行使欧元看涨期权，欧元看跌期权的买方也不会行权，H 公司以到期日的即期汇率筹得欧元（见表 8.8）。

表 8.8 期权组合的效果分析

到期日汇率水平	1 欧元 = 1.273 5 美元	1 欧元 = 1.274 5 美元	1 欧元 = 1.275 5 美元
期权执行情况	看涨期权不执行，看跌期权执行	两份期权都不执行	看涨期权执行，看跌期权不执行
H 公司实际执行汇率	1 欧元 = 1.274 0 美元	1 欧元 = 1.274 5 美元	1 欧元 = 1.275 0 美元

通过以上分析可知，通过期权组合，H 公司的融资成本已经被固定在 P_1 和 P_2 之间。而且买入一个期权的同时卖出一个期权，总的期权费用支出为两个期权费用的差 $X_1 - X_2$。由此我们可以说，期权费的支出被大大减小了。而且，只要是两份期权的费用相同，就能实现零成本锁定汇率的目的。

第三节 股票期权交易

一、股票期权合约

（一）合约期限

一般的股票期权合约规定，一份股票期权合约的基础资产为 100 股股票，即期权的持有者如购买了一份期权合约，则有权以协定价格买进或卖出该种股票 100 股，最初的标准化期权合约规定的到期月份为三个固定的周期：①1 月、4 月、7 月、10 月；②2 月、5 月、8 月、11 月；③3 月、6 月、9 月、12 月。如 1 月发行的期权，到期月份只能是 4 月、7 月、10 月；7 月发行的期权，到期月份只能是 10 月和次年 1 月和 4 月。期权最长期限为 9 个月。

随着期权的发展，期权的交易周期也发生很大的变化，许多新的更短交易周期的期权开始出现。例如，期货期权还有一种方法确定上市时间，即短期期权（Serial Option 或 Monthly Option）。短期期权主要是为了填补期限交割月份的空隙。此外，由于交易所开始注意长期交易市场，并推出了相应的长期交易合约，即 LEAPS（Long - term Equity Anticipation Securities），原本只能求助于场外交易的长期套期保值交易者也有了一个新的选择。LEAPS 与普通期权合约的最大不同在于存续期限，其通常会在 2 年或 3 年内到期，一般很少超过 36 个月，并且 LEAPS 只在 1 月份到期。早期的 LEAPS 只从事股票期权交易，现在已经拓展到石油等其他期权交易中。

（二）协定价格

标准化的期权合约还规定了标准的履约价格，期权的协定价格由交易所规定。根据其基础资产即股票的交易价格，美国股票期权的协定价格以2.5美元、5美元和10美元的价位递增和递减。

当股票价格低于25美元时，以2.5美元为协定价格的递增或递减单位；当股票价格在25至200美元时，以5美元为协定价格的递增或递减单位；当股票价格高于200美元时，以10美元为协定价格的递增或递减单位。

例如，在设计花旗银行股票期权时，该股票价格为12美元，于是期权的协定价格可以是10美元、12.5美元、15美元和17.5美元等；IBM公司股票价格为99.5美元，于是期权的协定价格可以是90美元、95美元、100美元和105美元等。可见，股价较高的股票，协定价格较高，反之则较低。

当一个新合约上市时，交易所通常选择距离当前股票价格最近的两个协定价格，如果当前股票价格十分靠近其中的一个协定价格，则交易所还会加上第三个最接近当前价格的协定价格。随着时间的推移，如果股票价格的变化超出了当前协定价格圈定的范围，则交易所会推出新的协定价格的期权合约。

下面用一个例子来对这一原则进行说明。某种价格为60.5美元的股票推出期权合约，初上市的协定价格有55美元、60美元、65美元的三种期权，以后，若协定价格突破65美元，则协定价格为70美元的合约将上市，反之，若协定价格跌破55美元，则协定价格为50美元的合约将上市。

从治理结构的角度讲，股票期权备受推崇，在于它将员工当期的努力与公司未来的前景及个人的收益紧密地结合在一起，员工需努力工作以获得期权溢价收益。在美国，股票期权从20世纪50年代开始出现，80年代得以广泛推广，80年代后期出现了授予经理人巨额期权和全体员工参与的新趋势。然而，随着新经济的理性回归，特别是安然、世通等公司丑闻的出现，促使人们对美式公司治理进行反思，进而在近年出现了以微软公司、花旗银行为代表的，取消期权激励，取而代之以发放限制性股票的新动向。

二、分红与拆股

公司分红主要有两种方法，现金分红和股票分红。

首先，讨论一下公司以现金支付正常的或特别的股利可能出现的情况。场外交易的期权协定价格是对分红进行调整的，早期的场外交易期权是受红利保护的，如果公司派发一项现金红利，则在除权日后，公司股票期权的协定价格应减去红利金额，而交易所上市的期权却不做这种调整。由于支付股利通常会导致股票价格相应的下降，这似乎对买入期权的多方是不公平的。但是,管理上的便捷和期权合约标准化的需求可以防止这种不公平的发生。同时,在实际操作中,股票除权日之前的期权合约的权利金通常比平时要低廉,这也可以缓解不公平带来的负面影响。此外,对于股票红利,期权的执行价格一般是会被调整的。

下面通过一个例子对此加以说明。假设某投资者持有 A 公司股份 100 股,每股股价为 5 元,则可知该投资者股份价值总额为 500 元。A 公司宣布以股票价值的 10% 发放股票股利,则该投资者将持有 110 股。而股份价值总额可能不会上扬,这就使得其 500 元的股份价值将由 110 股来分摊,每股股价变为 4.55 元。这种情况将直接导致执行价格为每股 5 元的买入期权多头方遭受严重损失,其期权合约将骤然损失几乎全部价值。这时,就需要相对地对执行价格进行调整,以避免股票股利给买入期权多头方带来负面影响。

所谓拆股,是将现有的股票拆成更多的股票。例如,1 拆 3 就是现有的一股股票拆股后变成 3 股,或者说,用 3 股新股股票代替 1 股老股票。由于拆股并不改变股份公司的资产和盈利能力,因此股东的财产并没有任何变化。当其他因素不变时,3 股新股票的价值应等于 1 股老股票的价值。一般地说,m 拆 n 的拆股应使新股价格降到原来的 m/n,相应的,期权合约中的协定价格也降至原协定价格的 m/n,同时,一份合约可以买卖的股票数量上升至原来的 n/m。如果在此基础上股票价格在拆股后的确如此变动,那么期权合约的多头和空头都未受任何影响。

所谓并股,是相对拆股的一个相反的过程,某些公司的股票价格过低,可能面临退市或淡出投资者视线,因此公司会将股票合并从而提高每股的相对价格。

【例 8-11】某投资者购买了 A 公司的股票看涨期权合约一份,协定价格为每股 40 美元,该公司新近宣布进行 1 拆 2 的拆股,那么期权的协定价格自动降至每股 20 美元,同时,一份合约给予投资者购买 200 股的权利。

三、几种常见的股票期权交易机制

(一)出售避险式买入期权

出售避险式买入期权(Call Option)是一种被广泛应用的期权交易方式。在交易中,投资者持有标的股票,并出售该股票的买入期权。在第七章中介绍了期权交易双方的权利义务的不对等性,期权多头方只拥有权利不承担义务,而期权空头方恰恰相反。这似乎表明期权空头方应该是风险的偏好者,以承担风险为代价获得期权费。但是单纯这样理解是不全面的。出售避险式买入期权的投资者不但不是风险偏好者,这种交易模式还应该被认为是一种保守性的交易方式。

例如,投资者拥有某公司的股票 1 000 股,每股价格为 5 元。该投资者出售了一份该股票的买入期权,获得期权费 500 元,执行价格为 5 元,期限为 3 个月。这样,该投资者有 500 元期权费的固定收入,如果 3 个月后股票价格上涨,期权将被执行,则该投资者 3 个月的投资收益为 10%。而如果股票价格下跌,则期权不会被执行,该投资者可以用期权费收入来抵消一定的股票价值损失。在这次交易中,避险式买入期权的空头方实际上是以牺牲股票市场收益为代价,换取期权费的固定收益。因此,可以将它看作是一种保守性的股票期权交易方式,这也体现了期权的避险保值功能。

(二)出售无担保的买入期权

与第一种方法相比,出售无担保的买入期权无疑是一种有较强投机性的交易机制。因为在获得期权费收益,成为买入期权空头方的时候,投资者并没有持有相应的标的股票。这就导致如果股票价格上涨,期权被执行,期权空头方就不得不以高价购买股票而以低价卖出,遭受损失。因此,在成为无担保买入期权的空头方后,投资者绝对不能高枕无忧,而要时刻关注标的股票的价格变化,确定止损点。

例如,投资者以执行价格 5 元卖出买入期权,则可以确定如果股票价格上升到每股 7 元就买入股票,成为股票市场的多头方,将无担保买入期权转化为避险式买入期权,减小股价进一步上涨可能带来的损失。或者还可以在股价上涨到每股 7 元时买进买入期权,在期权市场进行对冲,减少进一步损失的可能性。

(三)买进卖出期权

买进卖出期权(Put Option)也可以根据是否持有标的股票分成两类。如果投资者在买进卖出期权的同时不持有标的股票,那么该投资者是具有较强投机性的。投资者预计股票价格将会下跌,买进卖出期权,在到期日以较低价格买进股票,而以较高的协定价格卖给期权的空头方。但如果股票价格不降反升,则该投资者将损失全部的期权费。而如果在买进卖出期权的同时持有标的股票,则投资者的交易目的更多在于保护股票。

通过分析可以发现,股票多头与看跌期权多头与看涨期权多头具有类似效果。而直接买入看涨期权还有一个好处,就是可以解放投资于股票市场的全部资金。当然,要选择哪一种方式还要具体问题具体分析。

还有一些交易方式会取得类似的效果。例如,股票多头与看涨期权空头,与看跌期权空头的效果类似;股票空头与看涨期权多头,与看跌期权多头的效果类似;股票空头与看跌期权空头,与看涨期权空头的效果类似等(参见图 8.6)。在实际操作中,要根据投资者需要和交易规则进行选择。

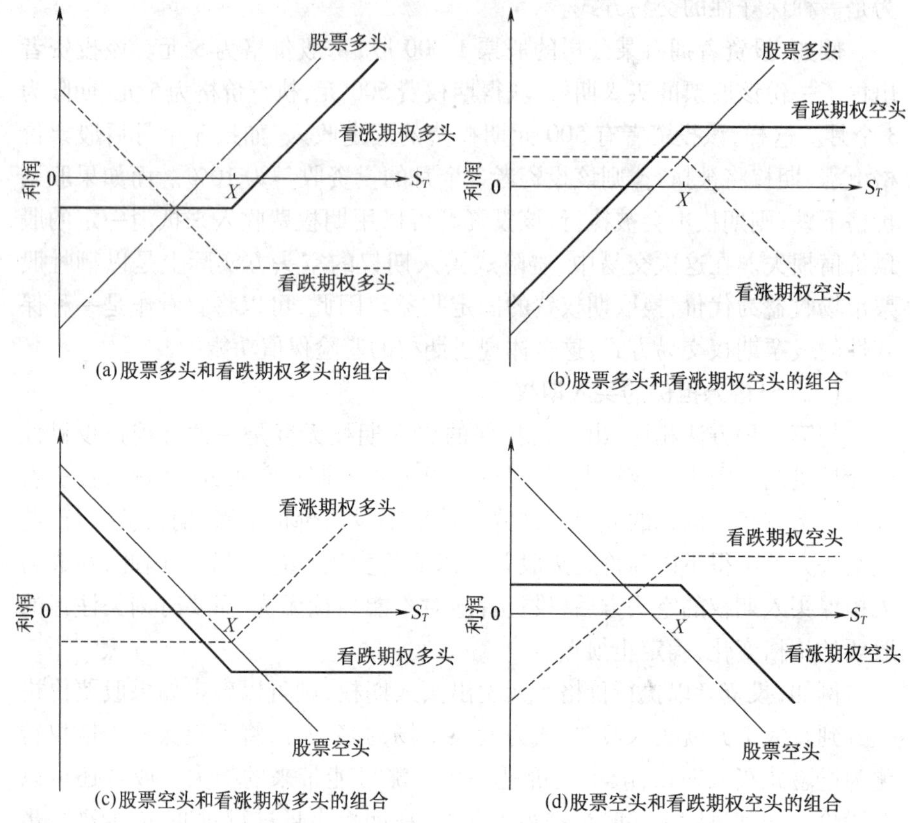

图 8.6　股票头寸和股票期权头寸组合

第四节　股票指数期权交易

在金融期权交易中，发展得最成功的莫过于股票指数期权（Stock Index Option）。第一笔股票指数期权合约发生在 1983 年 3 月 11 日，名称为 CBOE100 种股票指数期权，后来更名为标准普尔 100 种股票指数（S&P100）期权。

根据《期货与期权世界》1993 年 2 月份的统计资料，在 1992 年世界成交量最大的 20 种期权合约中，股票指数期权占到 11 种之多。其中，CBOE 的 S&P100 指数期权合约以 6 242 万个合约的成交量高居榜首。2006 年年初，美国期货业协会（FIA）发布的统计数据显示，2005 年全球期货、期权交易量达到近 99 亿手，其中，金融期货、期权贡献了 91.39 亿手，占到 91.31%。而股指期货、期权的交易量则达到了 40.80 亿手，占到了金融期货、期权交易量的 44.64%，总交易量的 41.21%。可见，股指期货、期权是交易量最大的品种，在全球金融期货、期权交易中扮演着举足轻重的作用。而韩国交易所的KOSPI200 股票指数期权以多于 25 亿手的交易量成为 2005 年全球交易量最大的合约。表 8.9 列出了美国主要交易所可以进行交易的股票价格指数交易类型。

表 8.9　美国交易所的股票价格指数期权交易类型

芝加哥期权交易所	汽车股指数	美国证券交易所	航空业指数
	CBOE 网络股指数		AMEX 网络股指数
	电脑软件股指数		生物科技股指数
	道·琼斯房地产权益指数		电脑科技股指数
	道·琼斯 10 种股票指数		EUROTOP100 种股票指数
	道·琼斯平均工业指数		香港期权指数
	道·琼斯网络商业指数		机构指数
	道·琼斯运输业指数		日本指数
	道·琼斯公用事业指数		主要市场指数
	博弈指数		摩根士丹利消费者指数
	黄金指数		摩根士丹利周期性指数
	高盛科技成分指数		摩根士丹利高科技指数
	高盛硬件科技类指数		天然气板块指数
	高盛网络科技类指数		网络股指数
	高盛多媒体科技类指数		制药类指数
	高盛半导体科技类指数		标准普尔 400 种中型公司股票指数
	高盛服务科技类指数		经纪商/交易商指数
	高盛软件科技类指数	费城证券交易所	森林/纸制品板块指数
	Precios y Cotizaciones 指数		金银指数
	拉丁美洲 15 种股票指数		国家场外交易板块指数
	墨西哥指数		PHLX/KBX 银行板块指数
	摩根士丹利多媒体公司指数		半导体板块指数
	NASDAQ100 种股票指数		公用事业板块指数
	日经 300 种股票指数		价值线成分指数
	NYSE 成分指数		
	石油指数		
	拉塞尔 2000 种股票指数		
	标准普尔 100 种股票指数		
	标准普尔 500 种股票指数		
	标准普尔银行股指数		
	标准普尔化学类指数		
	标准普尔医疗类指数		
	标准普尔保险类指数		
	标准普尔零售类指数		
	标准普尔小型公司指数		
	标准普尔运输类指数		
	标准普尔科技类指数		

资料来源：Don M. Chance. 衍生金融工具与风险管理[M]. 郑磊译. 北京：中信出版社，2004.

一、股票指数期权概述

(一)股票指数期权的定义

股票指数期权是在股票指数期货合约的基础上产生的。期权购买者付给期权的出售方一笔期权费,以取得在未来某个时间或该时间之前,以某种价格水平,即股指水平买进或卖出某种股票指数合约的选择权。

股票指数期权也有现货期权和期货期权两种。股票指数现货期权是指以某种股票价格指数本身作为标的物的期权交易。在履约时,它根据当时的市场价格和协定价格之差实行现金结算。而股票指数期货期权是根据协定价格将期权部位转化为相应的期货部位,并在期货合约到期前根据当时的市场价格实行逐日结算,而于期货合约到期时再根据当时的市场价格进行现金结算,以最后了结交易。表 8.10 对最著名的几种股指期权进行了描述。

表 8.10　几种著名的股指期权的描述

期权名称	交易所	电子指数符号	描述
标准普尔 100(S&P100)	CBOE	OEX	100 种工业股票的资本加权指数
标准普尔 500(S&P500)	CBOE	SPX	500 种工业股票的资本加权指数
道・琼斯工业平均指数	CBOE	DJX	道・琼斯工业平均指数中的 30 种股票
纳斯达克 100	CBOE	NDX	由纳斯达克股票市场上的 100 种股票最大的非金融证券组成的资本加权指数
拉塞尔 2 000 指数	CBOE	RUT	代表来自全美国最大的 3 000 只股票中 2 000家基础公司的国内证券资本加权指数

(二)股票指数期权合约的特点

(1)合约的标的物是某种股票指数或股票指数期货。

(2)合约到期日使用每月均有到期月份的期权合约,具体月份不尽相同。

(3)交割采用现金交易方式,即结算期权行使日股票指数水平的 100 倍与行使价之间的现金差额,看涨期权的持有者将收到这笔资金,看跌期权的持有者将付出这笔资金。

(4)交易的保证金要求比较高,不存在股票期权中出售有保护的期权头寸而不要求保证金的情形,并且窄基指数期权交易的保证金要求高于宽基指数期权交易的保证金要求。

(三)股票指数期权交易规格

在美国,市场上交易活跃的股票价格指数现货期权交易共有6种,它们的交易规格如表8.11所示。

表8.11 股票指数现货期权交易规格

合约	机构指数期权	NYSE综合指数期权	主要市场指数期权	S&P100指数期权	S&P500指数期权	价值线指数期权
交易所	AMEX	NYFE	AMEX	CBOE	CBOE	KCBT
交易代号	XII	NYA	XMI	OEX	SPX	XVL
交易单位	指数×100美元					
最小变动价位	小于或等于3时为1/16(6.25美元),大于3时为1/8(12.50美元)				0.05(5美元)	1/16或1/8
合约月份	3个近期月份加上2个连续的按3月、6月、9月、12月循环的月份	3个近期的到期月份	3个近期的到期月份	4个近期的到期月份	2个近期月份加上3个连续的按3月、6月、9月、12月循环的月份	3个近期月份加上2个连续的按3月、6月、9月、12月循环的月份
期权样式	欧式期权	美式期权	美式期权	美式期权	欧式期权	美式期权
协定价格级距	5点	$2\frac{1}{2}$或5点	5点	5点	5点	5点
部位限制	每方15 000个合约,合计25 000个合约	合约总值不超过3亿美元	每方10 000个合约,合计17 000个合约	每方15 000个合约,合计25 000个合约	每方15 000个合约,合计17 000个合约	每方3亿美元
每日价格波动限制	无					
结算	现金					
交易时间	上午9:30至下午4:15(东部时间)					

在美国股票价格指数期货期权交易共有两种:一个是在IOM上市的S&P500指数期货期权,另一种是在NYSE上市的NYSE综合指数期货期权。

二、股票指数期权交易操作

(一)股票指数期权交易中的套期保值交易方法

股票指数期权交易中常见的保值交易目标有:①保护资产不受价格波动的影响;②以期权权利金收入弥补红利收入的不足;③在波动的市场中稳定收益;④当股票价格下降幅度较小时起缓冲的作用。

【例8-12】某投资者持有45 000美元的证券组合资产,担心行情下跌遭受损失,于是选择买入纽约证券交易所股票综合指数看跌期权予以保值,并根据表8.12中的数据进行操作。

表8.12　证券指数

假设条件			
资产组合价值:$45 000		看跌期权到期日:12月份	
资产组合Beta值:1.00		执行价:90	
指数名称:NYA		看跌期权费:$3	
指数水平:90.00		到期期限:3个月	
策略:买入5份看跌期权合约,期权费为$1 500			
利润或损失可能的结果(到期日)			
指数变动	-10%	0	+10%
指数水平	81.00	90.00	99.00
资产组合价值	$40 500	$45 000	$49 500
看跌期权费	9	0	0
资产组合盈利	-$4 500	0	$4 500
看跌期权盈利	$3 000	-$1 500	-$1 500
净盈利	-$1 500	-$1 500	$3 000

表中买入的看跌期权合约数等于资产组合价值除以指数价值,即45 000/9 000=5美元,支出权利金为5×3×100=1 500美元。当到期日指数上涨或不变时,看跌期权为虚值或平值期权,权利金为0,但指数上涨10%时,相应的资产组合价值涨至5×99.00×100=49 500美元,比原有价值上涨4 500美元,故扣去权利金损失,指数上涨10%时的净利润为3 000美元,而指数不变时的净损失为1 500美元。

应该明确的是,实际资产组合中的Beta值很少为1.00,不过,不管Beta值到底为多少,计算原理是一样的。

(二)股票指数期权交易中的投机交易方法

股票指数期权投机性交易的选择,首先是对股票指数期权或股票指数期货期权的选择。二者各自具有特点，恰是这些特点影响投机者的选择。就总体而言，股票指数期货期权交易更适合投机性交易。下面以股票指数期权为例来说明投机性交易的方法。

【例 8－13】某投机者在 1 月 5 日纽约股票交易所综合股票指数为 138 点时购进一份 3 月份到期的股票指数期货期权。保证金的点数为 9.05，则该投机者必须付出 4 525 美元(9.05 ×500)的保证金。如果到了 3 月份，该期货期权有效期结束前股市看好，纽约股票交易所综合股票指数由 138 点上升到 162 点时，该投机者行使期权，以事先约定的协定价格69 000美元(138 ×500)购进一份综合股票指数期货合约，又以当时的市场价格 81 000 美元(162 ×500)将合约出售，所得的利润为 12 000 美元(81 000 －69 000)，最终利润为7 475美元(12 000 －4 525)。

三、我国上证 50ETF

经中国证监会批准，上海证券交易所决定于 2015 年 2 月 9 日上市交易上证 50ETF 期权合约品种。上证 50 交易型开放式指数证券投资基金的证券简称为“50ETF”，证券代码为“510050”，基金管理人为华夏基金管理有限公司。其主要条款见表 8.13，该品种的上市，开启了投资结构的未来，帮助投资者摆脱现行制约，满足保险、社保、养老金等长期资金本金安全、价值投资的需求，改善市场资金结构。

表 8.13　上证 50ETF 期权合约基本条款

合约标的	上证 50 交易型开放式指数证券投资基金(“50ETF”)
合约类型	认购期权和认沽期权
合约单位	10 000 份
合约到期月份	当月、下月及随后两个季月
行权价格	5 个(1 个平值合约、2 个虚值合约、2 个实值合约)
行权价格间距	3 元或以下为 0.05 元，3 元至 5 元(含)为 0.1 元，5 元至 10 元(含)为 0.25 元，10 元至 20 元(含)为 0.5 元，20 元至 50 元(含)为 1 元，50 元至 100 元(含)为 2.5 元，100 元以上为 5 元
行权方式	到期日行权(欧式)
交割方式	实物交割(业务规则另有规定的除外)
到期日	到期月份的第四个星期三(遇法定节假日顺延)
行权日	同合约到期日，行权指令提交时间为 9:15 ~9:25，9:30 ~11:30，13:00 ~15:30
交收日	行权日次一交易日
交易时间	上午 9:15 ~9:25，9:30 ~11:30(9:15 ~9:25 为开盘集合竞价时间) 下午 13:00 ~15:00(14:57 ~15:00 为收盘集合竞价时间)

续表

委托类型	普通限价委托、市价剩余转限价委托、市价剩余撤销委托、全额即时限价委托、全额即时市价委托以及业务规则规定的其他委托类型
买卖类型	买入开仓、买入平仓、卖出开仓、卖出平仓、备兑开仓、备兑平仓以及业务规则规定的其他买卖类型
最小报价单位	0.000 1 元
申报单位	1 张或其整数倍
涨跌幅限制	认购期权最大涨幅 = max{合约标的前收盘价 ×0.5%,min[(2×合约标的前收盘价 - 行权价格),合约标的前收盘价]×10%} 认购期权最大跌幅 = 合约标的前收盘价 ×10% 认沽期权最大涨幅 = max{行权价格 ×0.5%,min[(2×行权价格 - 合约标的前收盘价),合约标的前收盘价]×10%} 认沽期权最大跌幅 = 合约标的前收盘价 ×10%
熔断机制	连续竞价期间,期权合约盘中交易价格较最近参考价格涨跌幅度达到或者超过 50% 且价格涨跌绝对值达到或者超过 5 个最小报价单位时,期权合约进入 3 分钟的集合竞价交易阶段
开仓保证金最低标准	认购期权义务仓开仓保证金 = [合约前结算价 + max(12% ×合约标的前收盘价 - 认购期权虚值,7% ×合约标的前收盘价)]×合约单位 认购期权义务仓开仓保证金 = min[合约前结算价 + max(12% ×合约标的前收盘价 - 认沽期权虚值,7% ×行权价格),行权价格]×合约单位
维持保证金最低标准	认购期权义务仓维持保证金 = [合约结算价 + max(12% ×合约标的收盘价 - 认购期权虚值,7% ×合约标的收盘价)]×合约单位 认购期权义务仓维持保证金 = min[合约结算价 + max(12% ×合约标的收盘价 - 认沽期权虚值,7% ×行权价格),行权价格]×合约单位

本章小结

1. 外汇期权交易是在约定的期限内,以某种外国货币或外汇期货合约为交易对象,以商定的价格和数量进行“购买权”或“出售权”的买卖交易。它可以分为现汇期权交易、外汇期货期权交易和期货式外汇期权交易。

2. 利率期权交易是指以各种利率相关产品(指各种债务凭证)或利率期货合约作为标的物的期权交易方式。利率期权既有场内期权,也有场外期权;既有现货期权,也有期货期权;既有短期利率期权,也有长期利率期权;还有封顶式利率期权交易、保底式利率期权交易,封顶保底式利率期权交易。

3. 股票期权交易是一种最常见的期权交易方式。最初的标准化的期权合约规定的到期月份为三个固定的周期。标准化的期权合约还规定了标准的履约价格,期权的协定价格由交易所规定。根据其基础资产即股票的交易价格,美国股票期权的协定价格以2.5美元、5美元和10美元的价位递增和递减。分红和拆股对股票期权的影响非常大。

4. 股票指数期权交易就是允许买方在一定期限内按协定价格向卖方购买或出售特定的股票指数合约,股票指数期权也有现货期权和期货期权两种。股票指数现货期权是指以某种股票价格指数本身作为标的物的期权。股票指数期货期权是指以某种股票指数期货合约作为标的物的期权。

关键术语

外汇期权　现汇期权交易　外汇期货期权交易　利率期权交易　封顶式利率期权交易　保底式利率期权交易　封顶保底式利率期权交易　股票期权　股票指数期权

能力训练

一、选择题

1. 当一笔外汇期货期权履约时,以下表述正确的是(　　)

A. 如果期权多头方持有的是看涨期权,则履约后该多头方将以协定汇率水平向空头方买入一定数量的外汇

B. 如果期权多头方持有的是看涨期权,则履约后该多头方将成为一张外汇期货合约的购买者

C. 如果期权多头方持有的是看跌期权,则履约后该多头方将以协定汇率水平向空头方卖出一定数量的外汇

D. 如果期权空头方卖出的是看跌期权,则履约后该空头方将以协定汇率水平向多头方买入一定数量的外汇

2. 在一份外汇期权中,JP￥60 Put代表(　　)

A. 每1日元的看涨期权的协定价格为0.60美元

B. 每1日元的看跌期权的协定价格为0.60美元

C. 每1日元的看涨期权的协定价格为0.006 0美元

D. 每1日元的看跌期权的协定价格为0.006 0美元

3. 关于外汇期权叙述正确的是(　　)

A. 期货期权的有效期均是欧式的

B. 期货期权的有效期既有美式的,又有欧式的

C. 现货期权的有效期均是美式的

D. 期权的有效期均是美式的

4. 现汇期权和期货期权在(　　)时有现金交割，而期货式期权(　　)进行盈亏结算

A. 实际行使或转让；每日按收市清算价

B. 每日按收市清算价；实际行使或转让

C. 每日按收市清算价；也是每日按收市清算价

D. 实际行使或转让；也是实际行使或转让

5. 一份利率期货看涨期权的协定价格为 95.00，表示在期权到期时(　　)

A. 期权多头方将以 9.5% 的利率获得贷款

B. 期权多头方将以 9.5% 的利率买进一份利率期货合同

C. 期权多头方将以 5.0% 的利率买进一份利率期货合同

D. 期权多头方将以 9.5% 的利率卖出一份利率期货合同

6. 在利率期权的交易机制中，封顶交易设定的是(　　)，保底交易设定的是(　　)

A. 利率上限；利率下限　　B. 利率下限；利率上限

C. 即期利率；远期利率　　D. 远期利率；即期利率

7. 在利率期权的交易机制中，如果投资者想通过封顶保底型交易约束筹资成本，则该投资者应该(　　)

A. 买入一份期权达到封顶的目的；再买入一份期权达到保底的目的

B. 买入一份期权达到封顶的目的；再卖出一份期权达到保底的目的

C. 卖出一份期权达到封顶的目的；再买入一份期权达到保底的目的

D. 卖出一份期权达到封顶的目的；再卖出一份期权达到保底的目的

8. 某投资者购买了 H 公司的股票看涨期权合约一份，可以在到期日购买 100 股 H 公司股票，协定价格为每股 12 元，该公司新近宣布进行 1 拆 3 的拆股，那么期权的协定价格自动降至每股(　　)，同时，一份合约给予了投资者购买(　　)的权利

A. 12 元，100 股　　B. 36 元，100 股

C. 4 元，300 股　　D. 12 元，300 股

9. 投资者采取出售避险式买入期权策略时，以下说法正确的是(　　)

A. 投资者在期权市场作空头，股票市场做多头

B. 投资者以牺牲股票市场收益为代价，保证了期权费的固定收益

C. 投资者要确定止损点，及时买入股票

D. 投资者为获得期权费的固定收入，承担了股价上升的风险

10. 股票指数期权的交割方式为(　　)

A. 现金轧差　　B. 交割相应指数的成分股

C. 交割某种股票　　D. 以上都可以

11. 股票指数现货期权是指以(　　)作为标的物的期权交易，而股票指数期货期权是指以(　　)作为标的物的期权。

A. 某种股票本身；某种股票的期货合约

B. 某种股票价格指数本身；某种股票价格指数期货合约

C. 某一系列股票本身；某一系列股票的期货合约

D. 某一个证券投资组合；某一个证券投资组合的期货合约

二、思考题

1. 在美国，各类金融期权的交易单位大致是如何规定的?

2. 在美国，各类金融期权的协定价格大致是如何规定的?

3. 利率现货期权和期货期权在履约时有何不同?

4. 分红和拆股如何对股票期权产生影响?

5. 封顶式利率期权交易，保底式利率期权交易，封顶保底式利率期权交易的交易要点各是什么?

6. 试述每种金融期权交易的特点。

三、计算题

1. 假设目前资金市场上利率水平波动较大，所以对其发展趋势也难以预测。某公司在 3 个月后将有一笔资金回收，对该公司来说，资金收回后的再运用收益率将至关重要。目前的市场利率水平为 5%，若 3 个月后存款利率下降到 4%，这对该公司的经营将是非常不利的。故该公司将决定购买一笔利率期权，以确保 4.5% 左右的收益率。利率期权的协定价格为 4.5%，期权费为 0.1%。试对该利率期权交易进行盈亏分析。

2. 进出口公司 4 月份与美国一公司签订了进口其设备的合同，付款日为 6 月 30 日，总价值为 60 万美元，该公司手中的外汇只有瑞士法郎一种，需要将瑞士法郎卖出，买进美元，期权费 3%。而从银行传来消息，6 月份美元会有一定幅度的上升，当时的即期汇率为 1 美元 = 0.94 瑞士法郎。企业应如何操作。

3. 假设 10 月 25 日芝加哥商品交易所日元期货期权的交易行情表如下所示：

10 月 25 日日元期货期权交易行情表

交易月份	期货期权价格（100 日元/美分）	期货期权费（100 日元/美分）	
		购买日元	出售日元
12 月	114	2.12	0.38
12 月	115	1.48	0.70
12 月	116	0.98	1.18
12 月	117	0.62	1.80
12 月	118	0.38	2.56
12 月	119	0.22	3.42

某专门从事期权交易的投资公司预测，本年 12 月日元币值将有一次坚挺的过程，虽然这个过程不会很长，但值得利用这个机会做一笔期货期权交易以获得收益。因此，该公司在 10 月 25 日决定进行一笔买进日元的期货期

权交易。交易内容如下：

交易月份:12 月

交易数量:10 份合同,每份合同为 1 250 万日元

协定价格:每 100 日元为 115 美分

期权到期日:12 月 8 日

以美元计价的交易金额：

期权费用:每 100 日元为 1.48 美分

要求对这份交易合约进行收益分析。

4. 假设某投资者购入 A 公司股票 400 股,股价为每股 8 元,同时还出售了 2 份协定价格为每股 8 元的看跌期权(每份 100 股),期权费为每股 0.4 元。求出到期时股票价格达到什么水平时,该投资者达到盈亏平衡点,并做出随到期日股票价格变化,投资者的盈亏分析图。

参考文献与网站链接

1. 陈信华. 金融衍生工具——定价原理、运作机制及实际运用[M]. 上海:上海财经大学出版社,2004.

2. 罗伯特 · A. 斯特朗. 衍生产品概论[M]. 王振山译. 大连:东北财经大学出版社,2005.

3. Don M. Chance. 衍生金融工具与风险管理[M]. 郑磊译. 北京:中信出版社,2004.

4. 芝加哥期权交易所期权学院. 期权——基本概念与交易策略[M]. 郭晓利、郑学勤译. 北京:中国财政经济出版社,2006.

5. 张东祥. 中国外汇市场金融工具配置[M]. 武汉:武汉大学出版社,2002.

6. 王莹. 浅谈气候衍生品在我国的开发及应用[J]. 上海金融,2006(8).

7. Max G. Ansbacher. 新型期权市场[M]. 郑磊译. 北京:中信出版社,2002.

8. Warren Edwardes. 核心金融工具——在衍生品世界中领悟和创新[M]. 夏潆焱译. 成都:西南财经大学出版社,2005.

9. 郑振龙. 衍生产品[M]. 武汉:武汉大学出版社,2005.

10. 雅虎财经频道 http://cn.finance.yahoo.com.

11. 新浪财经频道 http://finance.sina.com.cn.

12. 华尔街日报 www.wsj.com.

13. 中国期权网 http://www.chinaoptions.cn.

第九章　期权交易策略

★ 本章学习指导 ★

期权是一种复杂的交易技术。在现实的交易活动中，无论是套期保值者、套利者还是投机者，都有无数种可供他们选择的交易策略。这些不同的交易策略都各有其不同的适用范围和适用时机，且可以产生不同的交易结果。本章将依次介绍期权基本交易策略的相关原理、操作过程、盈亏分析和主要应用。通过本章学习，应该理解四种基本的交易策略、掌握垂直价差交易和水平价差交易的含义，熟练掌握各种策略的操作，并能够进行盈亏分析。

第一节　期权交易的基本策略

在前面我们已经指出，期权有看涨期权和看跌期权两种基本类型。而期权的交易者可以分为期权购买者和期权出售者两类基本交易者。期权的两种基本类型与两类基本交易者的不同组合，可以形成期权交易的四种基本的策略：买进看涨期权、卖出看涨期权、买进看跌期权和卖出看跌期权。

一、买进看涨期权

买进看涨期权是期权购买者所拥有的可在未来的某个特定时间以协定价格从期权出售者手中买入一定数量的某种金融商品或金融期货合约的权利。当投资者预计某种标的资产的市场价格将上涨时，他可以买进该标的资产的看涨期权。如果日后标的资产的市场价格果真上涨，且上涨至期权合约的协定价格以上，则该投资者可以执行期权从而获利，获利的多少将视市场价格上涨的幅度而定。从理论上说，市场价格上涨的幅度是无限的，因此期权购买者的获利程度也是无限的。反之，如果日后标的资产的市场价格没有上涨，而是下跌，且跌至协定价格以下，投资者将遭受到一定的损失，但这种损失是有限的，且是已知的。即，当投资者预期错误，可以放弃执行期权。当期权购买者放弃执行期权时,其最大损失就是购买期权时所支付的期权费。

【例 9-1】某投资者在 6 月 1 日时预期 S&P500 指数将在未来 3 个月内上涨,于是他以 2 000 美元的期权费购买一张 9 月 15 日到期,协定价格为 340 的欧式看涨期权,其标的资产是 9 月份到期的 S&P500 指数期货合约。在到期日那天,若 S&P500 指数上涨至 350 或更高,期货价格也升至 350 或更高,则该期权有实值,期权购买者将执行该期权。在执行期权时,投资者将按协定价格为 340 买进一张即将到期的 S&P500 指数期货合约,并立即以市场价格 350 将此期货合约卖出。这样,他将获得毛利 5 000 美元[(350-340)×500],在忽略交易成本和其他有关支出时,扣除 2 000 美元的期权费,他还可以获净利 3 000 美元。反之,如果在期权合约到期那天,S&P500 指数下跌至 340 或更低,期货价格也跌至 340 或更低,则期权购买者将放弃执行期权而损失 2 000 美元的期权费(参见表 9.1)。

表 9.1　买进看涨期权

假设条件	
标的资产:S&P500 指数期货合约	期权类型:欧式看涨期权
期权协定价格:340	看涨期权到期日:9 月 15 日
期权费:2 000 美元	
到期日可能出现的损益情况	
情况一	情况二
如果 S&P500 指数期货市场价格上升至 350,购买者将执行期权,净获利为 3 000 美元	如果 S&P500 指数期货市场价格下跌至 340,购买者将放弃执行期权,净损失为 2 000 美元

由上述分析可知,在买进看涨期权时,投资者的最大的损失是有限的(2 000美元),而其最大盈利是无限的。这也可以在图 9.1 中得到。在该图中,B 点是盈亏平衡点。在买进看涨期权时,盈亏平衡点的价格是协定价格加上期权费。如果以 BP 代表盈亏平衡点的价格,X 代表协定价格,C 为看涨期权的期权费,则:

$$BP = X + C$$

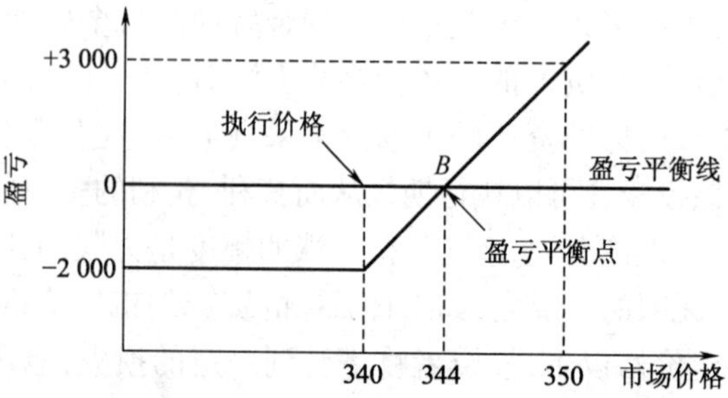

图 9.1　买进看涨期权的盈亏图

在上例中，因股票价格指数期权的价格是以指数点表示的，又因为S&P500 指数期货合约的指数为每点 500 美元，所以，一张以 S&P500 指数期货合约为标的资产的期权合约的期权费为 2 000 美元，若以指数表示，则为 4（2 000 美元/500 美元）。故在上例中，*BP* 为 344。这就说明，当 S&P500 指数期货合约的市场价格上升至 344 时，投资者可以通过履约获利 2 000 美元［（344－340）×500 美元］，正好抵补他所支付的期权费。如果市场价格低于 344，则纵使低于协定价格，且投资者也执行期权，他仍将有所亏损。只有当市场价格上涨至 344 以上时，投资者才可以获利，而如果再考虑市场交易费用等因素，则盈亏平衡点的价格将还要高。

一般来说，当标的资产的市场价格上升时，其看涨期权的期权费也将上涨。因此在标的资产的市场价格上涨后，买进看涨期权的投资者既可以通过履约而获利，也可以通过转让期权合约而获利。如就投资收益率而言，转让期权的收益率往往比执行期权所获得的收益率更高。尤其是在期权合约临近到期，投资者又一时难以筹措到履约所需的资金时，转让期权合约不失为一个可取的策略。

二、卖出看涨期权

在期权交易中，既然有人买进，就一定有人卖出。买进者和卖出者都希望在交易中获利。就看涨期权来说，买进者之所以买进，是因为他预期标的资产的价格将上涨，从而希望通过履约来获利。而卖出者之所以卖出，是因为他预期标的资产的价格将下跌，从而希望通过卖出标的资产收取期权费。在标的资产的市场价格下跌至协定价格以下时，看涨期权的购买者将自动放弃执行期权；而在标的资产的市场价格高于协定价格时，期权购买者将要求履约，但只要标的资产的市场价格低于协定价格和期权费用之和，看涨期权的出售者仍然有获利的机会，只是利润少于他所收取的期权费而已。

对看涨期权的出售者而言，其最大的利润是他出售期权所得到的期权费，而其最大的损失则随着标的资产的市场价格而定。从理论上讲，这种损失将是无限的。然而在卖出看涨期权时，投资者获利的可能性将大于他遭受损失的可能性。在一般情况下，看涨期权的出售者大幅度遭受损失的概率也非常小，而获得小幅度利润的概率将非常大。所以，在现实中，投资者未必在大幅度看跌时才出售看涨期权，而只要在预期的市场价格不会大幅度上涨时，即可卖出看涨期权，并有较大的获利可能。同时，一旦对价格的预期真的有较大的误差，投资者也可以按较高的价格“买回”同样的看涨期权以避免或限制进一步的损失。

【例 9－2】假如有一投资者在某年 3 月初预期长期国债期货的价格将有小幅的下跌，于是他卖出一份 6 月份到期、协定价格为 86 的长期国债期货期权合约,收取期权费 2 000 美元。该投资者将面对以下 3 种可能的情况。

(1)到 6 月份时,长期国债期货的市场价格为 86 或更低,则该看涨期权的出售者将获利 2 000 美元。因为在市场价格没有上涨或反而下跌的情况下,看涨期权的购买者将放弃他所拥有的权利。

(2)到 6 月份时,长期国债期货的市场价格上涨为 87,看涨期权的购买者将要求履约,则看涨期权的出售者将获利 1 000 美元[2 000 美元 -(87 -86) ×32 ×31.25 美元]。

(3)在期权合约到期日之前,长期国债期货的市场价格出现较大幅度的上涨,如涨至 93,而与此同时,该看涨期权的期权费涨至 6 000 美元,则该投资者应以 6 000 美元的期权费买进一张同样的期权合约。这样做,他虽然仍难免损失 4 000 美元,但至少可以挽回一部分损失。更重要的是,假如市场价格继续上涨,这样做可免除进一步的损失。所以从理论上讲,卖出看涨期权将有无限损失的可能性,但是这种可能性极小,而且投资者事实上也可以采取各种防御措施,以限制其损失的进一步扩大。所以,卖出看涨期权的这种无限损失的可能性通常只是一种纯理论的结果,而在实践中它极少转化为现实。

上述分析可通过盈亏曲线来反映(参见图 9.2)。

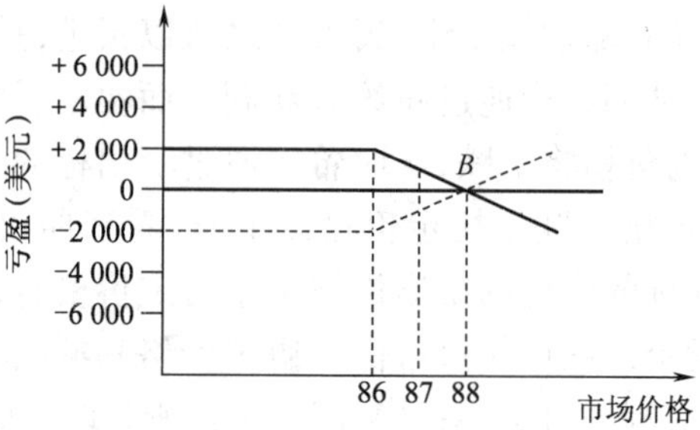

图 9.2　卖出看涨期权盈亏与买进看涨期权盈亏的比较

在图 9.2 中,*B* 点为盈亏平衡点,盈亏平衡点的价格(*BP*)也就是期权协定价格与期权费之和,这与买进看涨期权的情形相同。在这里,假设期权费为2 000美元,如用长期国债期货的报价方式表示则应为 2(2 000 美元/31.25美元/32)。所以,盈亏平衡点的价格是 88(86 +2)。

值得注意的是,在金融期权交易中,交易双方具有零和关系。也就是说,当标的资产的价格发生变化时,则在买卖双方中必有一方盈利,而另一方亏损,且一方的盈利与另一方的亏损相等。所以,对同一看涨期权或者同一看跌期权来说,买卖双方的盈亏图总是对称的,对称线为盈亏平衡线。在图 9.2 中,实线表示卖出看涨期权的盈亏情况,虚线则表示买进同一看涨期权的盈亏情况。

三、买进看跌期权

买进看跌期权是期权购买者所拥有的可在未来的某个特定时间以协定价格向期权出售者卖出一定数量的某种金融商品或金融期货合约的权利。投资者之所以买进这种期权,是因为他预期标的资产的市场价格将下跌。在买进看跌期权后,如果标的资产的市场价格果然下降且跌至协定价格之下,则该投资者可以行使其权利,以较高的协定价格向期权的出售者卖出他所持有的标的资产,从而可以避免市场价格下跌的损失。如果期权购买者并不持有标的资产,则在标的资产市场价格下跌时,他可以以较低的市场价格买进标的资产,而以较高的协定价格卖出标的资产来获利,获利的程度将视标的资产市场价格下降的幅度而决定。反之,在买进看跌期权后,如果标的资产的市场价格没有下跌,或者反而上涨,则投资者可以放弃期权而仅损失他所支付的期权费。

一般来说,对看跌期权的购买者而言,其潜在的损失是有限的(仅限于他所支付的期权费),而其潜在的利润是无限的。但事实上,对看跌期权的购买者而言,即使从纯理论上来讲,其潜在的利润也并不是无限的。之所以如此是因为任何标的资产的市场价格都不能降低到零以下。换言之,即使在极端情况下,各种标的资产也都以零为其市场价格的下限。同时在购买这种看跌期权时,投资者总得支付一定的期权费,而期权费又不可能为一负值,即使无内在价值的看跌期权也是如此。于是,对看跌期权的购买者而言,其潜在的最大利润也只能限于协定价格与期权费之差。

【例9-3】某投资者在1月份预期瑞士法郎对美元的汇率将下跌,所以,他买进一张3月份到期的欧式瑞士法郎期货合约,协定汇率为1.040 0,期权费为0.020 0,这样可假定投资者有4种盈亏情况:

(1)在到期日那一天,市场汇率为1.040 0或更高,则该投资者将放弃期权,而损失期权费为1 250美元(0.020 0×62 500)。

(2)在到期日那一天,市场汇率跌至1.020 0,投资者履约,获利1 250美元,正好抵补他所支付的期权费,从而既无盈利也无亏损。

(3)在到期日那一天,市场汇率跌至0.990 0,投资者履约,获利3 125美元,扣除期权费1 250美元,可获净利1 875美元。

(4)在到期日那一天,市场汇率跌至0.000 0,投资者履约,获利65 000美元,扣除期权费1 250美元,可获净利63 750美元。

显然,上述第4种情况是一种极端的情况,在现实中根本不会发生。退一步讲,即使发生上述情况,投资者最多只能获利63 750美元。说明对于看跌期权的购买者来说,其潜在的利润是有限的,其极限为协定价格与期权费之差。

在这个例子中,盈亏平衡的汇率是 1.020 0。说明在投资者买进看跌期权的情况下,盈亏平衡点的价格是协定价格与期权费之差。若以 BP 表示盈亏平衡点的价格,以 X 表示协定价格,以 P 表示看跌期权的期权费,则:

$$BP = X - P$$

在本例中,$BP = 1.040\ 0 - 0.020\ 0 = 1.020\ 0$

四、卖出看跌期权

对投资者来说,卖出看跌期权的目的是通过期权费的收取来获利。投资者能否获得这一收益,即他收取的期权费能否抵补他因出售期权而遭受的损失还有余,取决于他对期权标的资产的市场价格的预期是否正确。所以在一般情况下,若投资者对市场价格看跌,他们就卖出看涨期权;若投资者对市场价格看涨,他们就卖出看跌期权;由此可见,期权的看涨与看跌都是对期权的购买者而言的,而对期权的出售者而言,情况恰好相反。

从获取利润的角度来讲,投资者卖出看跌期权与他们卖出看涨期权是一样的,其最大利润是他们所收取的期权费。所以对投资者来说,他们卖出看跌期权的最大利润也是有限的,且是已知的。但是从产生亏损的角度来说,则因卖出看跌期权与买进看跌期权在盈亏方面的对称性,投资者的最大损失便是协定价格与期权费之差。

【例 9-4】某投资者预期未来的 3 个月内股市将比较平稳或略有上涨,所以他卖出一份 NYSE 综合指数期货合约的看跌期权。若该投资者所卖出的是一张平价期权,协定价格为 150,收取的期权费为 2 000 美元,指数为 4,并向经纪人缴纳保证金4 000美元。在到期时,若市场价为 150 或更高,则期权购买者不会履约。于是该期权出售者将获利 2 000 美元,其收益率为 50%(2 000/4 000 × 100%);在到期时,若市场价低于 150,则期权购买者将要求履约,该期权投资者的获利将被损失所冲减;若市场价格低于 146(盈亏平衡点价格),则投资者将发生净损失。市场价格越低,损失越大。若市场价格降至零,则投资者将发生最大的损失为 73 000 美元(500 美元 × 150 - 2 000 美元)。在这个例子中,盈亏平衡点为 146(150 - 2 000/500)。

卖出看跌期权的策略在公司回购股票的过程中被广泛使用。下面举例说明。假设 A 公司计划以每股 8 元的价格回购该公司股票若干,但其股票当前市值为每股 10 元。通过股票市场直接交易很难达到目的。因此,A 公司考虑出售一份协定价格为每股 9 元的看跌期权,收入期权费每股 1 元。如果到期后其股票市值跌到 9 元以下,则期权买方必然行使期权,则 A 公司以 9 元收购,减去 1 元的期权费收入,公司实际支付价格为每股 8 元。若没有跌到 9 元以下,则期权买方不会行使期权,公司净收益为每股 1 元的期权费。

4 种基本交易策略的主要特征见表 9.2。

表 9.2　4 种基本交易策略的主要特征

	看涨期权		看跌期权	
	买进	卖出	买进	卖出
盈亏图	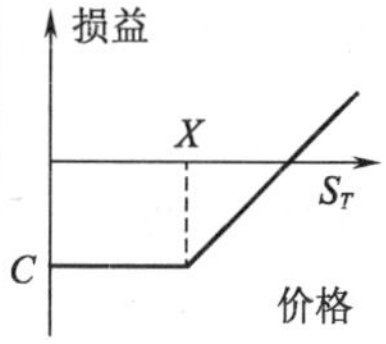	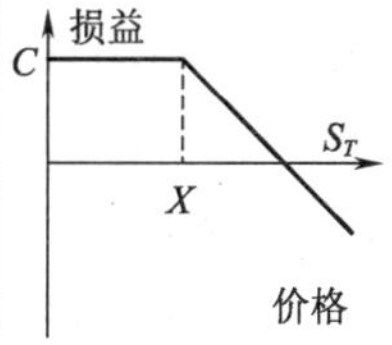	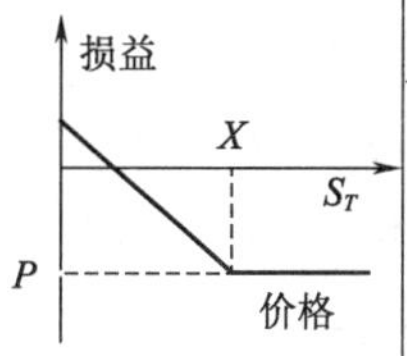	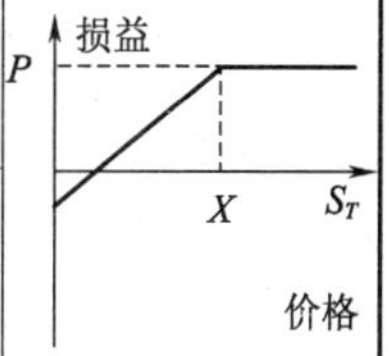
期权费	支出	收取	支出	收取
潜在利润	无限	有限	无限	有限
潜在损失	有限	无限	有限	无限
对市场价格的预测	看涨	看跌	看跌	看涨
损益平衡点	协定价格 + 期权费	协定价格 + 期权费	协定价格 - 期权费	协定价格 - 期权费
权利与义务	以执行价格买入标的资产的权利	以执行价格卖出标的资产的义务	以执行价格卖出标的资产的权利	以执行价格买入标的资产的义务

第二节　期权价差交易策略

上一节介绍了期权交易的四种基本交易策略。从中可以了解到单个期权的损益状况和主要特征。本节将讨论投资于同一标的资产的两种或两种以上期权所形成的交易策略,即价差交易策略。价差交易策略是期权交易中最基本的期权交易策略,通常被简称为价差(Spreads),是指投资者在期权市场上同时买进一种期权而卖出另一种期权以赚取价差收益的交易行为。

一、期权价差交易策略相关术语

为了说明期权价差交易策略,有必要介绍一下此种期权交易策略的相关术语。

(一)期权系列

根据期权合约所赋予的权利的性质,金融期权可以分为看涨期权和看跌期权两种基本的类型。现在,我们把这两种基本类型的期权称作期权的两个"大类"。在每个大类中,凡是到期日相同或协定价格相同的各种期权均可称为一个"期权系列"(Option Series)。

(二)垂直系列和水平系列

根据惯例,在期权行情表上,各种不同到期日的期权均以横向来排列,而不同协定价格的期权均以纵向来排列。所以在每一个大类中,凡是到期日相同而协定价格不同的各种期权,我们称之为一个"垂直系列(Vertical Series)"的期权;凡是到期日不相同而协定价格相同的各种期权,我们称之为一个"水平系列(Horizontal Series)"的期权。在金融期权的价差交易中,如果投资者买进和卖出的是同一垂直系列的期权,则该价差可以称之为"垂直价差(Vertical Spread)";如果投资者买进和卖出的是同一水平系列的期权,则该价差可以称之为"水平价差(Horizontal Spread)"。

二、垂直价差

垂直价差,也称之为"价格价差(Price Spread)"或"货币价差(Money Spread)",是指投资者在买进一个期权的同时又卖出另一个期权,这两个期权不仅属于同一大类,而且还属于同一个垂直系列。也就是说,这两个期权有着相同的到期日和标的资产,但有着不同的协定价格。协定价格既然不相同,内在价值也就不相同,从而期权费也就不相同。投资者在交易中的盈亏正是来自这两个期权的内在价值和期权费的不同。

根据投资者对市场行情的不同预测,垂直价差可以分为牛市价差和熊市价差两类。而在牛市价差和熊市价差中,投资者既可以运用看涨期权来操作,也可以运用看跌期权来操作。因此,垂直价差可分为四类:牛市看涨期权价差(Bull Call Spread)、牛市看跌期权价差(Bull Put Spread)、熊市看涨期权价差(Bear Call Spread)、熊市看跌期权价差(Bear Put Spread),下面将分别加以介绍。

(一)牛市看涨期权价差

1. 所谓牛市看涨期权价差交易是指投资者在买进一个协定价格较低的看涨期权的同时再卖出一个到期日相同但协定价格较高的看涨期权。由于随着执行价格的上涨,看涨期权的价格通常会随之下跌,卖出的执行价格较高看涨期权的价值总是小于买进的执行价格较低看涨期权的价值。因此,在牛市看涨期权价差交易期初产生期权费的净支出。

2. 牛市看涨期权价差交易的最大利润、最大损失和盈亏平衡点价格的计算方法:

在牛市看涨期权价差交易中，投资者所能获得的最大利润是两个协定价格之差减去两个期权费之差。如果以 MP 表示最大利润，X_1 表示较低的协定价格，X_2 表示较高的协定价格，C_1 表示较低协定价格之看涨期权的期权费，C_2 表示较高协定价格之看涨期权的期权费，S_T 表示期权到期日的标的资产的市场价格。则：

$$MP=(X_2-X_1)-(C_1-C_2) \qquad (S_T \geqslant X_2)$$

在牛市看涨期权价差交易中，投资者所可能遭受的最大损失为两个期权费之差，如果以 ML 表示最大的损失，则：

$$ML=C_1-C_2 \qquad (S_T \leqslant X_1)$$

在牛市看涨期权价差交易中，盈亏平衡点的价格为较低的协定价格加上两个期权费之差。如果以 BP 表示盈亏平衡点的价格，则：

$$BP=X_1+(C_1-C_2)$$

3. 牛市看涨期权价差交易的盈亏分析：如果标的资产的价格上涨并高于较高的那一个执行价格，则盈利为两个执行价格之差减去两个期权费之差，即 $(X_2-X_1)-(C_1-C_2)$；如果标的资产的价格在两个执行价格之间，盈利为 $S_T-X_1+C_2-C_1$；如果标的资产的价格低于较低的那一个执行价格，则亏损为 C_2-C_1。

我们通过一组具体数据来绘制一份盈亏分析图，使表述更加直观。假设投资者做多头的看涨期权，协定价格为45，期权费为7；而做空头的看涨期权，协定价格为55，期权费为4。则投资者的最大收益为(55－45)－(7－4)＝7，最大损失为7－4＝3，盈亏平衡点为标的资产的市场价格达到45＋(7－4)＝48时。在图9.3中，两条虚线分别表示两个单个看涨期权头寸的盈亏状态，整个策略的损益为两个虚线表示的损益之和，在图中用粗实线来表示，其盈亏情况见表9.3。

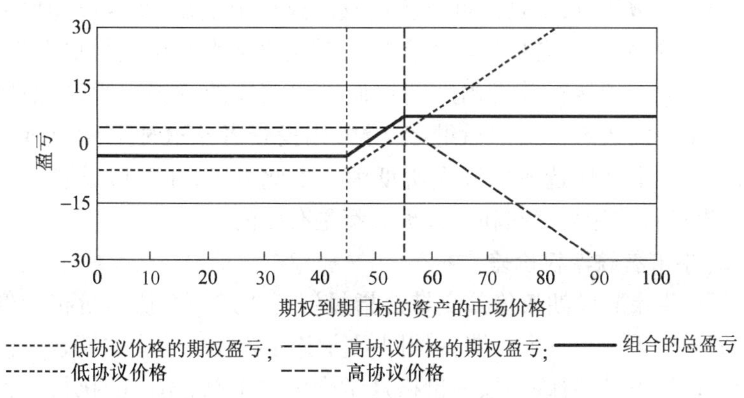

图9.3　牛市看涨期权价差交易的盈亏图

表 9.3　牛市看涨期权价差交易的盈亏情况

标的资产价格范围	看涨期权多头的盈亏	看涨期权空头的盈亏	总盈亏
$S_T \geqslant X_2$	$S_T - X_1 - C_1$	$X_2 - S_T + C_2$	$X_2 - X_1 + C_2 - C_1$
$X_1 < S_T < X_2$	$S_T - X_1 - C_1$	C_2	$S_T - X_1 + C_2 - C_1$
$S_T \leqslant X_1$	$-C_1$	C_2	$C_2 - C_1$

【例 9－5】某投资者以 5.95 的期权费从 CME 买进一个协定价格为 460 的次年 1 月份到期的 S&P500 指数期货看涨期权，同时他又以 3.45 的期权费向 CME 卖出一个协定价格为 465 的次年 1 月份到期的 S&P500 指数期货看涨期权，这样在这两个看涨期权的到期日，S&P500 指数期货盈亏平衡点的市场价格和盈亏状况分别如下：

$$MP = (465 - 460) - (5.95 - 3.45) = 2.50$$

$$ML = 5.95 - 3.45 = 2.50$$

$$BP = 460 + (5.95 - 3.45) = 462.50$$

分析：对看涨期权来说，协定价格较低则期权费较高；反之，协定价格较高则期权费较低。所以在牛市看涨期权价差交易中，投资者支出的期权费必定大于他所收取的期权费，从而表现出期权费的期初净支出。同时，对看涨期权来说，如市场价格高于协定价格，则期权将被执行，如市场价格等于或低于协定价格，期权将不被执行。

在牛市看涨期权价差交易中，如果市场价格等于或低于较低的协定价格，投资者在建立这一部位时所发生的期权费净支出将成为他从事这一交易的最大的损失。因为买进的期权和卖出的期权均不被执行。相反，如果市场价格等于或高于较高的协定价格，则投资者可获得最大的利润。这是因为：①若市场价格等于较高的协定价格，投资者买进的期权被执行，而他卖出的期权不被执行，于是他可以从期权的执行中获益；②若市场价格高于较高的协定价格，投资者虽然可以在执行其买进的期权中获得更多的利润，但他同时又因必须执行其卖出的期权而发生相应的亏损。所以，如果市场价格在涨至较高协定价格之后继续上涨，则投资者从这种上涨中所获得的利润将被这一上涨所造成的亏损所抵消。由此可见，在牛市看涨期权价差交易中，投资者的最大利润和最大损失都是有限的。

（二）牛市看跌期权价差

1. 所谓牛市看跌期权价差交易是指投资者买进一个协定价格较低的看跌期权的同时再卖出一个到期日相同但协定价格较高的看跌期权。由于随着执行价格的下跌，看跌期权的价格通常会随之下跌，卖出的执行价格较高看跌期权的价值总是大于买进的执行价格较低看跌期权的价值。因此，牛市看跌期权价差交易期初产生期权费的净收入。

2. 牛市看跌期权价差交易的最大利润、最大损失和盈亏平衡点价格的计算方法：

在牛市看跌期权价差交易中，投资者所能获得的最大利润是两个期权费之差。如果 P_1 表示较低协定价格之看跌期权的期权费，P_2 表示较高协定价格之看跌期权的期权费，以 MP 表示最大利润，则：

$$MP = P_2 - P_1 \qquad (S_T \geqslant X_2)$$

在牛市看跌期权价差交易中，投资者可能遭受的最大损失为两个协定价格之差减去两个期权费之差，如果以 ML 表示最大损失，则：

$$ML = (X_2 - X_1) - (P_2 - P_1) \qquad (S_T \leqslant X_1)$$

在牛市看跌期权价差交易中，盈亏平衡点的价格为较高的协定价格减去两个期权费之差，如果以 BP 表示盈亏平衡点的价格，则：

$$BP = X_2 - (P_2 - P_1)$$

3. 牛市看跌期权价差交易的盈亏分析。我们仍然通过一组具体数据来绘制一份盈亏分析图(参见图9.4)，使表述更加直观。假设投资者做多头的看跌期权，协定价格为40，期权费为4；而做空头的看跌期权的协定价格为60，期权费为8。则投资者的最大收益为 8 - 4 = 4，最大损失为(60 - 40) - (8 - 4) = 16，盈亏平衡点为标的资产市场价格达到 60 - (8 - 4) = 56 时，参见表9.4。

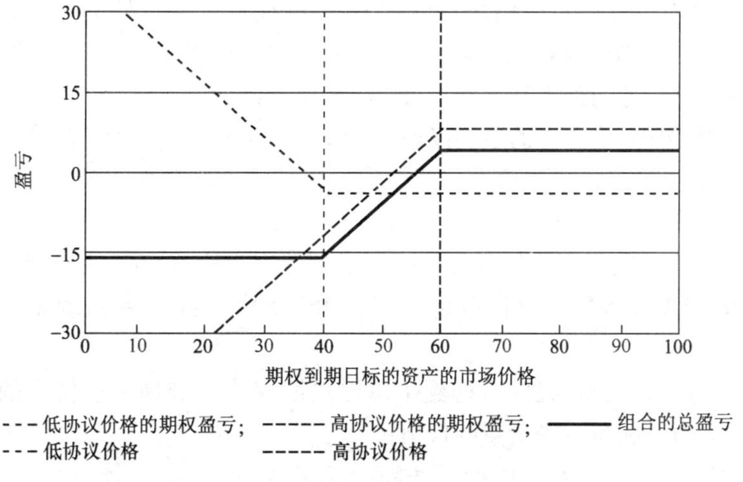

图9.4　牛市看跌期权价差交易的盈亏图

表9.4　牛市看跌期权价差交易的盈亏状况

标的资产价格范围	看跌期权多头的盈亏	看跌期权空头的盈亏	总盈亏
$S_T \geqslant X_2$	$-P_1$	P_2	$P_2 - P_1$
$X_1 < S_T < X_2$	$-P_1$	$P_2 + S_T - X_2$	$P_2 - P_1 + S_T - X_2$
$S_T \leqslant X_1$	$X_1 - S_T - P_1$	$S_T - X_2 + P_2$	$X_1 - X_2 + P_2 - P_1$

【例 9－6】某投资者以 5.50 的期权费从 CME 买进一个协定价格为 460 的次年 1 月份到期的 S&P500 指数期货看跌期权,同时他又以 8.00 的期权费向 CME 卖出一个协定价格为 465 的次年 1 月份到期的 S&P500 指数期货看跌期权,求在这两个看跌期权的到期日,S&P500 指数期货的盈亏平衡点的市场价格和盈亏状况。

分析:对看跌期权来说,协定价格越高,期权费也越高同时,对看跌期权来说,如果市场价格等于或低于协定价格,期权将被执行,如果市场价格高于协定价格,则期权将不被执行。在牛市看跌期权价差交易中,由于投资者买进协定价格较低的看跌期权而卖出协定价格较高的看跌期权,因此他所支付的期权费应该小于他所收取的期权费,从而表现为期权费的期初净收入。

在牛市看跌期权价差交易中,如果市场价格等于或高于较高的协定价格,则投资者可获得最大的利润,因为买进的看跌期权和卖出的看跌期权均不被执行。如果市场价格等于或低于较低的协定价格,则投资者将遭受最大的损失,这是因为若市场价格等于较低的协定价格,投资者买进的期权不被执行,而他卖出的期权被执行,于是产生最大的损失。但若市场价格低于较低的协定价格,投资者虽然可以在执行其买进的期权中获得更多的利润,但他同时又因必须执行其卖出的期权而发生相应的亏损。所以,如果市场价格在降至较低协定价格之后继续下跌,则投资者从这种下跌中所获得的利润将被这一下跌所造成的亏损所抵消。由此可见,在牛市看跌期权价差交易中,投资者的最大利润和最大损失都是有限的。

在本例中,投资者的期初净收入为 2.50(=8.00 －5.50)。这一期初净收入将是投资者从事牛市看跌期权价差交易所可能获得的最大的利润。如果期货市场价格等于或高于较高协定价格 465,则投资者可以获得最大的利润 2.50;如果期货市场价格等于或低于较低协定价格 460,则投资者将遭受最大的损失 2.50;当期货市场价格为 462.50 时,投资者将既无盈利也无亏损。

通过上述分析,我们可得到牛市看跌期权价差交易中投资者的最大利润、最大损失和盈亏平衡点的价格:

$$MP = 8.00 - 5.50 = 2.50$$

$$ML = (465 - 460) - (8.00 - 5.50) = 2.50$$

$$BP = 465 - (8.00 - 5.50) = 462.50$$

4. 牛市看涨期权价差交易和牛市看跌期权价差交易的两点说明。从盈利图上来看,牛市看涨期权价差交易和牛市看跌期权价差交易盈亏图几乎完全相同。之所以如此,主要有两个原因:一是因为投资者在做此两种交易时对市场前景的预测都是看涨的(即牛市);二是因为在这两种价差交易中,投资者都是买进协定价格较低的期权,卖出协定价格较高的期权。所以,当标的资产价格涨至较高协定价格(上两例中都是465)或更高时,投资者都可以获得更大的利润;当标的资产价格跌至较低协定价格(上两例中都是460)或更低时,投资者都将遭受损失。

但是,牛市看涨期权价差交易和牛市看跌期权价差交易毕竟是两种不同的期权交易策略。这主要表现在投资者在建立牛市看涨期权价差部位时将发生期权费净支出,而在建立牛市看跌期权价差部位时将发生期权费净收入。另外,在牛市看跌期权价差交易中,投资者的最大利润、最大损失和盈亏平衡点价格的计算也与牛市看涨期权价差交易完全不同。所以实际上,图9.3和图9.4是形同而神不同。

(三)熊市看涨期权价差

上述两种价差交易都是用于投资者对市场行情有温和看涨的情况。如果投资者对市场行情有温和的看跌,则他们可做熊市看涨期权价差交易或熊市看跌期权价差交易。这两种价差交易是上述两种牛市价差交易的反向操作。

1. 所谓熊市看涨期权价差交易是指投资者在买进一个协定价格较高的看涨期权的同时再卖出一个到期日相同但协定价格较低的看涨期权。这两个期权的标的资产和到期日均相同。可见,熊市看涨期权价差交易正好是牛市看涨期权价差交易的反向操作。

2. 熊市看涨期权价差交易的最大利润、最大损失和盈亏平衡点价格的计算方法:

在熊市看涨期权价差交易中,投资者所能获得的最大利润是两个期权费之差。如果以 MP 表示最大利润,X_1 表示较低的协定价格,X_2 表示较高的协定价格,C_1 表示较低协定价格之看涨期权的期权费,C_2 表示较高协定价格之看涨期权的期权费,S_T 表示期权到期日标的资产的市场价格。则:

$$MP=(C_1-C_2) \qquad (S_T \leqslant X_1)$$

在熊市看涨期权价差交易中,投资者所可能遭受的最大损失为两个协定价格之差减去两个期权费之差,如果我们以 ML 表示最大的损失,则:

$$ML=(X_2-X_1)-(C_1-C_2) \qquad (S_T \geqslant X_2)$$

在熊市看涨期权价差交易中,盈亏平衡点的价格为较低的协定价格加上两个期权费之差,如果我们以 BP 表示盈亏平衡点的价格,则:

$$BP=X_1+(C_1-C_2)$$

3. 熊市看涨期权价差交易的盈亏分析图(图9.5)和盈亏分析表(参见表9.5)如下。我们仍然通过一组具体数据来绘制盈亏分析图,使表述更加直观。假设投资者做多头的看涨期权,协定价格为60,期权费为4;而做空头的看涨期权,执行价格为40,期权费为8。则投资者的最大收益为8-4=4,最大损失为(60-40)-(8-4)=16,盈亏平衡点为标的资产市场价格达到40+(8-4)=44时。

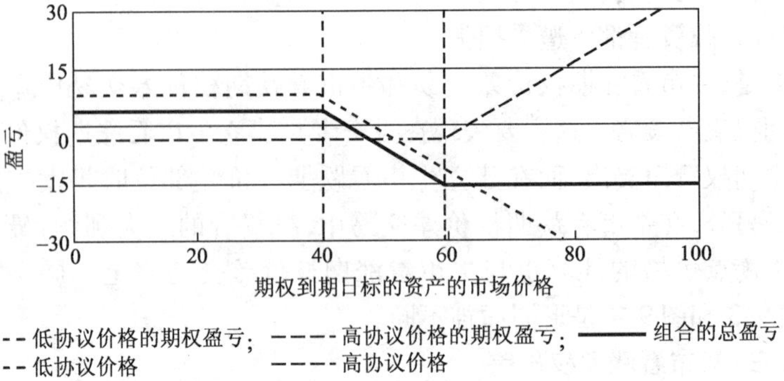

图 9.5 熊市看涨期权价差交易的盈亏分析图

表 9.5 熊市看涨期权价差交易的盈亏状况

标的资产价格范围	看涨期权多头的盈亏	看涨期权空头的盈亏	总盈亏
$S_T \geqslant X_2$	$S_T - X_2 - C_2$	$X_1 - S_T + C_1$	$X_1 - X_2 + C_1 - C_2$
$X_1 < S_T < X_2$	$-C_2$	$X_1 - S_T + C_1$	$X_1 - S_T + C_1 - C_2$
$S_T \leqslant X_1$	$-C_2$	C_1	$C_1 - C_2$

【例 9-7】某投资者预期 S&P500 指数期货的市场价格将有温和的下跌，于是他以3.45的期权费从CME买进一个协定价格为465的次年1月份到期的S&P500指数期货看涨期权，同时他又以5.95的期权费向CME卖出一个协定价格为460的次年1月份到期的S&P500指数期货看涨期权，求在这两个看涨期权的到期日，S&P500指数期货的盈亏平衡点的市场价格和盈亏状况。

分析：若期货市场价格等于或低于较低协定价格460，则投资者可以获得最大的利润2.50；而若期货市场价格等于或高于较高协定价格465，则投资者将遭受最大的损失2.50。之所以如此是因为在熊市看涨期权价差交易中，投资者买进的是较高协定价格的看涨期权，卖出的是较低协定价格的看涨期权。同时又由于看涨期权的期权费与协定价格成反比例的变化，因此在建立熊市看涨期权价差部位时，投资者所收取的期权费将多于他所支付的期权费，从而形成期权费的期初净收入。在本例中，该投资者所取得的期权费净收入为2.50(5.95-3.45)。若投资者对市场价格的预期准确，即期货市场价格果然下跌，并跌至460或更低的水平，则因买进的期权和卖出的期权均不被执行，故投资者在期初所取得的期权费净收入就成为他的最大利润。之所以是最大利润，是因为他除了取得这一期权费净收入之外再也不能从该期权价差部位取得其他任何收益。但是，若投资者对市场价格的预期错误,即期货价格非但没有下跌反而上涨,且涨至460以上,则因投资者被迫执行其卖出的期权而招致损失。当期权价格涨至462.50时,投资者在建立期权价差部位时所取得的期权费净收入正好被他执行其卖出的期权而遭受的损失所抵消。如期货市场价格进一步上涨,则投资者将得不偿失。然而在熊市看涨期权价差交易中,投资者的最大损失也是有限的,且是已知的。这是因为当期货市场价格进一步上涨至较高的协定价格或以上时,投资者虽因被迫执行其卖出的期权而将遭受更大的损失,但他也将因执行其买进的期权而得到相应的补偿。因此,投资者所可能发生的最大损失应限于两个协定价格之差扣除期权费净收入后所得的差额。

通过上述分析,可得到熊市看涨期权价差交易中投资者的最大利润、最大损失和盈亏平衡点的价格:

$$MP = 5.95 - 3.45 = 2.50$$

$$ML = (465 - 460) - (5.95 - 3.45) = 2.50$$

$$BP = 460 + (5.95 - 3.45) = 462.50$$

(四)熊市看跌期权价差

1. 所谓熊市看跌期权价差交易是指投资者在买进一个协定价格较高的看跌期权的同时再卖出一个到期日相同但协定价格较低的看跌期权。这两个期权的标的资产和到期日均相同。可见,熊市看跌期权价差交易正好是牛市看跌期权价差交易的反向操作。投资者之所以如此操作是因为他预测标的资产的市场价格将有温和的下跌。通过这种交易,投资者将在市场价格下跌时获利,而在市场价格上涨时受损。当然投资者在熊市看跌期权价差交易中的收益和损失都是有限的。

2. 熊市看跌期权价差交易的最大利润、最大损失和盈亏平衡点价格的计算方法:

在熊市看跌期权价差交易中,投资者所能获得的最大利润是两个协定价格之差减去两个期权费之差。如果我们以 MP 表示最大利润;X_1 表示较低的协定价格;X_2 表示较高的协定价格;P_1 表示较低协定价格之看跌期权的期权费;P_2 表示较高协定价格之看跌期权的期权费;S_T 表示期权到期日标的资产的市场价格。则:

$$MP = (X_2 - X_1) - (P_2 - P_1) \qquad (S_T \leqslant X_1)$$

在熊市看跌期权价差交易中,投资者所可能遭受的最大损失为两个期权费之差,如果以 ML 表示最大的损失,则:

$$ML = P_2 - P_1 \qquad (S_T \geqslant X_2)$$

在熊市看跌期权价差交易中,盈亏平衡点的价格为较高的协定价格减去两个期权费之差。如果以 BP 表示盈亏平衡点的价格,则:

$$BP = X_2 - (P_2 - P_1)$$

3. 熊市看跌期权价差交易的盈亏分析图(图 9.6)和盈亏分析表(表 9.6)如下。我们仍然通过一组具体数据来绘制盈亏分析图,使表述更加直观。假设投资者做多头的看跌期权,协定价格为 60,期权费为 8;而做空头的看跌期权,协定价格为 40,期权费为 4。则投资者的最大收益为(60 - 40) - (8 - 4) = 16,最大损失为 8 - 4 = 4,盈亏平衡点为标的资产市场价格达到 60 - (8 - 4) = 56 时。

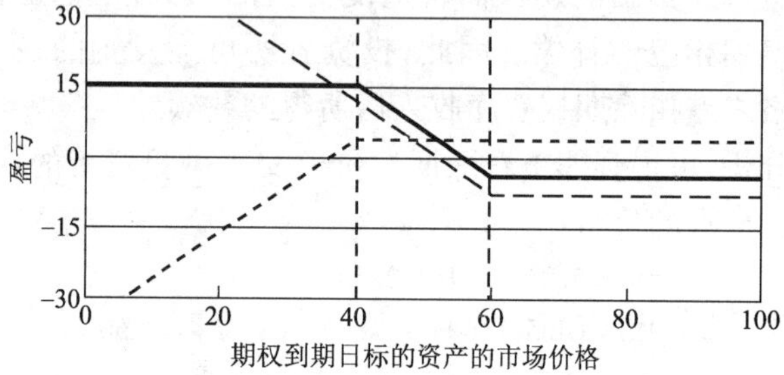

图 9.6　熊市看跌期权价差交易的盈亏分析图

表 9.6　熊市看跌期权价差交易的盈亏状况

标的资产价格范围	看跌期权空头的盈亏	看跌期权多头的盈亏	总盈亏
$S_T \geqslant X_2$	P_1	$-P_2$	$P_1 - P_2$
$X_1 < S_T < X_2$	P_1	$X_2 - S_T - P_2$	$X_2 - S_T + P_1 - P_2$
$S_T \leqslant X_1$	$S_T - X_1 + P_1$	$X_2 - S_T - P_2$	$X_2 - X_1 + P_1 - P_2$

【例 9 - 8】某投资者预期 S&P500 指数期货的市场价格将有温和的下跌,于是他以 8.00 的期权费从 CME 买进一个协定价格为 465 的次年 1 月份到期的 S&P500 指数期货看跌期权,同时他又以 5.50 的期权费向 CME 卖出一个协定价格为 460 的次年 1 月份到期的 S&P500 指数期货看跌期权,求在这两个看跌期权的到期日,S&P500 指数期货的盈亏平衡点的市场价格和盈亏状况。

分析:如果期货市场价格等于或低于较低协定价格 460,则在上述两个看跌期权中,或是投资者买进的看跌期权被执行,或是投资者买进和卖出的看跌期权都被执行。无论哪一种情况,投资者都可获得该价差部位的最大利润 2.50;而如果期货市场价格等于或高于较高协定价格 465,则两个看跌期权均不会被执行,投资者将遭受的最大损失为从事这一价差交易所发生的期权费净支出 2.50。

通过上述分析,我们可得到熊市看跌期权价差交易中投资者的最大利润、最大损失和盈亏平衡点的价格:

$$MP = (465 - 460) - (8.00 - 5.50) = 2.50$$
$$ML = 8.00 - 5.50 = 2.50$$
$$BP = 465 - (8.00 - 5.50) = 462.50$$

4. 关于熊市看涨期权价差交易和熊市看跌期权价差交易的几点说明。从形式上看，图 9.5 和图 9.6 有着完全相同的形状。然而从内容上看，图 9.5 和图 9.6 却有着完全不同的内涵。之所以如此，是因为熊市看涨期权价差交易和熊市看跌期权价差交易既有相同的方面也有不同的方面。相同的方面表现在这两种价差交易都适用于投资者对市场行情有温和的看跌的场合，而且在具体的操作上，他们又都是买进协定价格较高的期权而卖出协定价格较低的期权。不同的方面主要表现在这两种期权价差交易在建立部位时有着不同的期权费差额。也就是说，在熊市看涨期权价差交易中投资者将是期权费净收入；在熊市看跌期权价差交易中投资者将是期权费净支出。所以在熊市看涨期权价差交易中，投资者将因期权不被执行而获利，因期权被执行而受损；相反，在熊市看跌期权价差交易中，投资者将因期权被执行而获利，因期权不被执行而受损。

到现在为止，我们已经介绍了垂直价差交易的四种基本交易策略。通过学习不难发现，其中的任何一种垂直价差交易策略都是由两种单一部位策略组合而成的。然而透过这种组合，投资者的盈亏并不是这两种单一部位策略之盈亏的简单加减。由这四种垂直价差交易策略的盈亏图形可以看出：牛市价差交易的盈亏图形反映了单独买进看涨期权和单独卖出看跌期权的有机组合；熊市价差交易的盈亏图形反映了单独买进看跌期权和单独卖出看涨期权的有机组合。之所以说他们是有机组合，是因为在各种垂直价差交易中，投资者潜在的最大收益和最大损失都是有限的，而且都小于任何一种单一部位交易策略中潜在的最大利润和最大损失。这说明与各种单一部位交易策略相比，各种垂直价差交易策略均只能给投资者带来较少的利润，而同时也使投资者承受较小的风险。因此，这些策略一般只适用于投资者预期标的资产的市场价格有温和的上涨或温和的下跌的场合。

三、蝶式价差

蝶式差价（Butterfly Spreads）是金融期权价差交易策略中比较重要的一种交易策略。该交易策略是由投资者买进两个期权和卖出两个期权所组成的。这些买进的期权和卖出的期权属于同一垂直系列，也就是说，它们的到期日相同而协定价格不同。所以，蝶式价差交易实际上是垂直价差交易的一种特殊形式。根据具体的交易方式的不同，蝶式价差交易可以分为多头蝶式价差交易和空头蝶式价差交易两种。无论是多头蝶式价差交易还是空头蝶式价差交易既可以用看涨期权来操作，也可以用看跌期权来操作。因此，具体来说，蝶式价差组合有如下四种：

(1)看涨期权的多头蝶式价差组合，它由协定价格分别为 X_1 和 X_3 的看涨期权多头和两份协议价格为 X_2 的看涨期权空头组成；

(2)看涨期权的空头蝶式价差组合，它由协定价格分别为 X_1 和 X_3 的看涨期权空头和两份协议价格为 X_2 的看涨期权多头组成；

(3)看跌期权的多头蝶式价差组合，它由协定价格分别为 X_1 和 X_3 的看跌期权多头和两份协议价格为 X_2 的看跌期权空头组成；

(4)看跌期权的空头蝶式价差组合，它由协定价格分别为 X_1 和 X_3 的看跌期权空头和两份协议价格为 X_2 的看跌期权多头组成。

现在以看涨期权为主，对蝶式价差交易的基本原理和基本操作方法进行分析。

(一)多头蝶式价差

多头蝶式价差交易是指投资者买进一个协定价格较低的看涨期权和一个协定价格较高的看涨期权，同时卖出两个协定价格介于上述两个协定价格之间的看涨期权。

1.看涨期权的多头蝶式价差交易的最大利润、最大损失和盈亏平衡点价格的计算方法。看涨期权的多头蝶式价差交易由四份具有相同期限不同协议价格的看涨期权头寸组成。如以 X_1, X_2, X_3 表示最低协定价格、中间协定价格和最高协定价格，即 $X_1 < X_2 < X_3$，一般来说，$X_2 = (X_1 + X_3)/2$；以 C_1，C_2 和 C_3 分别表示最低协定价格、中间协定价格和最高协定价格的看涨期权的期权费，则看涨期权的多头蝶式价差交易的最大利润、最大损失和盈亏平衡点价格的计算公式可分别列示如下：

$$MP = X_2 - X_1 - (C_1 + C_3 - 2 \times C_2) \qquad (S_T = X_2)$$

$$ML = C_1 + C_3 - 2 \times C_2 \qquad (S_T \leqslant X_1 \text{ 或 } S_T \geqslant X_3)$$

$$BP_1 = X_1 + (C_1 + C_3 - 2 \times C_2)$$

$$BP_2 = X_3 - (C_1 + C_3 - 2 \times C_2)$$

【例9-9】某投资者于12月29日以次年3月份到期的3个月期欧洲美元定期存款期货的看涨期权建立如下多头蝶式价差部位：

买进一个协定价格为72.75的看涨期权，期权费为0.31(合775美元)；

卖出两个协定价格为73.00的看涨期权，期权费为0.17(每个期权合425美元，两个期权共计850美元)；

买进一个协定价格为73.25的看涨期权，期权费为0.08(合200美元)。

在建立这一多头蝶式价差部位时，投资者共支付期权费为0.39(合975美元)，而收取的期权费为0.34(合850美元)，故发生的期权费净支出为0.05(合125美元)。

现在我们假定在次年3月份这些期权到期日，欧洲美元定期存款期货的市场价格有如下几种可能，并根据这些可能的情况来分析投资者可能的盈亏状况：

(1)期货市场价格为72.50(低于最低协定价格72.75)，则四个期权均不会被执行，故投资者只会损失期初的期权费，净支出125美元。

(2)期货市场价格为72.75(等于最低协定价格72.75)，则四个期权也均不会被执行，故投资者也只会损失期初的期权费，净支出125美元。

(3)期货市场价格为73.00(等于中间协定价格73.00)，则在四个期权中，只有协定价格为72.75的那个期权被执行，而其余三个期权不会被执行。由于被执行的那个期权是投资者所买进的，因此通过执行该期权可获利625美元[(73.00 - 72.75)/0.01 ×25美元]，扣除期初期权费净支出125美元，投资者可获净利500美元。

(4)期货市场价格为73.25(等于最高协定价格73.25)，则在四个期权中，只有协定价格为73.25的那个期权被放弃，而其余三个期权会被执行。其中，投资者因执行其买进的期权而获利1 250美元[(73.25 - 72.75)/0.01 ×25美元]，但他因执行其卖出的期权而损失1 250美元[(73.25 - 73.00)/0.01 ×25美元×2]。这就说明，投资者在执行期权中的获利正好被损失所抵消，因此从总体上来看，他仍然损失期初的期权费，净支出125美元。

(5)期货市场价格为73.50(高于最高协定价格73.25)，则四个期权都会被执行。其中，投资者因执行其买进的两个期权而获利2 500美元[(73.50 - 72.75)/0.01 ×25美元 + (73.50 - 73.25)/0.01 ×25美元]，但他因执行其卖出的期权而损失2 500美元[(73.50 - 73.00)/0.01 ×25美元×2]。这就说明，投资者在执行期权中的获利正好被损失所抵消，因此从总体上来看，他仍然损失期初的期权费，净支出125美元。

由此可见，当期货市场价格等于中间协定价格时，投资者可获最大的利润；当期货市场价格等于或低于最低协定价格以及期货市场价格等于或高于最高协定价格时，投资者将遭受最大的损失。很显然，在多头蝶式价差交易中，投资者的最大利润和最大损失都是有限的，且是已知的。

【例9 - 10】与例9 - 9同理，该投资者于12月以次年3月份到期的3个月期欧洲美元定期存款期货的看跌期权建立如下多头蝶式价差部位：

买进一个协议价格为72.75的看跌期权，期权费合计200美元；卖出两个协定价格为73.00的看跌期权，期权费合计425美元，两份期权共计850美元；买进一个协定价格为73.25的看跌期权，期权费共计775美元。投资者期权费支出为975美元，收入为850美元，故实际净支出为125美元。

现在我们假定在次年3月份这些期权到期日，欧洲美元定期存款期货的市场价格有如下几种可能，并根据这些可能的情况来分析投资者可能的盈亏状况：

(1)当期货市场价格为72.50时(低于最低协定价格72.75),四份期权都执行,投资者因买进两份期权而获利2 500美元,因卖出两份期权而损失2 500美元,盈亏相抵。净损失为期权费,净支出125美元。

(2)当期货市场价格为72.50时(低于最低协定价格72.75),四份期权都不执行,净损失也为期权费,净支出125美元。

(3)当期货市场价格在73.25到73.00之间时,只有协定价格为73.25的期权执行,其他都不执行,最大收益是当期货市场价格为73.00时,收益为500美元。

(4)当期货市场价格在72.75到73.00之间时,只有协定价格为72.75的期权不执行,其他都执行,最大收益是当期货市场价格为73.00时,收益为500美元。

其盈亏收益曲线如图9.7所示。

2. 多头蝶式价差交易盈亏分析图。参见图9.7~图9.9。

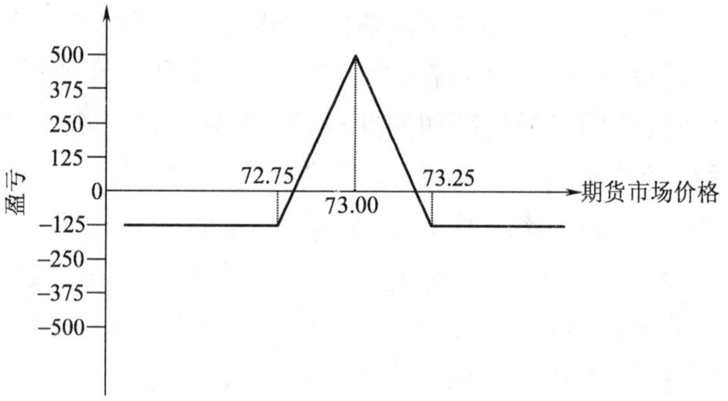

图9.7　多头蝶式价差交易盈亏分析图

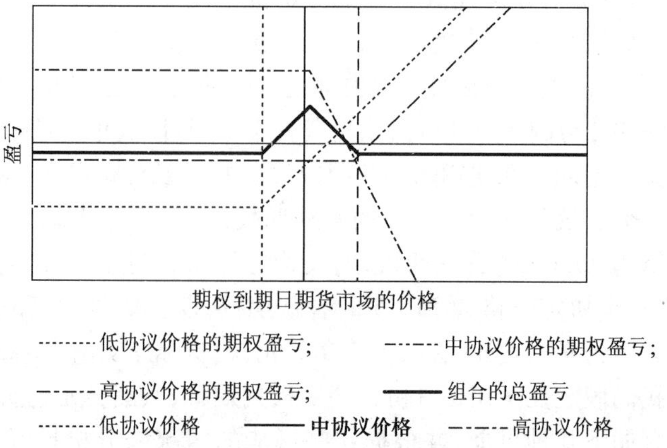

图9.8　看涨期权的多头蝶式价差交易盈亏分析图

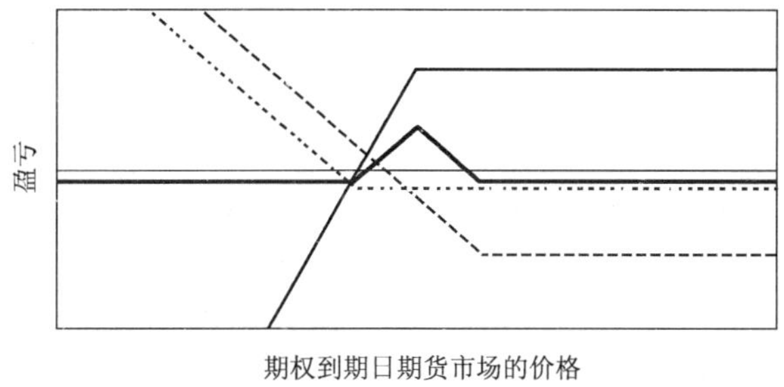

图9.9　看跌期权的多头蝶式价差交易盈亏分析图

当然，例9－9和例9－10虽然最后得出的多头蝶式价差交易的总盈亏图一样，但是交易的内容是不同的，图9.8是看涨期权的多头蝶式价差交易盈亏图的分解，图9.9是看跌期权的多头蝶式价差交易盈亏图的分解。

可见，在上述价差交易策略中，投资者的盈亏状况以平面图表示，其形状犹如一只展翅的蝴蝶。这种交易策略之所以叫作蝶式价差交易也正是因为如此。

（二）空头蝶式价差

空头蝶式价差交易是多头蝶式价差交易的反向操作。也就是说，投资者在建立空头蝶式价差交易部位时将卖出一个协定价格较低的期权和一个协定价格较高的期权，同时买进两个协定价格介于上述两个协定价格之间的期权。

1. 空头蝶式的价差交易的最大利润、最大损失和盈亏平衡点价格的计算方法。如以 X_1, X_2, X_3 表示最低协定价格、中间协定价格和最高协定价格，即 $X_1 < X_2 < X_3$，一般来说，$X_2 = (X_1 + X_3)/2$；以 C_1, C_2 和 C_3 分别表示最低协定价格、中间协定价格和最高协定价格的看涨期权的期权费，则看涨期权的空头蝶式价差交易的最大利润、最大损失和盈亏平衡点价格的计算公式可分别列示如下：

$$MP = C_1 + C_3 - 2 \times C_2 \qquad (S_T \leqslant X_1 \text{ 或 } S_T \geqslant X_3)$$

$$ML = X_1 - X_2 + (C_1 + C_3 - 2 \times C_2) \qquad (S_T = X_2)$$

$$BP_1 = X_1 + (C_1 + C_3 - 2 \times C_2)$$

$$BP_2 = X_3 - (C_1 + C_3 - 2 \times C_2)$$

【例9－11】某投资者于12月29日以次年3月份到期的3个月期欧洲美元定期存款期货的看涨期权建立如下空头蝶式价差部位：

卖出一个协定价格为72.75的看涨期权，期权费为0.31（合775美元）；

买进两个协定价格为73.00的看涨期权,期权费为0.17(每个期权合425美元,两个期权共计850美元);卖出一个协定价格为73.25美元的看涨期权,期权费为0.08(合200美元)。

在建立这一空头蝶式价差部位时,投资者共收取期权费为0.39(合975美元),而支付的期权费为0.34(合850美元),故发生的期权费净收入为0.05(合125美元)。

现在我们假定在次年3月份这些期权到期日,欧洲美元定期存款期货的市场价格有如下几种可能,并根据这些可能的情况来分析投资者可能的盈亏状况:

(1)当期货市场价格等于或低于最低协定价格以及期货市场价格等于或高于最高协定价格时,投资者将获得这一潜在的最大收益。期权费净收入为0.05(合125美元)。

(2)当期货市场价格等于中间协定价格时,投资者将遭受最大的损失500美元。

很显然,在空头蝶式价差交易中,投资者的最大的利润和最大的损失都是有限的,且是已知的。

【例9-12】与例9-11同理,该投资者于12月以次年3月份到期的3个月期欧洲美元定期存款期货的看跌期权建立如下空头蝶式价差部位:

卖出一个协议价格为72.75的看跌期权,期权费合计200美元;买进两个协定价格为73.00的看跌期权,期权费合计425美元,两份期权共计850美元;卖出一个协定价格为73.25的看跌期权,期权费共计775美元。投资者期权费收入为975美元,支出为850美元,故实际净收入为125美元。

现在我们假定在次年3月份这些期权到期日,欧洲美元定期存款期货的市场价格有如下几种可能,并根据这些可能的情况来分析投资者可能的盈亏状况:

(1)当期货市场价格为72.50时(低于最低协定价格72.75),四份期权都行使,投资者因买进两份期权而获利2 500美元,因卖出两份期权而损失2 500美元,盈亏相抵,净收益为期权费净收入125美元。

(2)当期货市场价格大于73.25时,四份期权都不行使,净收益为期权费净收入125美元。

(3)当期货市场价格在73.25到73.00之间时,只有协定价格为73.25的期权执行,其他不执行,最大损失是当期货市场价格为73.00时,损失500美元。

(4)当期货市场价格在72.75到73.00之间时,只有协议价格为72.75的期权不执行,其他都执行,最大损失是当期货市场价格为73.00时,损失500美元。

盈亏收益曲线与图9.8一样。

2. 空头蝶式价差交易盈亏分析图。见图 9.10～图 9.12。

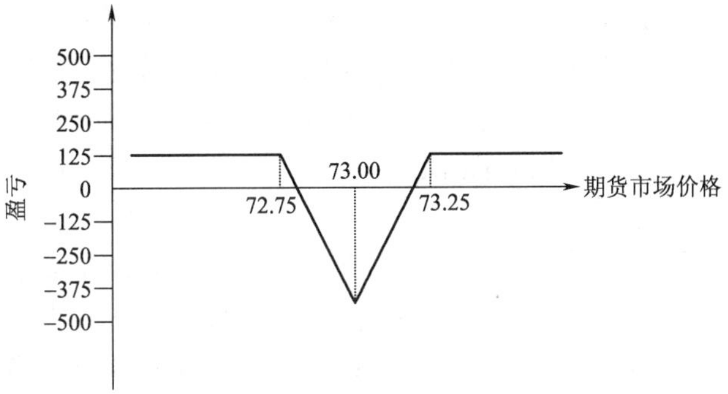

图 9.10　空头蝶式价差交易盈亏分析图

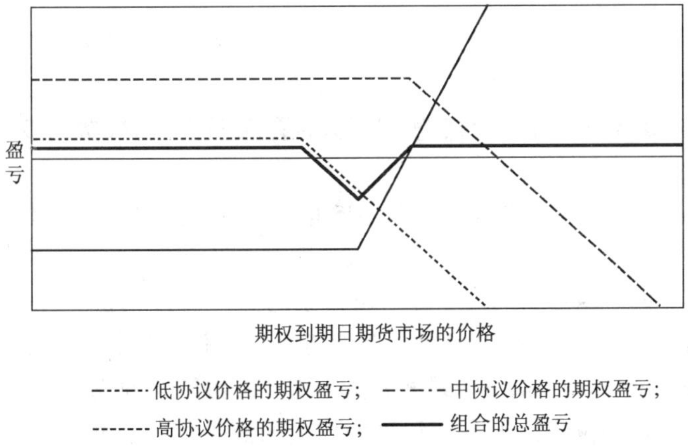

图 9.11　看涨期权的空头蝶式价差交易盈亏图

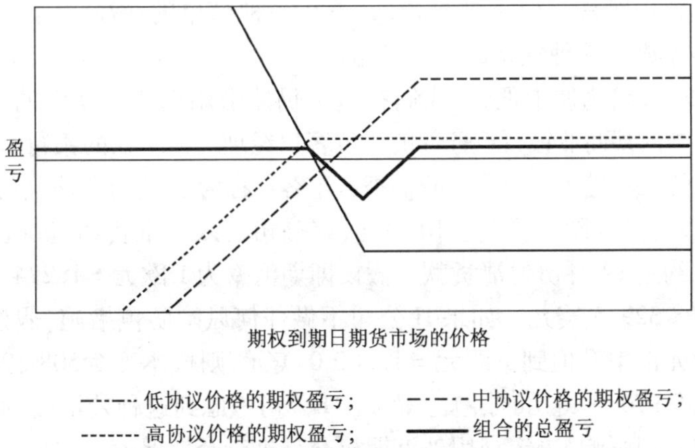

图 9.12　看跌期权的空头蝶式价差交易盈亏图

当然,例 9 - 11 和例 9 - 12 虽然最后得出的空头蝶式价差交易的总盈亏图一样,但是交易内容是不同的,图 9.11 是看涨期权的空头蝶式价差交易盈亏图的分解,图 9.12 是看跌期权的空头蝶式价差交易盈亏图的分解。

显然,空头蝶式价差交易的盈亏图与多头蝶式价差交易的盈亏图形是以横坐标线为对称线的对称图形。

(三)蝶式价差的性质

通过上述的分析不难看出,蝶式价差的实质是牛市价差和熊市价差的一种组合。从上述多头蝶式价差的实例来看,只需要将投资者卖出两个期权的交易行为一拆为二,则上述的多头蝶式价差部位即可以分为如下四个单一部位:

第一,买进一个协定价格为 72.75 的看涨期权,期权费为 0.31(合 775 美元);

第二,卖出一个协定价格为 73.00 的看涨期权,期权费为 0.17(合 425 美元);

第三,卖出一个协定价格为 73.00 的看涨期权,期权费为 0.17(合 425 美元);

第四,买进一个协定价格为 73.25 的看涨期权,期权费为 0.08(合 200 美元)。

在上述四个单一部位中,第一和第二的组合可以形成一个牛市价差部位,第三和第四的组合可以形成一个熊市价差部位。但是我们必须看到,这两个价差部位一旦形成一个蝶式价差部位,则其最大利润和最大损失将不是这两个价差部位之最大利润和最大损失的简单相加。同时蝶式价差部位的两个盈亏平衡点价格与原来的两个价差部位的盈亏平衡点价格也不相同。可见,蝶式价差交易虽然是牛市价差交易和熊市价差交易的一种组合,但这种组合仍然是一种有机组合,而不是一种简单的拼凑,正因如此,蝶式价差交易才成为一种独特的交易策略。

【例 9 - 13】为便于理解,我们在这里仍然沿用例 7 - 10 中的背景材料。假设你是国内某商业银行业务部的一位客户经理。你所在的银行有一位客户是开发区的一家进出口企业。我们把这个客户称为 H 公司。该公司的收入以美元为主,而多以欧元支付。10 月初,该公司购入一批货物,价值391 000欧元。双方约定 12 月份付清货款。假设即期汇率为 1 欧元 =1.274 5 美元,则成本为 498 329.5 美元。如果 H 公司不做任何风险防范措施,假设 12 月份付款时欧元汇率升值到 1 欧元 = 1.300 0 美元,则成本变为508 300美元,该公司会有 9 970.5 美元的损失。因此,H 公司考虑到这种外汇变动可能给企业带来的不利影响,决定利用外汇期权交易进行套期保值。在例 7 - 10 的分析中,我们分别运用远期、期货和期权这三种金融衍生工具提出了进行套期保值的方案。而在第八章中，我们通过把封顶保底型期权交易运用到外汇期权市场，达到了低成本甚至零成本锁定汇率风险的目的。

在本节中，我们接触到了更多的期权交易策略。能否运用本章所学的蝶式价差交易策略为 H 公司提供一种新的套期保值策略，使其在对未来汇率波动程度有一个较确定的预期时，能够有获利可能。

(1)如果 H 公司预测欧元汇率在 2 个月内会有较大波动，则可以采取空头蝶式价差交易策略。

例如，可以以 1 欧元 = 1.273 0 美元和 1 欧元 = 1.276 0 美元的协议价格卖出两份看涨期权，期权费分别为 5 600 美元和4 600美元，共计 10 200 美元。同时以 1 欧元 = 1.274 5 美元的协定价格买入两份看涨期权。期权费为每份 4 900 美元，共计 9 800 美元。期权费净收入 400 美元。

①当期货市场价格小于或等于 1 欧元 = 1.273 0 美元时，四份期权都要执行，H 公司净收益为期权费净收入 400 美元。

②当期货市场价格大于或等于1 欧元 = 1.276 0 美元时，四份期权都不执行，H 公司净收益仍为期权费净收入 400 美元。

③当期货市场价格处于 1.273 0 ~ 1.276 0 美元之间，最大亏损额发生在 1 欧元 = 1.274 5美元点。此时，只有价格为 1.276 0 的期权执行，H 公司损失为 391 000 × (1.276 0 − 1.274 5) − 400 = 186.5 美元。见图 9.13。

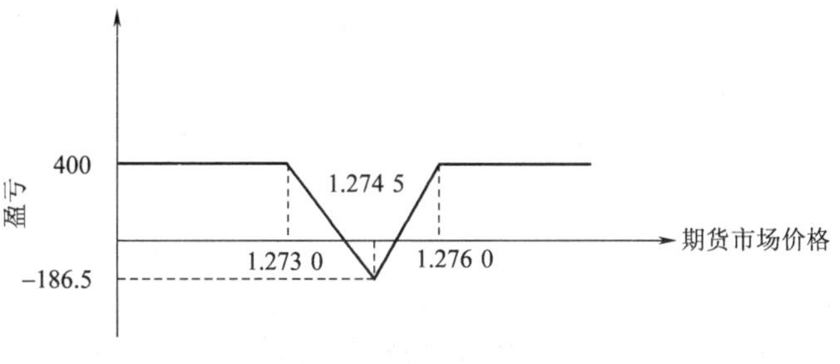

图 9.13　采取空头蝶式价差交易策略的盈亏图

(2)如果 H 公司预测欧元汇率在 2 个月内不会有大范围波动，则可以采取多头蝶式价差交易策略。

例如，可以以 1 欧元 = 1.273 0 美元和 1 欧元 = 1.276 0 美元的协定价格买进两份看涨期权，期权费分别为 5 600 美元和4 600美元，共计 10 200 美元。同时以 1 欧元 = 1.274 5 美元的协定价格卖出两份看涨期权，期权费为每份4 900美元，共计 9 800 美元。期权费净支出 400 美元。

①当期货市场价格小于或等于 1 欧元 = 1.273 0 美元时，四份期权都不执行，H 公司净收益为期权费净损失 400 美元。

②当期货市场价格大于或等于 1 欧元 = 1.276 0 美元时，四份期权都要

执行,H 公司净损失也为期权费净支出 400 美元。

③当期货市场处于 1.273 0 ~ 1.276 0 美元之间,最大获利发生在 1 欧元 = 1.274 5 美元时点。此时,只有价格为1.276 0的期权执行,H 公司最大收益为 391 000 × (1.276 0 − 1.274 5) − 400 = 186.5 美元。见图 9.14。

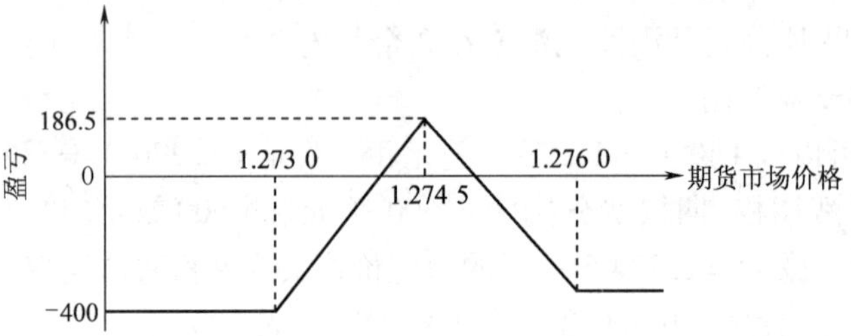

图 9.14　采取多头蝶式价差交易策略的盈亏图

四、水平价差

水平价差,也称为"日历价差(Calendar Spreads)"或"时间价差(Time Spread)",是指投资者买进距离到期日较远的期权(简称为远期期权),同时又卖出相同协定价格、相同数量但距离到期日较近的期权(简称为近期期权),以获取利润的期权交易方式。它有四种类型:

(1) 一份看涨期权多头与一份期限较短的看涨期权空头的组合,称为看涨期权的正向差期组合。

(2) 一份看涨期权多头与一份期限较长的看涨期权空头的组合,称为看涨期权的反向差期组合。

(3)一份看跌期权多头与一份期限较短的看跌期权空头的组合,称为看跌期权的正向差期组合。

(4)一份看跌期权多头与一份期限较长的看跌期权空头的组合,称为看跌期权的反向差期组合。

以看涨期权的正向差期组合的盈亏来分析水平价差交易。令 C_1,C_2 分别代表期限较长和较短的看涨期权的期初价格;C_{1T}代表 T 时刻期限较长的看涨期权的时间价值;T 表示期权到期时刻;S_T 表示 T 时刻标的资产的价格。

(1)当 $S_T \to \infty$ 时,空头亏损 $S_T - X - C_2$,而多头虽未到期,但由于此时 S_T 已远高于 X,故其价值趋近于 $S_T - X$,即多头盈利趋近于 $S_T - X - C_1$,总盈亏趋近于 $C_2 - C_1$。

(2)当 $S_T = X$ 时,空头盈利 C_2,多头还未到期,尚有价值 C_{1T},即多头亏损 $C_1 - C_{1T}$,总盈亏为 $C_2 - C_1 + C_{1T}$。

(3)当 $S_T \to 0$ 时,空头盈利 C_2,多头虽未到期,但由于 S_T 远低于 X,故其价值趋于0,即多头亏损趋近于 C_1,总盈亏趋近于 $C_2 - C_1$。

将上述三种情况列于表9.7。

表9.7　看涨期权的正向差期组合的盈亏状况

S_T 的范围	看涨期权多头的盈亏	看涨期权空头的盈亏	总盈亏
$S_T \to \infty$	趋近 $S_T - X - C_1$	$X - S_T + C_2$	趋近 $C_2 - C_1$
$S_T = X$	$C_{1T} - C_1$	C_2	$C_2 - C_1 + C_{1T}$
$S_T \to 0$	趋近 $-C_1$	C_2	趋近 $C_2 - C_1$

图9.15～图9.18为四种差期组合的盈亏示意图。横轴表示标的资产在短期期权到期时的市场价格,纵轴表示盈亏状况。虚线代表两种期权分别的盈亏水平,实线代表总收益水平。

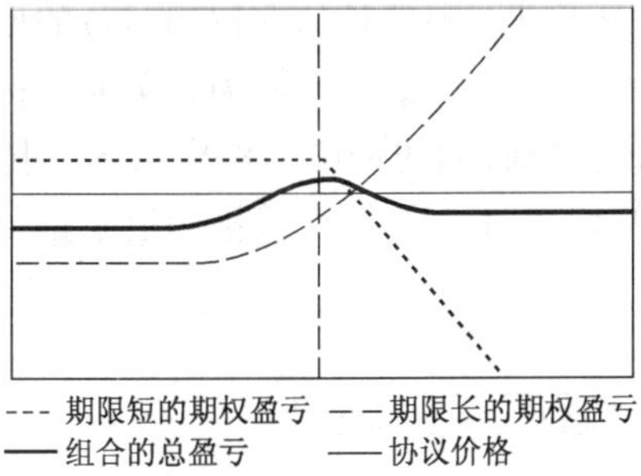

图9.15　看涨期权正向差期

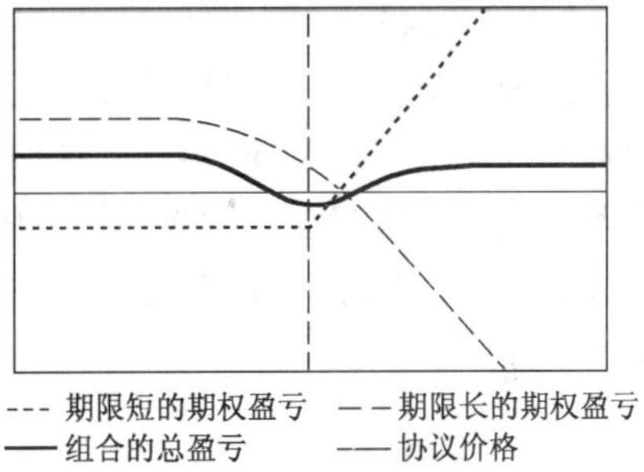

图9.16　看涨期权反向差期

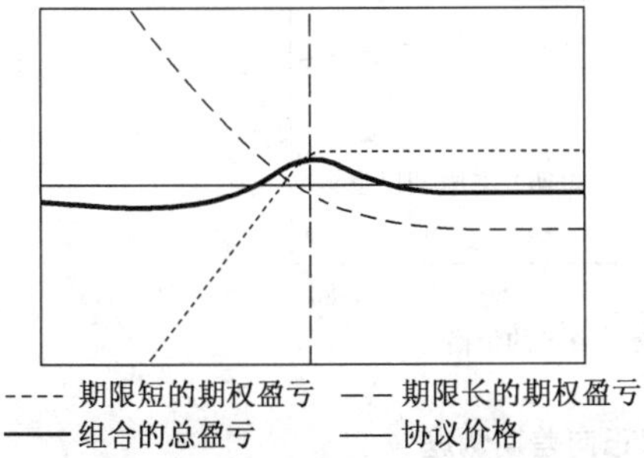

图9.17　看跌期权正向差期

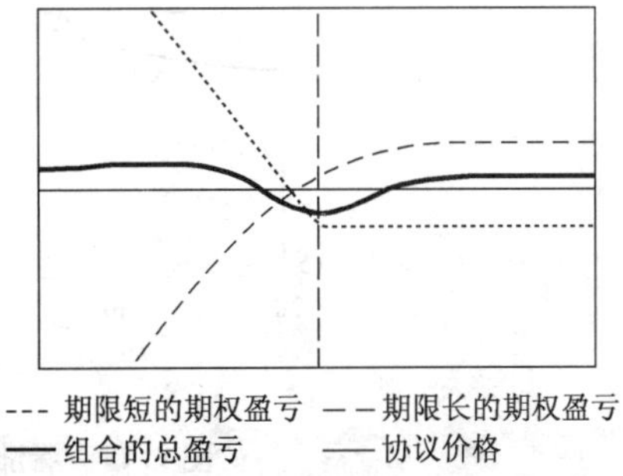

图9.18　看跌期权反向差期

从理论上讲,水平价差之所以能够获利,主要是因为远期期权和近期期权有着不同的时间价值的衰退速度。在正常情况下,近期期权的时间价值要比远期期权的时间价值的衰退速度快。这是因为期权的时间价值是期权的剩余期限的非线性函数。随着到期日的逐渐临近,期权的时间价值将以越来越快的速度递减。在水平差价中,投资者买进的期权和卖出的期权有着相同的标的资产和相同的协定价格,因此,它们的内在价值必然相同。然而投资者买进的期权为一远期期权,而他卖出的期权为一近期期权。远期期权显然比近期期权有着更高的时间价值。所以在内在价值相同的条件下,远期期权的期权费显然要高于近期期权的期权费。于是投资者在建立水平价差部位时将发生期权费的净支出。但是,由于近期期权的时间价值消失得较快,远期期权的时间价值消失得较慢,因此在近期期权到期时,两期权费之差将大于期初时的期权费之差。于是,投资者若在此时平仓,则其所得到的期权费净收入将大于其开仓时发生的期权费净支出。水平价差的利润来自于此。

与垂直价差不同,水平价差的盈亏图形往往难以描述。这是因为在水平价差中,投资者的最大利润只能近似地确定。在实际交易中,水平价差的盈亏图往往通过电脑来绘制。

【例 9-14】假设有两份看涨期权,其中买进期限较长的期权(1 年)的期初价格为 5.9 美元,卖出期限较短的期权(0.5 年)的期初价格为 3 美元。标的资产的协定价格为 50 美元。在期权到期时刻,标的资产的价格为 S_T。随着 S_T 的变化,期权组合的收益率可用图 9.19 表示。当资产价格趋近于正负无穷时,收益趋近于 -2.9 美元。

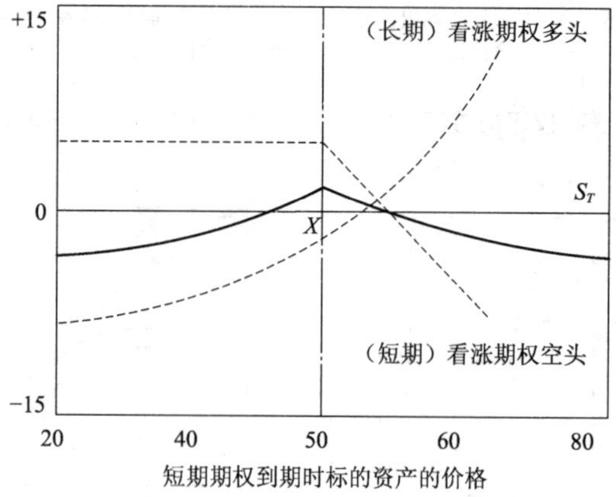

图 9.19 看涨期权正向差期例题

五、对角价差

垂直价差和水平价差都可以通过购买一个期权同时出售另一个期权来构造。在牛市和熊市价差交易中,两个期权的执行价格不同而到期日相同;

在水平价差交易中,两个期权的执行价格相同而到期日不同。

在对角价差(Dagonal Spread)交易中,两个期权的执行价格和到期日都可以不同。因此,它一共存在八种基本交易模式。

下面我们仅介绍关于看涨期权四种交易机制的盈亏示意图(图9.20~图9.23),有兴趣的读者可以自己尝试绘制其他四种关于看跌期权交易机制的盈亏示意图。同样,在图中横轴代表标的资产在短期权到期时的市场价格,纵轴代表盈亏水平。虚线代表两份期权分别的盈亏水平,实线代表总盈亏。其中,

(1)看涨期权牛市正向对角组合是指:对协定价格较低、到期期限较长的看涨期权做多头,而对协定价格较高、到期期限较短的看涨期权做空头。

(2)看涨期权熊市反向对角组合是指:对协定价格较低、到期期限较长的看涨期权做空头,而对协定价格较高、到期期限较短的看涨期权做多头。

以上两种组合方式可以组成逆向交易。

(3)看涨期权熊市正向对角组合是指:对协定价格较低、到期期限较短的看涨期权做空头,对协定价格较高、到期期限较长的看涨期权做多头。

(4)看涨期权牛市反向对角组合是指:对协定价格较低、到期期限较短的看涨期权做多头,对协定价格较高、到期期限较长的看涨期权做空头。

以上两种组合方式又可以组成逆向交易。

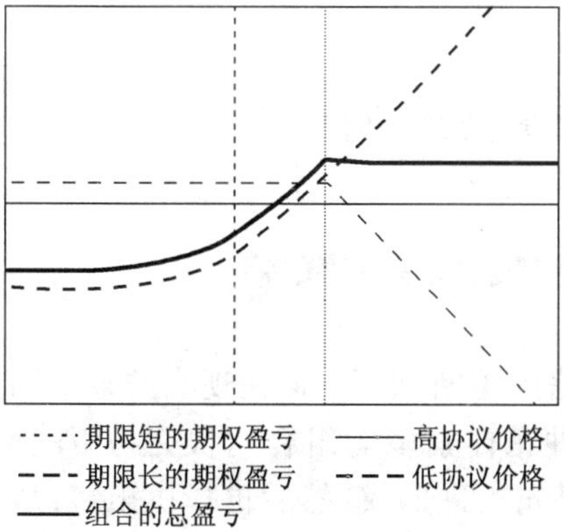

图9.20　看涨期权牛市正向对角组合

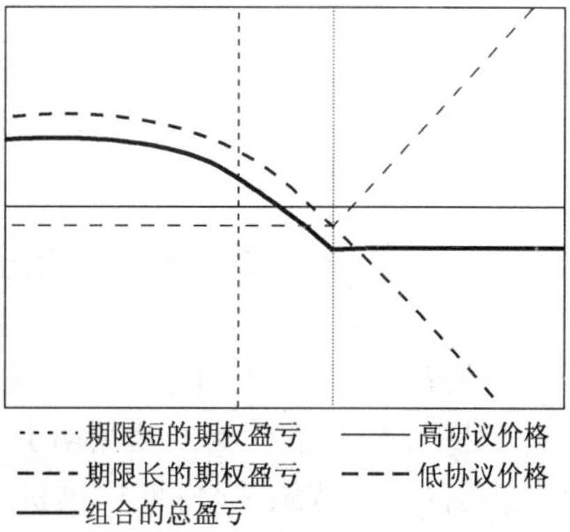

图9.21　看涨期权熊市反向对角组合

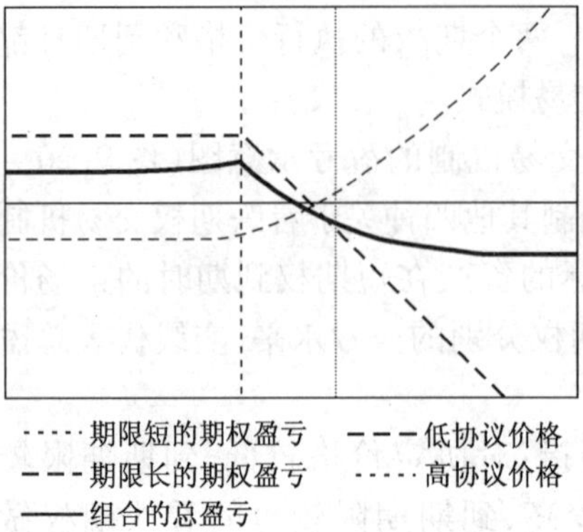

图9.22　看涨期权熊市正向对角组合

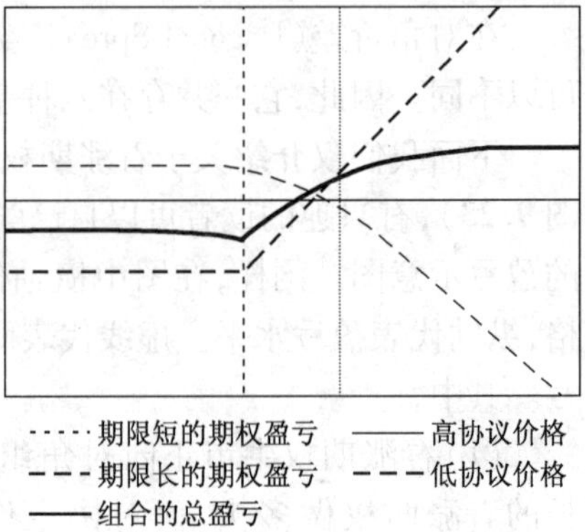

图9.23　看涨期权牛市反向对角组合

【例9-15】以看涨期权牛市正向对角组合为例。对协定价格为45，到期时间为1年，期权价格为8.78的看涨期权做多头，而对协定价格为55，到期时间为0.5年，期权价格为2.03的看涨期权做空头。则收益可由图9.24表示。

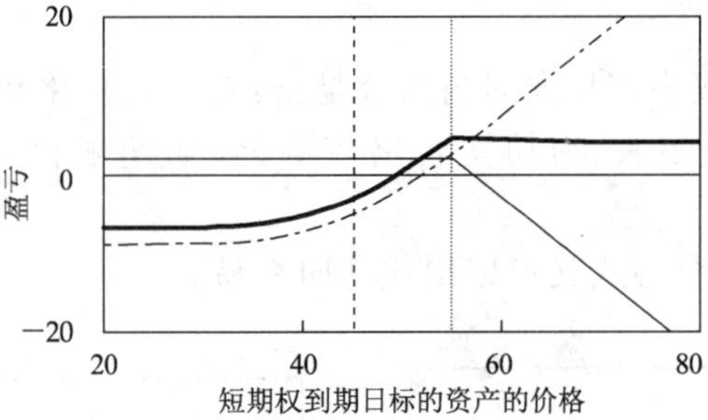

图9.24　看涨期权牛市正向对角组合例题

第三节　组合期权交易策略

期权交易的发展引起了期权交易策略的不断创新。但在现实的金融期权交易中，人们还广泛地运用着其他各种花样繁多的组合期权交易策略。组合期权的通常做法是：期权投机者一般先买进期权，然后再择机出售，从交易价格的差价中获利。组合期权是由看涨期权和看跌期权构成的组合，它主要适用于期权投机交易，这是因为购买期权的成本比购买标的资产的成本要低，而且由于购买期权后在交易不利于自己时可以放弃执行期权交易，交易的最大损失仅限于期权费。

一、跨式组合

组合期权中非常普遍的就是跨式组合(Straddle)期权交易策略,它由具有相同协议价格、相同期限、同种金融工具的一份看涨期权和一份看跌期权组成。跨式组合分为两种:底部跨式组合和顶部跨式组合。

(一)底部跨式组合

1. 底部跨式组合(Bottom Straddle)期权交易策略是指同时买进具有相同协定价格、相同期限、同种金融工具的一份看涨期权和一份看跌期权。这种策略主要运用于金融工具的价格剧烈变动且难以预料的情况。

2. 底部跨式组合的盈亏分析:假如金融工具的协定价格为 X;看涨期权的期权费为 C;看跌期权的期权费为 P。这一交易策略的损益状况为:最高的收益趋向于无限大;最大的损失为 $C+P$。当金融工具的市场价格在 $X-(C+P)$ 和 $X+(C+P)$ 的范围之内时,期权处于亏损状态;当金融工具的市场价格在 $X-(C+P)$ 或 $X+(C+P)$ 的范围之外时,期权处于盈利状态,而且离这一范围越远盈利越大。

在描绘盈亏图时,我们通过具体实例使表达更直观。假设协定价格都为50,每份看涨期权的价格为6,每份看跌期权的价格为4。其盈亏表和盈亏图分别见表9.8和图9.25。

表9.8 底部跨式组合的盈亏表

S_T 的范围	看涨期权多头的盈亏	看跌期权空头的盈亏	总盈亏
$S_T \to 0$	$-C$	$X-P$	$X-C-P$
$S_T = X$	$-C$	$-P$	$-C-P$
$S_T \to +\infty$	$+\infty$	$-P$	$+\infty$

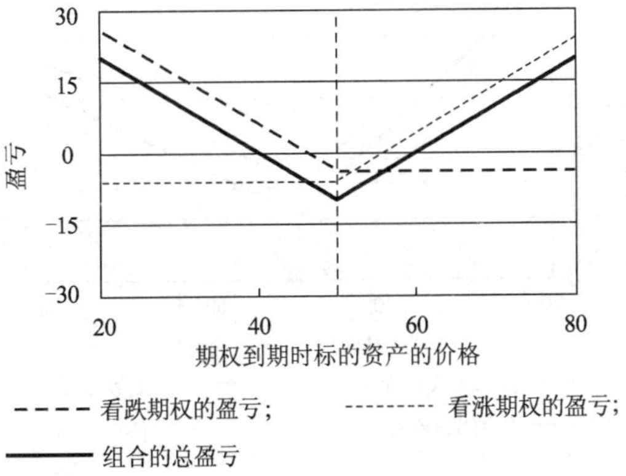

图9.25 底部跨式组合的盈亏图

(二)顶部跨式组合

顶部跨式组合(Top Straddle)期权交易策略是指同时出售具有相同协议价格、相同期限、同种金融工具的一份看涨期权和一份看跌期权。这是一种高风险的策略,一旦标的资产价格在任何方向上有重大变化,其损失是无限的。其盈亏图与图 9.25 正好相反(参见图 9.26)。

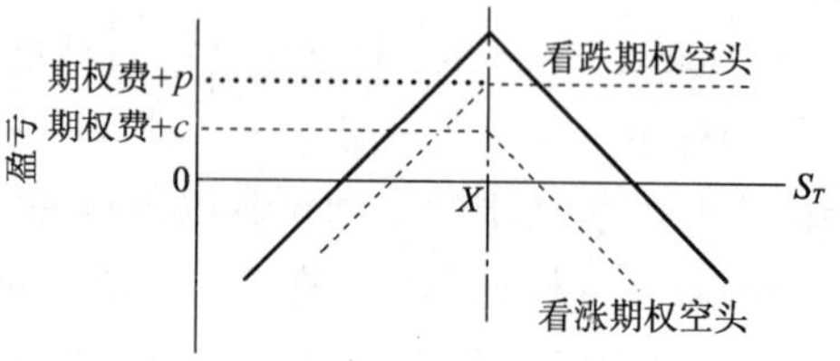

图 9.26 顶部跨式组合的盈亏图

二、条式组合和带式组合

(一)条式组合

条式组合(Strip)由具有相同协议价格、相同期限的同种金融工具的一份看涨期权和两份看跌期权组成。条式组合也分底部和顶部两种,底部由多头构成,顶部由空头构成。底部条式组合的盈亏表和盈亏图见表 9.9 和图 9.27。在描绘盈亏图时,我们仍沿用上例中的数据。顶部条式组合的盈亏图与底部的正好相反(参见图 9.28)。

表 9.9 底部条式组合的盈亏表

S_T 的范围	看涨期权多头的盈亏	看跌期权空头的盈亏	总盈亏
$S_T \to 0$	$-C$	$X-2P$	$X-C-2P$
$S_T = X$	$-C$	$-2P$	$-C-2P$
$S_T \to +\infty$	$+\infty$	$-2P$	$+\infty$

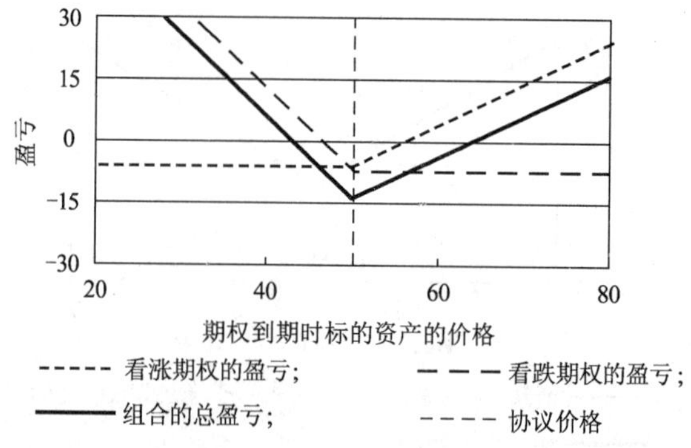

图 9.27 底部条式组合的盈亏图

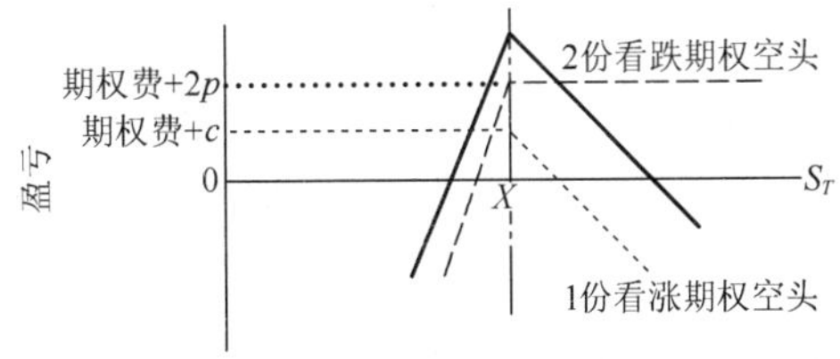

图 9.28　顶部条式组合的盈亏图

（二）带式组合

带式组合（Strap）由具有相同协议价格、相同期限同种金融工具的两份看涨期权和一份看跌期权组成，带式组合也分为底部和顶部两种，底部由多头组成，顶部由空头组成。底部带式组合的盈亏表和盈亏图如表 9.10 和图 9.29 所示。在描绘盈亏图时，我们仍沿用上例中的数据。顶部带式组合的盈亏图与底部正好相反（参见图 9.30）。

表 9.10　底部带式组合的盈亏表

S_T 的范围	看涨期权多头的盈亏	看跌期权空头的盈亏	总盈亏
$S_T \to 0$	$-2C$	$X-P$	$X-2C-P$
$S_T = X$	$-2C$	$-P$	$-2C-P$
$S_T \to +\infty$	$+\infty$	$-P$	$+\infty$

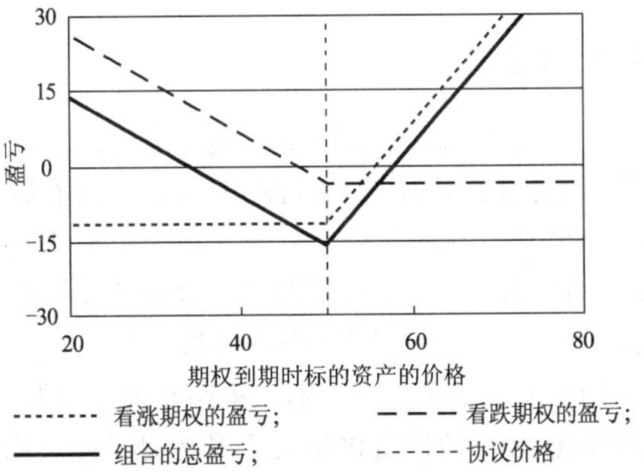

图 9.29　底部带式组合

【例 9－16】某投资者预测 M 公司股票在近期内将有大幅波动，现有相同期限、协定价格均为 450 美元的两份看涨期权和两份看跌期权，每份看涨期权的期权费为 15 美元，每份看跌期权的期权费为 19 美元。由于该投资者

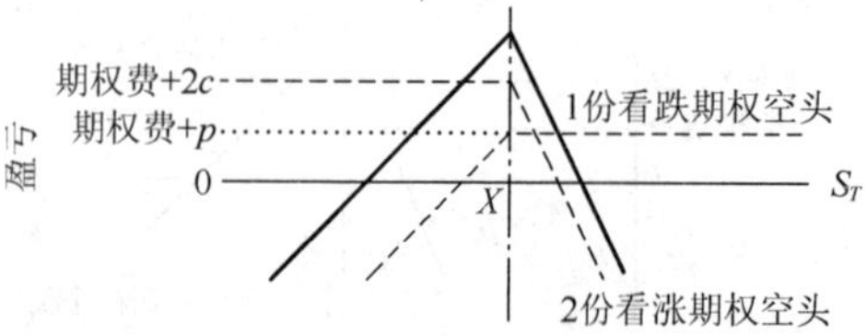

图 9.30　顶部带式组合的盈亏图的盈亏图

预测 M 公司股票将大幅波动,因此可以应用底部跨式组合、底部条式组合和底部带式组合。

首先看底部跨式组合。投资者可以同时买入一份看涨期权和一份看跌期权,共支付期权费 34 美元。当 M 公司股票市场价格在 416 美元到 484 美元之间时,投资者策略失败。当 M 公司股票市场价格小于 416 美元或大于 484 美元,投资者策略成功。

再来看底部条式组合。投资者可以同时买入一份看涨期权和两份看跌期权,共支付期权费 53 美元。当 M 公司股票市场价格在 423.5 美元到 503 美元之间时,投资者策略失败。当 M 公司股票市场价格小于 423.5 美元或大于 503 美元时,投资者策略成功。

最后看底部带式组合,其与底部条式组合类似,投资者可以同时买入两份看涨期权和一份看跌期权,共支付期权费 49 美元。当 M 公司股票市场价格在 401 美元到 474.5 美元之间时,投资者策略失败。当 M 公司股票市场价格小于 401 美元或大于 474.5 美元时,投资者策略成功。

三、宽跨式组合

宽跨式组合(Strangle)有时也称为底部垂直价差组合,它是由投资者购买到期日相同但协定价格不同的一份看涨期权和一份看跌期权组成,其中看涨期权的协定价格高于看跌期权。宽跨式组合也分为底部和顶部,底部由多头组成,顶部由空头组成。底部宽跨式组合的盈亏如图 9.31 所示,顶部宽跨式的盈亏图正好与底部相反(参见图 9.32)。

底部宽跨式期权策略与底部跨式期权策略相似。投资者预测标的资产价格会有较大的变化,但不能确定价格是上升还是下降。比较图 9.25 与图 9.31,可以发现只有在宽跨式期权交易策略中标的资产价格的变动程度大于跨式期权交易策略中标的资产价格的变动程度时,投资者才能够获利。但是当标的资产价格最终处于中间状态时,宽跨式期权的损失相对较小。运用宽跨式期权所获得利润的大小取决于两个协定价格的接近程度,距离越远,潜在的损失越小,为获得利润,则标的资产价格的变动需要更大一些。

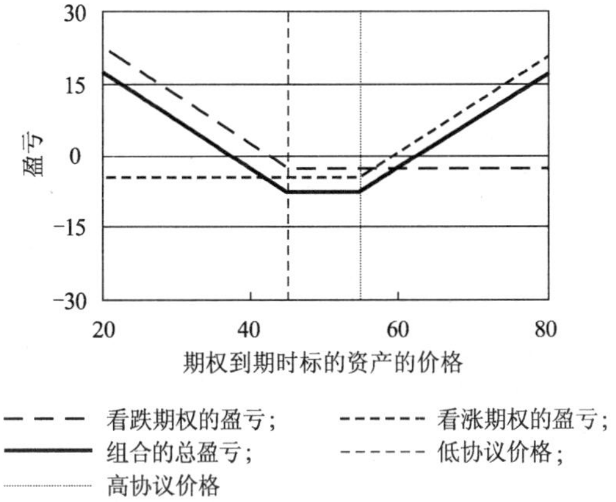

图 9.31　底部宽跨式组合的盈亏图

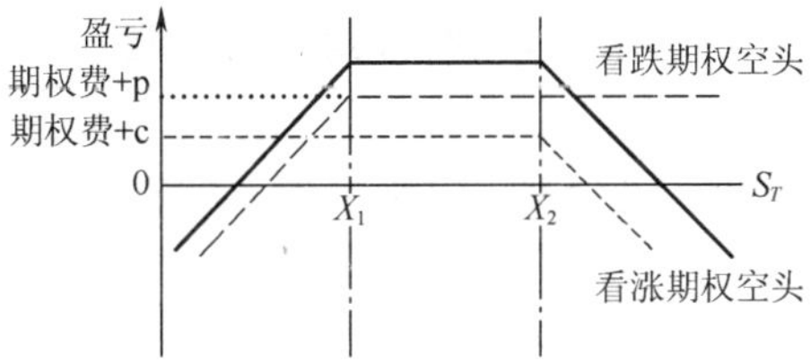

图 9.32　顶部宽跨式组合的盈亏图

从理论上讲，只要期权协定价格足够多，期权的组合种类是无限的。投资者可以根据自己对未来价格的判断、套期保值和套利的不同需要以及自己的风险—收益偏好，随心所欲地组建不同的期权组合，甚至构建新的金融品种。而金融工具的拆分和组合正是金融工程学研究的主要内容。

本章小结

1. 金融期权基本交易策略包括买进看涨期权、卖出看涨期权、买进看跌期权和卖出看跌期权。当投资者预计某种标的资产的市场价格将上涨时，投资者可以买进该标的资产的看涨期权或卖出看跌期权。当投资者预计某种标的资产的市场价格将下跌时，投资者可以买进该标的资产的看跌期权或卖出看涨期权。但是这四种交易策略的潜在最大利润和最大损失及盈亏平衡点价格是不同的。

2. 价差交易策略是指投资者在期权市场上同时买进一种期权而卖出另一种期权以赚取价差收益的交易行为，主要包括垂直价差交易策略和水平价差交易策略。

3. 垂直价差交易是指投资者在买进一个期权的同时又卖出另一个期权,这两个期权不仅属于同一大类,而且还属于同一个垂直系列。也就是说,这两个期权有着相同的到期日和标的资产,但有着不同的协定价格。垂直价差交易可以分为四类:牛市看涨期权价差、牛市看跌期权价差、熊市看涨期权价差和熊市看跌期权价差。

4. 蝶式差价交易是金融期权价差交易策略中比较重要的一种交易策略。该交易策略是由投资者买进两个期权和卖出两个期权所组成的。根据具体的交易方式的不同,蝶市价差交易可以分为多头蝶式价差交易和空头蝶式价差交易两种。

5. 水平价差是指投资者买进离到期日较远的期权(简称为远期期权),同时又卖出相同协议价格、相同数量的但离到期日较近的期权(简称为近期期权),以获得利润的期权交易方式,主要有4种类型。

6. 组合期权交易策略主要包括跨式组合、条式组合、带式组合和宽跨式组合四种类型。

7. 所有的期权和期权组合都可以画出盈亏分析图。

关键术语

买进看涨期权　卖出看涨期权　买进看跌期权　卖出看跌期权　价差交易策略　垂直价差交易策略　水平价差交易策略　牛市看涨期权价差　牛市看跌期权价差　熊市看涨期权价差　熊市看跌期权价差　多头蝶式价差　空头蝶式价差　对角价差　跨式组合　条式组合　带式组合　宽跨式组合

能力训练

一、选择题

1. 某投资者在期货市场上对某份期货合约持看跌的态度,于是做卖空交易。如果他想通过期权交易对期货市场的交易进行保值,他应该(　　)

A. 买进该期货合约的看涨期权

B. 卖出该期货合约的看涨期权

C. 买进该期权合同的看跌期权

D. 卖出该期权合同的看跌期权

2. 某投资者卖出了某份期货合约的看涨期权,则以下说法正确的是(　　)

A. 到期日，如果期货合约市场价格低于协定价格，则该投资者会蒙受损失

B. 到期日，如果期货合约市场价格高于协定价格，则该投资者会蒙受损失

C. 到期日，如果期货合约市场价格低于协定价格，则该投资者不会蒙受损失

D. 到期日，如果期货合约市场价格高于协定价格，则该投资者不会蒙受损失

3. 如果不考虑佣金等其他交易费用，买入看跌期权的投资者其可能损失的最大金额为（　　），可能获得最大收益为（　　）

A. 协定价格与期权费之和；协定价格与期权费之差

B. 期权费；协定价格与期权费之和

C. 期权费；协定价格与期权费之差

D. 协定价格与期权费之差；协定价格与期权费之和

4. 下列关于在股票回购中，公司应用出售看跌期权交易策略的叙述不正确的是（　　）

A. 如果在期权到期时，股票市场价格低于执行价格，则公司有义务以执行价格买入股票

B. 公司出售的期权的执行价格一般要低于股票当前的市价

C. 公司的期权费收入是固定收入，可以用于抵消股票市场的损失

D. 如果到期时股票价格高于执行价格，公司有权利要求以执行价格买入股票

5. 下列关于牛市看涨期权价差表述正确的是（　　）

A. 牛市看涨期权价差是指投资者在卖出一个协定价格较低的看涨期权的同时再卖出一个到期日相同但协定价格较高的看涨期权

B. 牛市看涨期权价差是指投资者在买进一个协定价格较低的看涨期权的同时再卖出一个到期日相同但协定价格较高的看涨期权

C. 牛市看涨期权价差是指，投资者在买进一个协定价格较低的看涨期权的同时，再买进一个到期日相同但协定价格较高的看涨期权

D. 牛市看涨期权价差是指，投资者在买进一个协定价格较低的看涨期权的同时，再卖出一个到期日相同但协定价格较高的看跌期权

6. 牛市看涨期权价差交易和牛市看跌期权价差交易盈亏图几乎完全相同，但它们毕竟是两种不同的期权交易策略，以下表述正确的是（　　）

A. 投资者在建立牛市看涨期权价差部位时将发生期权费净支出

B. 投资者在建立牛市看跌期权价差部位时将发生期权费净支出

C. 投资者在建立牛市看跌期权价差部位时最大收益为两份期权的期权费之差

D. 投资者在建立牛市看涨期权价差部位时最大亏损为两份期权的期权费之差

7. 下列关于熊市看跌期权价差的叙述正确的是（　　）

A. 熊市看跌期权价差是指投资者在买进一个协定价格较低的看跌期权的同时,再卖出一个到期日相同但协定价格较高的看跌期权

B. 熊市看跌期权价差是指,投资者在卖出一个协定价格较高的看跌期权的同时,再卖出一个到期日相同但协定价格较低的看跌期权

C. 熊市看跌期权价差是指,投资者在买进一个协定价格较高的看跌期权的同时,再买进一个到期日相同但协定价格较低的看跌期权

D. 熊市看跌期权价差是指,投资者在买进一个协定价格较高的看跌期权的同时,再卖出一个到期日相同但协定价格较低的看跌期权

8. 熊市看涨期权价差交易和熊市看跌期权价差交易盈亏图几乎完全相同,但它们毕竟是两种不同的期权交易策略,以下表述正确的是(　　)

A. 在熊市看涨期权价差交易中,投资者将取得期权费净支出;在熊市看跌期权价差交易中,投资者将取得期权费净收入

B. 在熊市看涨期权价差交易中,投资者将取得期权费净收入;在熊市看跌期权价差交易中,投资者将取得期权费净支出

C. 投资者在建立熊市看跌期权价差部位时,最大收益为两份期权的期权费之差

D. 投资者在建立熊市看涨期权价差部位时,最大亏损为两份期权的期权费之差

9. 多头看涨期权蝶式价差交易是指投资者(　　)一个协定价格较低的看涨期权,再(　　)一个协定价格较高的看涨期权,同时(　　)两个协定价格介于上述两个协定价格之间的看涨期权

A. 买进;卖出;卖出　　B. 卖出;卖出;买进

C. 买进;买进;卖出　　D. 卖出;买进;买进

10. 下列关于垂直价差、水平价差和对角价差的表述不正确的是(　　)

A. 在垂直价差交易中,两个期权的执行价格不同而到期日相同

B. 在水平价差交易中,两个期权的执行价格相同而到期日不同

C. 在对角价差交易中,两个期权的执行价格和到期日都可以不同

D. 在水平价差交易中,两个期权的执行价格和到期日都可以不同

11. 比较期权的跨式组合和宽跨式组合,下列说法正确的是(　　)

A. 跨式组合中的两份期权的执行价格不同,期限相同

B. 宽跨式组合中的两份期权的执行价格相同,期限不同

C. 跨式期权组合和宽跨式期权组合都是通过同时成为一份看涨期权和一份看跌期权的空头或多头来实现的

D. 底部跨式期权组合中的标的资产价格变动程度要大于底部宽跨式期权组合中的资产的物价格变动程度,才能使投资者获利

12. 下列关于期权的条式和带式组合的表述,不正确的是(　　)

A. 条式组合由具有相同协定价格、相同期限的一份看涨期权和两份看跌期权组成

B. 带式组合由具有相同协定价格、相同期限的两份看涨期权和一份看跌期权组成

C. 底部条式组合的最大损失为$(-2C-P)$，底部带式组合的最大损失为$(-C-2P)$

D. 底部条式组合和带式组合由期权多头组成，顶部条式组合和带式组合由空头组成

二、思考题

1. 试简述买进看涨期权和买进看跌期权的盈亏特征和适用场合。

2. 投资者卖出期权是否有无限损失的风险？为什么？

3. 垂直价差和水平价差是怎样区分的？

4. 牛市看涨期权价差与牛市看跌期权价差有何异同？

5. 熊市看涨期权价差与熊市看跌期权价差有何异同？

6. 如何理解牛市看涨期权价差是单独买进看涨期权与单独卖出看涨期权的有机组合？

7. 为什么说蝶式价差是牛市价差和熊市价差的一种有机组合？

三、计算题

1. 某投资者 2002 年 12 月 29 日以 3 美元的期权费购买一个执行价格为 30 美元的看涨期权，同时他又以 1 美元的期权费售出一个执行价格为 35 美元的看涨期权。试求该价差交易的最大利润、最大损失和盈亏平衡点价格。

2. 某股票的当前价格为 94 美元，以该股票为标的，协议价格为 95 美元，3 个月到期的买权当前售价为 0.47 美元。某投资者认为股票价格将会上升，他有两个投资策略可供选择：买入 100 股股票；或买入 20 份期权，拥有以协定价格买入 2 000 股股票的权利。投资额均为 9 400 美元。你会提出什么样的建议？股票上升到多少时期权投资策略盈利更多？①

3. 假设 C 公司以美元、日元外汇期权组成价差交易，具体交易规定如下：

(1) 购买“出售美元购买日元期权”：期限为 3 个月，金额为 100 万美元，协定价格为 84 日元，支付期权费为 2.5 日元；

(2) 出售“出售美元购买日元期权”：期限为 3 个月，金额为 100 万美元，协定价格为 86.5 日元，支付期权费为 3.5 日元。

要求做出损益图，并进行损益分析。

4. 某投资者于 2002 年 12 月 29 日以次年 3 月份到期的看涨期权建立如下多头蝶式价差部位：

第一，买进一个协定价格为 85 美元的看涨期权，期权费为 10 美元；

第二，卖出两个协定价格为 90 美元的看涨期权，期权费为 5 美元；

第三，买进一个协定价格为 95 美元的看涨期权，期权费为 2 美元。

(1) 试求该多头蝶式价差交易的最大利润、最大损失和盈亏平衡点价格。

(2) 在该期权到期日，如果标的资产的市场价格分别为 70 美元、90 美

---

① 选自研究生考试金融联考 2003 年试题。

元、100 美元时的损益状况。并划出该多头蝶式交易的盈亏图。

5. 某公司股票的价格为每股 10 元,某投资者预计该股票价格不会出现大幅波动,因此他考虑使用条式和带式期权组合交易机制。现有 4 份协定价格和期限都相同的期权合约可供他选择,分别是 2 份看涨期权和 2 份看跌期权。执行价格都是每股 10 元,看涨期权的期权费为 0. 8 元/股,看跌期权为 0. 6 元/股。要达到目的,该投资者是应该对期权做多头还是做空头。请描绘出盈亏图。

参考文献与网站链接

1. John C. Hull. 期货与期权市场导论[M]. 周春生,付佳译. 北京:北京大学出版社,2006.

2. 路透. 金融衍生工具导论[M]. 北京:北京大学出版社,2001.

3. 尹宏,胡红霞. 权证投资实用指南[M]. 北京:经济管理出版社,2006.

4. Don M. Chance. 衍生金融工具与风险管理[M]. 郑磊译. 北京:中信出版社,2004.

5. 芝加哥期权交易所期权学院. 期权——基本概念与交易策略[M]. 郭晓利,郑学勤译. 北京:中国财政经济出版社,2006.

6. 罗伯特·A. 斯特朗. 衍生产品概论[M]. 王振山等译. 大连:东北财经大学出版社,2005.

7. Robert Tompkins. 解读期权[M]. 陈送生等译. 北京:经济管理出版社,2004.

8. 陈信华. 金融衍生工具——定价原理、运作机制及实际运用[M]. 上海:上海财经大学出版社,2004.

9. 欧阳良宜. 期权期货市场理论与操作[M]. 北京:中国发展出版社,2006.

10. 郑振龙. 衍生产品[M]. 武汉:武汉大学出版社,2005.

11. 期权天下 www. optionsky. com.

12. 雅虎财经频道 http://cn. finance. yahoo. com.

13. 新浪网财经频道 http://finance. sina. com. cn.

第十章 期权定价理论

★ 本章学习指导 ★

期权定价是所有金融衍生工具定价中最复杂的。本章阐述了期权价格的构成和影响因素,期权价格的上下限,布莱克—斯科尔斯模型和二叉树定价模型,与期权价格有关的敏感性指标。要求掌握期权的内在价值与时间价值的关系,布莱克—斯科尔斯定价模型和二叉树定价模型,理解期权价格的上限与下限公式以及期权价格的敏感性指标。

金融期权交易是一种权利交易,在这种交易中,期权购买者为获得期权合约所赋予的权利,就必须向期权出售者支付一定的期权费用,这笔费用就是期权费或者叫期权价格。在期权交易中,期权价格的决定与变动是一个既十分重要又十分复杂的问题。

第一节 期权价格的构成

一般认为,首次尝试为衍生产品进行估价发生在1900年,当时路易斯·巴契里耶(Louis Bachelier)在他的博士论文《投机理论》中提出:在给定的无限小的瞬间,证券市场价格一定会处于均衡状态,且没有倾向于市场上升或市场下降的内在偏斜,并制出了第一张损益图表。可惜他的成就在当时并没有得到应有的重视。20世纪五六十年代,著名经济学家保罗·萨缪尔森(Paul Samuelson)的《认股权证定价理论》和詹姆斯·伯纳斯(James Boness)的《股票期权价值的理论和度量》都是期权定价理论的重要著作。终于,在1973年,芝加哥大学教授费雪·布莱克(Fisher Black)和迈伦·斯科尔斯(Myron Scholes)在前人研究成果的基础上,发表了《期权定价与公司负债》① 一文,提出了著名的布莱克—斯科尔斯期权定价模型(Black - Scholes Option

① Black & Scholes. The pricing of options and corporate liabilities[J]. Journal of Political Economy, 1973, 81(3):637 - 659.

Pricing Model)，用于确定欧式股票期权价格。同年，罗伯特·莫顿（Robert C. Merton）独立地提出了一个更为一般化的期权定价模型①。布莱克—斯科尔斯期权定价模型亦可称为布莱克—斯科尔斯—莫顿定价模型（Black - Scholes - Merton Option Pricing Model）。莫顿扩展了原模型的内涵，使之同样运用于许多其他形式的金融交易。斯科尔斯和莫顿并因此获得了1997年度的诺贝尔经济学奖。

一、期权的价值分析

期权价值主要由两部分构成：内在价值和时间价值。一份期权合约的价值等于其内在价值与时间价值之和，其数学表达式为

$$PV = IV + TV \tag{10.1}$$

（一）期权的内在价值

内在价值，又称为内涵价值，是指在履行期权合约时可获得的总利润，当总利润小于零时，内在价值为零。内在价值反映了期权合约中预先约定的协定价格与相关标的资产的市场价格之间的关系。其计算公式为：

$$IV = \begin{cases} S - K(\text{在看涨期权中}) \\ K - S(\text{在看跌期权中}) \end{cases}$$

式中：IV：内涵价值；S：标的资产的市场价格；K：期权执行价格。

按照有无内涵价值，期权可呈现三种状态：实值期权（In-The-Money，简称ITM）、虚值期权（Out-of-The-Money，简称OTM）和平价期权（At-The-Money，简称ATM）。

我们把 $S > K$ 的看涨期权称为实值期权；把 $S < K$ 的看涨期权称为虚值期权；把 $S = K$ 的看涨期权称为平价期权。

同样，我们把 $K > S$ 时的看跌期权称为实值期权；把 $K < S$ 的看跌期权称为虚值期权；把 $K = S$ 的看跌期权称为平价期权。

实值期权的内在价值大于零，而虚值期权和平价期权的内在价值均为零。

（二）期权的时间价值

期权的时间价值是指期权买方随着期权时间的延续和相关标的资产价格的变动有可能使期权增值时，愿意为购买这一期权所付出的权利金额。从动态上看，期权的时间价值有一个变化规律：伴随期权合约剩余有效期缩短而衰减。发生衰减的原因也很简单，对于期权买方而言，有效期越长，市场状况发生有利于他的变化的可能性也就越大，获利的机会也就越多，他愿意付出的时间价值也就越高；与此同时，卖方亏损的风险也越大。伴随合约

---

① Robert C Merton. Theory of rational option pricing[J]. Bell Journal of Economics, 1973, 4(1): 141 - 183.

剩余有效期限的缩短，买方获利的机会在减少，卖方承担的风险也在减少，因此时间价值也将逐步减少。

期权的时间价值还取决于标的资产市价与协定价格之间差额的绝对值。当差额为零，期权的时间价值最大。当差额的绝对值增大时，期权的时间价值是递减的，具体如图 10.1 所示。

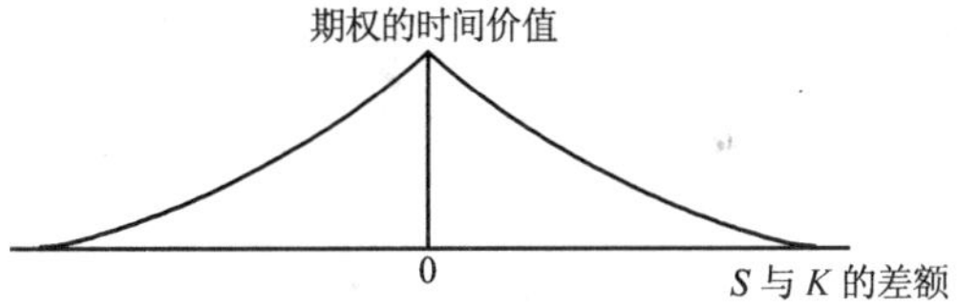

图 10.1　期权的时间价值与 S 与 K 差额之间的关系

二、权利金、内在价值、时间价值三者之间的关系

期权合约的权利金是由期权价值所决定的，即由内在价值和时间价值所决定。三者之间的关系可用图 10.2 来表示。从静态的角度看，期权价值（权利金）在任一时点都是由内在价值和时间价值两部分组成的；在虚值期权（即看涨期权 $S<K$；看跌期权 $S>K$ 时），权利金完全由时间价值组成；在平价期权（即 $S=K$）时，权利金完全由时间价值组成，且时间价值达到最大；在实值期权（即看涨期权 $S>K$；看跌期权 $S<K$ 时），权利金由内在价值和时间价值组成，内在价值与市价等比例增减。从动态的角度看，期权的时间价值在衰减，伴随合约剩余有效期的减少而减少，期满时时间价值为零，权利金全部由内在价值组成。

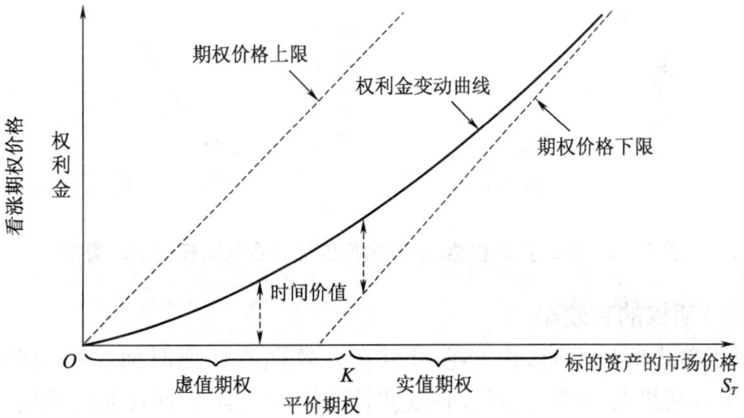

图 10.2　看涨期权中权利金、内在价值、时间价值三者变动关系示意图

三、期权价格的影响因素

影响期权价格的因素主要有6个。

(一)标的资产市场价格与期权执行价格

对于看涨期权而言,由于执行时其收益等于标的资产市场价格与执行价格之差。因此,标的资产价格越高、期权执行价格越低,看涨期权的价格就越高。换句话说,看涨期权的价格随着标的资产价格的上升而上升,随着期权执行价格的上升而下降。参见图10.3。

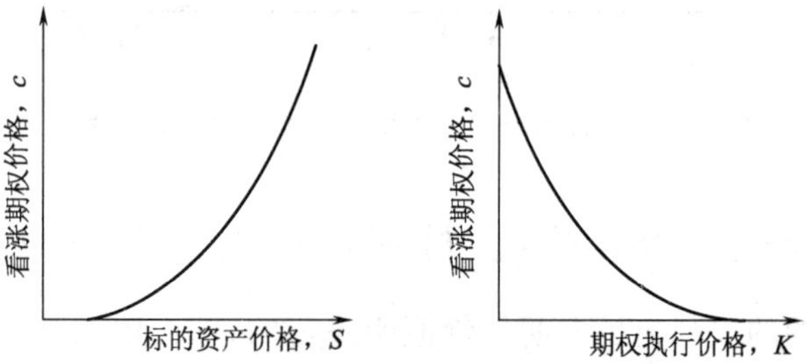

图10.3　标的资产的价格、期权执行价格对看涨期权价格的影响

对于看跌期权而言,由于执行时其收益等于执行价格与标的资产价格之差,因此,标的资产价格越低、期权执行价格越高,看跌期权的价格就越高。换句话说,看跌期权的价格随着标的资产价格的上升而下降,随着期权执行价格的上升而上升。参见图10.4。

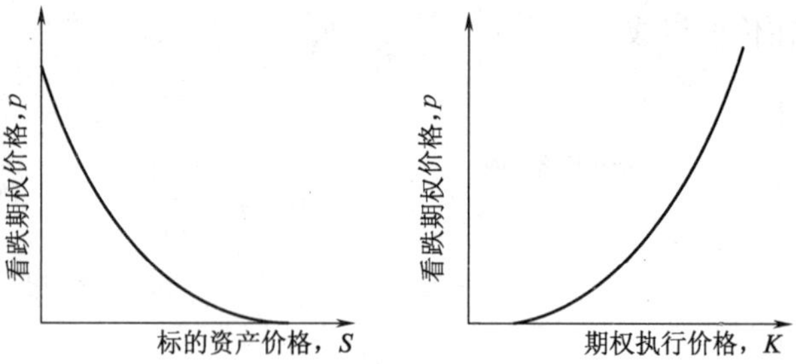

图10.4　标的资产价格、期权执行价格对看跌期权价格的影响

(二)期权的有效期

对于美式期权而言,由于它可以在有效期内任何时间执行,有效期越长,多头获利机会就越大,而且有效期长的期权包含了有效期短的期权的所有执行机会,因此有效期越长,期权价格越高。参见图10.5。

对于欧式期权而言,由于它只能在期末执行,有效期长的期权就不一定

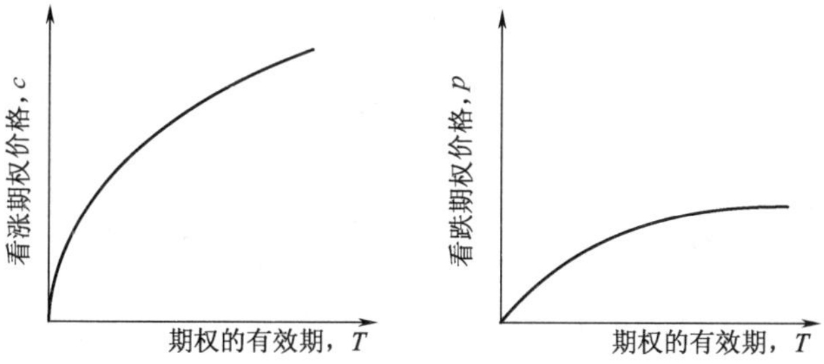

图 10.5 期权有效期对美式期权价格的影响

包含有效期短的期权的所有执行机会。这就使欧式期权的有效期与期权价格之间的关系显得较为复杂。例如，同一股票的两份欧式看涨期权，一个有效期 1 个月，另一个 2 个月，假定在 6 周后标的股票将有大量红利支付，由于支付红利会使股价下降，在这种情况下，有效期短的期权价格甚至会高于有效期长的期权。

但在一般情况下（即剔除标的资产支付大量收益这一特殊情况），由于有效期越长，标的资产的风险就越大，空头亏损的风险也越大，因此即使是欧式期权，有效期越长，其期权价格也越高，即期权的边际时间价值（Marginal Time Value）为正值。

我们应注意到，随着时间的延长，期权时间价值的增幅是递减的。换句话说，对于到期日确定的期权来说，在其他条件不变时，随着时间的流逝，其时间价值的减小是递增的。这意味着，当时间流逝同样长度，期限长的期权的时间价值减小幅度将小于期限短的期权的时间价值的减小幅度。

我们还注意到，期权的时间价值取决于标的资产和期权协议价格之间差额的绝对值。当差额为 0 时，期权的时间价值最大。当差额的绝对值增大时，期权的时间价值是递减的。

（三）标的资产价格的波动率

简单地说，标的资产价格的波动率是用来衡量标的资产未来价格变动不确定性的指标。随着波动率的增大，标的资产价格上升到很高或下降到很低的机会随之而增加。同时，波动率对期权价格的影响是通过对时间价值的影响而实现的。因此，无论是看涨期权还是看跌期权，其时间价值以及整个期权价格都随着标的资产价格波动率的增大而增加，随着标的资产价格波动率的减小而降低。参见图 10.6。

在布莱克—斯科尔斯模型中，波动率是指在期权到期之前，标的资产预计收益的年标准差。而对未来的预计只能是估计，因此存在针对不同公司股票的同种期权会有不同的价格。由于内在价值可以通过计算得出，价格的差异主要存在于时间价值，而波动率就是测量时间价值的重要因素。

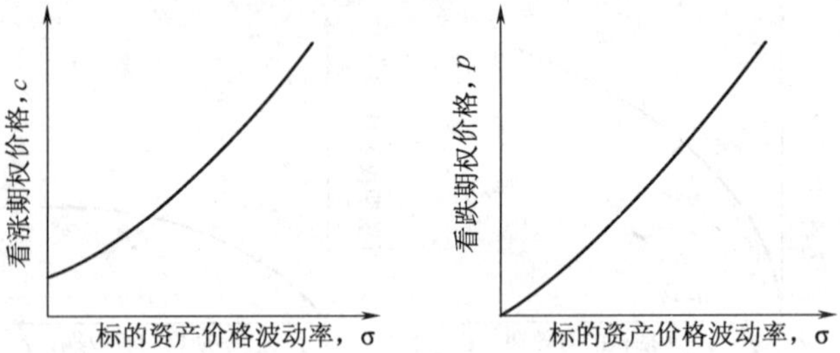

图 10.6　标的资产价格的波动率对期权价格的影响

与影响期权价格的其他因素不同，在期权定价时，标的资产价格在期权有效期内的波动率在未来是一个未知量。对波动率估计主要有两种方式：历史波动率和隐含波动率。其中，历史波动率是利用过去观察得到的标的资产价格波动的历史数据，用以估计未来价格的波动率。隐含波动率是在已知期权价格的情况下，利用期权定价模型倒推出的波动率，这种倒推出的波动率被称为市场报价中的隐含波动率。

(四)无风险利率

无风险利率对期权价格的影响主要体现在对标的资产价格和贴现率的影响上。我们可从两个角度来考察。

1. 从比较静态的角度考察，即比较不同利率水平下的两种均衡状态。如果某种状态的无风险利率较高，则标的资产的预期收益率也应较高，这意味着对应于标的资产现在特定的市价(S)，未来预期价格 $E(S_T)$ 较高。同时由于贴现率较高，未来同样预期盈利的现值就较低。这两种效应都将降低看跌期权的价值。但对于看涨期权来说，前者将使期权价格上升，而后者将使期权价格下降。由于前者的效应大于后者，因此对应于较高的无风险利率，看涨期权的价格也较高。

2. 从动态的角度考察，即考察一个均衡被打破到另一个均衡的过程。在标的资产价格与利率呈负相关时(如股票、债券等)，当无风险利率提高时，原有均衡被打破，为了使标的资产预期收益率提高，均衡过程通常是通过同时降低标的资产的期初价格和预期未来价格，只是前者的降幅更大来实现的，同时贴现率也随之上升。对于看涨期权来说，两种效应都将使期权价格下降，而对于看跌期权来说，前者效应为正，后者为负，由于前者效应通常大于后者，因此其净效应是看跌期权价格上升。

大家应注意到，从两个角度得到的结论刚好相反。因此我们在具体运用时要注意区别分析的角度。

(五)标的资产的收益

由于标的资产分红付息等将减少标的资产的价格，而执行价格并未进行相应调整,因此在期权有效期内标的资产产生收益将使看涨期权价格下降,而使看跌期权价格上升。

以股票为例,如果保持其他影响股价的因素不变,单纯支付股息,会导致股票价格下降。而且,下降的程度很有可能就等于支付的股息。这样极有可能导致看涨期权的多头方手中的期权价值骤然下降。因此,对于看涨期权来说,支付高额股息的公司股票的期权费要低于支付低额股息公司股票的期权费;而对于看跌期权,情况则恰恰相反。

由以上分析可知,决定和影响期权价格的因素很多,而且各因素对期权价格的影响也很复杂。特别是某些因素在不同时间和不同的条件下,对期权价格的影响也各不相同。另外,从以上分析中可以看到,各因素对期权价格的影响,既有影响方向的不同,又有影响程度的不同。于是,在同时影响期权价格的各因素间,既有互补关系的,又有抵消关系的。可见,期权价格的决定是异常复杂的,由此导致人们对期权价格的分析也是非常复杂的(参见表 10.1)。

表 10.1 影响期权价格的因素

变量	欧式看涨	欧式看跌	美式看涨	美式看跌
标的资产的市场价格	+	-	+	-
期权协议价格	-	+	-	+
期权的有效期	?	?	+	+
标的资产价格的波动率	+	+	+	+
无风险利率	+	-	+	-
标的资产的收益	-	+	-	+

注: +:表示正向的影响; -:表示反向的影响; ?:表示影响方向不一定。

四、期权价格的上限和下限

为了推导出期权定价的精确公式,我们先要找出期权价格的上、下限。一旦期权的价格超过上限或低于下限,就存在着套利机会。

看涨期权和看跌期权由于对标的资产的买卖方向不同,因此其定价方法也不相同。集中体现在时间价值的计算上。对于看涨期权的买方来说,其持有现金和期权,在期权执行以前可以将现金投资于无风险资产以获得利息。对于看跌期权的买方,则持有标的资产和期权,不能获得无风险收益,直到将期权卖出为止。

欧式期权和美式期权由于其期限不同,因此定价方法也有差别。由于美式期权存在提前执行的可能性,因此其期限不能简单地以 T 来表示。在本章中,我们先讨论相对简单的欧式期权定价方法,在此基础上再对美式期权进行讨论。

以下首先对本章中所涉及的部分参量进行设定,以方便表述:

S_t:标的资产在时间 t 时刻的价格。

K:期权执行价格。

r:无风险利率。在本节中我们使用 $(1+r)^t$ 来计算利息收益。除此之外,还可以运用连续复利计息,则将 $(1+r)^t$ 替换为 e^{rt} 即可。

T:期权合约期限。

c:执行价格为 K 的欧式看涨期权在 t 时刻的价格。

C:执行价格为 K 的美式看涨期权在 t 时刻的价格。

p:执行价格为 K 的欧式看跌期权在 t 时刻的价格。

P:执行价格为 K 的美式看跌期权在 t 时刻的价格。

D:标的资产在期权合约期间的收益。

$PV(D)$:D 在 $t=0$ 时刻的贴现值。

$FV(D)$:D 在 $t=T$ 时刻的未来值。

(一)看涨期权价格的上限和下限

1. 欧式看涨期权价格的上限和下限

在任何情况下,期权的价值都不会超过标的资产的价格。否则的话,套利者就可以通过买入标的资产并卖出期权来获取无风险利润。因此,对于欧式看涨期权来说,标的资产价格就是欧式看涨期权价格的上限,因此,欧式看涨期权价格的上限为:

$$c \leqslant S_0 \tag{10.2}$$

对于欧式看涨期权价格下限的讨论,我们先引入两组资产,设为甲和乙。甲为一股股票,现价为 S_0,期权到期时价格为 S_T;乙为一份欧式看涨期权空头和一笔现金 $K(1+r)^{-T}$,其中现金可以用于购买无风险债券,获得无风险收益 r,到 T 时刻将变为 K。则两组资产的损益如表 10.2 所示。

表 10.2　甲乙两组资产的损益

资产组合	资产现值($t=0$)	期权到期时的资产价值($t=T$)	
		$S_T<K$	$S_T>K$
甲	S_0	S_T	S_T
乙	$c+K(1+r)^{-T}$	K	$(S_T-K)+K=S_T$

由此可知，无论在期权到期时标的资产价格与执行价格关系如何，组合甲的价值肯定不会大于组合乙，因此其期初价格也不应该大于乙。由此有下列公式：

$$c + K(1+r)^{-T} \geqslant S_0$$

即

$$c \geqslant S_0 - K(1+r)^{-T} \quad (10.3)$$

由此可以得到欧式看涨期权价格的下限：

$$c \geqslant \max(0, S_t - K(1+r)^{-(T-t)}) \quad (10.4)$$

2. 美式看涨期权价格的上限和下限。美式看涨期权价格的上限与欧式看涨期权同理，因此，美式看涨期权价格的上限为：

$$C \leqslant S_0 \quad (10.5)$$

对于美式看涨期权价格的下限，可以从以下两方面考虑。首先可以肯定，美式看涨期权的价格不应低于欧式看涨期权。这是因为美式看涨期权的多头方拥有更多的时机执行期权，并从中获利，而不必等到期权合约到期。因此有下式：

$$C \geqslant c \geqslant \max(0, S_0 - K(1+r)^{-T}) \quad (10.6)$$

此外，还应考虑，若 $C < S_0 - K$，则会出现套利机会。套利者可以以 C 的价格买入期权，立即执行，可以获得 $S_0 - K$ 的收益，从而套利成功。因此，还应该有下式：

$$C \geqslant \max(0, S_0 - K) \quad (10.7)$$

由于：$S_0 - K(1+r)^{-T} \geqslant S_0 - K$，因此，美式看涨期权价格的下限为：

$$C \geqslant \max(0, S_0 - K(1+r)^{-T}) \quad (10.8)$$

根据美式看涨期权价格下限的公式，我们可以讨论其是否应该在期权到期前执行美式看涨期权？如果提前执行，期权多头方可以获得现金流 $S_t - K$；如果将该期权卖出，则至少获得 $S_t - K(1+r)^{-(T-t)}$ 的现金收益。而 $S_t - K(1+r)^{-(T-t)}$ 显然小于 $S_t - K$，因此提前执行美式看涨期权是不明智的。

（二）看跌期权价格的上限和下限

1. 欧式看跌期权价格的上限和下限。欧式看跌期权的多头方在期权到期时的最大收益为执行价格 K，此时，标的资产价格为零。因此，欧式看跌期权价格的上限应为期权到期时期权多头方最大收益的期初贴现值，因此，欧式看跌期权价格的上限为：

$$p \leqslant K(1+r)^{-T} \quad (10.9)$$

对于欧式看跌期权价格下限的讨论，我们同样引入两组资产，设为丙和丁。丙表示一股股票，现价为 S_0，期权到期时价格为 S_T；丁表示一笔现金 $K(1+r)^{-T}$ 和一份欧式看跌期权多头，则两组资产的损益如表 10.3 所示。

表 10.3 丙丁两组资产的损益

资产组合	资产现值($t=0$)	期权到期时的资产价值($t=T$)	
		$S_T<K$	$S_T>K$
丙	S_0	S_T	S_T
丁	$K(1+r)^{-T}-p$	$K-(K-S_T)=S_T$	K

在期权到期时,无论标的资产价格与执行价格关系如何,资产丙都不小于资产丁。因此,在期初其价格也应该不小于丁:

$$S_0 \geqslant K(1+r)^{-T}-p$$

即

$$p \geqslant K(1+r)^{-T}-S_0 \tag{10.10}$$

由此可以得到欧式看跌期权价格的下限为:

$$p \geqslant \max(0, K(1+r)^{(T-t)}-S_t) \tag{10.11}$$

2. 美式看跌期权价格的上限和下限。由于美式期权可以在期权合约期限内任意时刻执行,因此其最大收益为执行价格 K,且不需贴现,因此,美式看跌期权价格的上限为

$$P \leqslant K \tag{10.12}$$

对美式看跌期权下限的讨论我们遵从美式看涨期权下限的思路。首先,美式看跌期权的价格不应低于欧式看跌期权的价格,则有:

$$P \geqslant p \geqslant \max(0, K(1+r)^{-(T-t)}-S_t) \tag{10.13}$$

此外,再依照无套利原则,还应有下式:

$$P \geqslant \max(0, K-S_0) \tag{10.14}$$

由于 $K-S_t \geqslant K(1+r)^{-(T-t)}-S_t$,因此,美式看跌期权价格的下限为:

$$P \geqslant \max(0, K-S_t) \tag{10.15}$$

以上内容总结如表 10.4 所示。

表 10.4 标的资产无收益的情况下的期权价格的上限和下限

期权	价值上限	价值下限(期间标的资产无收益)
欧式看涨期权	$c \leqslant S_0$	$c \geqslant \max(0, S_t-K(1+r)^{-(T-t)})$
美式看涨期权	$C \leqslant S_0$	$C \geqslant \max(0, S_t-K(1+r)^{-T})$
欧式看跌期权	$p \leqslant K(1+r)^{-T}$	$p \geqslant \max(0, K(1+r)^{-(T-t)}-S_t)$
美式看跌期权	$P \leqslant K$	$P \geqslant \max(0, K-S_t)$

五、看涨期权与看跌期权的平价关系

在期权市场,市场参与者(套利者)之间的相互作用和看涨期权—看跌期权之间的平价关系能够造就相对公平的价格。看涨期权—看跌期权之间

的平价关系使期权之间、期权与标的资产之间的价格关系达到均衡。因此，具有相同标的资产、执行价格和到期日的看涨期权与看跌期权之间存在一定的价格关系。下面，我们通过一个例子对这种关系进行解释。

首先，假设某投资者买进了A公司的股票100股，股价为11元，总价值1 100元。同时，他还买进了1手该股票的看跌期权，成本为每股1元，总成本100元。执行价格为10元。如果到期时，股票市场价格为10元以下，则该投资者将行使期权，将损失控制在200元（股票市场损失100元，购买期权损失100元）。如果市场价格大于或等于10元，则购买期权的成本不会减少，但股票市场上的损失将会减少，甚至在股价高于11元时还会在股票市场有盈余。因此，这种组合的最大损失为200元，最大收益在理论上是无限的。

其次，我们考虑如果在这个投资组合上再加一份看涨期权，会取得怎样的效果。既然组合的最大损失为200元，我们就考虑再卖出一份看涨期权，收入200元。这样，这份看涨期权的成本就是每股2元。在卖出这份看涨期权之后，我们发现无论标的股票的市场价格如何变化，组合的盈亏都是0。这时我们就说市场达到了均衡。市场参与者（套利者）会在交易中抬高或压低期权的价格，但是在长期不会存在成功套利的机会，经过波动后期权价格还是会向均衡状态移动。

（一）欧式看涨期权与看跌期权之间的平价关系

考虑有两种投资组合方式：

组合A：一份欧式看涨期权c加上金额为$K(1+r)^{-T}$的现金。

组合B：一份欧式看跌期权p加上标的资产S_t。

其中，这两份期权的标的资产、执行价格和到期日都相等。下面对这两组投资组合进行损益分析（参见表10.5）。

表10.5(a)　组合A的损益情况

资产组合	资产现值($t=0$)	期权到期时的资产价值($t=T$)	
		$S_T<K$	$S_T>K$
欧式看涨期权	c	0	S_T-K
现金	$K(1+r)^{-T}$	K	K
总计	$c+K(1+r)^{-T}$	K	S_T

表10.5(b)　组合B的损益情况

资产组合	资产现值($t=0$)	期权到期时的资产价值($t=T$)	
		$S_T<K$	$S_T>K$
欧式看跌期权	p	$K-S_T$	0
标的资产	S_0	S_T	S_T
总计	$p+S_0$	K	S_T

由以上分析可知，无论标的资产到期价格与执行价格关系如何，两组资产的到期价值相同。由此可知，两组资产的期初价格也应该相同，则可得到标的资产无收益情况下的欧式看涨期权与看跌期权之间的平价关系：

$$c + K(1+r)^{-T} = p + S_0 \tag{10.16}$$

根据平价公式，我们在公式中任意三个变量已知的情况下，都可以求出另一个变量的值。因此，期权平价公式可以成为一种相对估价方法。

（二）美式看涨期权与看跌期权的平价关系

由于美式期权可以提前执行，因此期权平价公式只适用于欧式期权，对美式期权不适用。我们只能得到下列标的资产无收益情况下的美式看涨期权与看跌期权的平价近似不等式：

$$S_0 - K \leqslant C - P \leqslant S_0 - K(1+r)^{-T} \tag{10.17}$$

（三）期权有效期间标的资产收益对平价关系的影响

如果在期权有效期间标的资产产生了收益，发生了现金流进入，则会对期权平价公式产生影响。即如果上述两种资产组合中的资产 B 的期末价值发生了改变，其损益情况如表 10.6 所示。

表 10.6　存在期间收益的组合 B 的损益情况

资产组合	资产现值（$t=0$）	期权到期时的资产价值（$t=T$）	
		$S_T < K$	$S_T > K$
欧式看跌期权	p	$K - S_T$	0
标的资产	S_0	$S_T + D$	$S_T + D$
总计	$p + S_0$	$K + D$	$S_T + D$

因此，要在期末扣除资产收益 D，同时在期初扣除资产收益 D 的贴现值，才能实现两组资产组合到期价值相同。由此，期权平价公式也会相应发生变化，因此，标的资产有收益情况下的欧式看涨期权与看跌期权的平价关系：

$$c + K(1+r)^{-T} = p + S_0 - PV(D) \tag{10.18}$$

标的资产有收益情况下的美式看涨期权与看跌期权的平价近似：

$$S_0 - PV(D) - K \leqslant C - P \leqslant S_0 - PV(D) - K(1+r)^{-T} \tag{10.19}$$

同理，在确定期权价格上限和下限的时候也会有同样问题，处理的方法也相同。从而得到下述在标的资产有收益的情况下的期权价格上限和下限，如表10.7所示。

表 10.7　标的资产有收益的情况下的期权价格上限和下限

期权	价格上限	价格下限(期间标的资产有收益)
欧式看涨期权	$c \leqslant S_0 - PV(D)$	$c \geqslant \max(0,\ S_0 - PV(D) - K(1+r)^{-T})$
美式看涨期权	$C \leqslant S_0$	$C \geqslant \max(0,\ S_0 - PV(D) - K(1+r)^{-T})$
欧式看跌期权	$p \leqslant K(1+r)^{-T} + PV(D)$	$p \geqslant \max(0,\ K(1+r)^{-T} - S_0 + PV(D))$
美式看跌期权	$P \leqslant K$	$P \geqslant \max(0,\ K - S_0 + PV(D))$

(四)复合证券思想

衍生金融产品和证券组合投资以及基金都是在证券业务的基础上产生和发展起来的业务。人们把衍生产品称之为复合证券(Complex Securities)把组合投资和基金称之为组合证券(Portfolio Secuities)。例如,运用期权平价公式的不同变形,我们可以将一份欧式期权、标的资产或者是无风险债券多头等同于其他资产,如:

$$c = p + S_0 - K(1+r)^{-T} \tag{10.20}$$

$$p = c + K(1+r)^{-T} - S_0 \tag{10.21}$$

根据各种变形,可以总结出以下复合证券,参见表 10.8。

表 10.8　复合证券

被合成证券	复合因素
多头看涨期权	多头看跌期权、多头标的资产、空头无风险债券
多头看跌期权	多头看涨期权、多头无风险债券、空头标的资产
多头标的资产	多头看涨期权、多头无风险债券、空头看跌期权
多头无风险债券	多头看跌期权、多头标的资产、空头看涨期权

复合证券是衍生品定价中的重要方法,也是投资者在进行套利时的重要依据。任意被复合证券的价格与其复合因素证券的价格都应该相等。只要出现不同,投资者就可以进行无风险套利。

第二节　布莱克—斯科尔斯模型

自从期权交易产生以来,尤其是股票期权交易产生以来,人们就一直致力于对期权定价问题的探讨。但在 1973 年之前,这种探讨始终没有得出令人满意的结果,其中一个最难解决的问题是无法适当地描述期权标的资产的价格波动性及其对期权价格的影响。1973 年,美国芝加哥大学教授费雪·布莱克和迈伦·斯科尔斯发表了《期权定价与公司负债》一文，提出了有史以来的第一个期权定价模型，在学术界和实务界引起了强烈的反响。

一、风险中性定价原理

风险中性定价原理是除去无套利定价原理之外又一个重要的定价原理。该原理认为，在所有投资者都是风险中性的条件下（即所谓的“风险中性世界”），所有证券的预期收益率都可以等于无风险利率 r，因为所有的投资者都不需要额外的收益来吸引他们承担风险。同样，在风险中性条件下，所有预期收益都可以通过无风险利率进行贴现。虽然风险中性看似是一个人为规定的假设条件，其实通过这种假定所得到的结论，不仅适用于风险中性的投资者，对于风险厌恶型的投资者同样适用。

二、布莱克—斯科尔斯模型的假设条件

布莱克—斯科尔斯模型（B－S 模型）共有七个假设条件。

（1）期权的标的为一有风险的资产，其现行价格为 S。这种资产可以卖空。

（2）期权是欧式期权，其执行价格为 K，期权期限为 T（以年表示）。由于美式期权可以在到期日之前的任意交易日执行，因此其价格一般要高于同类的欧式期权。较早地执行看涨期权会损失期权的时间价值。执行看涨期权距离到期日越近，损失的时间价值越小。

（3）在期权到期日之前，标的资产无任何收益（如股息、利息等）的支付，于是，标的股票价格的变动是连续的，且是均匀的，既无跳空上涨，也无跳空下跌。

（4）存在一个固定的无风险利率，投资者可以以此利率无限制地借入或贷出资金。

（5）不存在影响收益的任何外部因素，如税负、交易成本及保证金等。于是，标的股票持有者的收益仅来源于价格的变动。

（6）标的股票价格的波动为一已知常数。

（7）标的股票价格的变动符合 μ 和 σ 为常数的几何布朗运动。即：

$$\frac{\mathrm{d}S}{S}=\mu \mathrm{d}t+\sigma \mathrm{d}z \tag{10.22}$$

式中：$\mathrm{d}S$：标的股票价格的无穷小的变化值；$\mathrm{d}t$：时间无穷小的变化值；μ：标的股票在每一无穷小的期间内的平均收益率；σ：标的股票价格的波动率，也就是标的股票在每一无穷小的期间内的平均收益率的标准差；$\mathrm{d}z$：均值为 $0\mathrm{d}t$、方差为 $1\mathrm{d}t$ 的无穷小的随机变量。

三、几种不同情况下的期权定价模型

（一）现货欧式看涨期权的定价模型

在上述假设条件下，布莱克和斯科尔斯得出如下适用于现货欧式看涨期权的定价模型：

$$c = SN(d_1) - Ke^{-rT}N(d_2) \tag{10.23}$$

其中：

$$d_1 = \frac{\ln\left(\frac{S}{K}\right) + \left(r + \frac{\sigma^2}{2}\right)T}{\sigma\sqrt{T}} \tag{10.24}$$

$$d_2 = \frac{\ln\left(\frac{S}{K}\right) + \left(r - \frac{\sigma^2}{2}\right)T}{\sigma\sqrt{T}} = d_1 - \sigma\sqrt{T} \tag{10.25}$$

c：欧式看涨期权的价格；

S：标的资产的现价；

K：期权的执行价格；

r：瞬间的无风险利率；

T：以年表示的期权期间的长短（即折算为年的目前至期权到期日的时间）；

ln（·）：自然对数；

e：自然对数底的近似值(2.718 28)；

σ：标的资产价格的波动性；

N(·)：累积正态分布函数。

从公式中我们不难发现，除标的股票的收益之外，我们在第一节所分析的影响期权价格的各因素都已出现了，标的股票的收益之所以不出现，因为它已经被假设为不存在。

在前面，我们得出了关于期权价格上下限的结论，在这里可以对公式做检验。欧式看涨期权的价格下限为 $c \geqslant \max[S - Ke^{-r(T-t)}, 0]$。若 S 无限大，则模型中的 d_1 和 d_2 趋近于正无穷，则 $N(d_1)$ 和 $N(d_2)$ 趋近于1，模型的公式近似于 $c = S - Ke^{-rT}$。如果 S 特别小，则 d_1 和 d_2 趋近于负无穷，$N(d_1)$ 和 $N(d_2)$ 趋近于0。所以满足关于下限为 $c \geqslant \max[S - Ke^{-r(T-t)}, 0]$ 的约束条件。

（二）期货欧式看涨期权的定价模型

上述定价模型只适用于以现货金融工具为标的资产的看涨期权，而不适用于以期货合约为标的资产的看涨期权，这是因为现货看涨期权与期货看涨期权有着不同的交易规则。为了说明期货欧式看涨期权的定价，布莱克将现货欧式看涨期权的定价公式进行了修正，得出了期货欧式看涨期权的定价公式：

$$c = [FN(d_1) - KN(d_2)]e^{-rT} \tag{10.26}$$

其中：

$$d_1 = \frac{\ln\left(\frac{F}{K}\right) + \frac{\sigma^2}{2T}}{\sigma\sqrt{T}} \tag{10.27}$$

$$d_2 = d_1 - \sigma\sqrt{T} \tag{10.28}$$

式中：F 为期货价格；其他的符号均与上述相同。

根据这一模型，我们可以得出期货价格的波动性对期货欧式看涨期权价格的影响。在极端情况下，期货价格在整个期权期间内毫无波动，即 $\sigma=0$，则 $N(d_1)$ 和 $N(d_2)$ 均等于 1，所以，$c=(F-K)e^{-rT}$。很显然，在标的期货的价格稳定不变的条件下，欧式看涨期权的价格是以无风险利率贴现的内在价值的现值。

（三）欧式看跌期权的定价模型

以上所讲的布莱克—斯科尔斯模型只适用于看涨期权，而不能适用于看跌期权。然而通过欧式看涨期权与看跌期权的平价关系，我们就可用欧式看涨期权的价格推算出相同标的资产、相同期权期间和相同执行价格的欧式看跌期权的价格。

所谓欧式看涨期权与看跌期权的平价关系是指看涨期权与看跌期权的价格关系必须维持在无套利机会的均衡价格水平。如果这一关系被打破，则在这两种价格之间，就存在着无风险套利的机会，于是，套利者将通过套利行为，把那种不正常的价格关系拉回正常水平。在第一节中，我们已经知道，$c+Ke^{-r(T-t)}=p+S$，通过等式转换可以得到：

$$p = c - S + Ke^{-rT} \tag{10.29}$$

将式 10.18 代入式 10.23，我们可以得出适用于计算现货欧式看跌期权价格的布莱克—斯科尔斯模型：

$$\begin{aligned} p &= c - S + Ke^{-rT} \\ &= SN(d_1) - Ke^{-rT}N(d_2) - S + Ke^{-rT} \\ &= S[N(d_1) - 1] + Ke^{-rT}[1 - N(d_2)] \\ &= Ke^{-rT}N(-d_2) - SN(-d_1) \end{aligned} \tag{10.30}$$

上述欧式看涨期权与看跌期权的平价关系只适用于现货期权。对期货期权来说，欧式看涨期权与看跌期权的平价关系为：

$$\begin{aligned} p &= c + PV(K-F) \\ &= c + (K-F)e^{-rT} \\ &= c + Ke^{-rT} - Fe^{-rT} \end{aligned} \tag{10.31}$$

式中：F 为期货价格。只是以 Fe^{-rT} 代替了 S。则我们可以得到适用于计算期货欧式看跌期权价格的布莱克—斯科尔斯模型：

$$\begin{aligned} p &= c + Ke^{-rT} - Fe^{-rT} \\ &= [FN(d_1) - KN(d_2)]e^{-rT} + Ke^{-rT} - Fe^{-rT} \end{aligned}$$

$$= FN(d_1)e^{-rT} - KN(d_2)e^{-rT} + Ke^{-rT} - Fe^{-rT}$$
$$= Ke^{-rT}[1 - N(d_2)] + Fe^{-rT}[N(d_1) - 1]$$
$$= Ke^{-rT}N(-d_2) - Fe^{-rT}N(-d_1) \quad (10.32)$$

【例 10 - 1】假设 $S = 50$ 美元，$K = 50$ 美元，$T = 1$ 年，$r = 12\%$，$\sigma = 10\%$。

计算过程可以分为三步：

第一步：先计算出 d_1 和 d_2。

$$d_1 = \frac{\ln\left(\frac{S}{K}\right) + \left(r + \frac{\sigma^2}{2}\right)T}{\sigma\sqrt{T}}$$
$$= \frac{\ln\left(\frac{50}{50}\right) + \left(0.12 + \frac{0.1^2}{2}\right) \times 1}{0.1\sqrt{1}}$$
$$= 1.25$$
$$d_2 = d_1 - \sigma\sqrt{T}$$
$$= 1.25 - 0.1 \times 1$$
$$= 1.15$$

第二步：查标准正态分布表，得 $N(d_1)$ 和 $N(d_2)$。

$$N(d_1) = N(1.25) = 0.8944$$
$$N(d_2) = N(1.15) = 0.8749$$

第三步：将上述已知条件及运算结果分别代入定价公式，可以得到欧式看涨期权与看跌期权的理论价格。

$$c = SN(d_1) - Ke^{-rT}N(d_2)$$
$$= 50 \times 0.8944 - 50e^{-0.12\times 1} \times 0.8749$$
$$= 44.72 - 50 \times 0.8869 \times 0.8749$$
$$= 44.72 - 38.80$$
$$= 5.92$$
$$p = S[N(d_1) - 1] + Ke^{-rT}[1 - N(d_2)]$$
$$= 50 \times (0.8944 - 1) + 50 \times 0.8869 \times (1 - 0.8749)$$
$$= -5.28 + 5.55$$
$$= 0.27$$

四、布莱克—斯科尔斯模型的具体应用

根据上面给出的模型公式可知，B - S 模型下的期权价格决定因素包括：标的资产市场价格、执行价格、到期期限、无风险利率和资产价格波动率。其中，前三种因素的数值比较容易获得，而后两种则需要计算获得。以下首先介绍这两种因素的计算方法。

(一)无风险利率的计算

在健全的资本市场,无风险利率是比较容易获得的。以美国为例,通常选择美国国债的利率作为无风险利率的估计值。但是在选择过程中,有两个问题需要特别注意:一个是期限,另一个是不可直接选择贴现率。由于利率期限结构的存在,在选择时要尽量选取与期权到期日相近的国债利率。还要把贴现率转化为无风险利率,具体方法为:

$$P = P_m - \left(\frac{P_b + P_s}{2}\right)\left(\frac{t}{360}\right)$$

$$e^{r(T-t)} = \frac{P_m}{P} \tag{10.33}$$

其中,P 为中间报价对应的现金价格;P_m 为债券票面价格;P_b 和 P_s 分别为国债的买入报价和卖出报价;t 为国债距离到期日的时间;r 为需要估算的无风险利率。

(二)资产价格波动率的计算

资产价格波动率的计算方法主要有两种:历史波动率和隐含波动率。以下分别介绍:

1. 历史波动率。顾名思义,历史波动率是指从标的资产价格的历史数据中计算出价格收益率的标准差。通过以下例子,我们可以较轻易地掌握这种方法。

【例 10-2】①为了用布莱克—斯科尔斯期权定价模型计算股票看涨期权的理论价格,我们必须知道下面数据:股票价格、期权执行价格、距离期权到期的时间、无风险利率以及用股票收益率的标准差(或方差)来衡量的股票价格波动率。

假设在 8 月 24 日市场开盘前,我们对微软股票 10 月执行价格为 70 美元的看涨期权的理论价格感兴趣。在 8 月 23 日微软以 70.75 美元收盘。从 8 月 24 日到 10 月的第三个星期五之间有 58 天,微软不支付股息。通过互联网,我们下载过去 24 个月微软股票的历史价格信息,整理列在表10.9中。

表 10.9 微软股票的历史价格

日期	收盘	日期	收盘
第一年 8 月	47.968 8	第二年 8 月	92.562 5
第一年 9 月	55.031 2	第二年 9 月	90.562 5
第一年 10 月	52.937 5	第二年 10 月	92.562 5
第一年 11 月	61.000 0	第二年 11 月	91.046 9

① Robert A. Strong. 衍生产品概论[M]. 王振山等译. 大连:东北财经大学出版社,2005.

续表

日期	收盘	日期	收盘
第一年 12 月	69.343 8	第二年 12 月	116.750 0
第二年 1 月	87.500 0	第三年 1 月	97.875 0
第二年 2 月	75.062 5	第三年 2 月	89.375 0
第二年 3 月	89.625 0	第三年 3 月	106.250 0
第二年 4 月	81.312 5	第三年 4 月	69.750 0
第二年 5 月	80.687 5	第三年 5 月	62.562 5
第二年 6 月	90.187 5	第三年 6 月	80.000 0
第二年 7 月	85.812 5	第三年 7 月	69.812 5

现在,还需要无风险利率和股票价格波动率。理想地,我们想要一个国债利率,其到期时间相当地接近期权剩余有效期。我们得到这个无风险利率为 6.10%。

在本节中我们学习了期权定价模型,如何运用上述已知数据和布莱克—斯科尔斯模型计算期权价格。很明显,这首先要确定股票价格波动率。

确定股票价格波动率是本题最复杂的部分。将表 10.9 的原始数据整理计算,列在表 10.10 中。

表 10.10　微软股票收益计算表

日期	收盘价	相对收益 $\frac{S_i}{S_{i-1}}$	每月收益 $\mu_i=\ln\frac{S_i}{S_{i-1}}$
第一年 8 月	47.968 8		
第一年 9 月	55.031 2	1.147 2	0.137 3
第一年 10 月	52.937 5	0.962 0	-0.038 8
第一年 11 月	61.000 0	1.152 3	0.141 8
第一年 12 月	69.343 8	1.136 8	0.128 2
第二年 1 月	87.500 0	1.261 8	0.232 6
第二年 2 月	75.062 5	0.857 9	-0.153 3
第二年 3 月	89.625 0	1.194 0	0.177 3
第二年 4 月	81.312 5	0.907 3	-0.097 3
第二年 5 月	80.687 5	0.992 3	-0.007 7
第二年 6 月	90.187 5	1.117 7	0.111 3

续表

日期	收盘价	相对收益$\frac{S_i}{S_{i-1}}$	每月收益$\mu_i = \ln \frac{S_i}{S_{i-1}}$
第二年7月	85.812 5	0.951 5	-0.049 7
第二年8月	92.562 5	1.078 7	0.075 7
第二年9月	90.562 5	0.784 0	-0.021 8
第二年10月	92.562 5	1.022 1	0.021 8
第二年11月	91.046 9	0.983 6	-0.016 5
第二年12月	116.750 0	1.282 3	0.248 7
第三年1月	97.875 0	0.838 3	-0.176 3
第三年2月	89.375 0	0.913 1	-0.090 9
第三年3月	106.250 0	1.188 8	0.173 0
第三年4月	69.750 0	0.656 4	-0.420 9
第三年5月	62.562 5	0.896 9	-0.108 8
第三年6月	80.000 0	1.278 7	0.245 9
第三年7月	69.812 5	0.872 6	-0.136 2

首先,我们简单地通过对每个月的价格除以前一个月的价格来计算不支付股息的股票相对收益。因此得到23个股票相对收益,其次,对这些相对收益取对数,得到每月收益率,用每月收益率的总数之和除以23就是每月收益率的均值,每月收益均值$\bar{\mu}=0.0163\ 2$;再次,利用每月收益率样本数据与均值计算每月收益的方差和标准差,每月收益方差$s^2=0.025\ 7$,每月收益标准差①$s=0.160\ 2$;并最终求出每月收益年标准差,每月收益年方差$\sigma^2=12\times0.025\ 7=0.307\ 9$,每月收益年标准差$\sigma=0.554\ 9$,即股票价格波动率。

将$S=70.75$,$K=70$,$r=0.061\ 0$,$T=0.158\ 9$,$\sigma=0.554\ 9$带入期权价格计算公式,解得$d_1=0.165\ 1$,$d_2=-0.056\ 1$,查表$N(d_1)=0.565\ 6$,$N(d_2)=0.477\ 6$,最终解得期权理论价格为6.90美元。

2. 隐含波动率。由于历史波动率是基于资产价格的历史数据求得,而B-S模型却要求波动率为未来数值,因此历史波动率在进行计算时会存在缺陷。由此引入了隐含波动率的概念。隐含波动率是指,将B-S公式中除

① 因为这些是样本收益,我们用$\frac{1}{n-1}$加权平均计算标准差$S=\sqrt{\frac{1}{n-1}\sum_{i=1}^{n}(\mu_i-\bar{\mu})^2}$

了波动率以外的参数和市场上的期权报价带入计算得到的波动率。主要的方法为试错法(Trial and Error),流程如图10.7所示。

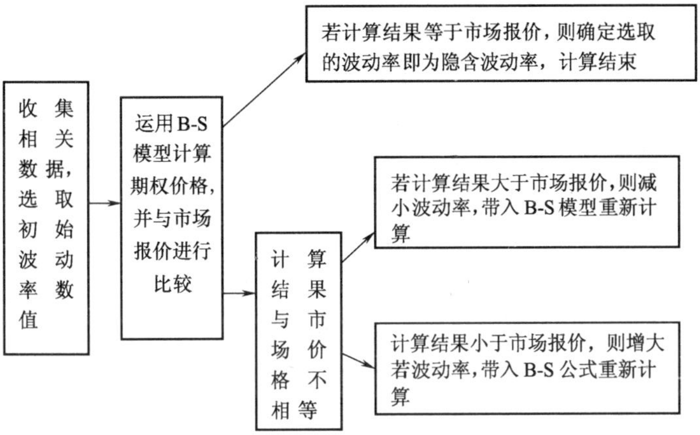

图10.7 隐含波动率计算流程图

第三节 二叉树模型

布莱克—斯科尔斯模型的提出,对期权定价问题的研究而言,是一个开创性的成就。然而该模型涉及比较复杂的数学运算,因此对多数人来说,它既难于理解,更难于操作。于是它在实务中的运用受到了很大的限制。有鉴于此,考克斯(J. C. Cox)、罗斯(S. A. Ross)和鲁宾斯坦(M. Rubiostem)于1979年发表了《期权定价:一种被简化的方法》①一文,用一种较浅显的方法导出了期权定价模型。他们的这一模型被称为二叉树模型。

根据布莱克—斯科尔斯模型的假设,标的资产价格处于无时无刻的变动中,即使在一个很短的时间之内也是如此。所以,在经过一段时间(哪怕是极短的时间)之后,标的资产价格既可能上升,也可能下跌,还可能不变。二叉树模型也就是在这样的假定下展开分析的。

一、一期间二叉树模型

我们假设购买一股股票,当前交易价格为S,离股票期权到期日只有一期,在期权到期日,股票价格既可能上涨到原来的u倍,也可能下跌到原来的d倍,这两种可能性(即概率)分别为p和$(1-p)$。例如股票A,不支付红

① Cox J C, Ross S A, Rubinstein M. Option pricing: a simplified approach[J]. Journal of Financial Economics, 1979, 10(7): 229-264.

利，且当前价格为 20 元。同时，已知在三个月后，该股票的价格要么是 22 元，要么是 18 元。投资者 M 想要购买一份执行价格为 21 元的欧式看涨期权，希望求得该看涨期权的价值。

首先来看三个月后的情况。若三个月后，股票 A 价格上涨为 22 元，则看涨期权将会被执行，期权价值为 1 元（22 - 21），若价格下跌为 18 元，则期权价值为 0。

如果能够建立一种资产组合，并证明在各种情况下都是无风险的，就能确定这个期权的唯一价格。这个价格必须是所有的投资者都能够接受的，无论这些投资者认为基础股票价格向哪一个方向移动。

在设计这一种投资组合时，我们先建立以下简单假设：

（1）投资者可以在每期间以无风险利率 r 借入或借出货币；

（2）投资者可以买卖任意一小部分的基础股票。

我们可以构造 1 单位看涨期权空头与 Δ 单位股票 A 多头的资产组合。

若三个月后股票 A 价格为 22 元，则该资产组合价值为（$22\Delta - 1$）；若价格为 18 元，资产组合价值为 18Δ。如果能够达到下式的情况，则该组合处于无风险状态：

$$22\Delta - 1 = 18\Delta$$

此时，可以求得 Δ 为 0.25，也就是说，这份无风险资产组合包括 1 单位看涨期权空头和 0.25 单位股票 A 多头。如果股票 A 价格上涨到 22 元，该组合的价值为 4.5 元（$22 \times 0.25 - 1$）；如果股票 A 价格下跌到 18 元，该组合的价值为 4.5 元（18×0.25），因此该无风险资产组合在三个月后的价值必然为 4.5 元。对该价值进行贴现（假定无风险收益率为 10%），则可以得到该组合的现值为：

$$4.5e^{-0.1 \times 0.25} = 4.39(\text{元})$$

又因为该组合包括 1 单位看涨期权空头和 0.25 单位股票 A 多头，假设期权价格用 f 来表示，则有下式：

$$-f + 20 \times 0.25 = 4.39$$

由此可知期权价格应为 $f = 0.61$ 元。如果偏离该价格，就会出现无风险套利机会。如果期权价值高于 0.61 元，构造该组合的成本就会低于 4.39，该组合的收益率就会高于无风险利率；如果期权价值低于 0.61 元，卖空该组合将可以获得利率低于无风险利率的资金。

股票价格和期权价格的变动情况可以用图 10.8 来反映。

更为一般地，我们假定一只股票，当前价格为 S，股票期权当前价格为 f，期权有效期为 T，在期权有效期内股票价格从 S 上涨到 Su 或下跌到 Sd（$u > 1, d < 1$）。当股票价格上涨时，股票价格增长的比率为 $u - 1$；当股票价格下跌时，股票价格减少的比率为 $1 - d$。如果股票价格上涨到 Su，期权收益为

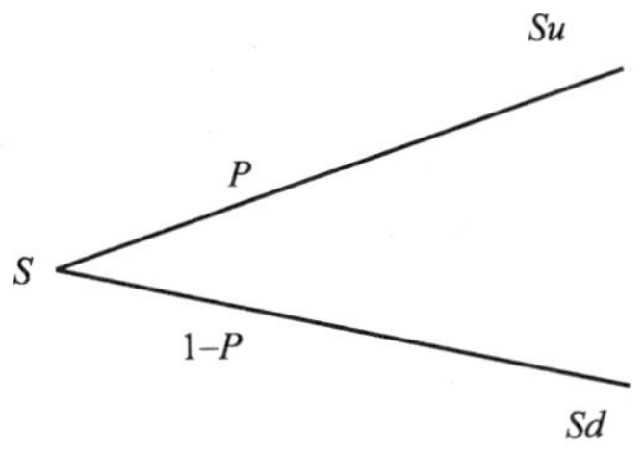

图 10.8　单一期间的股票价格和期权价格的变动

f_u;如果股票价格下跌到 Sd,期权收益为 f_d。

构造一个由 1 单位看涨期权空头与 Δ 单位股票多头的资产组合,并计算出该组合的 Δ 值。如果股票价格上涨,期权有效期期末组合的价值为 $Su\Delta - f_u$;如果股票价格下跌,期权有效期期末组合的价值为 $Sd\Delta - f_d$,当两个值相等时,我们有 $Su\Delta - f_u = Sd\Delta - f_d$,即

$$\Delta = \frac{f_u - f_d}{Su - Sd} \tag{10.34}$$

此时,该资产组合是无风险的,收益率必等于无风险利率。式 10.34 说明股票价格在两个节点之间变动时,Δ 是期权价格变化额与股票价格变化额之间的比率。如果给定无风险利率 r,则该资产组合的现值为 $(Su\Delta - f_u)e^{-rT}$,而构建该组合所支出的成本为 $S\Delta - f$,因此我们得到 $S\Delta - f = (Su\Delta - f_u)e^{-rT}$,即,$f = S\Delta(1 - ue^{-rT}) + f_u e^{-rT}$,将式 10.34 中的 Δ 代入并简化,得到:

$$f = e^{-rT}[pf_u + (1 - p)f_d] \tag{10.35}$$

其中,

$$p = \frac{e^{-rT} - d}{u - d} \tag{10.36}$$

运用二叉树模型,式 10.35 和式 10.36 就可为期权定价。

在前面的数值例子中(见图 10.8),$u = 1.1$,$d = 0.9$,$r = 0.10$,$T = 0.25$,$f_u = 1$,$f_d = 0$。

根据式 10.36 我们得到:

$$p = \frac{e^{0.10 \times 0.25} - 0.9}{1.1 - 0.9} = 0.626\,6$$

根据式 10.35 我们得到:

$$f = e^{-0.10 \times 0.25}[0.626\,6 \times 1 + (1 - 0.626\,6) \times 0] = 0.61$$

与前文结果一致。

式 10.35 中的期权定价公式中并不涉及股票价格上涨与下跌的概率。也就是说,股票价格涨跌概率的升降并不影响期权的价格。这似乎与直觉不符,但由于我们并不是在绝对条件下对期权进行的估值,而是根据标的股票的价格估计期权的价值,未来上涨与下跌的概率已经反映在股票的价格中了,因此,在根据股票价格对期权估值时,就无须再次考虑股票价格上涨与下跌的概率了。

虽然我们不需要对股票价格上涨与下跌的概率作任何假设就可以推导出式 10.35,但我们将式 10.35 中的 p 解释为股票价格上涨的概率,相应 $1-p$ 解释为股票价格下跌的概率,而 $pf_u+(1-p)f_d$就是期权的期望收益。而式 10.35 就可以表述为:当前期权的价值是其未来期望收益值按无风险利率的贴现值。

那么当未来股价上涨的可能性为 p 时,股票的预期收益如何呢? 假定 T 时刻股票价格的预期值 $E(S_T)$ 为 $E(S_T)=pSu+(1-p)Sd$,即 $E(S_T)=pS(u-d)+Sd$,将式 10.36 中的 p 代入,得到:

$$E(S_T)=Se^{rT} \tag{10.37}$$

式 10.37 表明:平均而言,股票价格以无风险利率增长。因此,设定上涨过程的概率为 p 就等价于假设股票收益率等于无风险利率。在风险中性的条件下,投资者不要求任何风险补偿,所以证券的期望收益均为无风险利率。而式 10.35 说明期权的价值是在风险中性定价原理下的预期收益按无风险利率贴现的现值。

【例 10-3】考虑一个以 100 美元买入 1 股目前价格为 S 的股票期权,假定这个期权经过单个期间到期,在期间结束时,股票价格可以上升 25%($u=1+0.25=1.25$)或下降 25%($d=1-0.25=0.75$)。这样,在期间结束时,股票价格是 125 美元或 75 美元。那么这个执行价格为 100 美元的看涨期权价格现在是多少? 可以用布莱克和斯科尔斯的主要发现来回答这个问题。发现这个期权合约到期时的回报结构,可以由一定比例的基础股票和一定金额的单期借入资金组成的杠杆投资组合来精确的复制。

由于我们已经假定了基础股票的未来价格,所以,就可以很容易地确定例子中的看涨期权在期间结束时的价值范围。由于已经假定基础股票在期权到期时只有两种可能的价值,对应基础股票的两种可能价值,看涨期权在到期时也只能有两种价值。如果期权到期时的股票价格为 Su,则期权的价值 fu 为:

$$fu=\text{Max}(Su-K,0)=\text{Max}(125-100,0)=25$$

类似地,如果期权到期时股票的价格为 Sd,期权的价值为 f_d:

$$f_d=\text{Max}(Sd-K,0)=\text{Max}(75-100,0)=0$$

图 10.9 描述了对应期间结束时的看涨期权的价值:

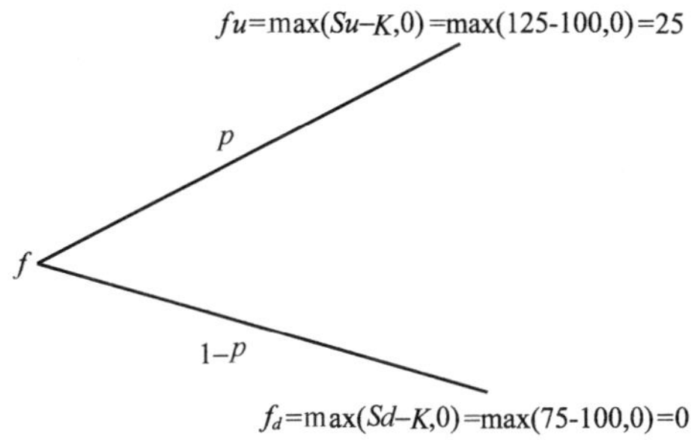

图 10.9　单一期间期末看涨期权的价值

现在来考虑建立一个由卖出看涨期权和 h 股基础股票组成的对冲投资组合。在这里,h 为套期保值比率,建立上述头寸时,初始成本是 hS 减去卖出期权收到的期权费 f,即 $hS-f$;如果股票价格是 Su,上述头寸的价值将是 $hSu-f_u$;如果股票价格是 Sd,上述头寸的价值将是 $hSd-f_d$。在期间结束时,无论当股票价格上升到 Su 或下降到 Sd,投资组合的回报都相同的情况下,投资组合才是无风险的。这个条件可以用下列等式来表述:

$$hSu-f_u=hSd-f_d \tag{10.38}$$

在等式 10.38 中,等号左边是股票价格上涨时投资组合的损益;等号右边则是股票价格下跌时投资组合的损益。

由式 10.38 可以解出 h:

$$h=(f_u-f_d)/(Su-Sd) \tag{10.39}$$

在我们的例子中,套期保值比率 $h=(25-0)/[(125-0.75)\times 100]=0.50$

描绘期间结束时看涨期权可能的价格与股票可能的价格之间的关系,就能得到一个关于套期保值比率的有用发现,图 10.10 描述了例题中两者的关系。由于例题中只有两种可能的结果,两者在一条直线上,这意味着期间结束时看涨期权的回报和基础股票的回报是完全相关的。因此,可以用一种证券的回报对冲另一种证券的回报来消除全部的风险。对冲卖出的看涨期权风险敞口所需要的基础股票的比例,就是期间结束时看涨期权价格差异与股票价格差异的比例,也就是图 10.10中直线的斜率。

因此,每卖出一个看涨期权,就需要购入 0.5 股的基础股票,使两个头寸的回报差异相等。表 10.11 显示,在期间结束时,无论股票价格上涨到 125 美元还是下降到 75 美元,投资组合的价值都是 37.50 美元。

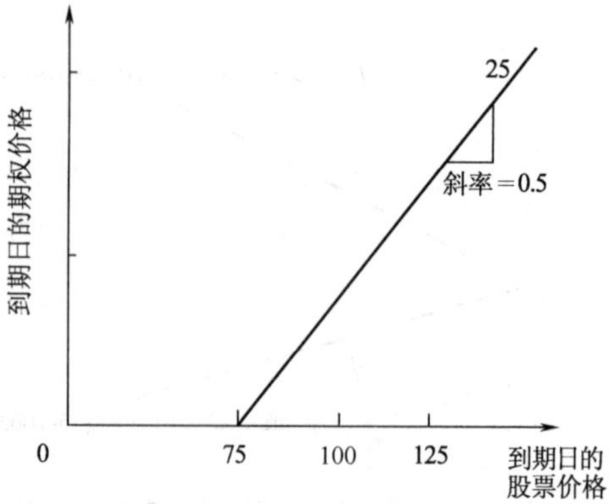

图 10.10　期间结束时股票价格和看涨期权价格的关系

表 10.11　期间结束时对冲投资组合的回报

	期间结束时的股票价格 S_T = 125 美元	期间结束时的股票价格 S_T = 75 美元
买入 0.5 股股票的价值 卖出一张看涨期权的价值	62.50 美元 -25.00 美元	37.50 美元 0.00 美元
投资组合的净价值	37.50 美元	37.50 美元

通过选择 h,使股票价格无论上涨还是下跌,投资组合在期间结束时都有相同的价值,我们就建立了一个无风险的头寸。为了避免套利,在这个投资组合上的任何净投资都应该获得这一期间内的无风险利率的回报。换句话说,建立这个头寸的初始成本 $hS-f$,按无风险利率在期间结束时的回报应当与对冲投资组合在期间结束时的价值相等,也就是:

$$(hS-f)\times(1+r) = hSu - f_u(\text{或者 } hSd - f_d) \tag{10.40}$$

通过等式(10.40)可以计算出现在看涨期权的价值:

$$f = [hS(1+r) + f_u - hSu]/(1+r) \tag{10.41}$$

假设看涨期权的无风险利率是 10%,我们的例子中期权的价格为15.91美元[$25\times0.7/1.1, p=(1.1-0.75)/(1.25-0.75)=0.7$]。

$$f = [f_u p + f_d(1-p)]/(1+r) \tag{10.42}$$

其中:$p=[(1+r)-d]/(u-d)$。

p 可以看作对冲概率,因为它的值在 0 和 1 之间,具有概率的特征。实际上,如果假设投资者是风险中性的,而且市场均衡,p 就是实际的概率值 q。若一个风险中性的投资者只要求现在市场价格为 S,期间结束时价格有 q 概率会涨到 Su,有$(1-q)$概率会跌到 Sd 的股票的投资回报等于无风险利率。

也就是说：

$$S(1+r)=Suq+(1-q)Sd$$

即 $$q=[(1+r)-d]/(u-d) \tag{10.43}$$

因此对风险中性的投资者来说，$p=q$。

在我们的基本例子中，看涨期权的现在价值是15.91美元。现在可以看到，在我们的假设条件下，无论期权购入者认为基础股票是看涨还是看跌，15.91美元一定是看涨期权的统一价格。对这个价格的任何偏移都将会获得无风险套利的机会。考虑建立对冲投资组合所需要的净投资 $hS-f$，即34.09美元（$0.5\times100-15.91$）。假设投资者借入这笔资金建立这个对冲投资组合，那么投资者在整个投资组合中的净价值为0美元。因此，为了避免套利，在期权到期时，投资者在各种情况下的净现金流入都应当为0，见表10.12。

表10.12　零成本投资组合的到期价值　　美元

	现在价值	在 $S_T=125$ 美元时的价值	在 $S_T=75$ 美元时的价值
买入0.5股股票的价值	-50.00	62.50	37.50
卖出看涨期权的价值	15.91	-25.00	0
以10%的利率借入资金	34.09	-37.50	-37.50
投资组合净价值	0	0	0

将表10.12重新整理可以看到，由一个基础股票头寸和借入资金组成的杠杆投资组合，可以替代看涨期权到期时的回报，具体见表10.13。

表10.13　替代投资组合现金流　　美元

	现在价值	在 $S_T=125$ 美元时的价值	在 $S_T=75$ 美元时的价值
买入0.5股股票的价值	-50.00	62.50	37.50
以10%的利率借入资金	34.09	-37.50	-37.50
替代投资组合的净价值	-15.91	25	0
买入看涨期权的净价值	-15.91	25	0

注意，在各种情况下，替代投资组合的净价值都与看涨期权的回报相同。通过建立在各种情况下都无风险的替代投资组合，我们就能确定期权的单一价格。无论投资者认为基础股票的价格向哪一个方向变动，这个价格对所有的投资者都是可以接受的。

为了证明我们例子中的看涨期权的公平价格是15.91美元，我们假设期权以10美元卖出。在这种情况下,可以买入被低估的看涨期权,并按套期保值比率卖出基础股票,获取无风险利润。即买入1份看涨期权,卖出0.5股基础股票,并借出34.09美元,这样就产生5.91美元的无风险利润,见表10.14。

表10.14 利用错误定价的看涨期权获取的收益 美元

	现在价值	在 $S_T=125$ 美元时的价值	在 $S_T=75$ 美元时的价值
0.5股股票的价值	50.00	-62.50	-37.50
看涨期权的价值	-10.00	25.00	0
以10%的利率借出资金	-34.09	37.50	37.50
套利收益	5.91	0	0

这个方案立即产生5.91美元的净现金流入,而在期权到期时也没有任何的义务。由于投资者发现这个套利机会,看涨期权的买方压力会使其价格上升至公平价格。另一方面,如果看涨期权的价格高于平均价格,我们可以卖出高标价的看涨期权,按对冲比例买入基础股票并借入相应的资金,就可以产生无风险利润。在这样的情况下,卖方压力将使看涨期权的价格下降到公平价格。

等式10.42具有以下几个特征:

(1)它并不依赖股票价格上涨的概率 q。这意味着,即使投资者不同意股票价格上涨或下跌的主观概率,他们仍然会同意由其他的参数 S,u,d,K 和 r 计算出的看涨期权的价值。

(2)看涨期权的价值不依赖于投资者对风险的态度,唯一的假设是投资者更多的财富而不是更少的财富。

(3)决定期权的唯一的变量是基础股票的价格。

由于我们有能力建立一个在基础股票价格变动时都与看涨期权具有完全相同回报、适当比例对冲的投资组合,因而可以给看涨期权定价。套利可以证明,用我们的方法给出的看涨期权的价格是期权的公平市场价格。由于假设基础股票的价格在期权到期日只有两个可能的值,我们可以相当容易地建立对冲投资组合。虽然这个假定是完全不符合实际的,但是它却揭示了期权定价中的基本原理。问题是是否可以运用这个方法建立一个对冲投资组合(或替代投资组合)来为期权定价呢?问题的答案依赖于对期权到期日股票价格可能的范围的假设,以及对其发生的概率分布的假设。我们在这个例子中假设股票遵循二项概率分布,也就是说在期间结束时只有两个可能的结果。当从建立对冲投资组合到期权到期的时间间隔较长时,如一年或一个月时，二叉树股票价格模型是完全不符合实际的。如果我们把期权的期间分成一些较短的时间段，如一个星期甚至一天会出现什么情况呢？当然，这样做时，二叉树模型会提供对观察到的股票价格运动的更好的描绘。数学上的限制是，如果这些时间间隔是最短的可能时间间隔，如一微秒，二项过程就成为一个扩散过程。下面的部分将介绍多期间二叉树式定价模型。

二、多期间二叉树模型

前面介绍的一期间二叉树定价模型，假设期权到期时股票价格只有两个可能的值，因而是完全不符合实际的。当从购买期权到期权到期有几个月甚至一年时，这个假定会导致严重的错误定价，然而我们把这个期间分成较短的时间间隔，就可以给出对股票价格运动比较符合实际的描述。期权定价问题现在成为一个多期问题。然而在这种情况下，由于每个投资组合的时间间隔相对于期权期来说较短，对冲投资组合必须考虑由于价格的变化，使期权剩余期随之发生变化，从而定期进行调整。

【例 10－4】现在考虑在到期前有两个期间的看涨期权。假设基础股票目前有 S 美元，每个期间结束时，以系数 u 上升的概率是 q，以系数 d 下跌的概率是 $1-q$。第一个期间结束时，股票价格为 Su 或 Sd；第二个期间结束时（也就是期权到期时），股票价格会再以系数 u 上涨或系数 d 下跌。这时股票价格是 Suu（如果股票价格上涨两次）、Sud（如果股票价格上涨一次，下跌一次）或 Sdd（股票价格下跌两次）。序列的次序不影响最终结果，即 $Sud=Sdu$。

设 f 为两个期间到期时看涨期权的当前价格。第一期间结束时股票价格上涨或下跌对应的期权价格为 f_u 或 f_d。期权到期时，如果股票价格在两个期间都上升，则看涨期权的价格为 f_{uu}；如果股票价格在一个期间上升，在另一个期间下降，则看涨期权的价格为 f_{ud}；如果期权价格在两个期间都下降，则看涨期权的价格为 f_{dd}。

图 10.11 描述了假设在当前股票价格 $S=100$ 美元、协定价格 $K=100$ 美元，$u=1.25$，$d=0.75$，$r=10\%$ 的情况下，股票价格可能的变动和对应的期权价格。

（1）用等式（10.40）导出第一期间末的期权价值。下面分别给出股票价格上涨或下跌时的 f_u 或 f_d。

$$f_u=[f_{uu}P+f_{ud}(1-p)]/(1+r) \tag{10.44}$$

$$f_d=[f_{ud}P+f_{dd}(1-p)]/(1+r) \tag{10.45}$$

（2）建立由一个卖出期权和 hS 股基础股票组成的对冲投资组合，使得无论股票价格上涨还是下跌，投资组合在期间结束时的回报都相等，对冲比例的函数形式仍不变。将新的 f_u 和 f_d 值代入等式，可以计算出对冲比例 h。

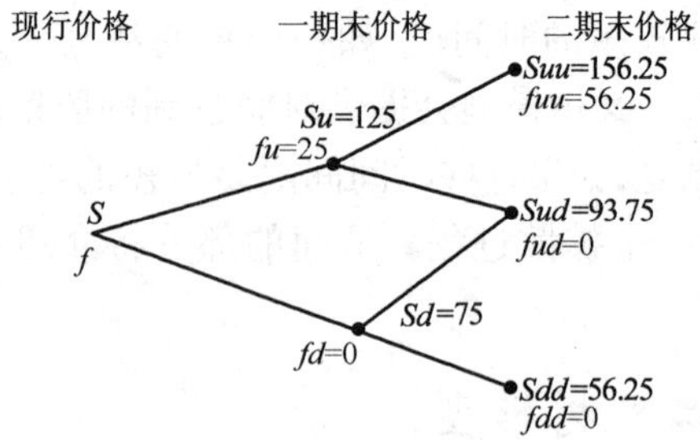

图 10.11　二期间的股票价格和期权价格的变动

注意，对于经过多个期间到期的期权，对冲比例要每个期间调整以维持头寸的等值。

由于每个期间的对冲比例有相同的函数形式，用f_u和f_d得到的看涨期权的价值仍为：

$$f=[f_u p+f_d(1-p)]/(1+r)$$

代入等式，并注意$f_{du}=f_{ud}$，得到：

$$f=[f_{uu}p^2+f_{ud}(1-p)2p+f_{dd}(1-p)^2]/(1+r)^2 \quad (10.46)$$

现在我们计算图 10.10 中的期权到期前两个期间的看涨期权的价值。期权到期时，股票价格是：

$$Suu=100\times1.25\times1.25=156.25(\text{美元})$$

$$Sud=100\times1.25\times0.75=93.75(\text{美元})$$

$$Sdd=100\times0.75\times0.75=56.25(\text{美元})$$

与这些股票价格对应的看涨期权的价格为：

$$f_{uu}=\max(Suu-K,0)=\max(156.25-100,0)=56.25(\text{美元})$$

$$f_{ud}=\max(Sud-K,0)=\max(93.75-100,0)=0$$

$$f_{dd}=\max(Sdd-K,0)=\max(56.25-100,0)=0$$

等式(10.46)给出经过两期间到期的期权的当前价格。用同样的递推方法可以把二期的情况推广到多期的情况。从期权到期日开始倒推，可以写出经过 n 个期间到期的看涨期权的一般定价公式。二叉树模型的 n 期一般化是，每个最终结果的概率乘以这种情况下期权的价值之和按无风险利率的 n 期贴现。看涨期权的一般形式可以写成：

$$\max[Su^j d^{n-j}-K,0]$$

其中：n 是期权到期前的时间期间数，j 是股票价格上涨的期间数($j=0,1,2,\cdots,n$)。每种回报的概率的一般形式由二项分布给出：

$$[n!\ p^j(1-p)^{n-j}]/j!\ (n-j)! \quad (10.47)$$

各种回报乘以其概率再求和就得到：

$$f=\sum\{n!\ p^j(1-p)^{n-j}\max[Su^j d^{n-j}-K,0]\}/j!\ (n-j)!\ (1+r)^n \quad (j=0,1,2,\ldots,n) \quad (10.48)$$

式 10.48 给出了完整的二叉树定价公式。

在结束本节之前，我们还有两点需要说明：①利用二叉树定价模型，我们同样可以计算出看跌期权的价值，且计算过程也与看涨期权基本相同；②我们在上述分析的二叉树模型只适用于期货期权，不适用于现货期权。但是，在利用二叉树模型对金融现货期权进行定价时，除了计算标的资产价格涨跌的概率稍有不同外，其他方面基本相同。

第四节　金融期权价格敏感性指标

在金融期权交易中，尤其是在金融期权的套期保值交易中，我们不仅要知道各种因素对期权价格的影响方向，而且还必须知道各种因素对金融期权价格的影响程度。为解决这一问题，我们就要对期权价格的敏感性做出分析。所谓期权价格的敏感性，是指期权价格的决定因素的变动对期权价格的影响程度，或者说，期权价格的敏感性是指期权价格对其决定因素之变动的敏感程度或反映程度。为了对期权价格的敏感性做出具体的、量化的分析，必须借助于各种指标进行衡量。

一、Delta

（一）系数含义

Delta（通常以 δ 或 Δ 表示）是期权价格最为重要的敏感性指标，它表示期权的标的资产价格的变动对期权价格的影响程度。换句话说，δ 是衡量期权价格对相关标的资产的价格变动所面临风险程度的指标，因此非常重要。例如，若期权标的资产的价格上升 1 美元，该期权费上升 0.5 美元，则称该期权的 δ 值为 0.5。设 f 为期权的价格，S 为标的资产价格，则 Delta 的数学表达式为：

$$\delta = \frac{\partial f}{\partial S} \tag{10.49}$$

根据 B－S 模型，无收益看涨期权定价公式为：$c = SN(d_1) - Ke^{-rT}N(d_2)$，则：$\delta = N(d_1)$；无收益看跌期权情况下定价公式为 $p = Ke^{-rT}N(-d_2) - SN(-d_1)$，则：$\delta = -N(-d_1) = N(d_1) - 1$。

（二）系数取值范围

看涨期权的 δ 值在 0 与 1 之间，而看跌期权的 δ 值在 －1 和 0 之间。$\delta > 0$，说明期权价格与标的资产价格成同方向变化；$\delta < 0$，说明期权价格与标的资产价格成反方向变化；$\delta > -1$ 或 $\delta < 1$，说明期权价格的变动额小于标的资产价格的变动额。无收益看涨期权和看跌期权的 δ 值与标的资产价格的关系如图 10.12 所示。

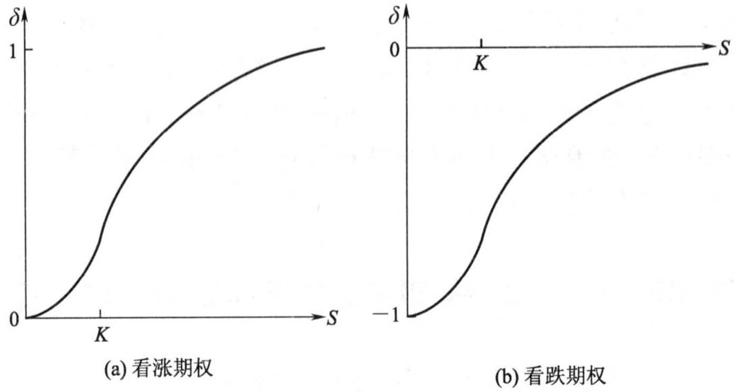

图 10.12　无收益看涨期权和看跌期权的 δ 值与标的资产价格的关系

一般地说，平价看涨期权的 δ 值为 0.5；平价看跌期权的 δ 为 −0.5；实值期权的 δ 值，其绝对值将大于 0.5 而小于 1；虚值期权的 δ 值，其绝对值将小于0.5而大于 0。在极端情况下，当期权处于极度实值时，其 δ 值的绝对值将趋近于 1；当期权处于极度虚值时，其 δ 值的绝对值将趋近于 0。换句话说，虚值程度很深的期权的 δ 值很小或为 0；实值程度很深的期权的 δ 值很大或接近于 +1 和 −1。这是因为当期权的虚值程度很深时，相关标的资产的价格变动对期权费的影响很小或没有影响。这就是说，市场参与者受相关标的资产市场影响不多或面临的风险不显著；当期权的实值程度很深时，相关标的资产的价格的任何变动将导致期权费差不多同等幅度的变动，这将导致所面临的风险与持有相同额度的相关标的资产一模一样。

观察 δ 值的另一种方式是将其视为期权行将结束时其实值状态的概率衡量尺度。δ 值接近于 +1 或 −1 时，由于它的实值状态很深，最有可能被执行；δ 值接近于 0 或等于 0 时，由于它的虚值状态很深，最有可能被放弃。无收益看涨期权和看跌期权的 δ 值与期权有效期的关系如图 10.13 所示。

此外，无风险利率水平越高，无收益看涨期权和看跌期权的 δ 值也就越高，如图 10.14 所示。

需要指出的是，就动态来说，任何期权的 δ 值都不可能是固定不变的。一方面，它要随着标的资产的价格变动而变动；另一方面，它又要随着期权期间的变化而变化。在金融期权交易中，这一点是很值得人们重视的。

【例 10−5】某交易商考虑买入价格为 19.00 美元的期货合约的看涨期权，协定价格为 19.00 美元，期权费为 0.80 美元。该期权的 δ 值为 +0.5。也就是说，如果该相关期货合约的价格上涨至 20.00 美元，那么期权费将上涨 $0.5 \times (20.00 - 19.00) = 0.50$ 美元。新的期权费为 $0.80 + 0.50 = 1.30$

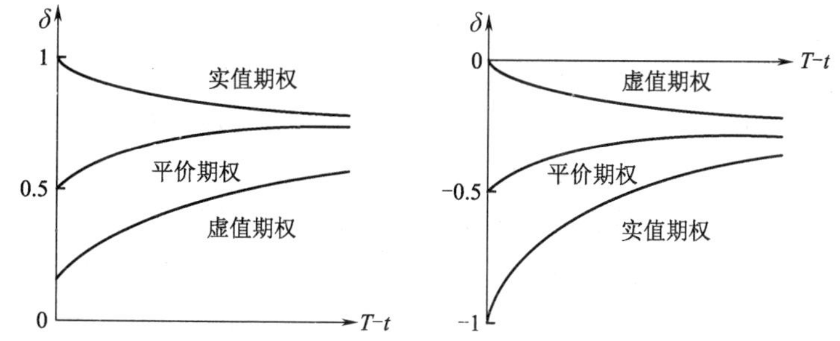

(a) 看涨期权　　(b) 看跌期权

图 10.13　无收益看涨期权和看跌期权的 δ 值与到期权有效期的关系

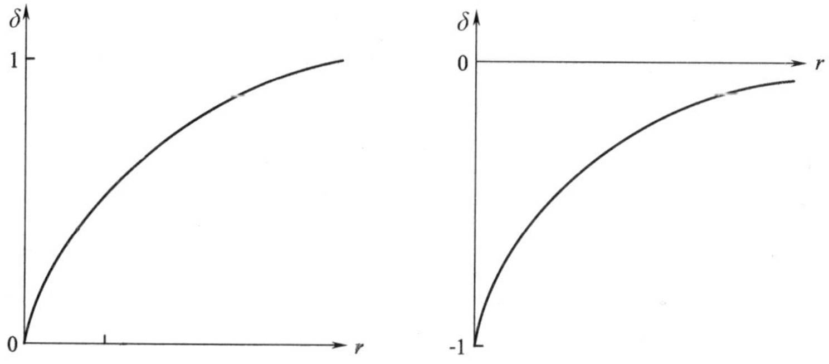

(a) 看涨期权　　(b) 看跌期权

图 10.14　无收益看涨期权和看跌期权的 δ 值与无风险利率的关系

美元。

(三)Delta 的对冲

Delta 的实际用途是用于将期权仓盘转化为等价期货仓盘的计算数据，交易者之所以这样做的原因是期权的做市商通常以期货来对冲他们的期权风险。计算所需的期货仓盘的公式非常简单：

当前市场价格下的等价期货合约数 = 期权合约交易数 × 期权 δ 值

【例 10 −6】在相关期货市场价格为 19.00 美元时，某交易商卖出 10 份平值状态1 900点看涨期权合约，平值状态的 δ 值为 0.50。因此等价期货仓盘为：

$$10 \times 0.5 = 5(\text{份期货合约})$$

现在假设相关期货价格上涨至 19.50 美元，该看涨期权的协定价格仍为 19.00美元，但是 δ 值已经上升至 0.60，现在交易者所需要的等价期货合约为：

$$10 \times 0.60 = 6(\text{份期货合约})$$

(四)中性期权对冲

在期权风险管理中,中性期权对冲是十分重要的。它只是建立中性仓盘所需的一个期权对期货合约的比例,这时 Delta 可以这样来理解:

δ 值等于看涨期权的持有者或看跌期权的卖出者,建立中性期权所必需的卖出或买入,或自己持有的标的资产合约数量的比例。

【例 10-7】某交易商卖出 10 份平值状态 1 900 点看涨期权合约,每张合约的交易单位为 1 000。该期权费为 0.80 美元,δ 值为 +0.5。

该交易商在卖出该期权时所收到的期权费为:

$$0.80 \times 10 \times 1\,000 = 8\,000(\text{美元})$$

现在该交易商想对冲其仓盘,那么他该怎么办呢?

(1)他可以试着在市场上以更低的期权费买入相反仓盘的类似期权。除非卖出时的定价过高,否则这是不太可能的。

(2)他可用期货合约对冲。该交易商出售了看涨期权,这意味着如果执行,该期权持有者有权买入标的资产,这又意味着如果该期权被执行,该交易商由于负有卖出的义务将处于空头状态。因此为了进行 Delta 对冲,该交易商需要买入期货合约,即建立多头。由于 δ 值为 0.50,该交易商需要买入 5 份市场价格为 19.00 美元的期货合约。由于 δ 值为 +1 或 -1,相等于可能处于最大实值状态的期权。现在该交易商的仓盘状态如表 10.15 所示。

表 10.15　交易商的仓盘状态 1

交易	价格(美元)	Delta 状态
卖出 10 张看跌期权合约 买入 5 张期货合约	0.80 19.00	$-10 \times 0.5 = -5$ $+5 \times 1.0 = +5$
		净仓盘 =0

如果在到期日时,期货的价格与买入时一样,δ 值也没有变化,那么买入者就不会执行期权,该期权交易者就会在市场上以 19.00 美元的价格卖出期货合约以结清期货仓盘,由此从收取的期权费中获得了 8 000 美元的收益。然而这种完美对冲的情况实际上是不可能发生的。实际上,在期权到期日前的时间里,期货市场价格上升到 19.50 美元,该期权的期权费 δ 值上升至 +0.60。该交易商现在需要 6 份期货合约以保持中性对冲仓盘。现在,该交易商必须再以 19.50 美元的价格买入一份期货合约。该交易商现在的仓盘状态如表 10.16 所示。

表 10.16　交易商的仓盘状态 2

交易	价格(美元)	Delta 状况
卖出 10 张看涨期权合约	0.80	$-10\times0.6=-6$
买入 5 张期货合约	19.00	$+5\times1.0=+5$
再买入 1 张期货合约	19.50	$+1\times1.0=+1$
		净仓盘 =0

由于现在期货价格在到期日之前上涨了,持有者行使买入相关标的资产的权利。该交易商不得不以 19.00 美元的价格支付 10 张期货多头仓盘,以 19.50 美元的价格购买期货合约以平仓。交易商的交易结果如表 10.17 所示。

表 10.17　交易商的交易结果

收益	损失
(1)卖出 5 份 19.00 美元的期货合约 收益 =5×0.50×1 000 =2 500(美元)	支付 10 份 19.00 美元的期货,并以19.50 美元的价格补进购买 10 份期货合约 损失 =10×0.50×1 000 =5 000(美元)
(2)卖出 1 份 19.50 美元的期货合约 收益 =1×0×1 000 =0	
(3)收到该期权的期权费 8 000 美元	
净收益为 5 500 美元	

二、Theta

(一)系数含义

Theta(一般从 θ 或 Θ 表示)是用来衡量期期权价格对时间变化敏感性的指标。在一般情况下,期权价格将随着权利期间的缩短而下降,这说明期权价格与权利期间呈现同方向的变化。但是根据惯例,θ 一般表示负值。这是因为 θ 代表期权价格随时间推移而逐渐衰减的程度。我们已经知道,时间价值是期权价格的一部分,而时间价值与期权之剩余期限的长短并不呈线性关系。随着剩余期限的缩短(即到期日的临近),时间价值将以越来越快的速度衰减。根据这一特征我们可知,在一般情况下,期权的剩余期限越短,其 Theta 的绝对值越大。θ 的数学表达式为:

$$\theta=\frac{\partial f}{\partial t} \tag{10.50}$$

(二)系数取值范围

θ 的大小不仅取决于期权的剩余期限的长短,而且还取决于标的资产价格与执行价格的关系。在其他情况一定时,当期权处于平价时,其 θ 的绝对值最大。之所以如此是因为时间价值在期权处于平价时最大;而当期权处于实值或虚值时,尤其是期权处于极度实值或极度虚值时,其 θ 的变化比较复杂。在一般情况下,对看涨期权来说,极度实值时的 θ 的绝对值将大于极度虚值时的 θ 的绝对值;而对看跌期权来说,实值期权的 θ 的绝对值通常将小于虚值期权的 θ 的绝对值。特别是在看跌期权处于极度实值时,其 θ 甚至为一正值。无收益资产看涨期权 θ 值与标的资产价格的关系如图 10.15 所示;与时间的关系如图 10.16 所示。

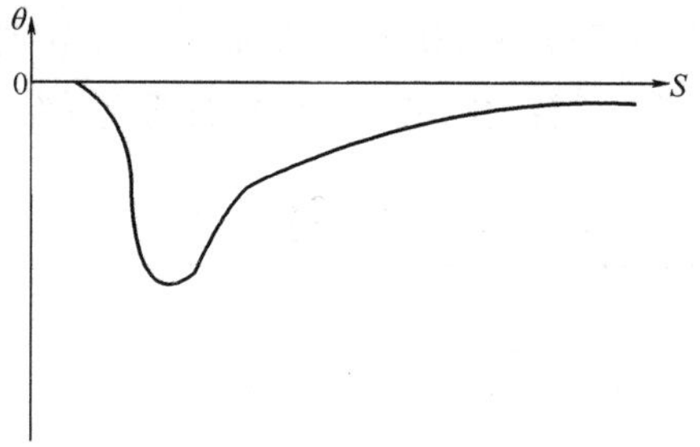

图 10.15　无收益资产看涨期权 θ 值与标的资产价格关系

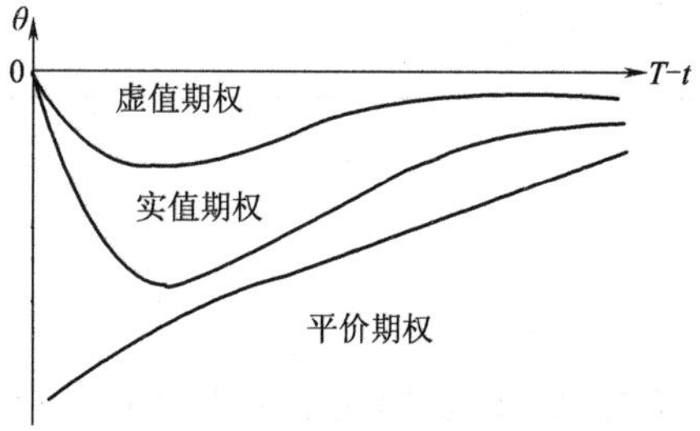

图 10.16　无收益资产看涨期权 θ 值与时间的关系

在其他条件一定时,θ 值的大小还与标的资产价格的波动性有关。一般地说,资产价格的波动性越小,θ 值的绝对值也越小;反之亦然。

在金融期权交易中,尤其是金融期权的水平价差交易中,θ 值的大小反映着期权购买者随时间推移而损失价值的多少,也反映着期权出售者随着时间之推移而增加价值的多少,所以,无论对期权套期保值者而言还是对套利者或投机者而言,θ 是一个有用的敏感性指标。

三、Gamma

(一)系数含义

Gamma(一般以 γ 或 Γ 表示)是一个与 Delta 密切联系的敏感性指标,甚至可以说，它是一个 Delta 的敏感性指标。γ 表示期权之标的资产价格的变动对该期权之 Delta 的影响程度。如果 γ 值很大，说明 Delta 对标的资产的变化相当敏感，也就意味着 Delta 对冲不能在很长一段时间内有效地管理期权风险。γ 的数学表达式为：

$$\gamma = \frac{\partial^2 f}{\partial S^2} = \frac{\partial \delta}{\partial S} \tag{10.51}$$

同样，根据 B－S 模型可知，无收益看涨期权的 γ 值为 $\frac{1}{S\delta\sqrt{T}}f(d_1)$，看跌期权的 γ 值为 $\frac{1}{S\delta\sqrt{T}}f(-d_1)$。

（二）系数取值范围

由于 γ 反映着标的资产价格的变动对 Delta 的影响程度，所以，γ 值的变动与 δ 值的变动是相呼应的。无论是看涨期权还是看跌期权，其 δ 值都与标的资产价格呈同方向的变化，因此在任何的条件下，任何无收益期权多头的 γ 值都是正值，相应地，期权空头的 γ 值都是负值。一般地说，当期权处于极度实值或极度虚值时，δ 值的绝对值将趋近于 1 或 0，此时 γ 值将趋近于 0。这说明，当标的资产价格远离执行价格时，它的变动几乎对 δ 值没有任何影响；而在期权处于平价时，其 γ 值将有极大值出现。这就说明，当标的资产价格等于或接近于执行价格时，它的变动对 δ 值具有最大的影响（参见图 10.17）。

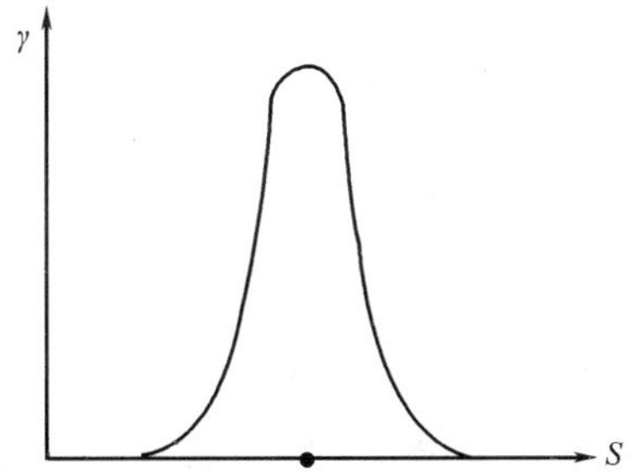

图 10.17　无收益资产看涨（看跌）期权 γ 值与标的资产价格的关系

（三）Gamma 对冲

在金融期权的套期保值中，有一种动态的套期保值策略，叫作 Delta 套期保值。在此种套期保值中，投资者必须根据期权的 δ 值来建立套期保值部位，以实现所谓的 Delta 中性，从而使全部金融风险都得以避免。Delta 中性是这样定义的，由于标的资产和衍生证券可以取多头和空头，因此 δ 值可以为正数，也可以为负数，这样，若组合内的标的资产和衍生证券数量适当配合的话，整个组合的 δ 值就可能等于0，我们称 δ 值为0的证券组合处于Delta中性状态。然而任何期权的 δ 值并非固定的，随着标的资产价格的变动或权利期间的变化，δ 值也要变化，于是，套期保值者就必须不断地随着 δ 值的变动来调整其套期保值的部位，以继续保持Delta中性状态。而在这种调整中，Gamma就是一个十分有用的指标，因为 γ 值的大小正好反映着投资者为保持Delta中性而所需调整的部位。

Gamma对冲与Delta对冲的概念相似，也是要使资产组合不随标的资产价格变化而变化。但是如上文所述，当标的资产价格变动幅度较大时，Delta对冲不能达到良好效果，这时就需要 γ 对冲。

若一个资产组合的Gamma值为 γ，一个期权的Gamma值为 γ，将这样的 n 份期权加到资产组合中去，组合的Gamma值变为 $\gamma + n\gamma'$。要使该组合实现Gamma中性状态，则 $\gamma = 0$，即 $n = -\frac{\gamma}{\gamma'}$。在实现组合Gamma的资产组合中，Delta只可能不为零，因此有必要继续调整 δ 值，使得同时实现Delta中性。

四、Vega

Vega（一般以 ν 或 Λ 表示）是反映期权价格对标的资产价格波动性的敏感性指标。Vega的数学表达式为：

$$\nu = \frac{\partial f}{\partial \sigma} \tag{10.52}$$

无论是现货期权还是期货期权，其看涨期权的 ν 值都等于看跌期权的 ν 值。众所周知，标的资产价格的波动性对时间价值，从而对整个期权价格具有重大的影响。当其他要素不变时，波动性越大，期权价格越高；波动性越小，期权价格越低。所以，就单一期权来说，则无论是看涨期权还是看跌期权，无论是现货期权还是期货期权，其 ν 值总是正的。但是就某一投资组合而言，其整个投资组合的 ν 值却可能是正的，也可能是负的。

在金融期权的套期保值交易中，Vega也是一个重要的敏感性指标。在布莱克—斯科尔斯模型中，标的资产价格的波动性被假定为一个已知的常数。但是这一假定并不符合实际。在实际生活中，人们通常根据历史资料对未来的波动性做出估计，或通过求某种期权定价模型的反函数的方法对未来的波动性做出估计。这些估计都难免与实际不符。于是在金融期权交易中，人们将面临波动性发生变动的风险。为了回避这一风险，人们就必须通过各种途径来缩小整个期权部位的 ν 值，以使波动性改变所可能造成的损失减少到最低程度（参见图10.18）。

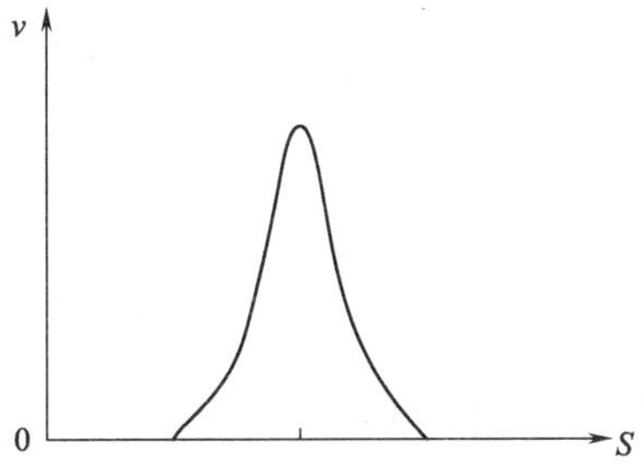

图 10.18　无收益资产看涨(看跌)期权 ν 值与标的资产价格的关系

五、Rho

Rho(一般以 ρ 表示)是用来反映期权价格对利率变化的敏感性指标,Rho 的数学表达式为:

$$\rho = \frac{\partial f}{\partial r} \tag{10.53}$$

在一般情况下,利率的变动对看涨期权的价格有正的影响;而对看跌期权的价格有负的影响。所以,看涨期权的 ρ 值一般为正的,看跌期权的 ρ 值一般为负的。

ρ 值的大小既取决于标的资产价格与执行价格的关系,也取决于权利期间的长短,一般 f 说,越是实值期权,其 ρ 值的绝对值越大;越是虚值期权,其 ρ 值的绝对值越小。所以,若以绝对值表示,则极度实值的期权有着最大的 ρ 值;而极度虚值的期权则有着最小的 ρ 值。至于期权期间对 ρ 值的影响也是同方向的。也就是说,权利期间越长,ρ 值的绝对值就越大;权利期间越短,ρ 值的绝对值就越小。在期权到期日,任何期权的 ρ 值将为 0。

由于 Rho 反映着期权价格对利率变化的敏感程度,因而,在利率变动比较频繁的条件下,Rho 是一个比较重要的敏感性指标,这在金融期权的套利和投机中尤为明显。

本章小结

1. 期权的价值等于内在价值和时间价值之和。内在价值等于零和期权立即执行时所具有的价值这两者中的较大者。期权的时间价值在内在价值为零时最大,并随着标的资产的市场价格与协定价格之差的绝对值变大而递减。随着时间延长,期权的时间价值递增,但增幅是递减的。

2. 期权价格的影响因素有：标的资产价格、期权的执行价格、期权的有效期限、标的资产价格的波动率、无风险利率和标的资产的收益率。

3. 提前执行无收益资产看涨期权是不合理的，而提前执行看跌期权和有收益资产看涨期权则可能是合理的。

4. 无收益资产的欧式看涨期权和看跌期权的平价关系为：

$$c + K(1+r)^{-T} = p + S_0$$

有收益资产的美式看涨期权和看跌期权平价近似关系为：

$$c + K(1+r)^{-T} = p + S_0 - PV(D)$$

美式看涨期权与看跌期权之间不存在关系。

无收益资产的美式看涨期权和看跌期权平价近似关系为：

$$S_0 - K \leqslant C - P \leqslant S_0 - K(1+r)^{-T}$$

有收益资产的美式看涨期权和看跌期权平价近似关系为：

$$S_0 - PV(D) - K \leqslant C - P \leqslant S_0 - PV(D) - K(1+r)^{-T}$$

5. 期权定价方法有布莱克—斯科尔斯模型和二叉树定价模型等。

布莱克—斯科尔斯模型计算公式为：

现货看涨期权： $c = SN(d_1) - Ke^{-rT}N(d_2)$

其中：$d_1 = \dfrac{\ln\left(\dfrac{S}{K}\right) + \left(r + \dfrac{\sigma^2}{2}\right)T}{\sigma\sqrt{T}}$；$d_2 = \dfrac{\ln\left(\dfrac{S}{K}\right) + \left(r - \dfrac{\sigma^2}{2}\right)T}{\sigma\sqrt{T}} = d_1 - \sigma\sqrt{T}$

期货看涨期权： $c = [FN(d_1) - KN(d_2)]e^{-rT}$

其中： $d_1 = \dfrac{\ln\left(\dfrac{F}{K}\right) + \dfrac{\sigma^2}{2T}}{\sigma\sqrt{T}}$；$d_2 = d_1 - \sigma\sqrt{T}$

现货看跌期权： $p = Ke^{-rT}N(-d_2) - SN(-d_1)$

期货看跌期权： $p = Ke^{-rT}N(-d_2) - Fe^{-rT}N(-d_1)$

二叉树定价模型计算公式为：

$$f = \sum \{n!p^j(1-p)^{n-j}\max[Su^jd^{n-j} - K, 0]\}/j!(n-j)!(1+r)^n (j = 0,1,2,\cdots,n)$$

6. 期权价格敏感性指标是指期权价格的影响因素对期权价格的影响程度，主要有 Delta，Gamma，Vega，Theta，Rho。

关键术语

内在价值　时间价值　标的资产价格的波动率　看涨期权和看跌期权的平价关系　布莱克—斯科尔斯模型　二叉树定价模型　Delta　Gamma　Vega　Theta　Rho

能力训练

一、选择题

1. 从静态角度看,期权价值由内涵价值和时间价值构成,以下叙述不正确的是(　　)

A. 虚值期权的权利金完全由时间价值组成

B. 期权的时间价值伴随剩余有效期减少而减少

C. 到达有效期时,期权价值完全由时间价值组成

D. 平值期权的权利金完全由时间价值组成,且此时时间价值最大

2. 关于期权价格的叙述正确的是(　　)

A. 期权有效期限越长,期权价值越大

B. 标的资产价格波动率越大,期权价值越大

C. 无风险利率越小,期权价值越大

D. 标的资产收益越大,期权价值越大

3. 一份欧式看涨期权,标的资产在有效期内无收益,执行价格为 18,资产的价格为 22,则期权价格的上下限为(　　)

A. 18, $\max(18-22e^{-r(T-t)},0)$　　B. 22, $\max(18-22e^{-r(T-t)},0)$

C. 18, $\max(22-18e^{-r(T-t)},0)$　　D. 22, $\max(22-18e^{-r(T-t)},0)$

4. 一份欧式看跌期权,标的资产在有效期内无收益,执行价格为 18,资产的价格为 22,则期权价格的上下限为(　　)

A. $18e^{-r(T-t)}$, $\max(18e^{-r(T-t)}-22,0)$　B. 22, $\max(22e^{-r(T-t)}-18,0)$

C. 18, $\max(22e^{-r(T-t)}-18,0)$　　D. $22e^{-r(T-t)}$, $\max(22e^{-r(T-t)}-18,0)$

5. 一份美式看涨期权,标的资产在有效期内无收益,执行价格为 18,资产的价格为 22,则期权价格的上下限为(　　)

A. 18, $\max(22-18e^{-r(T-t)},0)$　　B. 22,4

C. 18, $\max(22e^{-r(T-t)}-18,0)$　　D. 22, $\max(22-18e^{-r(T-t)},0)$

6. 一份美式看跌期权,标的资产在有效期内无收益,执行价格为 18,资产的价格为 22,则期权价格的上下限为(　　)

A. $18e^{-r(T-t)}$, $\max(18e^{-r(T-t)}-22,0)$　B. 22,4

C. 18,0　　D. $22e^{-r(T-t)}$,2

7. 看涨期权的 Delta 在(　　)之间,而看跌期权的 Delta 在(　　)之间

A. 0 与 1; −1 与 1　　B. −1 与 0;0 与 1

C. 0 与 1; −1 与 0　　D. −1 与 1;0 与 1

8. 关于期权价格敏感性指标叙述正确的是(　　)

A. 看涨期权的 Rho 一般为正的,看跌期权的 Rho 一般为负的

B. Theta 是用来衡量权利期间对期权价格之影响程度的敏感性指标

C. 无论是现货期权还是期货期权,其看涨期权的 Lambda 都等于看跌期权的 Lambda

D. 一般地说，当期权处于极度实值或极度虚值时，Delta 的绝对值将趋近于 1 或 0，此时 Gamma 将趋近于 1

9. 以下关于布莱克—斯科尔斯模型假设的叙述不正确的是（　　）

A. 假设期权是美式期权

B. 在期权到期日之前，标的资产无任何收益

C. 标的资产的价格波动率是一个常数

D. 无风险利率固定，且假设不存在税负等外部因素

10. 下列哪种说法是正确的（　　）①

A. 对于到期日确定的期权来说，在其他条件不变时，随着时间的流逝，其时间价值的减少是递增的

B. 对于到期日确定的期权来说，在其他条件不变时，随着时间的流逝，其时间价值的减少是递减的

C. 对于到期日确定的期权来说，在其他条件不变时，随着时间的流逝，其时间价值的减少是不变的

D. 当时间流逝同样的长度，在其他条件不变时，期限长的期权时间价值的减少幅度大于期限短的期权时间价值的减少幅度

二、思考题

1. 期权的内在价值为什么不能为负值？

2. 市场价格与执行价格的关系怎样影响内在价值？

3. 布莱克—斯科尔斯模型的假设条件有哪些？

4. 根据布莱克—斯科尔斯模型，看跌期权是如何定价的？

5. 期权的 Delta 有哪些特征？它主要受哪些因素的影响？

6. 简述无收益资产欧式看涨期权与看跌期权的平价关系。

三、计算题

1. 已知 $S=100$ 美元，$r=10\%$，$K=100$ 美元，$T=1$ 年，$6=25\%$，试求计算看涨期权的价值？

2. 美国某公司持有 100 万英镑现货头寸，假设当时英镑兑美元的汇率为 1 英镑 = 1.620 0 美元，美国的无风险连续复利年利率为 10%，英国的为 13%，英镑汇率的波动率每年为 15%。为防止英镑贬值，该公司打算用 6 个月期，执行价格为1.600 0美元的英镑欧式看跌期权进行保值，请问该公司应买入多少期权？

3. 假设某股票的当前市价为 22 美元，且一个月后股价可能变成 24 或 20。无风险利率为 8%，按照复利计息方法，执行价格为 21 美元、一个月的欧式期权的价值是多少？

4. 股票现价 100 美元，有 2 个连续时间步，每个时间步的步长为 6 个月，每个单步二叉树预期上涨 10% 或下跌 10%。无风险年利率为 8%（按连续

① 选自研究生考试金融联考 2006 年试题。

复利计)。执行价格为 100 美元,1 年期的欧式看涨期权的价值是多少?①

5. 假设在 9 月中旬,投资者持有以下汉莎航空公司的股票和期权:(参见表)。

头寸	价格	数量	期权的 Delta 值(点数/欧元)	头寸的 Delta 值(欧元/欧元)
汉莎航空公司	14.05	1 200 股	1	①
11 月到期,执行价格为 13 美元的多头看跌期权	0.42	15 份合约	-0.29	②
11 月到期,执行价格为 15 美元的空头看涨期权	0.49	25 份合约	-0.37	③
总计	—	—	—	④

为了管理你的头寸,你想知道一旦汉莎公司的股价发生变化,你自己的头寸会随之发生多大幅度的变化。请计算所持有头寸的 Delta 值(填出①~④),并说明如果汉莎公司的股价上升 2.50 欧元,你的头寸的价值变化。

参考文献与网站链接

1. 欧阳良宜. 期权期货市场理论与操作[M]. 北京:中国发展出版社,2006.

2. 欧洲期货交易所. 欧洲期货交易所股票和股票指数衍生产品交易策略习题与案例[M]. 北京:中信出版社,2007.

3. Warren Edwardes. 核心金融工具——在衍生品世界中领悟和创新[M]. 夏潆焱等译. 成都:西南财经大学出版社,2005.

4. Johnathan Mun. 实物期权分析[M]. 邱雅丽译. 北京:中国人民大学出版社,2006.

5. Max G. Ansbacher. 新型期权市场[M]. 郑磊译. 北京:中信出版社,2002.

6. 路透. 金融衍生工具导论[M]. 北京:北京大学出版社,2001.

7. John C. Hull. 期货与期权市场导论[M]. 周春生,付佳译. 北京:北京大学出版社,2006.

8. Martha Amram Nalin Kulatilaka. 实物期权——不确定性环境下的战略投资管理[M]. 张维等译. 北京:机械工业出版社,2001.

9. 芝加哥期权交易所期权学院. 期权——基本概念与交易策略[M]. 郭晓利,郑学勤译. 北京:中国财政经济出版社,2006.

---

① John C. Hull. 期货与期权市场导论[M]. 周春生、付佳译. 北京:北京大学出版社,2006.

10. Don M. Chance. 衍生金融工具与风险管理[M]. 郑磊译. 北京:中信出版社,2004.

11. Robert Tompkins. 解读期权[M]. 陈送生译. 北京:经济管理出版社,2004.

12. 罗伯特·A. 斯特朗. 衍生产品概论[M]. 王振山等译. 大连:东北财经大学出版社,2005.

13. 雅虎财经频道 http://cn. finance. yahoo. com.

14. 新浪网财经纵横 http://finance. sina. com. cn.

15. 中国证监会 www. csrc. gov. cn.

16.《华尔街日报》www. wsj. com.

17. 期权天下 www. optionsky. com.

第十一章　金融互换概述

★ 本章学习指导 ★

本章通过对金融互换起源及其发展的描述，揭示金融互换的理论基础，阐述金融互换的相关机理，并对金融互换的功能及种类进行了介绍。通过本章学习，应该理解金融互换的基本原理及其功能，掌握金融互换合约的内容，了解金融互换的种类。

第一节　金融互换的起源与发展

一、金融互换的定义

按照国际清算银行(BIS)的定义，金融互换是买卖双方在一定时间内，交换一系列现金流的合约。具体说，金融互换是指两个(或两个以上)当事人按照商定的条件，在约定的时间内，交换不同金融工具的一系列支付款项或收入款项的合约。

互换是一种按需要定制的交易方式。互换的双方既可以选择交易额的大小，也可以选择期限的长短。只要互换双方愿意，从互换内容到互换形式都可以完全按需要来设计，由此而形成的互换交易可以完全满足客户的特定需求。

金融互换最基本的形式包括：①一种货币与另一种货币之间的互换；②同一货币的浮动利率与固定利率互换；③不同货币的固定利率与固定利率互换；④不同货币固定利率与浮动利率互换；⑤不同货币的浮动利率与浮动利率互换；⑥同一货币的浮动利率与浮动利率互换等。

二、平行贷款

金融互换是20世纪80年代在平行贷款和背对背贷款的基础上发展起来的，但它们之间既有联系又有区别。

20世纪70年代初，由于国际收支恶化，英国实行外汇管制并采取了对外投资扣税的办法，以控制资金的外流。于是一些银行为满足企业逃避外汇管制的需求，推出了平行贷款(Parallel Loan)：两个母公司分别在国内向对方公司在本国境内的子公司提供金额相当的本币贷款，并承诺在指定的到期日各自归还所借货币。例如，英国母公司向美国母公司在英国境内的子公司贷款；美国母公司相对应地贷款给英国母公司在美国境内的子公司，结构如图 11.1 所示。

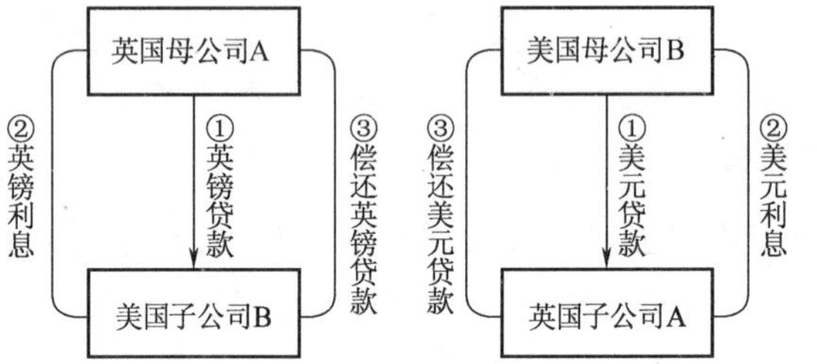

图 11.1　平行贷款结构图

平行贷款既可满足双方子公司的融资需要，又可逃避外汇管理，因此深受欢迎。但平行贷款存在信用风险问题，因为平行贷款包含两个独立的贷款协议，它们分别具有法律效力，其权利、义务不相联系，当一方违约时，另一方仍不能解除履约义务。

【例 11 -1】市场汇率 1 英镑 =2 美元，英镑利率为 8%，美元利率为 5%。一家美国公司在英国的子公司需要筹资 1 亿英镑，一家英国公司在美国的子公司需要借款 2 亿美元，期限都是 5 年。两家公司及其子公司在平行贷款条件下的现金流量状况如表11.1。

表 11.1　平行贷款的现金流量

年份	美国母公司（百万美元）	英国在美国子公司（百万美元）	英国母公司（百万美元）	美国在英国子公司（百万美元）
0	-200	+200	-100	+100
1	+10	-10	+8	-8
2	+10	-10	+8	-8
3	+10	-10	+8	-8
4	+10	-10	+8	-8
5	+210	-210	+108	-108

这种融资方式的优点是可以绕开外汇管制的限制，不会发生跨国界的资金转移。但运用这种方式融资，需要有两个母公司，两个子公司，而且双方需要融资的数额相同，并且都愿意承担所包含的信贷风险。

三、背对背贷款

背对背贷款(Back to Back Loan)是为了解决平行贷款中的信用风险问题而产生的。它是指两个国家的公司相互直接贷款,贷款币种不同但币值相等,贷款到期日相同,各自支付利息,到期各自偿还原借款货币。其流程如图 11.2 所示。

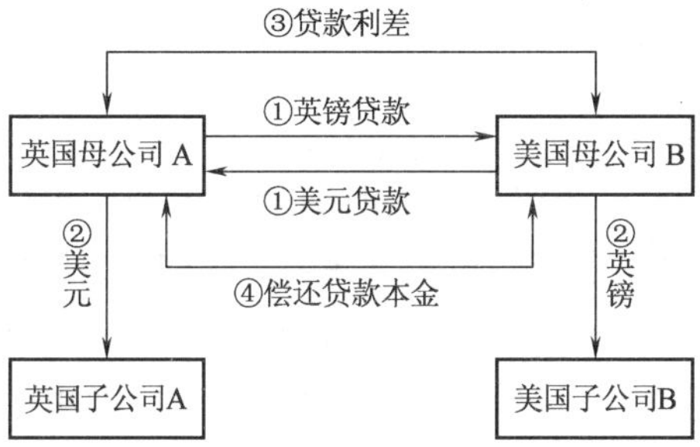

图 11.2　背对背贷款流程图

背对背贷款尽管有两笔贷款,但只签订一个贷款协议,协议中明确若一方违约,另一方有权抵消应尽的义务。这就大大降低了信用风险,向货币互换大大迈进了一步。但是,背对背贷款涉及跨国借贷,这就存在外汇管制问题。因此,背对背贷款只是在 1979 年英国取消外汇管制后才作为一种金融创新工具而出现。

背对背贷款虽然已非常接近现代货币互换,但二者仍有本质的区别。前者是一种借贷行为,在法律上会产生新的资产和负债(双方互为对方的债权人和债务人);而后者则是不同货币间负债或资产的互换,是一种表外业务,并不产生新的资产与负债,因而也就不改变一个公司原有的资产负债结构。这也是互换交易之所以受到人们青睐并得以飞速发展的重要原因。

四、金融互换产生的理论基础

金融互换产生的理论基础是比较优势理论。该理论是英国著名经济学家大卫·李嘉图(David Ricardo)提出的。他认为,在两国都能生产两种产品,且一国在这两种产品的生产上均处于有利地位,而另一国均处于不利地位的条件下,如果前者专门生产优势较大的产品,后者专门生产劣势较小(即具有比较优势)的产品,那么通过专业化分工和国际贸易,双方仍能从中获益。

下面通过一个简单示例来说明比较优势理论。假设有甲、乙两家厂商同时生产产品 A 和 B,但是两家厂商的生产效率有差异,见表 11.2。

表 11.2　厂商的生产效率

	绝对优势		比较优势	
厂商	A	B	A	B
甲	1 天	2 天	1 天	1 天
乙	2 天	1 天	2 天	3 天
合作前	2	2	2	2
合作后	3	3	2.5	2

在绝对优势假设条件下，厂商甲生产 A 具有优势，厂商乙生产 B 具有优势。如果不进行合作，厂商甲用三天时间最多生产一单位 A 和一单位 B，厂商乙用三天时间也只能生产一单位 A 和一单位 B，如果两者合作，甲用三天时间可以生产三个单位 A，乙用三天时间可以生产三个单位 B，通过合作可以提高生产能力。同样在比较优势假设条件下，厂商甲生产 B 优势更明显，厂商乙生产 A 劣势相对小，合作之前，甲用两天时间可以生产一单位 A 和一单位 B，乙需要五天时间生产一单位 A 和一单位 B，如果进行合作，甲专门生产 B，乙专门生产 A，则在同样时间限制下也可以提高生产能力。

互换交易正是利用交易双方的比较优势而进行的。具体而言，互换产生的条件可以归纳为两个方面：①交易双方对对方的资产或负债均有需求；②双方在这两种资产或负债上存在比较优势。

最著名的首次互换发生在 1981 年世界银行（WBG）和国际商业机器公司（IBM）之间。世界银行需要用瑞士法郎或德国马克这类绝对利率水平较低的货币进行负债管理；与此同时，IBM 公司则希望筹集美元资金以便同其美元资产相匹配，避免汇率风险。由于世界银行在欧洲债券市场上信誉卓著，筹集美元资金的成本低于 IBM 公司，而 IBM 公司发行瑞士法郎债券的筹资成本低于世界银行。在存在比较优势的情况下，世界银行和 IBM 公司分别筹集自己具有优势的资金，并通过互换，获得自己需要的资金，从而降低筹资成本。

第二节　金融互换的相关机理

一、金融互换与掉期的区别

互换和掉期在英文中都叫 Swap，因此很多人将它们混为一谈。实际上，两者有很大区别。

（一）性质不同

外汇市场上的掉期是指对不同期限，但金额相等的同种外汇做两笔反方向的交易。它只是外汇买卖的一种方法，并无实质的合约，更不是一种衍生工具。它是在一个交割日卖出（或买入）某一货币的同时，约定在将来某日将同一货币做相反交易，使资金回流；而互换是两个或两个以上当事人按照商定的条件，在约定的时间内交换一系列现金流的合约。因此互换有实质的合约，是一种重要的衍生工具。互换交易中的货币互换交易，在期初或到期日均交换本金，在过渡阶段没有利息的互换；利率互换交易则在期初或到期日均无实际的本金交换，但要在预先规定的名义本金基础上交易不同的利息支出。

（二）市场不同

掉期在外汇市场上进行，本身并未形成独立的市场。而互换则在单独的互换市场上交易。

（三）期限不同

互换交易多是一年以上的中长期交易，而掉期以短期为主，极少超过一年。货币互换一般是在远期外汇市场不能提供中长期合约时才使用，利率互换也是在期货、期权市场上不能提供较为灵活的条件时才使用，故互换交易主要是对中、长期货币或利率的交换。

（四）形式不同

互换有两种基本形式：货币互换和利率互换，其中的货币互换包含一系列利息和支付（或收取）的交换，而掉期并不包含利息支付及其交换。

（五）汇率不同

掉期的前后两笔交易牵涉到不同的汇率，而互换中的货币互换前后两笔交易的汇率是一样的。

（六）交易目的不同

掉期的主要目的是管理资金头寸，消除汇率风险。而互换的主要目的则是降低筹资成本，进行资产负债管理，转移和防范中长期利率和汇率变动风险。

（七）发挥的作用不同

外汇市场中的掉期交易在国际贸易与国际投资方面，通过交易来改变外汇币种，规避风险，主要运用于进出口商的套期保值和银行与其他金融机构的资金头寸管理。而互换交易在国际金融市场上，是降低长期资金筹措成本和资产、负债管理中防范利率和汇率风险的最有效的金融衍生工具之一，它集外汇市场、证券市场、短期货币市场和长期资本市场于一身，既是融资工具的创新，又是金融风险管理的新手段。

二、金融互换交易合约的内容

典型的互换交易合约通常包括以下几个方面的内容。

（一）交易主体

交易主体是指相互交换货币或利率的双方交易者，而金融互换的交易主体有时也是两个以上的交易者参加的同一笔互换交易，如果交易主体都是国内的交易者，称为国内互换，如果交易主体是不同国家的交易者，则称为跨国互换。

（二）合约金额

由于交易者参与互换市场的目的是从事融资、投资或财务管理，因而每一笔互换交易的金额都比较大，一般在1亿美元或10亿美元以上，或者是等值的其他国家的货币。

（三）互换的币种

理论上互换的币种可以是任何国家的货币，但进入互换市场并经常使用的货币则是世界最主要的可自由兑换的货币，如美元、欧元、瑞士法郎、英镑、日元、加元、澳元、新加坡元和港币等。

（四）互换的利率

目前，进入互换市场的利率包括固定利率、伦敦银行同业拆放利率、存单利率、银行承兑票据利率、优惠利率、商业票据利率、国库券利率、零利息债券利率等。

（五）合约期限

互换交易通常是外汇市场、期货市场上不能提供中长期合同时才使用，因而其到期日的期限较长，一般均为中长期。

（六）互换价格

利率互换价格是由与固定利率、浮动利率和信用级别相关的市场条件决定的；而货币互换价格由交易双方协商确定，但通常能反映两国货币的利率水平，主要由政府债券利率作为参考的依据。此外，货币互换价格还受到政府改革目标、交易者对流动性的要求、通货膨胀预期，以及互换双方的信用级别等的影响。

（七）权利义务

互换双方根据合约的签订来明确各自的权利和义务。双方在合约到期日承担相互交换利息或货币的义务，同时也获得收到对方支付利息或货币的权利。

（八）价差

价差表现为中介买卖价的差异。美元利率互换的价差通常为0.000 5～0.001 0（即5～10个基点）；货币互换的价差则不固定，价差的多少一般视信用风险而定。

（九）其他费用

其他费用主要指互换市场的中介者因安排客户的互换交易，对互换形式、价格提供咨询等获取的收入,如法律费、交换费、咨询费、监督执行合约费等。

三、金融互换交易的参加者

金融互换交易的参加者一般由互换经纪商、互换交易商和直接用户构成。三者运用互换市场的动机不同。

(一)直接用户利用互换市场的主要目的

直接用户利用互换市场的主要目的是:①获得低成本的筹资;②获得高收益的资产;③规避利率、汇率风险;④进行短期资产负债管理;⑤进行投机。

直接用户包括银行、公司、金融和保险机构、国际组织代理机构和政府部门等。金融中介或银行间运用互换市场主要是为了获得手续费收入,或从交易机会中获利,它包括美国、日本、英国以及其他欧洲国家的一些银行和证券公司。对商业银行和投资银行来说,互换交易是一种具有吸引力的脱离资产负债表的收入来源。

(二)互换经纪商以代理人身份从事交易活动

一项互换交易要成功,互换双方的需求必须完全吻合。如果一家企业面临的金融风险是短期的,而且是标准化的话,这家企业就可以应用期货或交易所交易的期权来管理这种风险。一些比较特殊的金融风险常常是导致企业寻求互换市场解决风险的主要原因。对于一个可能参与互换交易的交易者而言,由于其特定的互换需求,要找到完全吻合的对手是有难度的。以货币互换来看,互换的名义本金、货币币种、互换期限等项都要恰好满足要求,确实不是一件容易的事情。正是由于这种寻求互换对手方的困难,使互换经纪商有了用武之地。总的来说,互换经纪商主要起媒介作用,为互换双方寻找合适的对手方。所以互换经纪商本身并不承担金融风险。

(三)互换交易商履行互换经纪商的所有职责

互换交易商由于是交易的一方,因此往往还承担金融风险。但我们不能据此就认为互换交易商是投机者。互换交易商承担风险是为了完成互换交易,如果互换交易留有风险,交易商会想法抵消这种风险。互换交易商起金融媒介作用,通过帮助完成互换交易来获得利润。

在互换市场上,金融机构既是最终使用者,又是中介者。作为最终使用者,金融机构通过互换市场来管理其资产与负债;作为中介者,金融机构提供建议、信息,安排不同信誉的客户从事互换,并承担双方不能履约的风险。一些金融机构还是客户从事互换交易的代理人。此外,一些跨国集团公司、国际性机构以及一些国家的政府及政府机构,都是互换市场的重要参与者。他们通过参与市场,达到对自身资产负债保值增值,规避风险以及降低筹资成本,获得相对利益的目的。

第三节 金融互换的功能与特点

互换交易属表外业务，不计入资产负债表，因此具有降低融资成本、提高资产收益、优化资产负债结构、转移和防范利率风险和外汇风险、空间填充等功能。

一、金融互换的功能

（一）降低融资成本，提高资产收益

互换交易是基于比较优势而成立的，融资者通过互换交易，可充分利用双方的比较优势，大幅度降低融资成本。同理，投资者也可通过资产互换来提高资产收益。互换交易双方进行交易的主要动机是最终分配比较优势产生的全部利益。当一家企业或机构在某一市场具有融资优势，而该市场与该企业或机构的所需不符时，通过互换可以利用具有优势的市场进行筹措而得到在另一个市场上的所需。如具有信用级别差异的双方，作数额、币别、期限相同的负债互换，以伦敦同业拆放利率成本融资，信用级别差的一方也可用低于自己单独融资的利率成本获得资金，这样双方均可以较低的成本满足其最终的需求。

（二）优化资产负债结构，转移和防范利率风险和外汇风险

互换交易使企业和银行能够根据需要筹措到任何期限、面值、利率的资金。同时可根据市场行情的变化，灵活地调整其资产负债的市场结构和期限结构，以实现资产负债的最佳搭配。由于互换是以名义本金为基础进行的。利率互换在对资产和负债利率暴露头寸进行有效操作中具有比利用货币市场和资本市场进行操作的优势，它可以不经过真实资金运动而对资产负债额及其利率期限结构进行表外重组。在负债的利率互换中，支付固定利率相当于借入一笔名义固定利率债务，会延长负债的利率期限；而支付浮动利率相当于借入一笔名义浮动利率债务，会缩短负债的利率期限。在资产的利率互换中，收入固定利率相当于占有一笔名义固定利率债权，会延长资产的利率期限；而收入浮动利率相当于占有一笔名义浮动利率债权，会缩短资产的利率期限。

从防范风险方面看，如果某交易者所需求的货币的币值极不稳定，通过货币互换可以换得币值相对稳定的需求货币，同时避免了因币值易变风险而带来的损失。由于交易者们对币值变动预测不同，且有甘愿承担风险的投机者参与，因此这种为保值、规避风险而进行的互换是能够完成的。在利率互换中，为避免利率上升带来的损失，有浮动利率负债的交易者就与负债数额相同的名义本金的固定利率的交易者进行互换，所收的浮动利率与原

负债相抵,而仅支出固定利率,从而避免利率上升的风险。

(三)空间填充功能

从利率上讲,空间填充功能是指金融机构依靠衍生工具提供金融中介,以弥合总体空间中存在的缺口和消除在此范围内的不连续性,形成一个理想的各种工具的不同组合,创造一个平滑连续的融资空间。例如,发行方式间(证券筹措和银行信贷间)存在的差异、工具运用者信用级别差异、市场进入资格限制等。事实上,这种缺口的存在正是互换交易能够进行的基础。从本质上讲,互换就是对不同融资工具的各种特征进行交换,它就像融资空间中的一架梭机,有人称之为金融交易中的"集成电路"。货币互换以把一种通货负债换为另一种通货负债,从而弥合了两种通货标值间的缺口;利率互换将浮动利率负债换为固定利率负债,等于在浮动利率债券市场上筹措资金,而得到固定利率债券市场的效益。受到进入某一特定市场限制的机构或信用级别较低的机构可以通过互换,得到与进入受限制或信用级别要求较高的市场的同样机会,从而消除了业务限制和信用级别差异而引起的市场阻隔。互换交易具有明显的对融资工具不同特征的"重新组合"的特征。

二、金融互换的特点

(一)品种多样化

最基本的金融互换品种是指货币互换(Currency Swap)和利率互换(Interest Rate Swap),前者是指在对未来汇率预期的基础上,双方同意交换不同货币本金与利息支付的协议。后者是指在对未来利率预期的基础上,双方以商定的日期和利率互换同一种货币的利息支付。在此基础上,金融互换新品种不断出现,具体内容可以参阅本章第四节。

(二)结构标准化

在金融互换发展的初期,一些因素阻碍了其进一步发展。例如,互换中的信用风险难以把握、缺乏普遍接受的交易规则与合约文本等。为此,1985年2月,以活跃在互换市场上的银行、证券公司为中心,众多的互换参与者组建了旨在促进互换业务标准化和业务推广活动的国际互换交易协会(International Swap Dealer's Association,简称ISDA),并在《国际金融法规评论》上发表了该协会会员克里斯托弗·斯托克关于互换业务标准化的著名论文,拟定了标准文本《利率和货币互换协议》。该协议的宗旨,就是统一交易用语,制定标准的合同格式,统一利息的计算方式。该协议要求交易双方在达成第一笔互换交易前(或之后)签订这样一个"主协议",同时可对各项条款进行讨论、修改和补充。由此在以后每一笔互换交易时,就省去了拟订、讨论文本的大量时间。在"主协议"项下,交易双方的每一笔互换交易仅需要一个信件或电传来确定每笔互换的交易日、生效日、到期日、利率、名义本金额、结算账户等即可成交。到目前为止，世界上大多数银行、投资银行等均已成为该协会的成员，极大地推动了互换交易标准化的进程。该协议的实施，标志着金融互换结构进入标准化阶段，为金融互换交易的深入发展创造了良好的条件，大大提高了交易效率。

（三）定价复杂化

互换的价格主要表现为互换时所愿意支付的利率、汇率水平。国际金融市场上，影响互换价格的因素主要有：①互换进行时市场总体利率水平、汇率水平及其波动幅度与变化趋势；②互换本金数量、期限等；③互换双方自身的资金状况与资产负债结构；④互换伙伴的信用状况；⑤互换合约对冲的可能性。由于影响互换价格的因素多，加之在其定价过程中不同的市场对收益的计算方法往往不同，因此其定价过程较为复杂，特别是互换交易的衍生品的定价更为复杂。从目前看，金融套利已成为互换定价的主要方法，其主要原因是金融套利能为互换的参与者节省成本。

（四）参与机构多元化

互换市场参与机构包括最终用户和中介机构。最终用户是指各国政府尤其是发展中国家的政府及其代理机构、世界范围内的银行和跨国公司、储蓄机构和保险公司、国际性代理机构与证券公司等。它们参与互换的基本目的是：获得高收益的资产或低成本融资、实施资产与负债的有效管理、规避正常经济交易中的利率或汇率风险以及进行套利、套汇等。中介机构主要包括美国、英国、日本、德国、加拿大等国的投资银行和商业银行、证券交易中心等。它们参与互换的重要目的是为了从承办的业务中获取手续费收入和从交易机会中得到盈利。

互换交易的发展，使得上述两类机构在实践中的交叉越来越多。许多机构积极参与了双方的活动，即同一机构既可能是最终用户也可能是中介机构。特别是为数众多的大型商业银行与投资银行以及信誉卓著的跨国公司，它们常常利用自身信誉高、信息广、机构多的优势直接进行互换，从而大大减少了对中介机构的需要。

（五）产品衍生化

金融互换同其他金融工具相结合，可以衍生出许多复杂的互换衍生产品，如与期权结合产生互换期权，互换与期货结合产生互换期货，与股票指数结合产生股票指数互换等。

（六）业务表外化

金融衍生产品的交易不构成有关交易方的资产与负债，属于表外业务。金融互换在时间和融资方面独立于各种借款或投资，即具体的借款或投资行为与互换中的利率基础和汇率基础无关。这一特点决定了可利用金融互换逃避外汇管制、利率管制以及税收限制，不增加负债而获得巨额利润扩充资本，达到提高资本充足率等目的。这一特点也表明，在金融互换本身存在风险的前提下，若在资产负债表中不对金融互换做适当揭露，将不能充分准确地反映经济主体的经营行为及风险状况。

（七）风险管理全程化

金融互换作为一种重要的金融衍生产品，其产生的主要原因是为了规避金融风险。但在发展过程中，金融互换本身也存在许多风险，因此加强风险管理，尽可能地减少风险的数额，防止风险变成实际的损失，贯穿于互换业务的整个过程。

（八）发展非均衡化

作为互换的两种基本形式，货币互换先于利率互换而产生，二者各有自己的优势和特色，但在其发展过程中表现出明显的非均衡性。利率互换的发展速度远远快于货币互换，成为互换市场的主流。其主要原因是国际借贷市场，尤其是欧洲美元市场十分广阔。同时从内在结构上来看，与利率互换相比，由于货币互换牵涉到一系列的不同货币本金与利息的互换，货币互换协议的达成往往需要更长的时间来实现，文件制作方面也比较复杂。从新产品上看，两者的发展也表现出非均衡：货币互换由于涉及不同货币本金和一系列不同货币利息的互换，因此在国际金融市场上，其新产品较少，主要有固定利率货币互换、浮动利率货币互换及分期支付货币互换；利率互换的新产品则层出不穷，如零息对浮动利率互换、浮动利率对浮动利率互换、可赎回利率互换、可出售利率互换和可延期利率互换、远期利率互换等。

第四节　金融互换的种类

金融互换的发展历史虽然较短，但品种不断创新。除了传统的货币互换和利率互换外，各种新的金融互换品种不断涌现。

一、利率互换

利率互换（Interest Rate Swaps）是指双方同意在未来的一定期限内，根据同种货币的同样的名义本金交换现金流，其中一方的现金流根据浮动利率计算，而另一方的现金流根据固定利率计算。互换的期限通常在2年以上，在浮动利率市场上具有比较优势。由于利率互换只交换利息差额，因此信用风险很小。

二、货币互换

货币互换(Currency Swaps)是将一种货币的本金和固定利息与另一货币的等价本金和固定利息进行交换。货币互换的主要原因是双方在各自国家中的金融市场上具有比较优势。由于货币互换涉及本金交换,因此当汇率变动很大时,双方将面临一定的信用风险。当然这种风险比单纯的贷款风险小得多。

三、其他互换

从最普遍的意义来说,互换实际上是现金流的交换。由于计算或确定现金流的方法有很多,因此互换的种类也很多。除了上述最常见的利率互换和货币互换外,其他主要的互换品种有:

(一)交叉货币利率互换

交叉货币利率互换(Cross – Currency Interest Rate Swaps)是利率互换和货币互换的结合。它是以一种货币的固定利息交换另一种货币的浮动利息。标准的交叉货币互换与利率互换相似:①互换双方的货币不相同;②到期需要交换本金;③在生效日本金可以交换也可以不交换;④互换双方既可以是固定利率互换,也可以是浮动利率互换,或者是浮动利率与固定利率互换。

换言之,我们也可以把利率互换理解成双方使用同种货币的交叉货币互换。从这个角度看,本金的交换是无关紧要的,因为采用同种货币,其本金互换的最终结果总是为零。本金在期末总是交换的,这是交叉货币互换的一个显著特点。本金既可以是实际金额也可以是名义金额。最初互换本金后,根据本金计算利息。接下来是一连串的利息互换,在到期日,再按事先决定的汇价换回本金。

(二)增长型互换、减少型互换和滑道型互换

在标准的互换中,名义本金是不变的,而在以下三种互换中,名义本金是可变的。即可以在互换期内按照预定方式变化。

(1)增长型互换(Accreting Swaps)的名义本金在开始时较小,而后随着时间的推移逐渐增大。增长型互换比较适合借款额在项目期内逐渐增长的情形,例如,建筑工程融资。

(2)减少型互换(Amortizing Swaps)则正好相反,其名义本金随时间的推移逐渐由大变小。近年来,互换市场又出现了一种特殊的减少型互换,即指数化本金互换(Indexed Principal Swaps),其名义本金的减少幅度取决于利率水平,利率越低,名义本金减少幅度越大。减少型互换则比较适合于以发行债券来融资的借款方。

(3)滑道型互换(Roller - Coaster Swaps)的名义本金则在互换期内时而增大,时而变小。就项目融资来看,初期借款可能逐渐增加,此后,随着对承包者的阶段性支付的累积,借款额会逐渐减少。因此可以考虑采用滑道型互换与各期借款本金相对应。

在上述每一种情况下,名义本金的变化不一定是有规律的,可以在每一期互换开始之前对名义本金加以确定。

(三)基础互换

在普通的利率互换中,互换一方是固定利率,另一方是浮动利率。而在基础互换(Basis Swaps)中,双方都是浮动利率,只是两种浮动利率的参照利率不同,通常一方的浮动利率与某一时期的伦敦银行同业拆放利率挂钩;而另一方的浮动利率则与另一类市场利率相联系,如商业票据利率、存款利率或联邦基金利率等。例如,某公司通过商业票据的滚动发行筹集资金,并将筹得的资金投资于收益率为伦敦银行同业拆放利率的资产,那么一笔基础互换交易就可以防范或消除由于采用不同利率而产生的收入流与支出流不相吻合的风险。或者,发行商业票据的公司可能希望锁定借款成本,那么,该公司可以将基础互换与普通互换相结合,先把浮动商业票据利率转化成浮动伦敦银行同业拆放利率,再把伦敦银行同业拆放利率转变成固定利率。

还有一种基础互换与上面所述的基础互换略有不同,双方的浮动利率与同一种市场利率挂钩,但期限不同。比如,1 月期 LIBOR 与 6 月期 LIBOR 互换。在这种情况下,付息次数或频率也会出现不一致。因此,对于按 6 月期 LIBOR 收取利息并按 1 月期 LIBOR 支付利息的一方来说,在收取半年期利息减去支付的最后 1 月期利息的净额之前,要连续 5 个月支付月息。与付息次数或频率相同的互换相比,此类互换来自对方的风险要大一些。

(四)议价互换

大多数互换的初始定价是公平合理的,不存在有利于交易一方而不利于交易另一方的问题,也就是说没有必要从互换一开始就由交易一方向另一方支付利息差。然而在议价互换交易中,固定利率不同于市场的标准利率,因此,交易一方必须向另一方进行补偿。议价互换(Off - Market Swap)的应用价值在于:当借款方以发行浮动利率债券筹资,并希望利用互换既能将浮动利率债券转换成固定利率债券,又能支付发行债券的前端费用时,就可以设计一种议价互换。借款方(债券发行公司)收取一笔初始资金和定期浮动利息,同时以略高于普通互换市场利率的固定利率支付利息。高出固定利率的边际额可以在互换期内将发行债券的前端费用有效地加以分摊。

(五)零息互换与后期确定互换

在零息互换(Zero-coupon and Back - set Swap)中,固定利息支付流量被一次性的支付所取代,一次性支付可以在互换初期,但更常见的是在期末。在后期确定互换(Back-set Swap),互换确定日不是在计算期开始之前,而恰好是在结束之际。所以浮动利率的确定是滞后而不是提前,因此这种互换也称之为伦敦银行同业拆放利率滞后互换(LIBOR - in - arrears Sawp)。如果某交易方认为利率走势将与市场预期有出入,那么这种互换就很有吸引力。例如,在收益率曲线上升的条件下,远期利率要高于当前的市场利率,在制定互换固定利率时就要反映出这一点,后期确定互换的定价就可以定得更高一些。如果固定利率的收取方认为市场利率的上升要比远期利率所预期的慢,那么后期确定互换同样要比常规互换更为有利。

(六)边际互换

边际互换(Margin Swap)所采用的浮动利率是在 LIBOR 基础上再加上或减去一个边际额,而不是直接用伦敦银行同业拆放利率本身。因此把它叫作边际互换。一个按伦敦银行同业拆放利率 LIBOR +50 个基点筹资的借款人当然希望能从互换中获得伦敦银行同业拆放利率 LIBOR +50 个基点的利率,而不仅仅是伦敦银行同业拆放利率,否则浮动利率的现金流量就不一致。

因此,边际互换的结果类似于普通互换中对固定利率加上一个边际额。例如,一个普通互换是 7.00% 的固定利率对伦敦银行同业拆放利率,则与此相应的边际互换的报价可能就是 7.50% 的固定利率对伦敦银行同业拆放利率 LIBOR +50 个基点。只有当互换双方天数计算惯例或付息次数各不相同时,如固定利率方以实际天数/365 计算,而浮动利率方以30/360计算,边际互换与普通互换的结果才会出现差异。

(七)差额互换

差额互换(Differential Swap)是对两种货币的浮动利率的现金流量进行交换,只是两种利息现金流量均按同种货币的相同名义本金计算。在 20 世纪 90 年代初期差额互换非常流行,当时美元利率很低,但收益率曲线上升得非常陡直;而马克利率很高,收益率曲线却向下大幅度倾斜。例如,在一笔差额互换交易中,互换一方以 6 月期美元伦敦银行同业拆放利率对 1 000 万美元的名义本金支付利息;同时对同样一笔数额的名义本金以 6 月期马克伦敦银行同业拆放利率减去 1.90% 的浮动利率收取以美元表示的利息。因此,按美元伦敦银行同业拆放利率付利息,并按马克伦敦银行同业拆放利率 LIBOR -1.90% 收取以美元表示的利息的交易方在互换初期会有净收入。如果利率按远期收益率曲线所示发生变化,那么这些净收入最终会转变成净支出。但是许多投资者坚信美元利率会低于远期利率所示的水平,而德国马克利率依然会维持在高水平上。所以，通过差额互换获利的时间将大大延长，甚至可能在整个互换期间都获利。

差额互换究竟属于货币互换还是属于利率互换很难加以定义，因为它既像交叉货币互换一样涉及两种货币的利率，又像利率互换一样仅以一种货币支付或收取利息。另外，当银行要为差额互换进行保值时，还会涉及一种复杂的金融工具——数量调整期权（Quanto Option）的定价问题。

（八）远期启动互换

远期启动互换（Forward-start Swap）是指互换生效日不是在交易日后一两天，而是间隔几周、几个月甚至更长时间。这种互换适用于未来某时进行的浮动利率融资，但希望在现在就确定实际借款成本的借款人。例如，某家公司可能刚刚获得对一个项目的委托管理，并正忙于筹集资金以备将来之用。如果这家公司拖到以后才安排互换交易，就可能面临利率上升的风险。

（九）互换期权

互换期权（Swap Option）本质上属于期权而不是互换，但该期权的标的物为互换。例如，利率互换期权本质上是把固定利率交换为浮动利率，或把浮动利率交换为固定利率的权利。但许多机构在统计时都把互换期权列入互换的范围。

（十）股票互换

股票互换（Equity Swaps）是以股票指数产生的红利和资本利得与固定利率或浮动利率交换。投资组合管理者可以用股票互换把债券投资转换成股票投资，反之亦然。

本章小结

1. 金融互换是买卖双方在一定时间内，交换一系列现金流的合约。具体点说，金融互换是指两个（或两个以上）当事人按照商定的条件，在约定的时间内，交换不同金融工具的一系列支付款项或收入款项的合约。

2. 金融互换是在平行贷款和背对背贷款基础上发展起来的，其理论基础是比较优势理论。在存在比较优势的情况下，互换双方分别筹集自己具有优势的资金，并通过互换，获得自己所需的资金，从而降低筹资成本。

3. 互换和掉期的主要区别在于性质不同、市场不同、期限不同、形式不同、汇率不同、交易目的不同、发挥作用不同等方面。

4. 互换合约的内容主要有，交易双方、合约金额、互换的货币、互换的利率、合约到期日、互换价格、权利义务、价差、其他费用等。

5. 金融互换市场交易的参加者一般由互换经纪商、互换交易商和直接用户构成。三者运用互换市场的动机不同。

6. 互换交易具有降低融资成本，提高资产收益、优化资产负债结构、转移和防范利率风险与外汇风险、空间填充等功能。

7. 金融互换的种类主要有货币互换和利率互换，此外还有交叉利率互换、增长型互换、减少型互换、滑道型互换、基础互换、议价互换、零息互换、后期确定互换、边际互换、差额互换、远期启动互换、互换期权和股票互换等。

关键术语

金融互换　互换经纪商　互换交易商　直接用户　平行贷款　背对背贷款　货币互换　利率互换　交叉利率互换　增长型互换　减少型互换　滑道型互换　基础互换　议价互换　零息互换　后期确定互换　边际互换　差额互换　远期启动互换　互换期权　股票互换

能力训练

一、选择题

1. 金融互换最基本的形式包括（　　）

A. 一种货币与另一种货币之间的互换

B. 同一货币的浮动利率与固定利率互换

C. 不同货币的固定利率与固定利率互换

D. 不同货币的固定利率与浮动利率互换

E. 不同货币的浮动利率与浮动利率互换

2. 外汇市场上的掉期是指对（　　）的同种外汇做两笔反方向的交易

A. 相同期限，相同金额　　B. 相同期限，不同金额

C. 不同期限，相同金额　　D. 不同期限，不同金额

3. 金融互换的两种基本形式为（　　）

A. 货币互换　　B. 汇率互换　　C. 利率互换　　D. 资产互换

4. 金融互换的主要目的是（　　）

A. 降低融资成本

B. 进行宏观调控

C. 进行资产负债管理

D. 转移和防范中长期利率和汇率变动风险

5. 互换交易合约的期限一般为（　　）

A. 短期　　B. 中短期　　C. 中长期　　D. 长期

6. 美元利率互换的价差通常为（　　）

A. 0. 000 1 ~ 0. 000 5　　B. 0. 000 5 ~ 0. 001 0
C. 0. 001 0 ~ 0. 002 0　　D. 0. 000 1 ~ 0. 001 0

7. 本身并不承担风险的金融互换交易参加者为(　　)
A. 直接用户　　B. 互换经纪商
C. 互换交易商　　D. 代理机构

8. 金融互换产生的理论基础是(　　)
A. 利率平价理论　　B. 购买力平价理论
C. 比较优势理论　　D. 资产定价理论

9. 两笔贷款只签订一份贷款协议的是(　　)
A. 平行贷款　　B. 背对背贷款
C. 协议贷款　　D. 短期贷款

10. 互换双方都是浮动利率,但两种浮动利率的参照利率不同,该互换品种是(　　)
A. 交叉货币利率互换　　B. 滑道型互换
C. 基础互换　　D. 边际互换
E. 差额互换

二、思考题

1. 金融互换的含义。
2. 金融互换与掉期的区别。
3. 金融互换的功能。
4. 金融互换的理论基础。
5. 金融互换合约的内容。
6. 金融互换市场的参加者及动机。
7. 金融互换的种类有哪些?
8. 金融互换有哪些动态发展特点?

参考文献与网站链接

1. 马柯维茨. 资产组合选择和资本市场的均值——方差分析[M]. 上海:生活·读书·新知三联书店;上海人民出版社,1999.

2. 唐旭. 金融理论前沿课题[M]. 北京:中国金融出版社,2003.

3. 田国强. 现代经济学与金融学前沿发展[M]. 北京:商务印书馆,2002.

4. 汪同三. 数量经济学前沿[M]. 北京:社会科学文献出版社,2001.

5. 朱利安·沃姆斯利. 新金融工具[M]. 类承曜,译. 北京:中国人民大学出版社,2003.

6. 约翰·赫尔. 期权、期货和衍生证券[M]. 张陶伟译. 北京:华夏出版社,2000.

7. 李一智. 期货与期权教程[M]. 北京:清华大学出版社,2003.

8. Darrel Duffie. Dynamic Asset Pricing Theory. Princeton University Press, 2001.

9. Robert W. Kolb. Futures, Options & Swaps, 3th edition. Blackwell Publishing, 1999.

10. 国际清算银行网站 http://www.bis.org/.

11. 国际互换与衍生品协会网站 http://www.isda.org/.

第十二章 金融互换交易机制及定价

★ 本章学习指导 ★

本章详细地讲述货币互换、利率互换、资产互换的交易机制，并介绍了其相应的衍生产品。通过本章学习，应熟练掌握各种金融互换的基本原理、流程、步骤及其作用，并能根据实际情况设计互换方案并计算金融互换的价值。

第一节 货币互换交易机制

一、货币互换的基本原理

现代货币互换（Currency Swap）是从传统货币互换基础上发展起来的，它根据交易双方的互补需要，将持有的不同种类的货币，以商定的筹资本金和利率为基础，进行货币本金的交换并结算利息。货币互换交易一般有三个基本步骤：

（1）本金的初期互换，指互换交易之初，双方按协定的汇率交换两种不同货币的本金，以便将来计算应支付的利息再换回本金。初期交换一般以即期汇率为基础，也可按交易双方协定的远期汇率作基准。

（2）利率的互换，指交易双方按协定利率，以未偿还本金为基础，进行互换交易的利率支付。

（3）到期日本金的再次互换，即在合约到期日，交易双方通过互换，换回期初交换的本金。

货币互换中的三个基本步骤，能够把一种货币的债务有效地转变为另一种货币而得到充分保值。下面以一家美国公司通过中间商（某银行）与英国一家公司进行的互换交易为例，说明货币互换的最基本原理，如图 12.1 所示。

步骤一：本金的初期交换

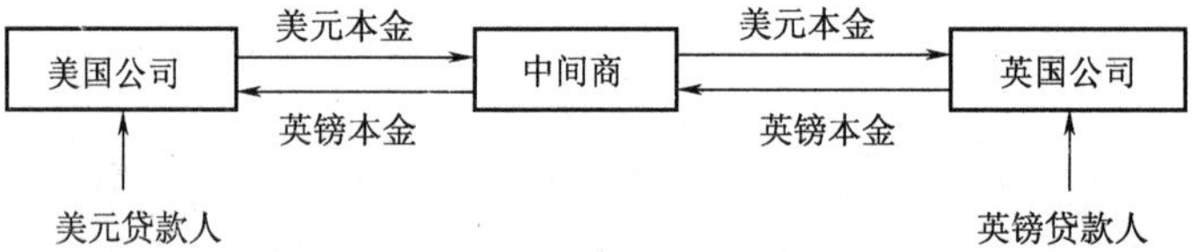

步骤二：利息互换

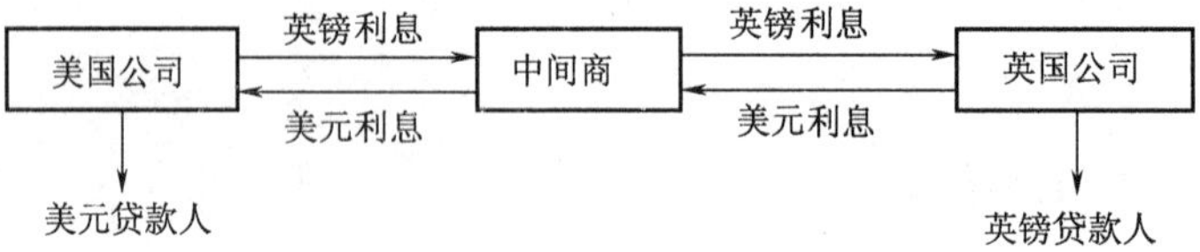

步骤三：到期日换回本金

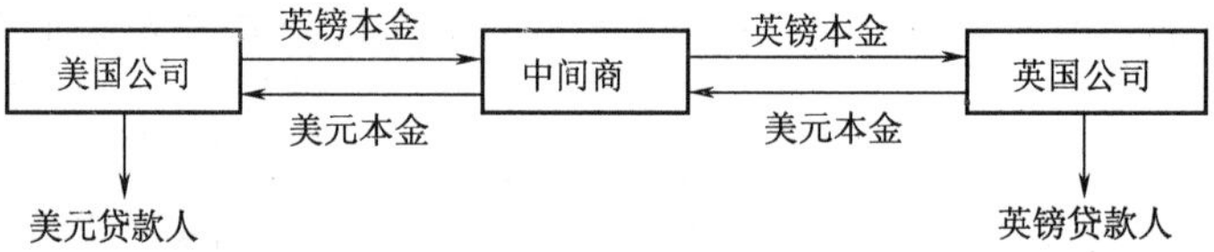

图 12.1　货币互换交易示意图

货币互换交易实际上是一种互利互补的交换,通过互换,不仅可以降低双方的融资成本,还可使有关企业集团、政府机构等利用外国资本市场,获得本来不易获得的某种资金,而且有助于避免外汇风险。由于货币互换牵涉到一系列的不同货币本金与利息的互换,货币互换协议的达成往往需要更长的时间,文件制作方面也比较复杂。

【例 12 -1】假定欧元与美元的即期汇率为 EUR0.75/USD,即每单位欧元的价值为 1.34 美元。另外,假定美元利率是 10%,欧元利率是 8%。C 方持有1 500万欧元,希望交换为美元;D 方持有 2 000 万美元,希望交换为欧元。于是 C 方与 D 方进行一笔货币互换交易。最初,双方根据当时的即期汇率交换本金,C 方支付1 500万欧元而取得 2 000 万美元,D 方支付 2 000 万美元而取得1 500万欧元。假定这笔货币互换交易的期间为 7 年,每年交换一次固定利率的利息流量。D 方必须根据最初收取 1 500 万欧元每年支付 8% 的利息 120 万欧元给 C 方。同理,C 方必须根据收取的 2 000 万美元每年支付 10% 的利息 200 万美元给 D 方。在此例中,双方支付相关货币的固定利率。7 年后,当合约到期时,双方重新换回本金,C 方支付 2 000 万美元,D 方支付 1 500 万欧元,结束整笔货币互换交易。

实务上,利息款项仅交换净额。若在第一年交换利息流量的日子,假定当时的即期汇率是 EUR1.111 1/USD,或每单位欧元为 0.9 美元。根据当时的汇率结算美元金额，C 方必须支付 200 万美元，D 方必须支付 108 万美元（120 万欧元 ×0.9），所以 C 方支付 92 万美元差额给 D 方。同理，在利息流量的其他交换时间，仍然是以当时的汇率决定某一方必须支付的净额。

二、货币互换的终止

互换交易生效以后，通常是不能赎回的，如果互换交易者的资产和负债结构发生变化，需要从互换中解脱出来，通常采用反向互换的方式。例如，如果 A 借款人已经进行互换，接受美元固定利率，同时支付英镑固定利率，则 A 借款人可以安排另一个方向相反的互换，以便从原来的互换中解脱出来。在第二次互换中 A 借款人可以接受英镑固定利率，同时支付美元固定利率，两次互换冲销的效果，使 A 借款人重新回复到原来的资产和负债结构。

三、货币互换的衍生产品

由于货币互换安排涉及不同货币本金和一系列不同货币利息的互换，因此货币互换安排较为复杂，货币互换的衍生产品也较少，其主要衍生产品有以下几种。

（一）不同（交叉）货币固定利率与固定利率互换

不同货币固定利率与固定利率互换（Cross Currency Fixed to Fixed Swap）是指交易双方达成协议，一方用某种货币固定利率的债权或债务与另一方交换另一种货币固定利率的债权或债务。

（二）不同（交叉）货币固定利率与浮动利率互换

不同货币固定利率与浮动利率互换（Cross Currency Fixed to Floating Swap）是指交易双方达成协议，一方用某种货币固定利率的债权或债务与另一方交换另一种货币浮动利率的债权或债务。

【例 12 -2】设汇率为 $1 = 2SF，A 公司取得 1 000 万瑞士法郎的贷款，期限是 5 年，每年固定利率 6%。A 公司由于某种原因希望把固定利率的瑞士法郎债务转换为浮动利率的美元债务。B 公司取得 500 万美元的贷款，期限也是 5 年，每半年支付浮动利率 LIBOR +0.5%。B 公司由于某种原因（也许是预测美联储会加息）希望把浮动利率的美元债务转换为固定利率的瑞士法郎债务。两公司可以达成货币互换协议，A 公司用固定利率的瑞士法郎贷款向 B 公司交换浮动利率的美元贷款。

（三）不同（交叉）货币浮动利率与浮动利率互换

不同货币浮动利率与浮动利率互换（Cross Currency Floating to Floating Swap）是指交易双方达成协议，一方用某种货币浮动利率的债权或债务与另一方交换另一种货币浮动利率的债权或债务。

【例 12－3】设汇率 $1＝2SF，某瑞士公司取得 2 500 万瑞士法郎贷款，期限是 5 年，每半年支付 LIBOR＋0.25％。某美国公司取得 1 250 万美元贷款，期限是 5 年，每半年付 LIBOR＋0.5％的浮动利率。如果瑞士公司希望得到美元贷款而美国公司希望得到瑞士法郎贷款，那么双方可以达成交换等值的货币互换协议，每半年支付对方原来承诺的贷款利率，期满瑞士公司偿还美元本金，美国公司偿还瑞士法郎本金。

四、货币互换的作用

货币互换的作用主要表现在以下几个方面。

（一）降低融资成本

借款人可以利用某些有利条件，举借另一种利率较低的货币，通过货币互换，换成所需要资金的货币，来降低所需货币的融资成本。

【例 12－4】日本一家公司需借入 5 年期 6 000 万英镑，以满足在英国大量投资的需要，由于该公司已在英国发行了大量英镑债券，很难再以 5.75％的利率发行新债，但公司可按 8.875％的固定利率发行 5 年期的欧洲美元债券。与此同时，香港一公司需从英国大量进口商品，需借入一笔欧洲美元，原所借的欧洲美元利率均在9.25％左右，但它从未发行过英镑债券，并可按5％利率发行 5 年期欧洲英镑债券。这两家公司在英国资本市场上发行不同货币的债券存在其相对的利差：

欧洲美元债券利差为 37.5 基点，即 9.25％－8.875％，欧洲英镑债券利差为 75 基点，即 5.75％－5.0％。美元与英镑汇率为：GBP1＝USD1.3。

某投资银行作为双方互换的中间人，按年度本金金额的 0.25％收取风险费。于是双方达成协议，通过投资银行进行互换。基本程序是：

（1）期初交换债券。由日本公司在英国发行欧洲美元债券 7 800 万美元，由香港公司发行英镑债券 6 000 万英镑，通过投资银行互换货币。

（2）期内交换利率。5 年中由日本公司每年向香港公司支付 6 000 万英镑债券的利息，年利率 5％；香港公司每年向日本公司支付 7 800 万美元债券利息，利率8.875％，投资银行收取 0.25％的各种手续费。

（3）期末归还债券。由日本公司向投资者偿还欧洲美元债券 7 800 万美元，由香港公司向投资者偿还欧洲英镑债券 6 000 万英镑，完成此笔互换交易。（参见图12.2）

进行上述互换，日本公司通过发行欧洲美元债券筹集到了所需的英镑，其结果比直接发行欧洲英镑债券节省了 50 基点（即 5.75％－5.25％）；香港公司通过发行欧洲英镑债券换回了所需的欧洲美元，其结果比直接借欧洲美元节省了 12.5 基点（即 9.25％－9.125％），投资银行在双方互换中的费用收入为 50 基点。（参见表 12.1）

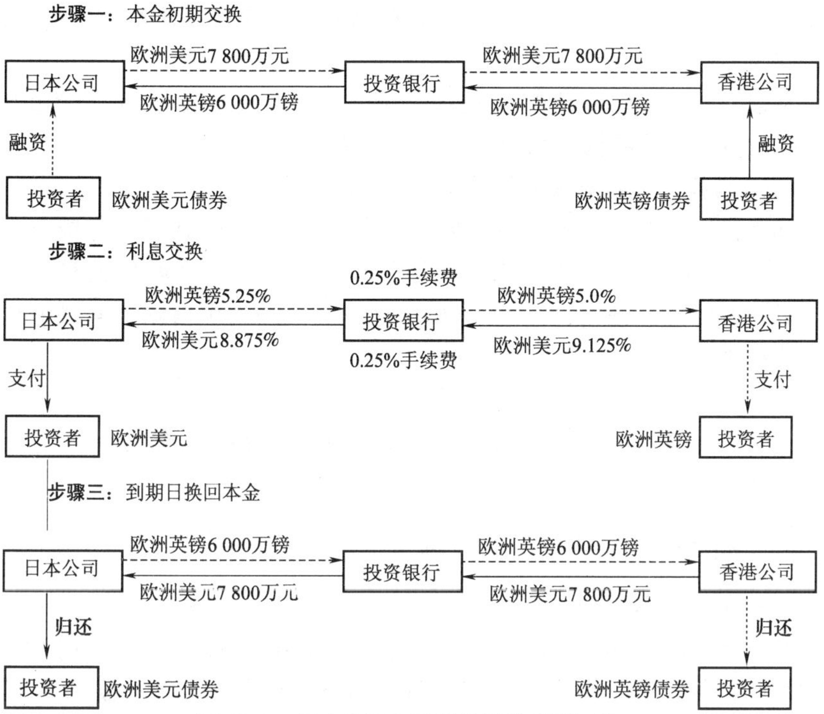

图12.2　日本公司与香港公司的货币互换

表12.1　互换节省利率基点分配

	原币筹资利率	互换筹资利率	利率差异(节省基点)
日本公司	5.75%	5.25%	50.0
香港公司	9.25%	9.125%	12.5
投资银行收益			50.0
节约及收益合计			112.5

(二)调整资产和负债的货币结构

借款人可以根据外汇汇率和各种货币的利率变化情况,通过货币互换,不断调整资产和负债的货币结构,使其更加合理,避免外汇汇率和利率变化带来的风险。

【例12－5】有一家英国公司的英镑固定利率债务过多,负债结构不合理,决定将35万5年期英镑固定利率债务(利率为6.65%,半年付息一次)换成浮动利率的美元债务(以LIBOR为基础,半年付息一次)。为此,英国公司与一家互换银行安排了这次货币互换。互换开始时,双方按当时的即期汇率交换本金,英国公司付给互换银行35万英镑,互换银行付给英国公司20万美元。互换期间,互换银行按英镑本金的6.65%支付固定利息给英国公司,半年付息一次,英国公司按6个月LIBOR浮动利率支付美元利息给互换银行，半年支付一次。互换结束时，互换银行付35万英镑给英国公司，英国公司付20万美元给互换银行。

从以上的例子中可以看出，英国公司可以不必重新融资，通过货币互换就可以改变其负债结构，避免利率、汇率风险。

（三）借款人可以间接进入某些优惠市场

如果借款人直接进入某些优惠市场有困难，或者受到资信等级方面的限制，或者费用太昂贵，借款人可以通过借入某一种货币取得较有利的利率，然后经过互换调换成另一种货币。这种方法相当于借款人间接地进入某些优惠市场。

第二节　利率互换交易机制

一、利率互换的基本原理

（一）利率互换的含义

利率互换（Interest Rate Swap，IRS）指两笔债务以利率方式相互掉换，一般期初或到期日都没有实际本金的互换，而是把它当作名义本金，交换的只是双方不同特征的利息。对一项标准的利率互换的定义至少包括以下几项内容：①由互换双方签订一份协议；②根据协议双方各向对方定期支付利息，并预先确定付息日期；③付息金额由名义本金额确定，以同种货币支付利息；④互换一方是固定利率支付者，固定利率在互换之初商定；⑤互换另一方是浮动利率支付者，浮动利率参照互换期内某种特定的市场利率加以确定；双方互换利息，不涉及本金的互换。

资本市场债券发行中最著名的首次利率互换发生在1982年8月，当时德意志银行发行了3亿美元的7年期固定利率欧洲债券，并安排与三家银行进行互换，换成以伦敦银行同业拆放利率（LIBOR）为基础的浮动利率。在该项互换中，德意志银行按低于LIBOR的利率支付浮动利息，得到了优惠。而其他三家银行则通过德意志银行的很高资信级别换得了优惠的固定利率美元债券。通过利率互换，双方互相利用各自在金融市场上的有利条件获得了利益。这次利率互换交易的成功，推动了利率互换市场的迅速发展。

利率互换是目前全球市场上最重要的场外交易互换衍生工具，它实际上是一项协议，使合同双方能得到比原来从市场得到更有利的利率。也就是说，A方和B方以最佳利率借入相同数量的款项，然后再进行对双方都有利的利率互换。双方在没有改变原生本金贷款的情况下降低了借款成本，贷款的利率也因此从原生工具中分离出来。

利率互换可以使一些市场参与者进入在正常情况下由于信用级别等原

因不能进入的市场。市场参与者越来越多地使用利率互换主要出于两个原因:①对冲利率风险;②在互换市场上投机,以从固定/浮动利率交易中获利。利率互换对公司和银行还有如下好处:①协议双方可在一较长时间内把原生利率由固定转为浮动,或者相反; ②降低双方融资成本。

(二)利率互换的基本形式

利率互换的最普遍、最基本的形式是浮动利率与固定利率之间的单纯利率互换(Plain Vanilla Swap),其实质就是将未来两组利息的现金流(浮动利率部分和固定利率部分)进行交换。在交换中,双方当事人最为关心的就是利率互换的价格。一方想用固定利率债务换取浮动利率债务, 支付浮动利率;另一方想用浮动利率债务换取固定利率债务,支付固定利率。一般说,高信用评级的机构借入固定利率款项较容易,而低信用评级的机构容易借入浮动利率贷款。

【例 12 -6】A 公司是信用评级为 AAA 的跨国公司,需要借入 5 年期 5 000万美元,A 公司可以以一个较低的固定利率借款,但它希望获得浮动利率的好处,以便利率差距最大化。B 公司是信用评级为 BBB 的公司,也需要借入 5 年期 5 000 万美元,它的信用评级较低,故可以以浮动利率借款,或发行高利率的债券,这比借入固定利率款项更容易。但它希望利率是固定的,以便确定未来的利息支付。利率情况见表 12.2。

表 12.2　A,B 公司利率表

利　　率	A 公司	B 公司
固　　定	10.00%	12.00%
浮　　动	LIBOR	LIBOR +1%
要求利基	固　　定	浮　　动

利率互换运行过程: A 公司以固定利率 10% 借款,B 公司以浮动利率 LIBOR +1% 借款,A 公司和 B 公司签订名义本金为 5 000 万美元的利率互换协议。5 年期的利息交换支付,A 公司替 B 公司支付 LIBOR +1% 浮动利率利息,B 公司替 A 公司支付 11.75% 固定利率利息。B 公司支付较高的利率利息以补偿信用评级更高的 A 公司。表 12.3 表明了交易双方如何从互换中受益。

表 12.3　互换双方收益情况表

	A 公司	B 公司
付　　出	LIBOR +1% +10%	11.75% +LIBOR +1%
收　　回	11.75%	LIBOR +1%
支　　付	LIBOR -0.75%	11.75%
无互换时	LIBOR	12.00%
节　　约	0.75%	0.25%

由于利率互换是指当事人双方为交换以同种货币表示、以不同利率为基础计算的现金流而签订的一种协议,所以可以将利率互换理解为一种配对交易,即双方必须对其实际的利息流量进行交换。但这种配对交易不仅要求现金流的各项细节完全吻合,而且双方还需事先对每一具体条款达成一致,可见难度较大。于是,银行开始以利率互换的参与者(Market Maker)出现,单方面地与企业进行利率互换交易,而不把第三方的参与者作为必要条件。这样大大增强了利率互换市场的流动性,但给银行的风险管理提出了更高的要求,银行为对冲其风险头寸,必须寻找安全、有效的保值途径。银行除了对在保值时因选择不同的工具和通过不同的交易渠道而产生的交易成本进行转嫁外,还将对因此而承担的风险要求一定的回报,这些都是利率互换所要实现的。

【**例 12-7**】甲公司现有 5 亿美元的固定利率美元借款,由于公司借款结构偏重于固定利率,因而希望在不增加借款总额的基础上调整其浮动利率负债。当时在欧洲美元市场上,浮动利率为 6 个月 LIBOR +0.125%。甲公司决定将一笔利率为 11.0%、尚有 5 年期的 1 亿美元固定利率借款进行利率互换。与此同时,乙公司希望能以短期固定利率借款,而它在欧洲美元市场上只能以 6 个月 LIBOR +0.725% 借到浮动利率贷款。利率情况见表 12.4。

表 12.4　甲,乙公司利率表

利率	固定利率	浮动利率
甲公司	11.00%	LIBOR +0.125%
乙公司	13.00%	LIBOR +0.725%

根据上述条件,一家商业银行安排了双方的利率互换,即甲公司按 11.5% 接受固定利率,乙公司按 11.65% 支付固定利率,差额 0.15% 为这家商业银行所收费用,并反映甲乙双方的信用风险。浮动利率部分,双方相同。均为 6 个月期 LIBOR,且互换交易的付款日期与本来贷款的付息日期相同。对 5 年期 1 亿美元借款,每半年由双方相互支付 1 次利息,直到到期为止。其利率互换交易资金流向如图 12.3 所示。

上述利率互换,使交易双方均获得了低融资成本的好处,同时也使双方在不增加新贷款的条件下使债务重新得到了调整。其双方融资成本节约情况如表 12.5 所示。

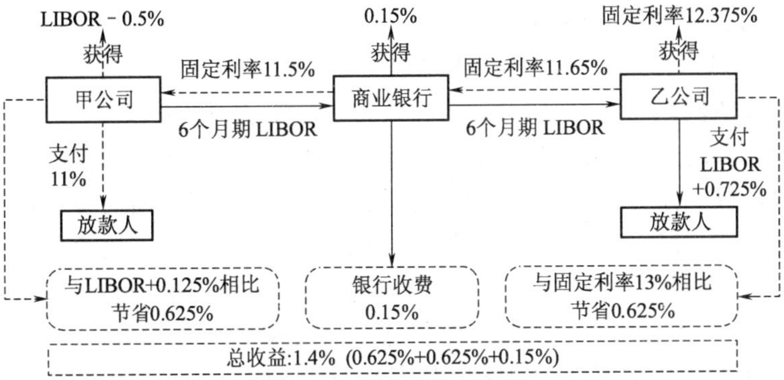

图 12.3　利率互换示意图

表 12.5　融资成本节约表

	甲公司	乙公司
从对方接受	11.5%	6 个月 LIBOR
向放款人支付	11.0%	6 个月 LIBOR +0.725%
净收益	+0.5%	-0.725%
比直接借款节约	+0.125%[(LIBOR +0.125%) - LIBOR]	+1.35%(13% -11.65%)
节约 + 净收益	+0.625%	+0.625%

银行在经营利率互换业务时，除了面临市场风险外，还会面临企业的信用风险。市场风险是银行向企业报价后，市场利率发生变化，使得银行无法执行其报价的风险。一般而言，银行接受企业的委托后，按照委托的价格寻找机会执行交易，且只有当市场价格满足企业需要时，银行才与企业正式成交，这样便可规避市场风险。而较为棘手的是信用风险，因为利率互换业务承做的是今后一系列现金流量的交换，当企业无法履约时，银行必须按当时的市价将其所做的保值交易一一对冲，其中发生损失的可能性很大，且涉及互换的时间越长，可能损失的金额越大，为此，银行必须为企业设立相应的信用额度，信用额度对银行而言是一种资源，这种资源的占用是要收取费用(Credit Charge)的，而这种费用也应该是与时间长度成正比的。

二、利率互换市场的衍生产品

随着利率互换市场的发展，为满足不同客户的特殊需求，在固定利率对浮动利率互换的基础上又逐渐衍生出了多种利率互换形式，这些衍生产品可单独应用，也可结合起来应用。目前，国际上的主要利率互换衍生产品有以下几种。

(一)固定利率对浮动利率互换

1. 零息对浮动利率互换。零息票债权或债务是指期满时一次还本付息的债务或债权,多为贴现债券。零息票利率与浮动利率互换(Zero Coupon for Floating Swap)是由固定利率与浮动利率互换演变而来的。此种互换中,用零息票债权或债务换取浮动利率债权或债务的一方定期向对方收取或支付浮动利率的利息。另一方则到期一次性地收取或支付固定利率的利息。如果双方是同种货币的互换,那么不必交换本金,仅需交换利息。如果双方是不同货币的互换,那么不仅要交换利息,到期还要交换本金。

2. 可赎回利率互换。可赎回利率互换(Callable Swap)是固定利率对浮动利率互换的一种特殊形式,这种互换给予支付固定利率的一方在双方约定的期限以前终止互换的权利,也就相当于支付固定利率的一方购买了互换的买方期权。为此,支付固定利率的一方支付的利率比一般利率互换情况下要高。有时在其实施这种权利时,还被要求支付一笔终止费,终止费按利率互换的名义本金的一定百分比计算。例如,A 公司将自己所取得的浮动利率贷款与 B 公司所取得的固定利率贷款互换,为防止利率发生于己不利的变化(如浮动利率下降),可与 B 公司签订可要求互换协议,按期支付更高固定利率的利息,必要时有权提前终止互换。如果是不同货币的互换,终止互换不仅意味着停止交换利息,也意味着偿还本金。

3. 可出售的利率互换。可出售的利率互换(Putable Swap)也是固定利率对浮动利率互换的一种衍生产品。这种互换给予支付浮动利率的一方在约定的期限以前终止互换的权利。支付浮动利率的一方相当于购买了一份卖方期权,作为获得此项权利的代价,支付浮动利率的一方收到的固定利率比一般情况下要低,有时行使这种权利时,还被要求支付一笔终止费,此费用按名义本金的一定百分比计算。

4. 可延期的互换。可延期的互换(Extendable Swap)也是一种特殊的固定利率对浮动利率的互换。这种互换给予互换的一方延长互换有效期的权利。为获得此项权利,支付固定利率的一方要付出较一般利率互换更高的利率;支付浮动利率的一方要获得这种权利,收到的固定利率比一般情况下要低。

5. 利率上限互换。利率上限互换(Rate - Capped Swap)也是固定利率对浮动利率互换的一种衍生产品,这种互换规定浮动利率的上限。利率上限互换给支付浮动利率的一方提供了一定程度的保护。为此浮动利率的支付方需付给固定利率的支付方一笔期初费用。

6. 最小—最大互换。最小—最大互换(Mini - max Swap)也是固定利率对浮动利率互换的一种衍生产品。这种互换同时规定浮动利率的上限和下限。

（二）浮动利率对浮动利率互换

这种互换有时也称为基础互换。浮动利率对浮动利率互换（Floating - for - floating Swap）有多种形式，第一种形式是以不同利率为基础的浮动利率的互换。比如说，一方按 6 个月 LIBOR 利率支付利息，而另一方按 6 个月大额存单或 6 个月商业票据利率支付利息。第二种形式是双方盯住同一种浮动利率，但支付频率不同。比如说，一方按 6 个月 LIBOR 利率半年支付一次利息，另一方按 1 个月 LIBOR 利率每月支付利息。第三种形式是前两种形式的结合，比如说，一方按 1 个月 LIBOR 利率每月支付一次利息，而另一方按大额存单利率每半年支付一次利息。

（三）远期利率互换

远期利率互换（Forward Interest Rate Swap）是指利率互换合约的签订是在即期，互换的开始执行推迟到未来的一个时间。

（四）推迟利率安排互换

推迟利率安排互换（Deferred Rate - setting Swap）是指互换双方需要现在安排利率互换，但认为现行的利率不合适而决定推迟互换利率的安排到未来的一个时间，按双方的约定进行利率互换安排。例如，某公司取得浮动利率贷款，希望转换为固定利率贷款。但在与银行磋商时，发现目前互换的条件不利。该公司可与银行签订延期确定利率互换协议，现在互换浮动利率贷款与固定利率贷款，在未来某个商定的日期，根据当时互换市场行情确定浮动利率贷款与固定利率贷款的互换条件。

（五）分期摊还、增值和变动互换

在一般利率互换时，名义本金在整个互换期间保持不变。而分期摊还、增值和变动互换（Pay by Installment - Increase in Value & Fluctuation Swap）的分期摊还利率互换是指用于计算利息的名义本金逐渐减少；增值利率互换是指用于计算利息的名义本金逐渐增加；变动互换是指用于计算利息的名义本金在互换开始的一段时间内逐渐增加，在互换的后一段时间内又逐渐减少。本金的变化量及期限在互换开始就做了安排。

（六）反向互换

反向互换（Inverse Swap）是指希望退出互换合约的一方通过安排一项相反内容的互换合约退出原先的合约。具体地说，就是新安排的互换时间与原合约的剩余时间相同。例如，有一投资者 A 拥有一互换合约，本金为 5 000万美元，付出利率为 10%，获得的利率为 LIBOR，期限为 5 年。两年后，投资者 A 想退出该合约，他采取了反向互换的方式寻找到一位新对手，签订了一份新的互换合约，新合约的金额仍为 5 000 万美元，付出的利率为 LIBOR，获得的利率为固定利率，合约的期限为 3 年。这样他就可以实现退出最初互换合约的目的了。这种方式的缺陷是投资者 A 不但对最初的合约负责，还要对新合约负责。他的本意是退出原来的合约，而现在要对两个合约都承担责任，增加了不履约的风险。

(七)出售互换

出售互换(Selling Swap)可以有效地克服反向互换的缺陷，这种方式是指希望退出互换合约的一方，把没有到期的合约出售给另一位投资者，上例的投资者A如在签约两年后想退出合约，就可以寻找一位愿意购买这个合约的投资者，另一位投资者B如果愿意购买这个合约，签约后B方在剩余的年内应按期付出10%的利息，相应获得的利率为LIBOR。如果利率上升到12%，B方应给予A方补偿，因为B方只要支付10%就可以获得较高LIBOR，补偿额应为2%乘以5 000万美元再乘以3年期；如果利率下降，A方应向B方补偿。这种出售行为的完成有赖于合约另一方的同意，另一方是否同意的关键是B方的信用等级是否与A方一样高，如果B方的信用等级与A方一样高，甚至更高，另一方一般不会有异议；否则，另一方就难接受。

(八)互换回购

互换回购(Swap Repurchase)是指出售了的互换合约在一定时候、一定条件下再由原出售方购回。如果购回时利率发生变动，与出售互换相同，也涉及互换双方的相互补偿问题。

三、利率互换的作用

利率互换无论在锁定投资收益以规避利率风险方面，还是在利用相对优势套取利差，以及尽可能降低利息负担方面都具有积极的作用，在金融界和企业界均有十分广泛的运用，已成为一种管理利率风险的最为基本和非常有效的金融工具。

(一)获得低于市场利率的贷款，降低融资成本

通过利率互换，客户能够获得低于市场上得到的固定利率贷款或浮动利率贷款，降低融资成本。

【例12-8】信用评级为AAA的甲公司与信用评级为BBB的乙公司有相同的融资要求，他们都需要1 000万5年期美元资金。其中甲愿意支付浮动利率，且甲可以在市场上以11%的固定利率或LIBOR+0.1%的浮动利率筹集到资金；而乙愿意支付固定利率，且乙可以在市场上以12%的固定利率或LIBOR+0.5%的浮动利率筹集到资金。(乙公司在浮动利率市场必须支付0.4%的风险溢价，而在固定利率市场的风险溢价则为1%，不同市场风险溢价之间有0.6%的差距。)现甲公司以固定利率、乙公司以浮动利率分别借款，然后进行利率互换。甲每年向乙支付等同于LIBOR的浮动利率，乙每年以11.20%向甲支付固定利率。图12.4为这一互换活动的简单示意图。互换结果参见表 12.6。

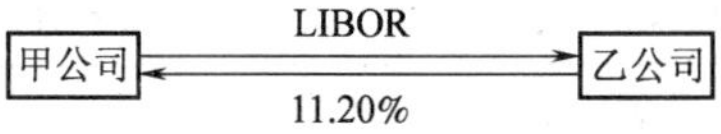

图 12.4　甲乙公司互换示意图

表 12.6　甲乙公司互换结果

甲公司		乙公司	
支付固定利率给第三方	+11%	支付浮动利率给第三方	+(LIBOR+0.5%)
支付浮动利率给乙公司	+LIBOR	支付固定利率给甲公司	+11.20%
从乙公司收到固定利率	-11.20%	从甲公司收到浮动利率	-LIBOR
融资总成本	LIBOR-0.2%	融资总成本	+11.70%
	(11% +LIBOR-11.20%)		(LIBOR+0.5% +11.20% -LIBOR)
不安排互换的筹资成本	LIBOR+0.1%	不安排互换的融资成本	12%
净节约成本	+0.3%	净节约成本	+0.3%

这样双方都按自己的意图获得了融资,但两者的融资成本都比不进行互换要低 0.3%。乙公司的风险溢价随它的借款方式不同而不同(差距为 0.6%),二者均分了互换收益。

以上我们已经看出了通过利率互换可以节约筹资成本,下面这些数值的分析体现了利率互换在现金流量方面的作用。

以乙公司为例计算互换后各期的现金流量。设双方在 2005 年 2 月 5 日进行交易且于当日生效。双方约定每年 2 月 5 日或其后一个营业日付息。具体计算如下:

本金额:　　10 000 000 元
固定利率:　　11.20%
浮动利率:　　等同于 LIBOR
日期计算项:　实际天数/360
交易日:　　2005 年 2 月 5 日
到期日:　　2010 年 2 月 5 日
支付频率:　　每年一次(每年 2 月 5 日或其后的第一个营业日)

设各付息日浮动利率分别为:11.05%,10.875%,11.205%, 11.205%,11.375%

计算公式:

利息支付金额 = 名义金额 × 本阶段的年利率 × 日期计算项

现金流量参见表 12.7。

表 12.7　乙公司利率互换后现金流量　　　　美元

日期	浮动利率	收到的浮动利息	支付的固定利息	净收到款项	计息项
2005-2-5					
2006-2-7	11.05%	1 126 486.11	1 141 777.78	-15 291.67	367/360
2007-2-6	10.875%	1 099 583.33	1 132 444.44	-32 861.11	364/360
2008-2-5	11.205%	1 132 950	1 132 444.44	505.56	364/360
2009-2-5	11.205%	1 139 175	1 138 666.67	508.33	366/360
2010-2-5	11.750%	1 191 319.44	1 135 555.56	55 763.88	365/360

从此例我们不难看出，利率互换起到了降低融资成本的作用，同期权、期货比较，它的操作更为简便。此外，利率互换对资产负债表无影响，采用表外业务形式不需要附注说明，同时也没有额外的税务损失。从浮动利率换为固定利率，还可以排除利率变化风险，在利率趋势看涨时更为有利。所以，利率互换在我国有很大的发展潜力。

（二）操作方便

利率互换创新金融工具自问世以来，便为公司财务人员和金融机构广泛使用，作为资产和负债管理的新颖工具，将资产或债务的浮动利率转换为固定利率，或将固定利率转换为浮动利率，安排手续简便，操作极为方便。利率互换协议无特别限制条款，一般只需较少的契约内容，很多条款都是标准化的。

从企业方面看，企业是汇率风险和利率风险的最终承受者，因此企业对汇率和利率风险是十分敏感的，企业运用利率互换既可以为其债务进行保值，也可以将其资产（收入部分）进行锁定，更可以作为弥补利率结构和货币分布缺口的风险管理工具，还可以动态且直观地判断出其保值的成本和选择保值时机。

从银行的角度看，银行可运用利率互换锁定其自身融资成本或投资收益，解决资产负债利率结构上的缺口。同时，银行进行利率互换为其客户提供风险保值的服务，从中赚取一定的收益（手续费收入），且该部分收益既可以反映在今后的现金流量中（将来值），也可以反映在当前价值（现值）上。

第三节　资产互换交易机制

一、资产互换的概念

在国际金融市场上，互换不仅用于负债管理，亦可用于资产管理。很多公司和金融机构都运用资产互换进行交易。资产互换（Asset Swap）是指用于资产管理方面的互换。通过资产互换安排，可以改变投资利益的利率特征，改变收到利息的频率和时间，提高投资者进行资产管理的灵活性。

二、资产互换的作用

在当今世界上，资产互换已越来越成为资产管理者手中不可缺少的工具。由于在资产管理中运用了资产互换及其他衍生业务，因而，它迅速得以发展。资产互换除了能改变资金的流动方式外，还具有以下作用：

（一）调整投资组合的有效工具

无论是投资者还是资产管理者，为使自身资产的价值免受利率反向变动的影响，需要对资金的期限及固定与浮动的比例经常做相应的调整。而资产互换能在不改变主要资产的情况下调整固定利率与浮动利率的组合及投资期限，从而节约因出售现有资产及购入新资产而产生有关交易成本。只要互换交易对手方的信用状况良好，那么，资产互换调整不会改变整个投资组合的信用质量。

（二）作为债券与互换市场间的套利工具

由于浮动利率债券市场的波动，不少投资者纷纷通过购买浮动利率债券并将之转化为合成固定利率债券（Synthetic Fixed Rate Bonds）的办法，来获得同一信用等级的普通固定利率债券所无法产生的巨大收益。同时，在固定利率的公司债券市场上，一般购买价值低估的公司债券，通过资产互换交易的转换，本身会给投资者带来更大 LIBOR 差额，从而增加了债券与互换市场间的套利机会。

（三）创造同类合成债券及提供证券市场无法达到的信用质量

一般来看，大部分的浮动利率债券是由银行发行的，而且有较高公司信用等级的浮动利率债券工具很少。在这种情况下，投资者往往通过购买固定利率的公司债券，并通过资产互换而转换成浮动利率债券，以期带来比 LIBOR 更高的收益。

（四）为购买高收益的合成浮动利率债券提供了机会

由于市场上合成浮动利率债券（Synthetic Floating Rote Notes）的流动性比普通债券差，投资者要出售一种合成浮动利率债券，不但要出售固定利率债券，而且还得解除与此债券有关的资产互换。根据互换交易市场的规律，解除资产互换既可能带来盈利，也可能带来损失，因此合成浮动利率债券的流动性缺乏往往可以通过收益的增加来弥补。特别是那些通过资产互换加以还原（化繁为简）的合成浮动利率债券，比起同一发债人发行的普通浮动利率债券的收益更高。

三、资产互换的运用

资产互换一般与主要债券形式有关。通过利率互换，投资者能改变固定收入债券的资金流动特点,从而使固定利率债券变成综合浮动利率债券。

【例 12 -9】一家公司可用 20 万美元购买 7 年期的零息公司债券,收益可观,设收益率为 13.5%。也就是说,这家公司 7 年后可收到 49.91 万美元。为购买此债券,该公司从第三方贷款人以 LIBOR 的浮动利率筹集到一笔资金(每季度支付一次利息)。这种安排使公司持有固定利率资产和浮动利率负债,会受到公司销售和利润情况波动的影响。也就是说,当利率提升时,公司收益就会减少;当利率下降时,公司收益就会增加。管理人员测算,利率每季度升(降)1% 就会引起公司收益率降(升)0.3 万美元。这种利率的敏感性加大了公司股票收益率的变动。为此安排了零息债券对浮动利率互换,既不放弃购买零息公司债券的机会,又使浮动利率资产与浮动利率负债相匹配。具体操作是:互换银行按 3 个月 LIBOR +3.5% 的浮动利率每季度对该公司支付一次利息,名义本金按 20 万美元计算,该公司 7 年后向互换银行支付 29.91 万美元固定利息。(参见图 12.5)

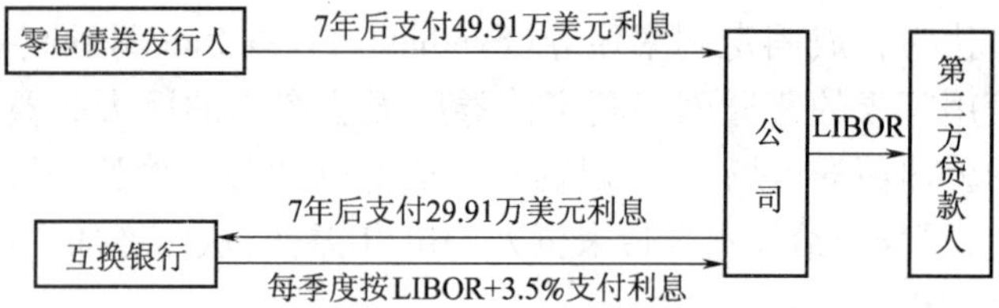

图 12.5 资产互换现金流量图

通过此项互换安排,公司既可以享受零息公司债券的高收益,又可以很好地进行资产管理,以浮动利率资产同浮动利率负债相结合,降低了股票收益波动率。

合成固定利率债券的形成机制也是如此。如果某投资者持有以 LIBOR 为主的浮动利率债券并想将之变为固定利率债券,那么,他只需要通过进行资产互换,即支付 LIBOR,收入固定利率的办法即可达到目的。

【例 12 -10】浮动利率债券的利率为 LIBOR +0.5%,5 年期市场的互换利率为 7.3%。通过互换市场支出的利息为 LIBOR,而收入的固定利率为 7.3%,因此,该投资者已创造了利率为 7.8% 的合成固定利率债券(参见图 12.6)。

投资者净收入:[(LIBOR +0.5%) - LIBOR] +7.3% =7.8%

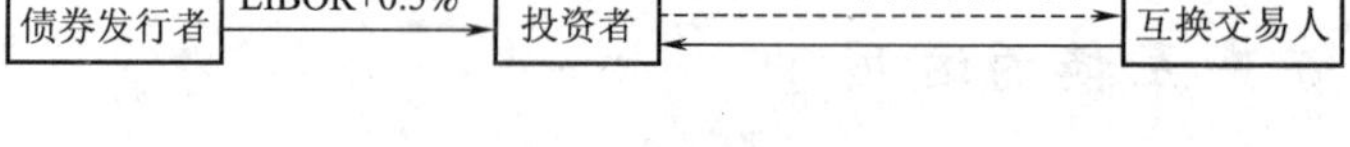

图 12.6 合成固定利率债券

第四节　金融互换的报价与定价

一、互换的报价

在金融互换市场上，参与互换的企业，必须读懂互换银行的报价，并能争取最低报价以降低成本；互换银行必须报出适当的价格，保证银行利润最大化，风险极小化，同时还能吸引大量客户参与互换，以保证在竞争中立于不败之地。

利率互换价格是互换中收取浮动利率利息一方支付给另一方的固定利率。在美国一般以与互换同期限的国债当时的利率上调一定数量的基点（1基点=0.01%），由中介银行挂牌报出。利率互换一般不以浮动利率报价（参见表12.8）。

表12.8　银行利率互换的报价利率

期限	银行支付固定利率	银行收取固定利率	当前国债利率（%）
2年	2年国债+30基点	2年国债+38基点	7.52
3年	3年国债+35基点	3年国债+44基点	7.71
4年	4年国债+38基点	4年国债+48基点	7.83
5年	**5年国债+44基点**	**5年国债+54基点**	**7.90**
6年	6年国债+48基点	6年国债+60基点	7.94
7年	7年国债+50基点	7年国债+63基点	7.97
10年	10年国债+60基点	10年国债+75基点	7.99

从表12.8中可以看出，该银行支付固定利率利息收取浮动利率（6个月LIBOR）利息的5年期利率互换的报价为，在当前5年期国债利率7.90%的基础上上调44个基点，即该互换的固定利率为8.34%。对支付浮动利率（6个月LIBOR）利息收取固定利率利息的同期限利率互换的报价为，在当前5年期国债利率7.90%的基础上上调54个基点，即8.44%，银行利润即为这两个对冲的利率互换价格，即固定利率之差0.1%。

二、互换的定价

假定不存在违约风险，金融互换可看作债券的多空组合或一系列远期合约的组合。具体有货币互换的定价和利率互换的定价。

(一)货币互换的定价

货币互换的定价可分解为债券的多空组合和一系列远期合约的组合两部分。

1. 将货币互换看成债券的多空组合。对支付外币利息、收取本币利息的互换者来说:

$$V = SB_F - B_D \tag{12.1}$$

式中:B_F:外币计价的外币债券的价值;B_D:本币债券的价值;S:现汇汇率。

因此,货币互换的价值取决于本国利率、外币利率及现汇汇率。

【例 12-11】某银行进行了一次美元/日元的货币互换交易,日元年利率为 4%,美元年利率为 9%(都用连续复利表示)。在货币互换中规定,该银行每年以日元收取年利率为 5% 的利息,以美元支付年利率为 8% 的利息,以两种货币表示的本金分别为 1 000 万美元和 12 亿日元,互换将持续 3 年,现汇汇率为 1 美元 =110 日元,在这个例子里:

$$B_D = 80e^{-0.09} + 80e^{-0.09\times 2} + 1\ 080e^{-0.09\times 3} = 964.39(\text{万美元})$$

$$B_F = 6\ 000e^{-0.04} + 6\ 000e^{-0.04\times 2} + 126\ 000e^{-0.04\times 3} = 123\ 055.41(\text{万日元})$$

该货币互换的价值为:

$$\frac{123\ 055.41}{110} - 964.39 = 154.29(\text{万美元})$$

假如该银行支付日元利息,收取美元利息,则互换价值为 -154.29 万美元。

2. 将货币互换分解成一系列远期合约。若不考虑违约风险,货币互换可以看作是一系列远期合约的组合。

【例 12-12】A,B 两公司的互换如图 12.7 所示,利息每年支付一次,在每个支付日,B 公司均要以 141 万美元的现金流出换取 120 万英镑的现金流入;在最后一个支付日还要以 1 500 万美元的现金流出换取 1 000 万英镑的现金流入,每一次交换都可以看作是一个远期合约。

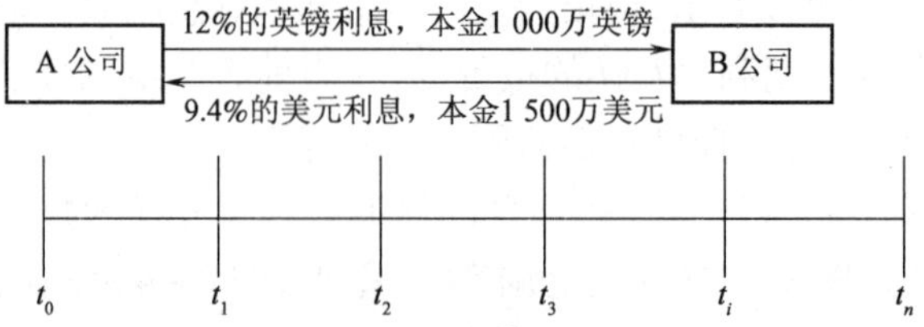

图 12.7 货币互换

令 $t_i(1\leqslant i\leqslant n)$ 为第 i 个清偿日,$r_i(1\leqslant i\leqslant n)$ 为对应时间长度为 t_i 的美元连续复利利率,$F_i(1\leqslant i\leqslant n)$ 为对应时间长度为 t_i 的远期汇率。

由于远期合约多头的价值等于远期价格超过交割价格的现值,因此 B

公司 t_i 时刻利息交换的远期合约价值为：

$$(12F_i - 1.41)e^{-r_i t_i}$$

B 公司 t_n 时刻本金交换的远期合约价值为：

$$(1\,000F_n - 1\,500)e^{-r_n t_n}$$

该互换价值即为这一系列远期合约的价值之和。

【例 12－13】承例 12－11，现汇汇率为 1 美元＝110 日元，即¥1＝$0.009 091，因美元利率与日元利率之差为 5%（9%－4%），1 年、2 年、3 年远期汇率分别为：

$$F_1 = 0.009\,091e^{0.05\times1} = 0.009\,557$$

$$F_2 = 0.009\,091e^{0.05\times2} = 0.010\,047$$

$$F_3 = 0.009\,091e^{0.05\times3} = 0.010\,562$$

利息的交换是以收取 6 000 万日元与支付 80 万美元交换。如果远期汇率实现了，1 年后的日元现金流的美元价值将为 $6\,000\times0.009\,557=57.34$ 万美元，1 年后的净现金流为 $57.34-80=-22.66$ 万美元，现值为 $-22.66e^{-0.09\times1}=-20.71$（万美元），即第 1 年末交换的现金流对应的远期合约的价值：

$$(6\,000\times0.009\,557-80)e^{-0.09\times1} = -20.71\text{（万美元）}$$

第 2 年年末和第 3 年年末交换的现金流对应的远期合约的价值分别为 -16.47万美元$[(6\,000\times0.010\,047-80)e^{-0.09\times2}]$和 -12.69 万美元 $[(6\,000\times0.010\,562-80)e^{-0.09\times3}]$。

本金的最后交换包括收取 120 000 万日元并支付 1 000 万美元。交换的现金流对应的远期合约的价值为 $+204.16$ 万美元$[(120\,000\times0.010\,562-1\,000)e^{-0.09\times3}]$。

因此，该货币互换价值为 154.29 万美元（$204.16-20.71-16.47-12.69$），与前面计算结果一致。

（二）利率互换的定价

若不存在违约风险，利率互换也可看作是债券的多空组合或一系列远期合约的组合两部分。

1. 将利率互换看作债券的多空组合。假定当前时间为 0，根据利率协议，中介银行在时间 $1\leqslant i\leqslant n$ 时，收取固定利率利息 K 美元，同时支付浮动利率利息，定义：

V：互换的价值，B_1：固定利率债券价值，B_2：浮动利率债券价值，Q：互换协议的本金额。

那么

$$V = B_1 - B_2 \tag{12.2}$$

定义 r_i 为适用于时间 t_i 的贴现率，则 B_1 即固定利率债券未来现金流量的现值为：

$$B_1 = \sum_{i=1}^{n} Ke^{-r_i t_i} + Qe^{-r_n t_n} \quad (12.3)$$

对于浮动利率债券来说，一旦在某一支付日支付完成，B_2 总是等于其名义本金 Q，同样，在下一个支付日亦然，以 t_i 表示到下一个支付日的时间，则：

$$B_2 = Qe^{-r_i t_i} + K^* e^{-r_i t_i} \quad (12.4)$$

式中：K^* 是在时间 t_i 时的浮动利率利息（已知）。对于支付固定利率、收取浮动利率利息的金融机构，互换价值为 $B_2 - B_1$，B_1，B_2 的计算方法相同。在互换刚刚生效和结束时，它的价值均为 0。在互换期限内，互换价值可正可负。

【例 12－14】某银行支付 6 个月 LIBOR 利息收取 8% 的固定利率利息，每半年支取一次，本金为 1 亿美元，该互换剩余期限为 1.25 年，3 个月期、9 个月期和 15 个月期的相关贴现率分别为 10.0%，10.5%，11.0%，上个支付日的 6 个月 LIBOR 为10.2%，经计算，$K = 4$ 百万美元，$K^* = 5.1$ 百万美元，则：

$$B_1 = 4e^{-0.25\times0.1} + 4e^{-0.75\times0.105} + 104e^{-1.25\times0.11} = 98.24\text{（百万美元）}$$

$$B_2 = 5.1e^{-0.25\times0.1} + 100e^{-0.25\times0.1} = 102.51\text{（百万美元）}$$

所以，该互换价值为：$V = B_1 - B_2 = 98.24 - 102.51 = -4.27$（百万美元）。

若该银行处于相反的市场头寸，即支付固定利率利息、收取浮动利率利息，则互换的价值为 +4.27 百万美元。

2. 将利率互换分解成一系列远期合约。若不考虑违约风险，利率互换也是一系列远期合约的组合。假定 $\hat{R}_i$ 为在支付日 $i(i\leqslant2)$ 6 个月前的远期利率（半年复利），因此，相对于第 $i(i\leqslant2)$ 次支付的远期合约的价值（收取固定利率利息、支付浮动利率利息的一方）是：

$$(K - 0.5\hat{R}_i Q)e^{-r_i t_i} \quad (12.5)$$

在第一次支付日（时间 t_1），支付 K^*，收取 K，其价值为：

$$(K - K^*)e^{-r_1 t_1} \quad (12.6)$$

因此，互换的总价值为：

$$(K - K^*)e^{-r_1 t_1} + \sum_{i=2}^{n} (K - 0.5\hat{R}_i Q)e^{-r_i t_i} \quad (12.7)$$

对于收取浮动利率利息，支付固定利率利息的一方来说，互换价值为：

$$(K - K^*)e^{-r_1 t_1} + \sum_{i=2}^{n} (0.5\hat{R}_i Q - K)e^{-r_i t_i} \quad (12.8)$$

【例 12－15】承前例，已知 $K = 4$ 百万美元，$K^* = 5.1$ 百万美元，$Q = 100$ 百万美元，$r_1 = 0.1$，$r_2 = 0.105$，$r_3 = 0.11$，$t_1 = 0.25$，$t_2 = 0.75$，$t_3 = 1.25$，连续复利，则：

$$\hat{R}_2 = (r_2 t_2 - r_1 t_1)/(t_2 - t_1) = (0.105\times0.75 - 0.1\times0.25)/0.5 = 0.1075$$

$$\hat{R}_3=(r_3t_3-r_2t_2)/(t_3-t_2)=(1.25\times0.11-0.75\times0.105)/0.5=0.1175$$

将连续复利转换成半年复利，得 $\hat{R}_2=0.1104$；$\hat{R}_i=0.1210$，该互换价格为：

$$(4.0-5.1)e^{-0.1\times0.25}+(4.0-0.5\times0.1104\times100)e^{-0.105\times0.75}+$$
$$(4.0-0.5\times0.1210\times100)e^{-0.11\times1.25}=-4.27(\text{百万美元})$$

本章小结

1. 现代货币互换是从传统货币互换基础上发展起来的，它根据交易双方的互补需要，将持有的不同种类的货币，以商定的融资本金和利率为基础，进行货币本金的交换并结算利息。货币互换交易一般有三个基本步骤：本金的初期互换、利率互换、到期日本金的再次互换。

2. 利率互换指两笔债务以利率方式相互掉换，一般期初或到期日都没有实际本金的互换，而是把它当作名义本金，交换的只是双方不同特征的利息。对一项标准的利率互换的定义至少包括以下几项内容：①由互换双方签订一份协议；②根据协议双方各向对方定期支付利息，并预先确定付息日期；③付息金额由名义本金金额确定；以同种货币支付利息；④互换一方是固定利率支付者，固定利率在互换之初商定；⑤互换另一方是浮动利率支付者，浮动利率参照互换期内某种特定的市场利率加以确定；双方互换利息，不涉及本金的互换。

3. 资产互换是指用于资产管理方面的互换。通过资产互换安排，可以改变投资利益的利率特征，改变收到利息的频率和时间，提高投资者进行资产管理的灵活性。

4. 金融互换可看作债券的多空组合或一系列远期合约的组合。具体有货币互换定价和利率互换定价。

关键术语

固定利率货币互换　浮动利率货币互换　分期支付货币互换　零息对浮动利率互换　浮动利率对浮动利率互换　可赎回利率互换　可出售的利率互换　可延期的互换　远期利率互换　推迟利率安排互换　利率上限互换　最小—最大互换　分期摊还、增值和变动互换　反向互换　出售互换　互换回购　资产互换　利率互换定价

能力训练

一、选择题

1. 货币互换的基本步骤是(　　)

A. 本金的初期互换　　B. 货币的互换

C. 利率的互换　　D. 到期日本金的再次互换

2. 如果互换交易者的资产和负债结构发生了变化，需要从互换中解脱出来，通常采用的方式是(　　)

A. 赎回　　B. 反向互换　　C. 放弃互换　　D. 出售

3. 基本点货币互换又被称为(　　)

A. 固定利率货币互换　　B. 浮动利率货币互换

C. 分期支付货币互换　　D. 基本货币互换

4. 借款人可以利用某些有利条件，举借另一种利率较低的货币，通过(　　)，换成所需资金的货币，来降低所需货币的货币成本。

A. 货币互换　　B. 利率互换

C. 汇率互换　　D. 资产互换

5. 一项标准的利率互换的定义包括(　　)

A. 由互换双方签订一份协议

B. 根据协议双方各向对方定期支付利息，并预先确定付息日期

C. 付息金额由名义本金额确定，以同种货币支付利息

D. 互换一方是固定利率支付者

E. 互换另一方是浮动利率支付者

6. 目前全球市场上最重要的场外交易互换衍生工具是(　　)

A. 货币互换　　B. 利率互换　　C. 资产互换　　D. 掉期

7. 市场参与者越来越多的使用利率互换主要出于两个原因(　　)

A. 降低融资成本　　B. 对冲利率风险

C. 在互换市场上投机　　D. 改变原生利率

8. 利率互换的最普遍、最基本的形式是(　　)

A. 固定利率对浮动利率互换　　B. 浮动利率对浮动利率互换

C. 零息对浮动利率互换　　D. 远期利率互换

9. (　　)也称为基础互换

A. 固定利率对浮动利率互换　　B. 浮动利率对浮动利率互换

C. 零息对浮动利率互换　　D. 远期利率互换

10. 资产互换是指用于(　　)方面的互换

A. 负债管理　　B. 资产管理　　C. 资产负债管理　　D. 贷款管理

二、思考题

1. 货币互换的基本原理是什么？

2. 货币互换的步骤。

3. 货币互换的衍生品有哪些?

4. 利率互换的交易机制。

5. 利率互换的衍生品有哪些?

6. 利率互换的作用。

7. 资产负债互换的交易机制。

三、计算题

1. A,B 两家公司面临如下利率:

	A 公司	B 公司
美元	LIBOR +0.5%	LIBOR +1.5%
人民币	4.5%	6.5%

假设 A 公司需要美元浮动利率借款,B 公司需要人民币固定利率借款。一银行安排 A,B 公司之间的互换,并要得到 0.5% 的收益。请设计一个对 A,B 公司同样有吸引力的互换方案。

2. 假设某公司在一笔互换合约中支付 6 个月 LIBOR 利率,同时收取 8% 的年利率(半年计一次复利),各名义本金为 1 000 万元人民币。互换还有 1.25 年的期限。3 个月、9 个月、15 个月的 LIBOR 利率分别为 10%,15%,20%,上一次利息支付日的 6 个月 LIBOR 为 10%(半年计一次复利)。分别用债券组合和远期利率协议给利率互换定价。

3. 假设甲公司的信用评级为 AAA,乙公司的信用评级为 BBB,它们都想要筹集 3 年期 5 000 万美元的资金,并且都是每半年支付一次利息。它们各自的融资成本比较如下:

	甲公司	乙公司
固定利率融资成本	11%	13%
浮动利率融资成本	LIBOR +0.125%	LIBOR +0.375%

试分析两公司各自的融资优势及互换策略。

4. 假设在美国和中国 LIBOR 利率都是平的,在中国是 5%,而在美国是 4%,中国某一金融机构在一笔货币互换中每年收入美元,利率为 3%,同时付出人民币,利率为 4%。两种货币的本金分别为 100 万美元和 1 000 万元人民币,这笔互换还有两年的期限,即期汇率为 1 美元 =7.8 元人民币。那么互换的价值是多少?(运用债券组合定价理论计算)

5. 一份本金为 1 亿美元的利率互换还有 8 个月的期限,这笔互换规定 6 个月的 LIBOR 利率交换 12% 的年利率(每半年计一次复利)。市场上对交换 6 个月的 LIBOR 利率为 9%。请问上述互换对支付浮动利率的那一方价值为多少?支付固定利率的那一方价值是多少?

参考文献与网站链接

1. 约翰·赫尔. 期权、期货和衍生证券[M]. 张陶伟译. 北京:华夏出版社,2000.

2. 郑振龙. 金融工程[M]. 北京:高等教育出版社,2003.

3. 李一智. 期货与期权教程[M]. 北京:清华大学出版社,2003.
4. 周洛华. 金融工程学[M]. 上海:上海财经大学出版社,2004.
5. 陈松易. 金融工程学[M]. 上海:复旦大学出版社,2002.
6. 吴冲锋,王海成,吴文锋. 金融工程研究[M]. 上海:上海交通大学出版社,2000.
7. 陈工孟,吴文锋,朱云. 金融工程[M]. 北京:清华大学出版社,2003.
8. 宋逢明. 金融工程原理[M]. 北京:清华大学出版社,1999.
9. 汪同三. 数量经济学前沿[M]. 北京:社会科学文献出版社,2001.
10. 唐旭. 金融理论前沿课题[M]. 北京:中国金融出版社,2003.
11. 朱利安 · 沃姆斯利. 新金融工具[M]. 北京:中国人民大学出版社,2003.
12. 国际清算银行网站 http://www.bis.org
13. 国际互换与衍生品协会网站 http://www.isda.org

第十三章　信用衍生工具

★ **本章学习指导** ★

在金融活动中,风险大多是不可避免的。防范信用风险是银行、金融机构保证安全经营的重要举措。伴随各种金融工具的产生,防范信用风险的手段也日益丰富。20世纪90年代后,信用衍生工具开始广泛应用于基础金融产品的信用风险管理中。衍生金融工具为银行金融机构提供了最灵活、最有效的管理资产组合的方法。经过短短十几年的发展,信用衍生工具已经成为衍生金融产品市场最为活跃的金融产品之一。通过本章的学习,应该了解信用风险的性质和特征以及信用衍生工具的发展现状,并掌握基本的信用衍生工具功能和操作过程。

第一节　信用风险与信用风险管理进程

信用风险对于银行、债券发行人、债券投资者都有着重要的意义。到目前为止管理信用风险的方法有很多种,但是这些方法都不能将信用风险降低到所期望的水平。在本节中,我们主要介绍什么是信用风险、如何测量信用风险、信用风险将如何影响债券发行者以及信用风险管理的演进。债券投资者和银行在防范信用风险时通常使用的方法有信用限额、资产分散和资产证券化。

一、信用风险

按性质划分,金融风险可以分为信用风险、市场风险、流动性风险和操作风险等。信用风险是指借款人违约的可能性,违约包括借款人不能承担借款责任,如不能偿还利息或者不能按时还款。信用风险是最普遍、最基本、最传统的金融风险形式,也是多种风险复合而成的一种风险。信用风险极易受到经济周期和行业周期的影响。在经济扩张期,信用风险降低,因为较强的盈利能力使总体违约率下降。而在经济紧缩期,信用风险会显著增加，这是因为借款人收入恶化导致其很难偿还贷款或者偿付利息。行业风险与经济周期的相关性不大，这种风险来自于公司所处某一行业的具体情况，例如，产品面临法律诉讼。比较典型的例子是石棉对人身体有害，相关的产品都受到了起诉，生产厂商因此破产，所以就无法偿还相关的债券。

信用风险程度的大小主要取决于借款者的信用等级、其对所借资金的信用价差和其债务的市场价格。其中信用价差体现在公司借款时所需支付的利率与美国国债利率之差。因为通常意义上美国国债被认为是没有违约风险的，所以其他债券利率高于美国国债利率的部分就被称为信用价差。当借款人被银行或者是债券市场认为违约可能性大时所要求的信用价差就会增加。随着一家公司信用风险的加大，银行和债券投资人索要的信用价差就会增加，增加的额度必须要满足债权或者贷款不能按期偿付的预期损失。

衡量一家公司信用风险的传统方法是信用等级法。当前国际最知名的两家信用评级机构为标准普尔公司和穆迪公司。其中标准普尔是通过综合企业风险、竞争优势、企业多元化、企业规模及市场份额、管理团队、企业内部问题、企业经营状况、会计报表质量、财政金融政策、利润率资本结构、表外融资、现金流分析、财务机动性等多方面因素，对企业进行信用等级划分(参见13.1)。

表13.1 标准普尔的长期和短期信用等级及评述

长期信用等级	评述	短期信用等级	评述
AAA	清偿能力很强，风险很小	A-1	清偿能力最强，风险最小
AA	清偿能力较强，风险小	A-2	清偿能力较强，尽管有时会受内部条件和外部环境影响，但是风险较小、
A	清偿能力强，有时会受经营环境和其他内外部条件不良变化的影响，但是风险较小	A-3	清偿能力一般，比较容易受到内部条件和外部环境的影响，有一定的风险
BBB	有一定的清偿能力，但易受经营环境和其他内外部条件不良变化的影响，风险程度一般	B	清偿能力不稳定，具有投机性
BB	清偿能力较弱，风险相对越来越大，对经营环境和其他内外部条件变化较为敏感，容易受到冲击，具有较大的不确定性	C	清偿能力很差
B	清偿能力弱，风险相对越来越大，对经营环境和其他内外部条件变化较为敏感，容易受到冲击，具有较大的不确定性	D	不能按期还本付息

续表

长期信用等级	评述	短期信用等级	评述
CCC	清偿能力较弱,风险相对越来越大,对经营环境和其他内外部条件变化较为敏感,容易受到冲击,具有较大的不确定性		
CC	清偿能力很弱,风险相对较大,对经营环境和其他内外部条件变化较为敏感,容易受到冲击,具有较大的不确定性		
C	濒临破产,债务清偿能力极低		
D	为破产倒闭的金融机构		

资料来源:根据美国标准普尔公司《企业信用评级》归纳总结。

有许多例子可以说明,信用风险会影响债券等金融资产的发行者、投资者以及银行等金融机构的经营活动。首先是债券的发行者。信用风险对于债券发行者的发行成本是至关重要的。因为一个债券的发行者在债券发行前遇到了债务纠纷就会导致其发行成本增加。或者,发行的时候遇到经济衰退也会导致信用风险平均溢价水平的上升。其次,对于债券的投资者,投资者对于单个债券的风险暴露随着该债券信用风险的降低而减少。一只债券的信用等级下降或是风险溢价的增加都会减少该债券的实际价值。与此同时,持有公司债券的共同基金将会受到信用风险平均溢价水平上升而导致所持资产组合价值下降的影响。最后,商业银行将因借款人的违约而面临风险。银行面临的信用风险相对比其他机构要高,主要有以下两个因素:一是银行因所在地的地域限制和行业限制无法分散借款人的信用风险;二是信用风险是银行经营中的主要风险。大部分的商业贷款在签订贷款合同时就已经确认了信用风险溢价,因此在贷款期间发生客户信用风险增加则无法再调高信用风险溢价水平。

市场参与者和研究人员对信用风险的关注日益加强,古典理论采用传统的统计方法已被银行广泛使用。如评级机构是违约概率的标准来源,Altman 等人(1977)描述了用于预测单个企业违约概率的技术,并运用于说明信用等级上升和下降的可能性。进而资产组合方法运用到了信用风险管理当中,从理论化的角度来寻找具有信用风险的马科维兹有效边界。

随着学术界对发展新的理论以及模型化信用风险的研究,一系列应用数学和物理学知识的引入使得信用风险的研究有了新的发展。从数学方面,将随机微分引入,即随机微分允许将时空细化为无限小的点,就可以从不确定性中得到一个确定的解。在金融学理论方面,关于信用风险的理性预期理论是以金融经济学为基础的,该理论早在1974年就作为或有要求权分析法的一个应用而被发展出来,这已经成为现代信用风险理论的基础。莫顿(Merton,1974)提出了信用风险的结构模型,即应用或有要求权分析法(期权定价)的方法,简单地说,就是利用期权定价的方法来估计固定收益工具的违约风险利差。信用风险来源于潜在的违约,当公司资产价格下降到了某个阀值以下时,即资产价值低于负债余额的面值时便发生潜在的违约。该模型利用经济关系解释潜在的违约实践并给出经济违约的清晰定义,同时把违约事件与标准的期权定价密切相连,从而使得结构模型成为易于定价的框架,整个公式取决于资产价值的演变过程,违约事件是不确定的随机事件,将两个要求权持有人的价值联系在一起,用实际市场数据推断参数。随后对该模型进一步的深化也开始了,如Crouhy和Galai(1997)推导了莫顿模型,他们将莫顿公式中的各项作了重新安排,得出可以将卖出期权的价值分解成两部分——以公司在债务到期时破产为条件的预期损失和破产事件的预期概率。而且,回收率在这里是内生决定的随机变量,而非如先前模型所架设的那样是个外生固定变量。由于这种方法完全依赖于公司价值和两类权益人之间的套利关系,因此,可以将信用风险和违约的可能性直接表示为股票价值的函数。

信用风险定价的简化型模型绕过公司的财务基础,直接用市场价格或价差进行处理。这一领域的新古典模型包括Duffie和Singleton、Jarrow和Turubull(1995)、Jarrow、Lando和Turubull(1997)、Lando(1994)。这个方法通过外生定义的违约率和回收率,把有违约风险债券的定价或价差直接与无风险债券连在一起。在这种方法中,信用期限结构不是根据公司财务基础或宏观经济因素推导而出,而是直接从市场数据中获得,在数学上这种方法更易于实施,但是不如企业价值方法那么直观。

随着信用风险定价方法的不断完善,人们越来越意识到他们在信用风险管理上的薄弱,传统的依靠抵押资产、计提损失准备金、积极管理等传统的信用风险管理方法来化解信用风险已经显得力不从心。最近十年来,管理信用风险的主要方法为将含有信用风险的资产出售,即银行可以采取资产证券化的方式来管理信用风险。通过将信用风险保率转移给新的所有者的方式来化解信用风险。

二、信用风险管理的演进

信用风险管理的方法在不断发展,传统的方法集中于信用限额和资产分散化。我们举例说明第一种传统的管理信用风险的方法——信用限额。例如,银行的管理人员考虑借款人财务状况,如收入、利润率、负债率、应收账款的情况来决定是否放款。然后，管理人员可以采取贷款合同条款来限制信用风险，如控制贷款规模、规定还款时间表、对高风险的贷款要求抵押或者循环贷款。一个共同基金投资于公司债券也要通过相同的分析方法，只不过没有相同的借款合同。第二种传统的管理信用风险的方法——资产分散化，就是通过贷款给不同的借款人以分散信用风险。信用风险分散的原则是风险补偿法，也就是俗称的不把所有的鸡蛋放在同一个篮子里。举例来说，同在一个公园的两个商贩，一个卖冰激凌另外一个出售雨伞。在阳光灿烂的好天气，卖冰激凌的销售收入就会多，相反，卖雨伞的收入不怎么好；如果下雨的话，无疑对卖雨伞的商人有利而对卖冰淇淋的商人不利。一个商人收入增加的同时另外一个商人收入就会减少。因此两个商人的收入是负相关的。这一原则也同样适用于银行贷款，影响不同行业企业违约的因素是不同的。相对于银行来讲，分散贷款建立一个由不同贷款种类构成的资产组合就可以使银行减少其收入的变动。一些贷款的收入可以抵补另外一些贷款的损失从而减少银行的损失。贷款对象分散化主要有两种方法，即传统的随机组合管理和科学的量化组合管理。随机组合管理是指，组合管理者对组合的信用风险只进行定性管理，根据自己的方式确定分类方式并从中选择。这种选择通常是随机性的。量化组合管理是指，运用资产组合理论和相关的定量模型对各种资产组合进行分析，根据其各自的风险——收益特征和相互之间的相关性，组成在一定风险水平上期望收益最高的有效组合。主要运用风险计量法。该方法是一种对资产组合风险进行评估的工具，适用于因债务人资信质量变化而引起的资产组合价值变动的风险，通过信用评级体系管理信用风险。

然而信用限制和资产分散化都是管理信用风险的初级方法，其减少和分散信用风险的机会都是很少的。例如，一些小银行由于地域限制只能依赖于当地经济。同样汽车金融公司也面临着有限的分散信用风险的机会。虽然一家汽车金融公司可以通过不同的借款者分散一部分信用风险，但是经济周期的波动会影响所有的借款人。因此在这种情况下通过分散借款人来分散风险是不现实的。

在传统的管理信用风险方法之后，信用风险管理的主要方法为资产证券化。资产证券化是指将含有信用风险的债券或金融资产组成一个资产池，并将其出售给其他金融机构和投资者。对投资者角度而言，通过投资多个贷款或债券组合可以使信用风险降低，同时通过投资这样的债权也可以帮助投资者调整投资组合，减少风险。其本质在于将贷款或应收账款转换为可转让工具的过程，核心在于贷款中的风险与收益要素的分离与重组，使其定价和重新配置更为有效，从而使参与各方均受益。例如，汽车金融公司可将其贷款打包并且等分，然后将其转让给其他的金融机构。对于投资者，打包贷款是有吸引力的,因为大量分散的贷款是能够降低总的信用风险的。另外打包贷款的收益来源与投资者的收益来源并不相关,这也同样地分散了信用风险。对于汽车金融公司而言,出售贷款消除了公司贷款的信用风险。

银行可以利用货币市场,用同样的方法来管理信用风险,当一笔贷款发放后,银行可以将这一贷款出售给其他银行或者机构投资者。例如,当银行给一家公司一份短期融资后,银行会很快地将贷款转卖给其他投资者。这一策略对银行是非常有吸引力的。因为银行可以在得到一笔收益后,将信用风险转移出去。

资产证券化和贷款出售为管理信用风险提供了有价值的工具,但是资产证券化的方式仅仅适用于还款时间标准化和信用风险特征相同的贷款,如住房抵押贷款和汽车贷款,而对商业贷款和企业贷款是不适用的,因为银行很难将这些贷款通过资产证券化的方式转让给机构投资者。在这种情况下,一种更有前途的信用风险管理工具——信用衍生工具就产生了。

第二节　信用衍生工具

第一笔信用衍生工具交易是 1993 年由美国信孚银行(Bankers Trust New York Corporation)和瑞士信贷银行金融产品部(CSFP)在日本做成的,交易对象是偿还价值取决于具体违约事件的票据。随后,信用衍生工具的交易由北美扩展到了欧洲,并在拉美和亚洲等地也形成了信用衍生工具市场。信用衍生工具之所以有如此飞速的发展,主要原因包括银行信用风险过于集中,信用风险管理技术的发展和监管倾向的改变,克服防范信用风险的工具的效率不足和流动性不足问题,以及传统衍生产品的盈利率普遍下降等。此外,信用衍生工具市场的参与者也非常广泛。包括投资银行、商业银行、保险公司、固定收益投资者、高收益市场基金、新兴市场基金以及一些非金融性的公司等。

一、信用衍生工具概述

(一)信用衍生工具的定义

信用衍生工具(Credit Derivatives)是国际互换和衍生品协会(ISDA)为了描述这种新型场外交易合约于 1992 年创造的新名词,实质上,信用衍生工具是将信用风险从其他风险中剥离出来,以一定的成本转移给其他的机构投资者,从而达到降低自身信用风险暴露水平的目的。与此同时,信用衍生工具也使得信用风险独立地成为传统金融市场上新型的可流通可交易的投资产品。信用衍生工具包括:信用违约互换、总收益互换、信用期权、信用关联票据等。当前交易量最多、交易最广泛的信用衍生工具是信用违约互换和总收益互换两类产品。信用衍生工具的市场参与者也从最初的银行,扩展到证券公司、保险公司、投资基金及非金融机构。全球信用衍生品市场市值增长迅速,交易比较集中(参照表13.2)。

表13.2 大型金融机构场外衍生品交易占比情况分析表

(单位:百万美元,%,时间2008年12月31日)

银行名称	资产总额	资产占总额比例	衍生品市场价值	衍生品占总额比例	信用衍生品市场价值	信用衍生品占总额比例
摩根大通	1 746 242	16.15	2 171 336	36.65	538 872	48.03
美国银行	1 471 631	13.61	1 401 090	23.65	132 035	11.77
花旗银行	1 231 154	11.38	1 050 532	17.73	211 645	18.87
高盛银行	162 474	1.50	959 822	16.20	144 020	12.84
汇丰银行	181 620	1.68	93 369	1.58	64 834	5.78
前5家银行合计	479 3121	44.32	5 676 149	95.81	1 091 406	97.28
其他所有银行与信托公司	6 021 741	55.68	248 257	4.19	30 473	2.72

数据来源:OCC

(二)信用衍生工具的特性

信用衍生工具的特性可以归纳为以下几点:

1. 表外性。信用衍生产品在交易者的资产负债表上并无反映,属于表外项目。

2. 债务不变性。在信用衍生工具交易中,基础资产仍然保留在保护买方的资产负债表内,保护买方无须出售或消除该项资产。因此,信用衍生工具处理的只是债务的结构成分,对原债务人的法律债权债务关系没有任何影响。

3. 可交易性。信用衍生工具将信用风险从市场风险等其他风险中分离出来,在市场上独立地进行交易,实现了信用风险交易市场化,从而克服了传统的信用保险、担保等信用工具不可交易的薄弱环节。

4. 保密性。信用衍生工具交易是在风险转嫁方(多为银行等金融机构)与借款人之外的第三方之间进行,无需得到借款人的许可,也不必通知借款人,从而保持了银行对客户记录的机密性和商业秘密,使得银行可在无需破坏银行与借款者良好关系的前提下管理贷款的信用风险。

5. 低成本性。一方面，对于保护买方而言，不需要实际运作贷款或债券资产，使得操作成本大大降低；另一方面，由于信用衍生工具交易的保密性，保护买方可以对借款人保守机密，简化了法律程序和其他一些相关程序。

6. 可塑性。信用衍生工具具有“度身订制”的特点。在交易对象、期限、金额、结构等方面，信用衍生工具可以满足客户的不同需求。无论是风险转嫁方还是投资者，都可以利用这一新型金融工具来合成新的具有特定风险和收益结构的产品，以分散风险或获取收益。这正是信用衍生工具的灵活性所在。

7. 杠杆性。对于利用信用衍生工具来赚取收益的投资者（即保护卖方）而言，不必实际占用资金就可以得到一笔在传统贷款市场上难以取得的合意资产组合，因而该产品具有很强的杠杆性。

（三）信用衍生工具的功能

信用衍生工具的基本功能是对冲信用风险，此外，信用衍生工具还在套利、产品重构、价格发现等方面具有不可忽视的作用。

1. 套利

（1）监管套利（Regulatory Arbitrage）。1988 年，《巴塞尔资本协议》对银行业的资本充足率做出了统一的规定，即银行的总资本不得低于风险加权后资产总额的 8%。对于不同的资产，该协议规定了不同的风险权重，而风险权重视交易对手而定。这样，银行可通过信用衍生工具交易实现交易对手的转换，改变资产的风险权重，节约资本并提高资本收益率。2001 年的《巴塞尔新资本协议》对 1988 年的协议进行了修订。根据新协议，商业银行可以通过采取一些降低信用风险的技术，如担保和信用衍生工具等，将风险转移出去，并认可了这些风险转移手段能降低相应资产的风险权重。这些规定使信用衍生工具为银行提供了监管套利的机会。

（2）融资套利（Funding Arbitrage）。在融资成本方面，规模较大、信用等级较高的银行往往比规模较小、信用等级较低的银行有比较优势，因此，信用等级较低的小银行往往难以直接获得高质量借款人的贷款。信用衍生工具则可以将具有低融资成本银行的比较优势“租”给高融资成本的小银行，这些小银行通过出售信用保护间接进入高质量贷款市场，从而获得合意的贷款组合。除此之外，保险公司、证券公司、投资基金等机构投资者也可利用信用衍生工具交易以低融资成本获得一笔贷款或债券的收益，而不必直接持有信贷资产。

2. 产品重构（Product Restructuring）。一方面，由于信用衍生工具在交易对象、期限、金额、结构等方面具有极强的可塑性，投资者可通过信用衍生工具交易进行在现货市场上难以实现的投资，从而创造出理想的风险收益结构。另一方面，银行可通过购买信用风险敞口，实现跨地域、跨行业的合意贷款组合。尤其值得一提的是，对于固定收益投资者而言，信用衍生工具的出现便利了固定收益投资者将信用风险分解成违约风险和信用差价风险，然后根据自己持有资产的风险特征，按照特定的战略实行管理，将不愿承担的信用风险对冲掉，同时承担一些愿意承担的信用风险以增加收益。

3. 价格发现。信用衍生工具的市场交易价格实质上是在既定的信息披露条件下，交易双方对基础资产的信用风险的直接定价。与在市场上公开交易的基础资产的信用差价相比较，投资者还可以得到信用风险的另一个直接的市场参考。信用衍生工具的标准化和普及化会大大增强信用风险定价的透明度和准确性，有利于信用风险的市场定价机制的形成。

二、几种主要的信用衍生工具

（一）信用违约互换

信用违约互换（Credit Default Swap，CDS）又称为信贷违约掉期，也叫贷款违约保险，是指商业银行或金融机构通过向交易对手每年支付一定的费用，将商业银行的信贷资产和所持债券等一些基础资产或参照信用资产的信用风险剥离，同时转移这些资产因信用事件而产生的潜在损失。信用违约互换在国际金融市场上发展极为迅速，截止到 2004 年以信用违约互换为主的信用衍生工具交易额已经达到了 8 000 亿美元，全球大的金融机构有 15% 的信贷资产使用了信用违约互换进行对冲，以管理信贷集中风险和保证资产组合的分散化。

信用违约互换的基本原理是，在信用违约互换交易中，希望规避信用风险的一方称为信用保护买方（Protection Buyer），而另一方即愿意承担信用风险，向信用风险规避方提供信用保护，称为信用保护卖方（Protection Writer）；信用保护买方将定期向信用保护卖方支付一定费用——信用违约互换点差，而一旦发生作为第三方信用违约（Reference Credit Default）的情况，信用保护卖方将向信用保护买方进行支付或有偿付款。“违约”一词在这里的含义有：破产、无偿付能力、不能履行到期的支付义务等。信用违约互换的交易结构如图 13.1 所示。

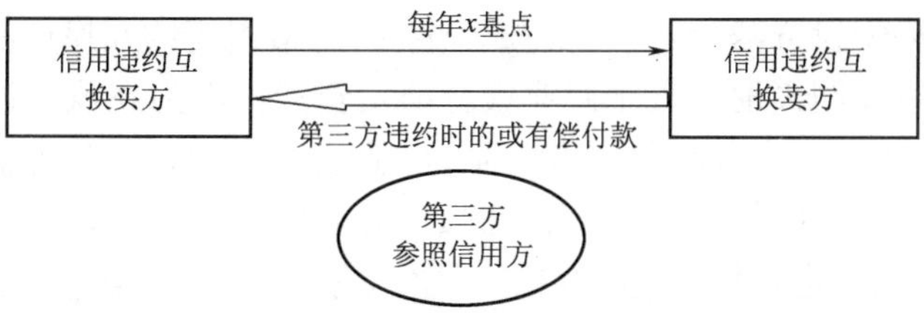

图 13.1　信用违约互换交易结构图

在信用违约互换中，信用违约互换的买方每年支付固定的费用给卖方，一旦信贷资产或参照信用方发生信用违约事件，买方便可以从卖方那里得到事前约定的偿付额度。假定商业银行 A 对 X 公司有信贷风险敞口，由于商业银行 A 担心 X 公司某个项目的信用等级可能会下降，可能发生信贷违约风险；同时商业银行 A 又不想中止与 X 公司的关系，于是商业银行 A 就和金融机构 B 协商一个信用违约互换交易，商业银行 A 定期支付给金融机构 B 固定的费用，而金融机构 B 则承诺在 X 公司发生信用违约事件时，支付给商业银行 A 一定的补偿。于是，商业银行 A 通过信用违约互换合约将其对 X 公司的信用风险转移给了金融机构 B，并限定了在 X 公司发生信用违约时的损失，同时也可以将资本投入到收益率较高的新领域。而金融机构 B 在获得对 X 公司信用风险敞口的同时，赚取了一笔信用贴水。由此可见，信用违约互换剥离了信贷资产的内在信用风险。

信用违约互换的支付方式是随着市场的发展而变化的。早期的信用违约互换协议是通过现金方式进行结算的，而今多数公司和主权信用违约互换采用实物方式进行结算。现金结算是指，信用保护卖方向买方支付基础资产面值与残值之间的差额。现金结算通常在违约事件发生数月之后进行，给市场以估计残值的时间。这里的残值是指，违约债务实际剩余的金额。残值越低，或有偿付款越高，也就是信用违约互换的价格越高。实物结算是指，信用保险买方将参照资产交与信用保险卖方，收取与原面值相等的金额。信用保险买方将债券按照面值交给信用保险卖方。实物结算正日益朝着标准化的方向发展。

在国际上，信用违约互换的主要交易者包括：商业银行、保险公司和投资基金，交易的目的是减少信贷集中风险、使资产配置更加合理化。到目前为止信用违约互换已经成为各大金融投资机构减少信贷集中风险的主要手段，过去商业银行主要是通过贷款出售来管理信贷集中风险，但这种方法会损害多年来建立的商业银行和客户的良好关系，商业银行可能会因此失去未来对该客户的贷款机会以及一些其他业务，如获利颇丰的咨询业务等。利用信用违约互换，通过与信用保护卖方签订信用违约互换合同，商业银行可以在客户不知晓的情况下就将贷款的信用风险转移出去，同时避免上述不利影响。在信用违约互换的交易中，商业银行通常是信用违约互换的买方，而卖方多为投资基金。对于投资基金而言，信用违约互换产品给其带来的好处是，可以间接地投资于商业银行信贷资产。因为在风险调整基础上的贷款几乎优于所有其他的资产类别，也就是说贷款超过各种债券、股票，拥有高超额收益和低风险的特点。例如，美国贷款中的夏普比率在所有资产中是最高的。进行信用违约互换产品交易就使一直渴望进入贷款市场的投资基金可以绕开管制，参与商业银行的信贷市场交易，同时投资基金的加入也增加了信贷市场的流动性和效率。

信用违约互换与其他的互换类金融工具一样可以被提前终止。虽然信用违约互换不可以自由转让,但其是出售的。投资者可以根据信用违约互换的当前市场价值,与原先对手终止互换交易,或将该信用违约互换出售给一个愿意接受的对手。

对于信用保护买方而言,考虑第三方参照信用方和信用保护卖方之间违约的相关性也是十分重要的。因为无法保证当第三方参照信用方违约后,信用保护卖方就一定会按照条约进行支付,因为卖方也同样存在信用风险。因此,贷款方(信用保护买方)就要综合考虑借款者的违约可能性、信用保护卖方的违约可能性以及二者之间违约的相关性。举例来说,如果某银行向一家石油化工企业贷款,然后再与另一家石油化工企业进行信用违约互换交易。恰巧石油行业不景气,这可能导致借款者和信用保护卖方均不能支付,造成商业银行损失。还有一种情况,就是作为借款者的石油公司经营不善,导致作为保护卖方的石油公司大范围占有市场份额。如是这样,这份信用违约互换协议就有意义了。因此,在确定相关性时,不仅要考虑行业因素,而且要综合观察两家公司的经营状况,进行比较确定。

我们再介绍一种违约替代互换。其交易过程如图 13.2 所示。A 商业银行对 M 公司贷款 500 万元,B 商业银行对 N 公司也贷款 500 万元,这样就会存在风险过于集中的问题。于是两家银行间可以达成协议,如果 M 公司违约,则 B 商业银行将支付给 A 商业银行 250 万元,同理,N 公司违约,A 商业银行支付给 B 商业银行 250 万元。这样实际上是两家银行共同担负了两家公司的信用风险,达到资产分散化的目的。

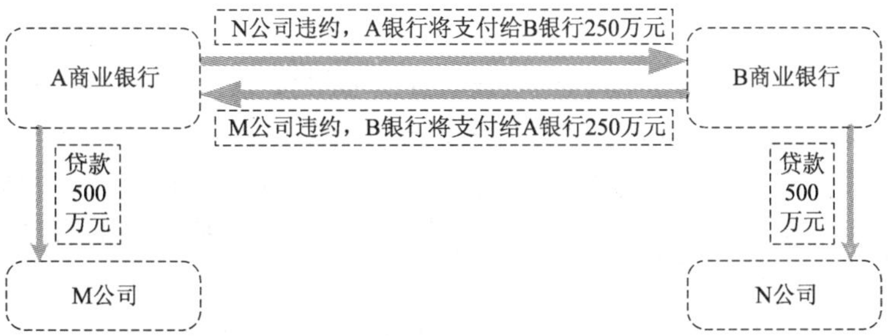

图 13.2 信用违约替代互换交易结构图

(二)总收益互换

总收益互换(Total Return Swap)是指,投资者接受原先属于商业银行的贷款或证券(一般是债券)的全部风险和现金流(包括利息和手续费等),同时支付给银行一个固定的收益。这个固定的收益一般是伦敦同业银行拆借利率(LIBOR)加上或减去一定的息差。其交易结构如图 13.3 所示。

图 13.3　总收益互换交易结构图

与一般信用违约互换不同的是,商业银行和投资者除了交换在互换期间的现金流之外,在贷款到期或出现违约时,还要按照在事先签约时确定的计算公式结算贷款或债券的价差,如果到期时,贷款或债券的市场价格上涨,出现增值,商业银行将向投资者支付价差;反之,如果市场价格下跌出现减值,则投资者将向商业银行支付价差。与信用违约互换不同,总收益互换没有违约事件和或有支付,在每期期末,双方的支付将自动交换。

在未对资产进行实物转移的情况下,总收益互换将资产的市场风险进行了剥离并转移。例如,商业银行进行了一笔贷款,将贷款的总收益转移给互换交易商。作为回报,互换交易商向商业银行支付浮动利率的利息,例如,在 3 个月的 LIBOR 加上一个差价。总收益互换定期以贷款的市场价值进行结算。任何贷款价值的正向变化都由商业银行价差向互换交易商支付价差,交易商承担违约风险;任何贷款价值的反向变化都由交易商向商业银行支付价差,补偿商业银行贷款违约风险。

商业银行从这笔互换交易中得到的好处就是将贷款的总收入换为以 3 个月 LIBOR 加上一个差价计算的利率有保障的收入。商业银行通过互换交易商有保障的收入,消除了这笔贷款的信用风险。

总收入互换对银行有两点好处:一是它可以使银行在保证客户财物记录机密性的情况下分散贷款的信用风险;二是进行互换交易的管理成本低于贷款出售的成本。

此外,总收益互换中还可以加入买权和卖权,以形成标的资产收益率的封顶和保底产品。交易中的融资方可以对浮动利率用封顶或保底来控制融资成本。

(三)信用违约期权

信用违约期权(Credit Default Option)是在信用等级发生不利变化时,对冲信用风险的一种信用衍生工具。可以把信用期权看作是汽车保险,所有的车主缴纳一定的费用,购买汽车保险以保护其损失。如果汽车没有遭受任何损伤,则保险公司将不会给车主补偿;但是如果汽车遭受损伤,则保险公司将给车主以补偿。信用违约期权也提供相类似的对冲功能。这些信用违约期权允许投资者为了保证资产的信用风险等级而购买保险。例如,债券的投资者可以通过购买信用违约期权来保证其所拥有的公司债券的价值。如果该投资者持有某公司500万美元的债券,为了防范债券等级下降导致债券价格下跌引发损失,投资者决定购买一个敲定价格为500万美元的看跌期权合约,并付出期权费4 000美元,此时投资者已经把债券信用等级下跌所引发的最大损失锁定。如果债券果然与投资者预测的相同,信用等级下降价格下跌,投资者随即可以行使期权。相反债券信用等级良好或者上升,则投资者不会行使期权,其损失只不过是事先约定期权的期权费而已。信用违约期权赋予投资者锁定信用风险的权力,使投资者能够将套期保值的方法应用在信用风险管理上。其交易结构如图13.4所示。

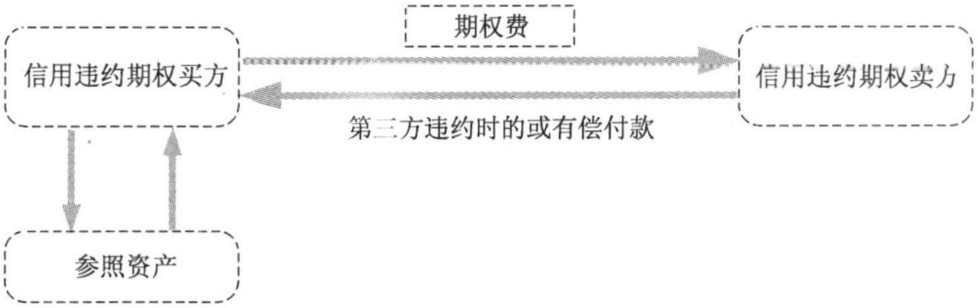

图13.4　信用违约期权交易结构图

信用违约期权总体可以分为两类。第一类是看跌期权,信用期权买方(商业银行)向卖方买入一份看跌期权,这类期权保证了期权买方可以要求期权卖方在金融资产价值下跌并低于协定价格时,卖方按协定价格购买该金融资产,从而减少买方损失。一旦买方行使信用违约看跌期权,其盈利将由协定价格减去债务市场价格来确定。而确定协定价格的方法是,将金融资产现金流的现值按照无风险利率进行贴现,再加上信用差价。信用差价是用以向投资者补偿基础资产违约风险的、高于无风险利率的利差,可以用公式对其进行更直观的表述:信用差价 = 债券等金融资产的收益 - 相对的无风险证券的收益(多指美国国债的收益)。第二类是看涨期权,这类期权是以信用差价作为协定价格的。当信用差价大于协定价格时,信用期权买方(商业银行)有权以协定价格向期权卖方交割金融资产,卖方支付的价格高于基准的收益差价,等于协定价格。

下面我们通过一个信用看跌期权的例子进一步说明(参见表13.3)①

---

① Andrew Kasapi. 信用衍生工具[M]. 于研译. 上海:上海财经大学出版社,2002.

表 13.3 ABC 债券的信用差价看跌期权

ABC 债券的信用差价看跌期权(债券于 1998 年 11 月 14 日发行,2023 年 12 月 31 日到期)	
差价看跌期权的买方	商业银行
差价看跌期权的卖方	投资者
名义本金	1 000 万美元
结算日	今天
期权行使日	一年以后的今天
基础指数	ABC 债券,2023 年 12 月 31 日到期
参考美国国库券	2023 年 8 月到期的美国国库券的卖价为 6.25%
指数信用差价	在期权行使日 2 天前的美国东部时间中午 12 点,利用基础指数的平价买入价(即买入价减去应计利息和任何未支付利息)减去参考美国国库券的卖出收益的基础指数的到期收益
目前价差	1.95%
差价看跌期权的敲定价	2.05%(平值远期敲定价)
看跌期权支付	名义本金 × 最大化[有效期(指数信用差价 -2.05%),0]
平均期限	8 年
期权费	名义本金的 1.25%,由商业银行在结算日向投资者支付

我们再介绍一种信用价差远期合约。它其实是看涨期权和看跌期权的叠加。而且,除了基础指标是价差之外,其他构成要件与标准的远期合约极为相似。举例说明,假设投资者在时间 t_0 签订一份远期合约,合约约定在未来时刻 t_1 以一个固定价格购入一份浮动利率债券,而债券自身的到期日要晚于 t_1,设其为 t_2。则如果信用价差增大,债券价格将超过票面价值。反之,信用价差减小,债券价格将不及票面价值,但投资者还是要以票面价格买入债券。

(四)信用联结票据

信用联结票据(Credit - linked Note,CLN)是由商业银行或其他金融机构发行的一种债务工具,是以信用违约互换为基础资产的信用衍生工具。由于信用违约互换属于衍生产品,所以在市场上有相当多的投资机构被禁止对其进行投资。于是这些被管制的投资机构便希望通过购买以信用违约互换为基础的债券或票据来绕开管制以对衍生品进行间接的投资。在这些投资需求的推动下,信用联结票据市场在 20 世纪 90 年代得到了很大的发展。在这个市场上,投资人可以自由地购买以信用违约互换为基础支付利息及偿还本金的票据或债券。信用联结票据的利息是与基准市场价格和信用违约互换相联系的。如果在债券的有效期内信用违约互换没有发生违约事件,在到期日投资者可以获得利息和本金的偿付。相反,如果发生违约事件,债券的发行方会停止向投资者支付债券利息,并将相当于债券票面价值减去或有偿付款的余额返还给投资者。我们用图13.5反映信用联结票据的现金流情况。

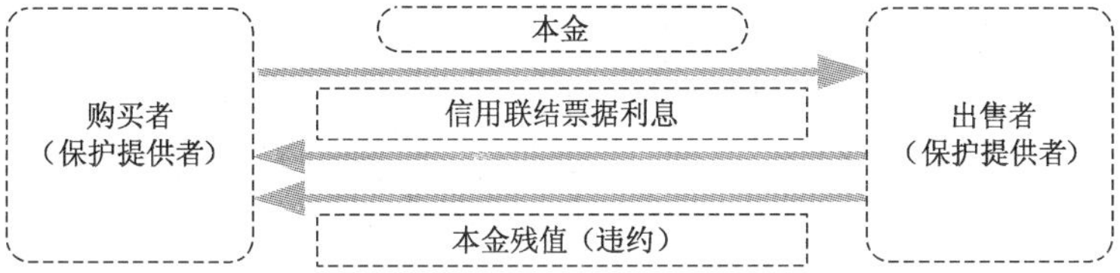

图 13.5　信用联结票据的现金流情况

商业银行可以利用信用联结票据来对冲公司贷款的信用风险。同时,信用联结票据还可以作为一种融资手段,因为其还为发行银行带来了现金收入。从某种意义上来说,信用联结票据是对银行资产的一种重组。但是,同其他信用衍生工具一样,贷款本身还保留在银行的账户上。

随着信用联结票据的发展,出现了专门从事信用联结票据业务的金融机构。这些金融机构通常以 SPV(Special - purpose Vehicles)的形式发行信用联结票据,发行的收入可以用于购买安全性较高的资产,例如,国库券或者货币市场资产。有对冲信用风险需求的机构可以同 SPV 的发行者签订一种纯粹的信用违约互换合约。当违约事件发生时,SPV 的发行者负责向购买者赔偿违约资产的损失,这一支付过程由发行 SPV 的机构所购买的安全性资产作保证。对于 SPV 的发行者来说,这一交易过程不存在什么风险,它实质上是介于应用保护的需求者(例如,有对冲信用风险需求的商业银行)和信用保护的提供者之间的中介机构。SPV 的购买者是信用保护的提供者,其收入就是安全性资产的利息以及 SPV 发行者从对冲信用风险的机构那里收取的一部分费用。具体的交易过程如图 13.6 所示。

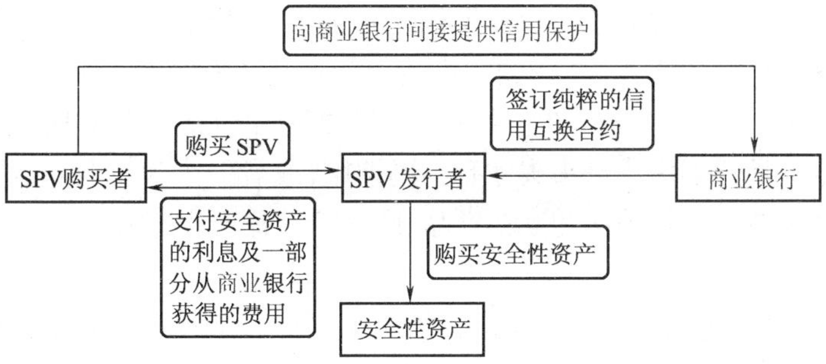

图 13.6　SPV 的具体操作过程

第三节 信用衍生工具的监管及实践应用

一、信用衍生工具的监管

随着信用衍生工具的发展,对信用衍生工具的监管逐渐被世界金融监管机构所关注。目前,信用衍生工具的监管还没有一个统一的标准。美国货币管理当局已经出台了一些相关文件,作为监管的指导性意见。英格兰银行也针对信用衍生工具的监管制定了一些措施。下面我们对这两国的监管方案进行简要介绍①。

(一)美国联邦储备银行对信用衍生工具的监管

美国联邦储备银行(Federal Reserve Bank,以下称美联储)的监管部在1997年6月13日颁布的SR97-18文件中②,开始将风险分为信用风险和一般市场风险,市场风险的产生是由于参考资产的价值受到了参考资产信用风险以外因素的影响而发生变动。同时,美联储定义了银行或交易账簿中必须划分的三类头寸:敞开头寸、对应头寸和冲抵头寸。其中对应头寸仅产生对手信用风险,敞口头寸和冲抵头寸产生对手信用风险、一般市场风险和具体风险,但冲抵头寸的一般市场风险和具体风险比敞口头寸的风险小得多。

所谓对应头寸是指,在具有相同期限的、相同参考资产的相同信用衍生工具的结构中持有的多头寸或空头寸。如果互换中的支付和收入是总收益互换产品或信用违约互换产品,则它们是对应的。头寸的对应也要求违约定义中包括相同信用事件,并且对应头寸中的有关合约条件必须是接近的。美联储规定,现券工具被视为总收益产品。因此,一个债券的多头寸和一个具有与该债券相关联的、相同期限的总收益互换的空头寸是一个对应头寸。

如果头寸的期限结构不对应,或者互换是一个信用违约互换(只要参考资产与债券有相同的债务人和优先程度),则头寸是相冲抵的。冲抵头寸是指以那些具有相同债务人、在倒闭中具有相同优先程度的资产作为参考资产的信用衍生工具的多头和空头头寸。冲抵头寸包括一些对应头寸,如果信用衍生工具的多头或空头头寸有不同期限;或者一个为总收益互换产品,而另一个为纯粹的信用违约互换产品,则它们不属于冲抵头寸。

---

① 以下根据《信用衍生工具》(Andrew Kasapi 著,于研译,上海财经大学出版社,2002年版)相关内容整理。

② Supervisory Guidance For Credit Derivatives. SR Letter 96-17(GEN),1996.

如果头寸既不是冲抵头寸也不是对应头寸,则它是敞开头寸。

美联储将参考资产与基础资产视为不同的两个概念,只要基础资产和参考资产是同一法律实体的义务,并且在倒闭时具有相同程度的优先权,则基础资产将被当作是被保护的资产。银行必须标明:两种资产间有很高的相关性,参考工具是基础资产的一个合理且充分的替代工具,参考资产和基础资产都受到共同交替违约条款的约束。表 13.4 表明了三种头寸之间的关系。

表 13.4　信用衍生品市场风险框架

	对手信用风险	一般市场风险	具体风险
敞口头寸	Y	Y	Y
对应头寸	Y	N	N
冲抵头寸	Y	Y(一些)	Y(一些)

Y——风险存在,有资本金要求
N——风险不存在,无风险资本金要求

换言之,所有的信用衍生工具头寸都产生对手信用风险(出售期权是一个例外)。就对应头寸而言,对手风险是唯一的风险。头寸的对应本质上将参考资产的一般市场风险和具体风险剔除在外。敞口头寸和冲抵头寸均含有三种风险因素。对冲抵头寸而言,其承担的一般市场风险和具体风险都要小得多。相对应地,对各种头寸存在的风险,有资本金要求。因此,对应头寸将涉及具体风险的资本金要求。而冲抵头寸,只有针对最大的冲抵信用衍生工具和现券头寸才有具体风险的标准资本金要求,即具体风险的标准资本金要求不单独地针对交易中的一方。敞口头寸也有相同标准的具体风险资本金要求,即参考资产的现券头寸中将满足该资本金要求。

(二)英格兰银行对信用衍生工具的监管

1997 年 7 月,英格兰银行颁布了对信用衍生工具的临时资本金要求的初步磋商结果,并宣布,它将承认大多数信用违约互换产品在交易账簿中的合法性。同时,英格兰银行还陈述道:由于受到欧共体法律的约束,它不能为交易账簿提供冲抵头寸的范围。但是在下面将要讨论的具体风险模型决策中,这一观点已有所改变,即法国有关当局规定,在交易的两方面期限不对应的情况下允许采用部分头寸进行冲抵之后,英格兰银行很有可能再次对其先前的做法进行修改。此外,英格兰银行还与证券期货委员会(SFA)成立了一个专家组以对信用衍生工具和信用风险有关的资本金要求共同进行商谈研究。

二、信用衍生工具对商业银行经营的影响

按照资产组合理论的要求，商业银行应该尽量避免信用关系的集中化，尽量持有分散化的资产组合。但这在实际操作中存在相当大的困难。首先，对于商业银行的业务部门来说，不可能也不愿意拒绝大客户的信贷要求，这无疑会影响业务关系；另外，存贷款的利率差毕竟是商业银行收入的重要来源。其次，由于商业银行的经营受国家经济环境，特别是区域经济环境的影响，可能导致商业银行信用关系集中于某一行业或某一地区。传统的贷款出售方式固然解决了贷款的流动性问题，但无疑会影响商业银行与客户间的关系。因此，信用衍生品的出现不仅解决了贷款流动性问题，因其保密性，又保护了商业银行与客户的良好关系。再者，信用衍生品还为商业银行解决了贷款定价的问题。一旦信用风险超过了目前市场利差所能承受的最高信贷程度，商业银行便可以将这一部分风险转移出去，从而保证商业银行的贷款定价能够与其自身的承受能力相匹配。最后，通过信用衍生工具交易，商业银行可以实现跨产业、跨地域的合意贷款组合，高度的分散性将最优化其承担的风险水平。这既能保证商业银行在地域或行业内的比较优势，又能够充分分散风险，降低信用违约造成的损失。

三、信用衍生工具在中国的实践

由于历史原因，我国国有商业银行的专业化程度比较低，一些新兴的地区商业银行又存在较强的地域性，这就造成了我国商业银行信用风险高度集中的问题。解决这一问题的一条思路是开放银行间债权交易，但很多商业银行担心进行债权交易可能会导致核心客户的流失，而信用衍生工具无疑可以解决这一问题。针对我国商业银行，信用衍生工具交易主要有两个选择：一是与外资银行进行交易。根据银监会提供的数据，截至2009年年末，共有13个国家和地区的银行在华设立了33家外商独资银行、2家合资银行、2家外商独资财务公司；有24个国家和地区的银行在华设立了71家分行，有46个国家和地区的194家银行在华设立了229家代表处。作为一个新兴的市场经济国家，我国的贷款回报率相对较高。对此外国银行一直非常青睐，信用衍生品的交易将为这些资金雄厚且具有丰富管理经验的外资银行增加一条进入的途径。二是可以选择国内银行间，或者银行与机构投资者之间进行信用衍生品的交易。然而，由于我国金融机构管理机制不健全，对此还有很长的路要走。

在肯定信用衍生工具将在我国有所发展的同时，也要注意其给我国金融领域带来的风险。一是交易对手风险问题，即信用衍生工具的交易对手是否能履行其义务；二是法律风险，主要指信用衍生工具交易要服从于国际互换与衍生产品协会（ISDA）颁布的标准，但是部分产品的创新速度大大快于行业标

准的制定。此外，由于金融衍生工具在许多领域里的迅猛发展，使得不少交易对手的合法地位存在不确定性等问题；三是一些交易和产品的安排其实不是真正基于转移信用风险的需要，例如有的交易只是为了转移灾难性风险或宏观经济层面的风险，这就增加了复杂性和奇异性。

本章小结

1. 信用风险是指借款人违约的可能性，违约包括借款人不能承担借款责任，如不能偿还利息或者不能按时偿还本金。信用风险程度的大小主要取决于借款者的信用等级、其对所借资金的信用价差和其债务的市场价格。

2. 管理信用风险的方法在不断发展，传统的方法集中于信用限额和资产分散化。随后，管理信用风险的主要方法为将含有信用风险的资产出售。商业银行也可以采取资产证券化的方式来管理信用风险。资产证券化是指将有信用风险的债券或金融资产组成一个资产池，并将其出售给其他金融机构和投资者。

3. 信用衍生工具是国际互换和衍生品协会（ISDA）为了描述这种新型场外交易合约于1992年创造的新名词。确切地讲，它是一种使信用风险从其他风险类型中分离出来，并从一方转让给另一方的金融合约。实质上，信用衍生工具是将信用风险从其他风险中剥离出来，以一定的成本转移给其他投资者，从而降低自身的信用风险暴露水平。

4. 信用违约互换是指商业银行或金融机构通过向交易对手每年支付一定的费用，将商业银行的信贷资产和所持的债券等一些基础资产或参照信用资产的信用风险剥离，同时转移这些资产因信用事件而产生的潜在损失。

5. 总收益互换是指，投资者接受原先属于商业银行的贷款或证券（一般是债券）的全部风险和现金流（包括利息和手续费等），同时支付给银行一个固定的收益。这个固定的收益一般是伦敦同业银行拆借利率（LIBOR）加上或减去一定的息差。

6. 信用违约期权总体可以分为两类：第一类是看跌期权，信用期权买方（商业银行）向卖方买入一份看跌期权，这类期权保证了期权买方可以要求期权卖方在金融资产价值下跌并低于协定价格时，卖方按协定价格购买该金融资产，从而减少买方损失。一旦买方行使信用违约看跌期权，其盈利将由协定价格减去债务市场价格来确定。第二类是看涨期权，这类期权是以信用差价作为协定价格的。当信用差价大于协定价格时，信用期权买方（商业银行）有权以协定价格向期权卖方交割金融资产，卖方支付的价格高于基准的收益差价，等于协定价格。

7. 信用联结票据是由商业银行或其他金融机构发行的一种债务工具，是以信用违约互换为基础资产的信用衍生工具。

关键术语

信用风险　信用限额　资产分散化　资产证券化　信用衍生工具　信用违约互换　信用违约替代互换　总收益互换　信用违约期权　信用价差远期合约　信用联结票据

能力训练

一、选择题

1. 以下关于信用风险叙述正确的是(　　)

A. 信用风险一般不会受到经济周期和行业周期的影响

B. 处于经济扩张期时，信用风险上升

C. 处于经济紧缩期时，信用风险会显著上升

D. 信用风险只有在银行等金融机构才会出现

2. 以下关于信用衍生工具特性的叙述错误的是(　　)

A. 信用衍生工具在交易者的资产负债表上并无反映，属于表外项目

B. 在信用衍生工具交易中，基础资产仍然保留在信用保护买方的资产负债表内，信用保护买方无须出售或消除该项资产

C. 信用衍生工具将信用风险从市场风险等其他风险中分离出来，在市场上独立地进行交易，实现了信用风险交易市场化

D. 信用衍生工具具有标准化的特点

3. 以下关于信用违约互换的叙述错误的是(　　)

A. 寻求信用保护买方定期支付固定金额或前期费用给信用保护卖方，一旦发生作为第三方违约的情况，信用违约互换的卖方将向买方进行支付或有偿付款

B. 现金结算是指，信用保护卖方向买方支付基础资产面值与残值之间的差额

C. 实物结算是指，信用保护买方将参照资产交易与信用保护卖方，收取与原面值相等的金额

D. 信用违约互换不可以被提早终止

4. 以下关于总收益互换的叙述正确的是(　　)

A. 银行和投资者除了交换在互换期间的现金流之外，在贷款到期或者出现违约时，还要结算贷款或债券的价差，价差的计算公式在事先签约时确定

B. 如果到期时，贷款或债券的市场价格上涨，出现增值，则由投资者向

银行支付价差

C. 如果到期时,贷款或债券的市场价格下跌,出现减值,则由银行向投资者支付价差

D. 在总收益互换中,在对资产进行实物转移的情况下,将资产的市场风险进行了剥离并转移

5. 以下关于信用违约期权叙述正确的是(　　)

A. 信用价差远期合约就是看涨期权和看跌期权的叠加,其与标准的远期合约完全相同

B. 如果信用违约期权是看涨期权,若信用差价大于协定价格时,期权买方有权以协定价格向期权卖方交割金融资产,卖方支付的价格高于基准的收益差价,等于协定价格

C. 如果信用违约期权是看跌期权,这就保证了如果金融资产价值上涨并高于协定价格时,期权买方可以要求期权卖方按协定价格购买这份金融资产,从而减少买方损失

D. 如果信用违约期权是看跌期权,协定价格等于将金融资产现金流的现值按照无风险利率进行贴现,再减去信用差价

6. 以下关于信用联结票据叙述错误的是(　　)

A. 信用联结票据是由银行或其他金融机构发行的一种债务工具,是以信用违约互换为基础资产的信用衍生工具

B. 如果在债券的有效期内信用违约互换没有发生违约事件,在到期日投资者可以获得利息和本金的偿付

C. 如果在债券的有效期内信用违约互换发生违约事件,债券的发行方会停止向投资者支付债券利息,并返还给投资者相当于票面价值减去或有偿付款的余额

D. 信用联结票据的利息与基准市场价格有关,而与信用违约互换无关

7. 美联储定义的银行或交易账簿中必须划分的三类头寸,不包括以下哪类:(　　)

A. 敞口头寸　B. 资本头寸　C. 对应头寸　D. 冲抵头寸

二、思考题

1. 简述在防范信用风险的过程中,信用限额和资产分散化的主要操作原理。

2. 简述在防范信用风险的过程中,资产证券化和贷款出售的主要操作原理。

3. 简述信用衍生工具的特性。

4. 简述信用违约互换的两种支付方式。

5. 简述两类信用期权的交易原理。

6. 简述信用联结票据的交易原理。

参考文献与网站链接

1. Andrew Kasapi. 信用衍生工具[M]. 于研译. 上海:上海财经大学出版社,2002.

2. 伊斯雷尔・尼尔肯. 实用信用衍生产品[M]. 张云峰等译. 北京:机械工业出版社,2002.

3. 迪米特里・N・克拉克. 信用衍生产品和风险管理[M]. 綦相译. 北京:机械工业出版社,2002.

4. 迪迪埃・克森,于格・皮罗特. 高级信用风险分析[M]. 殷剑峰等译. 北京:机械工业出版社. 2005, 6.

5. 盛刻索. 信用衍生产品在信用风险管理中的应用[J]. 天津大学学报,2005.

6. 方蔚华. 信用风险管理方法综述[J]. 长沙大学学报,2006(1).

7. 王仁祥,喻平. 金融风险管理[M]. 武汉:武汉理工大学出版社,2004.

8. 侯慧君. 我国金融信用的缺失与监管问题研究[J]. 上海金融,2005(8).

9. 郑振龙,陈淼鑫. 信用风险度量模型评述:信用理论与信用风险防范[M]. 北京:中国金融出版社,2003.

10. 新浪财经:http://finance. sina. com. cn.

第十四章 金融衍生工具风险管理

★ 本章学习指导 ★

近十几年来，金融衍生品市场得到了突飞猛进的发展。虽然衍生品的主要功能在于管理风险，但由于其可以帮助投资者从原本不能或不易进入的资本市场低成本融资，从而存在投资者从事高风险的投机行为。因此加强对金融衍生品市场的风险监管受到越来越多的关注。本章重点阐述了金融衍生工具风险产生的原因、类型、管理的基本步骤，简要分析场外金融衍生工具的监管状况以及金融衍生工具监管的国际合作。通过本章学习，应该掌握金融衍生工具风险的类型，熟悉金融衍生工具风险产生的原因及管理步骤，了解《巴塞尔协议Ⅲ》关于金融衍生工具监管的主要框架与内容。

第一节 金融衍生工具的风险成因

进入21世纪以来，国际金融市场上由金融衍生工具引起的危机一直为人们所关注，与金融衍生工具交易相关的触目惊心的事件接二连三发生，一再引起人们对金融衍生工具市场风险的重视和反省。

一、金融衍生工具的内在风险

金融衍生工具的设计初衷是创造避险工具，以排除经济、生产中的某些不确定性，通过风险对冲，来达到风险管理的目的。但是，对于金融衍生工具来讲，其交易本身就蕴含着巨大的风险，这与它自身的一些特点有密切关系。作为传统金融产品的创新，它既有一般金融产品所具有的一般风险，又有其所特有的风险。金融衍生工具的内在风险主要表现在以下几个方面：

(一) 自身价值的不稳定性

由于金融衍生工具是依托于现货而出现的，是一种寄生产品，其价值本身由现货价格决定。然而金融衍生工具本身又具有其所特有的金融特性和博弈特征，所以有其自身运行的规律，需要内外部资金不断交换来维持它的稳定。所以金融衍生工具的价格在很大程度上受投资者的心理影响。并且金融衍生工具的价值通常难于计算，这也是它大幅波动的原因之一。

（二）具有财务杠杆作用

金融衍生工具的交易多采用保证金方式，参与者只需动用少量的资金（甚至不用资金调拨）即可进行数额巨大的交易，由于绝大多数交易没有以现货作为基础，所以极易产生信用风险。在交易金额几乎是天文数字的今天，若某一交易方违约，可能会引发整个市场的履约风险。此外，保证金"四两拨千斤"的杠杆作用把市场风险成倍地放大，从而微小的基础价格变动也会掀起轩然大波。

（三）信息不对称

在金融衍生品市场中，信息不对称主要体现在投资者的信息不足，信息供给者未能及时提供信息或有意隐瞒信息，这样就会导致交易风险的产生，进而造成个人金融风险和市场流动性风险。更有甚者，金融衍生品市场的信息不对称会造成低效率的金融资源配置。

（四）内在脆弱性

由于金融衍生工具市场的非理性繁荣，金融机构本身就存在脆弱性、衍生品市场永远处于非理性状态以及投资者为非理性经济人等因素的存在，衍生工具市场先天的内在脆弱性显而易见，进一步给金融衍生工具带来了风险。

（五）产品设计颇具灵活性

金融衍生工具种类繁多，可以根据客户所要求的时间、金额、杠杆比率、价格、风险级别等参数进行设计，让其达到充分保值避险等目的。但是，由此也造成这些金融衍生工具难以在市场上转让，流动性风险极大。另一方面，由于国内的法律及各国法律的协调赶不上金融衍生工具发展的步伐，因此，某些合约及其参与者的法律地位往往不明确，其合法性难以得到保证，因而要承受很大的法律风险。

二、金融衍生工具风险产生的宏观条件

分析最近兴风作浪的金融衍生工具交易，我们有必要回顾 30 多年来发达国家的金融领域发生的一些变化，只有深入研究这些变化趋势，才能及时调整有关金融政策，加强对金融衍生工具交易的监管。

（一）金融自由化

金融衍生工具是金融自由化的产物。随着市场规模的扩大，市场机制作用的增强，衍生工具得到迅猛的发展。但是，与此同时，它的副作用已对

金融机构乃至整个金融体系带来了潜在的威胁：金融衍生工具的不断创新，模糊了各金融机构的界限，加大了金融监管难度；大量新的金融衍生工具的出现，使资产的流动性增强，各种金融工具类别的区分越来越困难，用来测量和监管货币层次的传统手段逐渐失效。

（二）银行业务的表外化

金融衍生工具交易属于银行的表外业务，不仅可以绕过巴塞尔协议对银行最低资本的要求，不必增加资本即可提高银行的营利性，并且不会影响银行的资产负债表状况，于是金融衍生工具交易规模日趋扩大，出于盈利目的进行的投机交易越来越多，不但使整个市场的潜在风险增大了，而且传统的监管手段也受到前所未有的挑战：传统的财务报表变得不准确，许多与金融衍生工具相关的业务没有得到真实的反映，经营透明度下降。

（三）金融技术的现代化

一方面是现代化的金融技术理论层出不穷，如波浪理论、随机指数、动力指数等，使风险控制得到长足发展；另一方面，电脑设备及信息处理技术的升级换代，使这些金融理论在日常的交易中大显身手。大金融机构通过广揽人才，既有经济、金融、管理人才，还有数学、物理、电脑等多种专业人才，利用现代化交易设备，从事高效益、高风险的金融衍生工具交易，形成新的利润增长点。虽然他们能为交易机构本身提供规避风险的条件，但是，从整个市场来看，风险依然存在，而且随着交易量的剧增，偶发的支付和信用风险的产生，随时都可能导致一场巨大的危机，因此从这一方面看是增大了市场潜在风险。

（四）金融市场的全球化

随着发达国家对国际资本流动限制的取消，各国金融市场的逐步开放，投资者在全球范围内追逐高收益、高流动性，并由此实现投资风险的分散化。通过计算机和卫星网络，全球性的资金调拨和融通在几秒钟之内便可完成，遍布世界各地的金融中心和金融机构紧密地联系在一起，形成了全时区、全方位的一体化的国际金融市场，极大地方便了金融衍生工具的交易。但是，与此同时，也增大了金融监管难度，使各国货币政策部分失效，降低了各国奉行独立货币政策的自主程度。所以，在当前的国际金融环境下，投资者大量参与金融衍生工具的交易，并进行恶性投机，是毫不奇怪的。

三、金融衍生工具风险产生的微观机制

宏观金融环境日益宽松，交易技术手段不断改进，诱使投资者去尝试新的冒险。然而，这仅仅是产生风险的外部客观的条件，更主要的原因是投资机构内部的协调、配合和管理方面出现的问题，它包括管理层对风险的认识不足、管理不严密和交易员操作的失误等。

(一)管理层的认识不足

金融衍生工具只有在一定条件下才能实现复杂的风险管理和降低交易成本的目标,而这通常不为一般企业的高层领导(甚至一些金融机构的领导)所了解,他们对于金融衍生工具的潜在风险估计不足,难以准确地把握交易时的具体细节,不能对交易的产品种类、期限、杠杆系统以及时机等具体事宜做出明确的规定。由于不了解潜在的巨大风险,往往当金融衍生工具带来的危机就要爆发,决策者还不知道自己的决策已经失误了。

(二)内部控制薄弱

内部控制不严密,对交易员缺乏有效的监督,是造成金融衍生工具灾难的一个重要原因。像巴林银行的覆灭,与其说是因为从事金融衍生工具交易,还不如说是巴林银行的内部风险管理混乱到了极点。

(三)过度使用激励机制

许多公司把交易员的业绩与薪水联系起来,有的还实行利润分成,这对调动交易员的积极性无疑起到了重要作用,但同时也激发了他们的冒险精神。交易员为了增加收入,在交易过程中,会不自觉地加大风险系数。另外,由于奖金按当年盈利来计算,因此,交易员一般只关心当年的盈利,至于对是否会因此而导致以后的灾难漠不关心。据资料介绍,一些国际上著名金融公司的交易员一年的薪水和分红竟高达千万美元以上。根据高收益高风险的市场原则,一个人能够获得如此高的收入,势必要承担或将要承担与之相当的高风险。

(四)越权交易

虽然有的决策者对进行金融衍生工具交易做出了明确的规定,但是在交易赚取巨额利润时,并不一定会检查交易过程中是否有越权行为,交易员反而会受到表彰,以致得意忘形,风险意识逐渐淡薄,逐步加大交易金额,调高风险系数,使交易与原来决定运用金融衍生工具的初衷相背离。大量的案例表明,一旦交易员在金融衍生工具交易过程中进行违章越权操作,而机构内部的监管控制措施又不够有力时,往往都可能给从事该项业务的机构造成巨额损失。

第二节　金融衍生工具的风险类型

国际清算银行的银行监管委员会——巴塞尔银行监管委员会,在全面考察和分析金融衍生市场风险的基础上,发表了一份《衍生工具风险管理指南》的文件。在这份文件中,将金融衍生工具的风险概括为信用风险、市场风险、流动性风险、操作风险和法律风险五大类。

一、信用风险

信用风险(Credit Risk)即金融衍生工具合约交易的对手违约或无力履行合约义务而带来的风险。具体地说,金融衍生工具的信用风险包括交割前面临的风险和交割时面临的风险。前者是指在合约到期前,由于基础金融工具价格变动或其他原因而使交易对手方蒙受较大损失而无力履行合约义务的风险;后者是指在合约到期日交易方履行了合约,但交易对手方无力付款的风险。从量上分析,金融衍生工具信用风险等于其敞口头寸乘以交易对手方履约的可能性。金融衍生工具的到期日越长,其信用风险越大。例如,在一个期限较长的利率互换合约中,如果市场利率上升,固定利率的支付者将获益;但与此同时,由于期限较长,支付浮动利率而成本增加,其交易对手方的信用风险将增大。

二、市场风险

市场风险(Market Risk)即金融衍生工具价值对金融衍生工具的使用者发生不利影响的风险,也即金融衍生工具的基础工具价格,如利率、汇率、证券价格波动发生逆向变动而带来的损失风险。当金融衍生工具被用作对冲手段时,金融衍生工具的价格变动可以抵消其基础金融工具的逆向价格变动,组合头寸两相抵消而不存在市场风险。

从实际交易看,完全的风险对冲是不大可能的。例如,期权价格的变动与其原生金融工具价格的变动并不完全成比例,二者将导致对冲手段缺口,一旦原生金融工具价格变动过大,缺口问题将会非常严重,并引致风险增大。因此,投资者应不断调整组合头寸,并对整个组合头寸的市场风险进行评估。

从银行看,具有金融衍生交易业务的银行均存在因原生金融工具价格波动带来的市场风险,并且这种风险将随着交易期限的延长而增长。一般而言,银行应尽力去避免此类风险,以免遭受可能带来的损失。

三、流动性风险

流动性风险(Liquidity Risk)包括两方面的内容:①市场流动风险,指市场深度不够或受到震荡发生故障,即市场业务量不足或无法获得市场价格,此时,金融衍生工具的使用者因不能轧平其头寸而面临无法平仓的风险。②资金流动风险,即金融衍生工具交易使用者的流动资金不足,合约到期时无法履行支付义务或无法按合约要求追加保证金的风险。作为新的金融工具,金融衍生工具的流动性风险很大。有的新产品问世时间不长,参与交易者少,市场深度不够,遇到市场剧烈波动时,往往找不到交易对手,这时,其风险是相当大的;另外,金融衍生工具作为用户资金运用的组成部分,与用户的整体经营水平及资产负债密切相关，一旦经营不善或资金来源短缺，不能及时履行合约义务或追加保证金，其风险也是相当高的。

四、操作风险

操作风险（Operational Risk）即由于技术问题，如计算机失灵、报告及控制系统缺陷以及价格变动反映不及时等引致损失的风险。操作风险在本质上属于管理问题，往往会在无意识状态下引发市场敞口风险和信用风险。在投机性极强的金融衍生工具交易中的欺诈行为即是一种操作风险。一般来说，这种行为有三个特征：①欺诈一方必须是故意的；②必须有欺诈另一方的行为；③受欺诈的一方因被欺诈而遭到损害。其表现形式主要有：越权交易、误导客户、主体不合法、进行私下对冲等。这类风险在金融衍生工具交易中有巨大的危险性。

五、法律风险

法律风险（Legal Risk）即指金融衍生工具交易合约的内容在法律上有缺陷或不完善而无法履约带来的风险。由于金融衍生工具是新的金融工具，产生纠纷时，有时会出现无法可依和无章可循而面临的风险。据统计，在金融衍生工具交易中，因做业务而发生的亏损，多半是源自于法律缺陷或不完善。

由于金融衍生工具市场是一个新兴市场，所以，市场交易活动的迅速发展与法规滞后的矛盾相当突出。例如，在法律风险中，交易对手方申请破产，许多司法裁决往往不能确定净额轧差协议；能否查封金融衍生工具合约的抵押品，在司法实践中也不明确；此外，在金融衍生工具的法律程序里，债权的优先权应如何清楚做出界定也存在难点。因此，法律本身的不完善也将给交易者带来一定的风险。

第三节　金融衍生工具风险管理的步骤

一、明确风险管理目标

对金融衍生工具进行风险管理，首先就是要确定风险管理的目标所在。一般来说，风险管理的目标主要有三个。

（一）安全性

由于金融衍生工具存在着高风险，所以风险管理的首要目标就是确保交易主体的安全性，减少交易主体出现的倒闭事件。同时如此类事件发生，则应尽可能减轻其对其他市场主体的影响。当然，这并不是说将衍生工具带来的风险完全规避掉，在一个健康完善的金融衍生工具市场中，合理的风险承担也是其必不可少的组成部分。交易主体通过金融衍生工具市场将风险进行转移和分解，正是金融衍生工具市场的功能所在。

（二）公平性

由于金融衍生工具所具有的高风险和高收益特征，一些占有信息优势的中介商和机构投资者往往借助其所拥有的信息优势来侵犯其他投资者的合法收入。因此，有效的风险管理所能够要求的就是加强信息披露的完整性、真实性、正确性，并制定严格有效的市场准入机制和政策，使整个市场处于公平竞争的环境中，这正是风险管理的目标之一。

（三）公开性

公开性是确保金融衍生工具市场高效透明的重要条件之一，因此也是风险管理的重要目标。所谓公开，是指各类与市场有关的信息能够及时准确的加以披露，使各市场主体能够在平等的条件下进行各种交易，从而促进合理价格机制的形成，保证金融衍生工具市场高效健康地发展。

二、分层进行风险管理

在确定风险管理的目标以后，就可以采取切实可行的措施，从微观主体到宏观监管部门多方面着手，分层次地管理控制这些风险。

（一）金融机构内部监管

内部风险管理制度永远是控制风险的第一道屏障，1998 年 1 月 19 日，巴塞尔委员会发表《内部控制制度的评估框架》草案，认为经营环境的改变、新人员的加入、业务的快速增长、公司重组、国外业务的扩大等因素是导致市场参与者内部风险控制系统崩溃的重要原因。加强中介机构和银行的内部风险控制应为最有效而成本又最为低廉的措施。在金融衍生工具的内部风险控制方面，其他国家的金融管理当局如美国联邦储备委员会、美国证券交易委员会、加拿大金融机构监管办公室以及国际金融监管机构等已提出了具体框架，包括业务、部门设置，信息处理的及时性，有关方法和假设等，为进行金融衍生工具的监管提供了参照标准。

1. 金融机构是进行金融衍生工具交易的主体。最高管理层应该明确交易的目的是降低、分散风险，增强盈利能力，提高经营效率和深化金融发展。应建立适当的“从宏观至微观”的控制系统，规定交易种类、交易量和本金限额，慎重选择使用金融衍生工具的类型。

2. 要加强内部控制，严格控制交易程序，将操作权、结算权、监督权分开，要有严格的、层次分明的业务授权，加大对越权交易的处罚力度；设立专门的风险管理和监管部门，对交易人员的交易进行记录、确认、市值试算，评价、度量和防范在金融衍生产品交易过程中面临的风险。该部门应直接对决策层负责，及时汇报有关市场情况和本公司的交易情况。

（二）交易所系统内部监管

交易所是衍生工具交易的组织者和市场管理者，它通过制定场内交易规则，监督市场的业务操作，保证交易在公平、公开、公正的竞争条件下进行，对抵御金融衍生工具风险起至关重要的作用。

1. 要完善交易制度，合理制定并及时调整保证金比例，以避免发生连锁性的合同违约风险。根据各机构实际资本大小确定持仓限额，区别套期保值者、投机者、套利者与造市者的不同，鼓励套期保值，适当抑制投机成分，避免内幕交易、操纵市场的事情发生。

2. 建立合理而严格的清算制度，广泛实行逐日盯市制度，加强清算、结算和支付系统的管理，协调现货和期货衍生市场、境内和境外市场，增加市场衍生产品的流动性和应变能力。

3. 加强财务监督和信息披露，根据衍生产品的特点，改革传统的会计记账方法和原则，制定统一的资料披露规则和程序，以便管理层和用户可以清晰明了地掌握风险暴露情况，制定相应对策，建立合理科学的风险控制系统，降低和防止风险的发生。

（三）中央银行的宏观调控与监管

中央银行作为一国货币政策的制定者和金融监管的主要执行者，在对金融衍生工具交易的管理中起着举足轻重的作用。

1. 完善金融法规，加强金融法制建设。金融是一国经济的核心，金融衍生工具以其“零和博弈”的特征使得现代金融业的经营风险数倍放大，因此，加强金融法制建设应为金融业稳健经营的重心。在市场经济成熟国家，金融监管都是以完备、严格的法律为准绳，通过法律来设定监管指标，约束金融主体行为，规范金融市场秩序。要完善立法，对金融衍生工具设立专门完备的法律，制定有关交易管理的统一标准，将交易纳入有效的内部控制系统下进行。

2. 加强对从事金融衍生工具交易的金融机构的监管，规定从事交易的金融机构的最低资本额，确定风险承担限额，对金融机构进行定期与不定期的、现场与非现场的检查，形成有效的控制与约束机制；提高金融衍生市场的透明度，制定统一的会计标准。由于衍生工具交易属表外业务，市场参与者无法通过财务报表获得充分的信息、做出正确的投资决策以及分析交易对手的资信状况，给监管带来了不便。因此，国际金融机构进行了一些有益的探索。美国金融会计标准委员会分别于 1994 年和 1996 年公布了有关衍生工具交易的会计准则和会计标准，对规范美国金融衍生工具市场发挥了重要作用。另外还应完善市场交易主体的公开披露和监管申报制度，申报的内容应包括被监管机构稳健性的资料和进行宏观决策的数据。衍生工具市场的透明度越高，越有助于降低市场风险。

3. 规范金融机构的经营行为，严格区分银行业务与非银行业务，控制金融机构业务交叉的程度。同时，中央银行应在某个金融机构因突发事件发生危机时，及时采取相应的挽救措施，迅速注入资金或进行暂时干预，以避免金融市场产生过度震荡。

（四）国际监管和国际合作

金融衍生工具交易在世界范围内蓬勃开展，交易的超国界性和超政府性，使单一国家和地区对金融衍生工具的管理鞭长莫及，不能有效地对风险进行全面的控制，因此加强对金融衍生工具的国际监管和国际合作，成为国际金融界和各国金融当局的共识。在巴林银行事件之后，国际清算银行已着手对金融衍生工具交易进行全面的调查与监督，加强对银行表外业务资本充足性的监督，在《巴塞尔协议》中补充了关于表外业务中金融衍生工具的市场风险比例，把金融衍生工具潜在风险计算在银行的资本金范围内，增加商业银行防范风险的能力。2010 年 9 月公布的《监管理事会宣布更高的全球最低资本标准》标志着《巴塞尔协议Ⅲ》框架正式形成。可以预计，今后对金融衍生工具风险的控制和监管将越来越全面、有效，使金融衍生工具得到健康的发展。具体内容可以参考本章第五节。

第四节　场外金融衍生工具监管

一、场外金融衍生工具

尽管各种金融衍生工具在不断增加，但通常根据合约的类型、构成合约的基础资产类型，依合约是在交易所还是在柜台市场进行交易分为场内交易和场外交易两类。场外金融衍生工具可以按照其原基础工具的种类分为外汇、利率、股权、商品等四类，可以按照合约形态分为远期、掉期、期权、期货，它们还可以合并产生更为复杂的混合衍生工具。

二、对场外金融衍生工具的监管

场外金融衍生工具市场的不断壮大，其中一个重要的原因是监管环境宽松。1998 年美国长期投资管理公司（LTCM）事件发生后，各国对场外衍生工具的监管也进行了更为激烈的讨论。

（一）美国对场外金融衍生工具的监管

根据美国《商品交易法》，由于场外金融衍生工具不是标准的合约而对其进行监管豁免。2000 年的《商品期货现代化法》也进一步明确，外汇产品的场外买卖是不受《商品交易法》监管的。1995 年美国会计总署发表了一个关于衍生品的报告，批评了大部分衍生品规避监管的事实。他们认为，作为证券公司主要附属机构的场外衍生品交易足够带来系统威胁。因为场外衍生品交易主要是双边交易，一个银行倒闭时，其手中的场外衍生品头寸可以影响其交易对手，从而可能影响整个金融体系。1998 年美国长期资本管理公司的情况证明了这种威胁，以致其他大银行只好联手救援。会计总署认为，对主要证券公司和保险公司从事衍生品交易的附属机构的联邦监管很有限或者说根本不存在。监管者们收集的信息不足以进行充分的监管，缺乏资本标准，没有综合的监管审查来保证证券公司和保险公司的附属机构有充分的风险管理措施。在此之后美国加强了对场外衍生工具尤其是对衍生品公司的监管。要求一般衍生品公司在与对手方签订一个合同的同时再与他的发起公司签订一个反向合同。这样衍生品公司(DPC)一般都有下列情况：

(1)DPC 一般不会遭受市场风险，因为它拥有对等账目，也就是说市场风险被传给了发起公司。

(2)DPC 会面临信用风险，但这一风险被严格控制住了。发起公司带来的信用风险通过发起公司的抵押得以保护。其他对手方风险通过规定最低信用级别得以控制。

(3)因为发起公司保护了 DPC 免受市场风险危害并代表 DPC 执行其他一些管理职能，所以要有紧急措施存在，以确保在发起公司不能充当上述角色时，对手方不至于遭受损失。因此可以认定一名“临时”经理，或者可以规定 DPC 的合同自动中止的条款。

(4)DPC 和其发起公司必须实行较大程度的“公司分离”，以保证两个实体的法律分离。这些“防火墙”是为了在发起公司破产时免受法院将二者合并处理。

(5)DPC 的资本结构可以是静态的，也可以是动态的，对于静态资本结构，有一定的措施保证信用风险总是与可供资本相适应；而对于动态资本结构，需要调整以适应 DPC 面临的风险水平。

(6)信用评级机构以至少一周为基础监控 DPC 的业务经营。另外，外部审计人员至少每周一次对 DPC 进行审查，保证符合经营指导原则。

(二)英国对场外金融衍生工具的监管

由于没有单独对于 OTC 市场的监管制度。英国的监管是根据投入资产工具来分类的。期货、差额合约(Contract For Difference，CFD)包括了期货、期权、掉期等。CFD 是指以买卖价差现金结算的产品，不进行实物交割。英国目前较流行的一种产品 CFD 是指股票 CFD，即类似期货合约的交易，利用保证金账户进行股票交易，而股票并非在证券交易所中有真实买卖，只是客户和经纪公司之间的交易。经纪公司可以向更大的公司进行询价，转移风险。

英国的经纪公司受英国金融服务管理局(Financial Serrice Authority，FSA)监管，包括期货和证券公司，这些公司都具有双重功能，即交易商(Principal)和经纪商(Broker)。FSA在1999年制定了一个法规,即按1986年《金融服务法》第43条制定的《现货批发和场外衍生市场规则》对批发和OTC金融衍生工具进行监管的规定,但是公司必须清楚说明和董事局或相等的高层管理架构监察的风险管理政策和程序、清楚界定的买卖管理,以及须提供准确、资料充实和及时的报告,适用于货币、利率、金银、债券类,不适用于一般的金融衍生工具。

如果一个公司需要开发一种新的OTC产品,该公司须事先和FSA沟通,并且能够提出足够的证据表明公司有足够的能力和系统来管理该产品的风险,包括一些模型。一般说,公司只要能够在财务上满足FSA的要求,其产品的头寸并不受其他限制。

(三)香港对场外金融衍生工具的监管

香港证监会对场外金融衍生工具的监管也十分重视。1994年8月发布了由证监会国际组织发出的有关受监管的证券及期货公司在参与金融衍生工具场外交易活动时的核心运作和财务风险管理机制的指引附表,主要有8项要点:

1. 风险管理架构。公司必须设有清楚说明和董事局或相等的高层管埋架构监察的风险管理政策和程序、清楚界定的买卖管理,以及须提供准确、资料充实和及时的报告。

2. 独立的市场风险管理。公司必须设有独立的市场风险管理机构,以监察限制风险政策是否得到执行,以及检讨和审批定价模式及估值系统(包括按市价计算盈亏的机制)。

3. 独立的信用风险管理。公司必须设有独立的信用风险管理机构,以监察信用限额,以及检查杠杆比率、集中持仓量及削减风险的安排。

4. 内部专业技能及资源。公司应就风险管理控制的各个层面投入足够的资源,包括办公室后勤系统、会计及监督制度,以及确保员工有足够的培训。

5. 削减风险技巧。公司应在适当情况下使用削减风险的技巧,例如,使用同意协议书、净额计算安排、要求交易须备有抵押品及由第三者提供信用保证,例如信用证和担保函。公司也应考虑削减风险技巧以应付操作风险,包括制订应急计划。

6. 估值及风险承担。公司应利用或接纳的定价方法,按市价计算盈亏及识别集中持仓量的情况,以便每日准确地评估风险。对于其可能承担的信用及市场风险,公司也应使用适当的方法计算。如果净额计算安排是接纳和可执行的话,公司所承受的风险可以合并计算。

7. 信息系统。公司的会计、风险管理及资讯系统应在适当情况下确保有充分和及时的文件记录、处理、确认和批核,进行交易对账及审核前台和后台部门使用的估值系统。按照公司在世界各地的业务运作,以公司整体为基础来评估风险，向管理层提供准确和及时的报告，以及由管理层向外界的有关当局做出申报。此外，公司也应进行独立的内部和由外界机构进行的系统检讨，以核查有关系统是否按照其设计而运作。

8. 流动资金比率、资金安排和财务表现。公司需持续地监督其财务表现，包括损益、资金需求及来源，以及现金流动情况。

第五节　金融衍生工具的国际监管

金融衍生工具是金融创新的产物，从某一方面来说也是规避监管的产物。随着金融衍生工具在国际金融市场中的作用越来越大，而且在多次金融风暴或金融危机中都有金融衍生工具的影子，对国际金融体系的安全造成了极大的威胁。因此对金融衍生工具的国际监管合作也日益受到重视。可以说每一次危机都促进了国际监管合作的发展。目前对世界金融衍生工具市场调查研究，并发布各类指导性文件的国际组织主要有巴塞尔委员会、国际清算银行、证监会国际组织、三十集团等。

一、国际组织关于金融衍生工具监管的主要文件

巴塞尔委员会和证监会国际组织等十分重视对金融衍生工具的监管问题，他们发布了大量关于金融衍生工具监管方面的文件。这些文件从不具备，也从未试图具备任何法律效力。不过这些文件制定了广泛的监管标准和指导原则，提供了最佳的监管方法，期望各国采取措施，根据本国的情况，通过具体的立法及其他安排予以实施。他们鼓励各国采取共同的标准和办法，但不强求各国在监管技术上完全一致。在此列出部分重要文件的名称、发布组织名称及发布时间（参见表 14.1）。

表 14.1　部分监管文件

文件名称	颁发机构	颁发时间
更高的全球最低资本标准	国际清算银行—巴塞尔委员会	2010 年 9 月
新巴塞尔协议	国际清算银行—巴塞尔委员会	2004 年 6 月
金融交易主协议	欧盟银行业协会、欧洲储蓄银行集团和欧洲合作银行协会	2001 年，2004 年
关于衍生工具及交易监管信息的框架	证监会国际组织	1998 年 9 月
场外衍生工具的报告：清算程序和风险管理	支付清算系统委员会、欧洲货币常务委员会	1998 年 9 月
关于银行和证券公司交易及衍生工具活动信息披露的调查	国际清算银行—巴塞尔委员会、国际商会	1997 年 11 月

续表

文件名称	颁发机构	颁发时间
交易所交易的衍生工具的清算安排	国际清算银行、十国集团支付和支付清算系统委员会	1996 年 11 月
交易所交易的衍生工具的法律和监管框架	证监会国际组织	1996 年 6 月
银行和证券公司交易及衍生工具活动的公共披露	国际清算银行—巴塞尔委员会、证监会国际组织	1995 年 11 月
对期货和期权市场参与者财务完整性的建议	期货业协会、全球财务完整性工作小组	1995 年 6 月
关于银行和证券公司交易及衍生工具业务的监管信息框架	国际清算银行—巴塞尔委员会、证监会国际组织	1995 年 6 月
银行衍生工具活动的审慎监管	国际清算银行—巴塞尔委员会	1994 年 12 月
关于跨境屏幕交易系统监管问题的报告	证监会国际组织	1994 年 10 月
衍生工具风险管理原则	国际清算银行—巴塞尔委员会	1994 年 7 月
参与衍生工具场外交易的受监管证券公司的运作和财务风险管理机制	证监会国际组织	1994 年 7 月
在市场混乱时提高有关现货和衍生工具市场当局之间联系公开性和及时性的机制	证监会国际组织	1993 年 10 月
衍生工具:实践和原则	三十集团、全球衍生工具研究集团	1993 年 7 月
全球衍生工具特别报告	三十集团	1992 年
现货和衍生工具市场的协调:股票指数衍生工具合约涉及缩小市场分裂的措施	证监会国际组织	1992 年 10 月

二、次贷危机后金融衍生工具的监管

美国次贷危机逐渐演变为全球金融危机,究其原因,是由于美国监管当局放松管制,特别是对金融衍生工具的监管不缜密,以致国内信贷过度膨胀扩张,引起了房市的泡沫经济,最终并触发金融市场内的大量坏账和流动性危机。自危机发生以来,各国际组织开始洞察危机根源,相继提出相关监管改革的指导方针与政策意见。在金融衍工具方面也提出了新的监管方法。

G20 在 2009 年 9 月的匹兹堡峰会中提出了完善场外衍生品市场的三个重要举措,金融稳定理事会(FSB)及其成员负责就执行情况展开评估。2008

年11月,美国总统金融市场工作组(PWG)在金融稳定论坛建议的基础上提出了"场外衍生品市场的政策目标":一是提升信用违约互换市场的透明度与诚信;二是强化场外衍生品的风险管理;三是加强场外衍生品市场的基础设施;四是监管机构的持续合作。在纽约联储的领导下,监管部门和金融行业在危机后加快了完善场外衍生品市场基础设施的进程。2009年9月成立了"场外衍生品监管者论坛"(OTC Derivatives Regulators' Forum, ORF),该论坛为场外衍生品市场中央对手方和交易登记机构的监管提供了国际合作框架。2007年12月,运作管理工作组(OMG)成立,作为一个高层次策略性的工作组其任务是调查与实施各类衍生产品从前台到后台所有交易流程的基础性变革。2009年,依据国际互换与衍生品协会(ISDA)发布的行业治理模型,OMG更名为运作指导委员会(OSC),其成员有14家最大的衍生品交易商、9家作为买方客户的大型投资基金,以及ISDA等3家行业协会组织。

综合来看,场外衍生品市场的改革措施主要有五方面的内容。

(一)广泛运用共同对手方清算

共同对手方(Central Counter Party, CCP)是指在结算过程中,同时作为所有买方和卖方的交收对手并保证交收顺利完成的主体,一般由结算机构充当。如果买卖中的一方不能按约定条件履约交收,结算机构也要依照结算规则向守约方先行垫付其应收的证券或资金。共同对手方清算的广泛运用使其在金融体系中的系统重要性日益突出,场外衍生工具的集中清算相对于交易所市场和现货产品也更为复杂,因此共同对手方的风险管理与监管显得非常重要。2010年5月,国际清算银行支付结算系统委员会(CPSS)和国际证监会组织技术委员会(IOSCO)专门针对场外衍生品市场的共同对手方清算发布了相关监管建议适用指引的征求意见稿,提出了共同对手方在资本、风险管理、保证金与操作管理上的标准,有关内容将成为未来各国实施监管的重要参考。

(二)提高市场透明度

市场基础设施是重要的信息来源,交易登记机构(Trade Repository, TR)是其中对交易进行集中登记的电子数据库,建立和使用交易登记机构成为提升交易透明度的重要手段,也为场外衍生品交易的结算和清算提供了支持。交易登记机构属于较新出现的市场基础设施,CPSS和IOSCO在2010年5月发布征求意见稿,指出了场外衍生品市场中的交易登记机构在设计、运作和监管中需要考虑的因素。当前提升市场透明度的工作还存在一定的困难,交易数据报告要求在某些国家面临法律障碍,公开信息披露也需要考虑保密要求和对市场流动性的负面影响。

(三)全面推进标准化

场外衍生品市场的标准化包括合约标准化、处理流程标准化和法律标准化。ISDA 的标准化文件为场外衍生品合约提供了可靠和普遍适用的法律基础。在监管机构的指导和 ISDA 的支持下,金融行业为推进标准化做了大量工作,如发布了新的关于股票衍生品的确认主协议,启动了信用衍生品的拍卖结算机制,实现了监管部门提出的电子化确认目标。提升标准化的下一步工作集中于标的资产定义,确认模板,交易后和产品周期事件的市场惯例等方面,其最终目标在于实现交易的直接处理(Straight – Through Processing, STP)。

(四)完善双边交易的抵押安排

美国国际集团(AIG)的许多交易对手正是由于没有要求足够抵押,在其出现问题后面临蒙受巨额损失的风险。ISDA 主协议及其信用支持文件所确立的抵押安排在法律上为场外衍生品的双边交易提供了一套稳健的风险管理机制, ISDA 及其成员根据监管部门的要求从 2008 年 10 月开始着手改革抵押品管理办法,主要工作集中于核对投资组合、发布完善抵押管理的路线图和建立新的抵押品争议解决机制三方面。扩大抵押的使用已成为长期趋势。

(五)实施更为严格的监管资本要求

巴塞尔银行监管委员会已着手对《巴塞尔协议Ⅱ》新资本框架进行修订。巴塞尔委员会风险管理和建模工作组(RMMG)正在研究解决与交易对手信用风险相关的问题,对场外交易提出更为严格的资本要求,扩大双边清算与集中清算的资本要求差异以促进共同对手方的使用。巴塞尔委员会交易账户工作组(TBG)也在对交易活动中的市场风险开始进行评估,衍生品合约的流动性和价格透明度将成为市场风险计量的考虑因素。详细内容参见《巴塞尔协议Ⅲ》。

三、《巴塞尔协议Ⅲ》

巴塞尔委员会是国际清算银行的正式机构,负责制定银行及其他金融机构的风险管理规则和监管标准。巴塞尔委员会本身不具有监管权力,其发布的标准和协议在法律上并没有强制效力。但由于巴塞尔委员会中的监管组织——中央银行主管和监管首脑小组(Group of Governors and Heads of Supervision,以下简称监管理事会),是由各成员国的中央银行主管和非央行监管首脑组成,所以各国通常会采取立法或制定监管规则的方式实施巴塞尔委员会制定的银行业风险管理协议。因此,巴塞尔协议成为全球最重要、应用最广泛的金融监管和风险管理标准。针对本轮波及经济层面的全球金融危机,巴塞尔委员会不断推出新的风险管理准则和计量方法,并于 2010 年 9 月形成了《巴塞尔协议Ⅲ》,成为全球金融改革的核心。《巴塞尔协议Ⅲ》明显提高了银行及其他金融机构的最低资本要求,覆盖了更全面的金融风险。

《巴塞尔协议Ⅲ》旨在从银行个体和金融系统两方面加强全球金融风险监管。在单个银行实体(微观审慎)层面,意图提高银行及其他金融机构在市场波动时期的恢复能力,使银行能够更好地抵挡经济、金融风险的压力;

在整个金融体系(宏观审慎)层面,力求减少具有潜在系统性风险的银行对整个金融业的影响,以对全球长期金融稳定和经济增长起到支持作用。

(一)《巴塞尔协议Ⅲ》在微观审慎方面的要求

微观审慎即单个银行或其他金融机构对风险的管理。在《巴塞尔协议Ⅲ》中,微观审慎方面的措施主要包括:增强资本质量、提高最低资本要求、引入非风险杠杆率和提出最低流动性标准。

1. 资本质量。在危机前,很多银行依赖存款等零售业资金进行证券或非流动性资产的融资。错误的激励机制加上不当的管理,使支撑银行风险暴露的资本质量缺乏透明性。此次《巴塞尔协议 III》着力强调能够实质性消化损失的资本在银行资本充足率中的占比,尤其是普通股的占比。首先,对普通股做了更为严格的定义,要求银行在 2014 年到 2018 年间,逐步剔除累计超过 15% 的用于金融机构、房屋抵押服务权利和递延税项资产的投资资金在普通股中的数额。其次,对非核心一级资本和二级资本做了更加严格的限定,要求银行自 2013 年起 10 年内扣清不合规资本。

2. 最低资本要求。《巴塞尔协议Ⅲ》对国际银行业最大的影响是显著提高最低资本要求,尤其是增加了一级资本中普通股的最低要求。具体为:普通股在银行风险加权资产中的最低占比由原来的 2% 提升到 4.5%,一级资本的最低占比由原来的 4% 提升到 6%(但总资本最低要求仍保持原来的 8% 不变)。《巴塞尔协议Ⅲ》的最低资本要求将从 2013 年起逐年递增,到 2015 年,银行须满足关于普通股和一级资本的最低要求。其目的是使银行实质性增强资本质量,能够更有效地消化损失。

3. 风险杠杆率。在原巴塞尔框架的基础上,《巴塞尔协议Ⅲ》引入了两个新的要求:杠杆率和流动性标准。杠杆率通俗而言即比率,在《巴塞尔协议Ⅲ》中定义为:

$$\text{非风险杠杆率} = \frac{\text{一级资本}}{\text{资产} + \text{表外风险暴露}} \tag{14.1}$$

$$\text{一级资本充足率} = \frac{\text{一级资本}}{\text{风险加权资产}} = \frac{\text{一级资本}}{\sum \text{资产} \times \text{相对应的风险权重}(\%)} \tag{14.2}$$

比较两公式,公式(14.1)中分母未经风险权重(百分比)削减,因此称之为“非风险”杠杆率。非风险杠杆率暂定最低要求是 3%。2013 年至 2016 年为非风险杠杆率的测试期,银行需从 2015 年起披露其非风险杠杆率;此项要求将在 2018 年加入到巴塞尔协议的第一支柱中。

非风险杠杆率是最低资本要求的辅助工具。首先,引入非风险杠杆率的目的是防止银行过度投机。在金融危机中,很多达到和超过最低一级资本要求的银行未能在危机中幸存。这是因为在计算一级资本占比中,未考虑表外资产。而有问题的银行交易了大量的表外产品,尤其是复杂的衍生产品,使银行在健康的资本充足率背后早已危机重重。非风险杠杆率涵盖表外资产,通过其最低比率要求可有效降低银行的杠杆倍数。其次,非风险杠杆率可回避模型风险。对于应用 VAR 模型计算资本充足率的银行,不可避免地带有由 VAR 模型和定价模型引起的模型风险,而非风险杠杆率的计算不涉及这类模型,因此无模型风险。此外,非风险杠杆率的测算可为巴塞尔委员会及各国监管部门提供银行杠杆率与经济周期的变化关系、杠杆率与基于风险的各项要求的内在关联关系。

4. 最低流动性标准。流动性枯竭是金融危机的特点之一。为最大限度地保证银行在各种可能的压力情景下有足够的优质资金维持其流动性,巴塞尔委员会在 2009 年 12 月《流动性风险计算方法、标准和监控的国际框架——征求意见稿》中,提出了两个流动性计量指标,即流动性覆盖比率(Liquidity Coverage Ratio,LCR)和净稳定资金比率(Net Stable Funding Ratio,NSFR)。

流动性覆盖比率(LCR)为高流动性资产储备与未来 30 日资金净流出量的比率,反映短期内银行持有的高流动性资产应对资金流失的能力。巴塞尔委员会尚未确定 LCR 的最低要求,但会从 2011 年开始在过渡期内测算观察,并将在 2015 年确定 LCR 的最低标准要求。此外,为保障银行资产和业务的长期运营和发展,巴塞尔委员会同时引入净稳定融资比率(NSFR)。NSFR 为可供使用的稳定资金与业务所需的稳定资金的比率,反映银行中长期的资金稳定程度。

(二)《巴塞尔协议Ⅲ》在宏观审慎方面的要求

宏观审慎即对系统性风险的管理,包括对金融业务各组成部分关联关系的研究和对产生系统性风险的银行及其他金融机构的管控等。《巴塞尔协议Ⅲ》关于宏观审慎的措施主要是引入资本留存缓冲和逆周期资本缓冲。

1. 资本留存缓冲。巴塞尔委员会认为,解决系统性风险的根本方法是在市场繁荣时期保留一部分资本作为压力时期的资本缓冲。因此监管理事会确定引入"资本存留缓冲",仅供银行在压力时期使用;其全部由普通股构成,最低标准为 2.5%。这意味着银行在满足普通股 4.5%、一级资本 6%、一级和二级资本 8% 最低要求的基础上,还要再预留 2.5% 的普通股作为资本留存缓冲,普通股在最低资本要求和资本留存缓冲的要求下总计需达到 7% 的最低标准。资本留存缓冲将自 2016 年起逐步实行,到 2019 年 1 月 1 日银行需达到 2.5% 资本留存缓冲的最低标准。

2. 逆周期资本缓冲。2008 年的次贷危机表明,信用风险的过度增长将会引致系统性风险。因此,巴塞尔委员会在 2010 年 7 月提出"逆周期资本缓冲",作为资本留存缓冲的延伸。逆周期资本缓冲将由普通股或其他高质量的资本构成,仅在信用过度增长而对系统性风险造成影响时使用。各国监管机构将根据自身情况确定不同时期的逆周期资本缓冲,其范围在 0 ~ 2.5%。如在正常市场情况下，逆周期资本缓冲设为2.5%；而当监管当局认为市场处于信用过度增长时期，可将逆周期资本缓冲从2.5%向下调整，在严重时期可调为0，以使逆周期资本缓冲能够全部用来缓解银行在危机时期的压力。逆周期资本缓冲的目的是在信用泛滥时期保护银行业免受系统性风险的威胁。

设立这两类缓冲的目的是提高整个银行业在危机中的恢复能力，并在一定程度上弱化周期性带来的影响。

四、金融危机后西方金融监管的新趋势对我国的启示①

（一）加强金融立法，完善金融监管法律体系

依法监管是监管有效性的前提和保障。严格的金融立法是银监会行使金融监管职能的法律保证，是金融监管的法律基础和必要依据，不能用行政的随意性代替法律，要使金融监管法律能支持未来金融监管的需要。

我国现行的金融监管体系主要由《中国人民银行法》《商业银行法》两部基本法律和国务院制定的金融监管行政法规以及国务院各部委、中央银行制定的部门规章，包括“规定”“办法”“通知”等文件形式。这些法律法规之间有诸多重叠、不协调甚至直接抵触的地方，银行业务管理规章之间的内容重叠更为严重，还有部分法规和规章因未及时修订已经明显过时，有的内容甚至与现行的法律相矛盾。

另一方面从世界范围来看，我国在努力构建金融分业监管体制的同时，世界各国已经从分业监管体制转向混业监管体制。在经济市场化和金融自由化的背景下，我国传统的金融分业经营方式在悄悄地向混业经营方式转变，外资金融机构大量地涌入我国，又加快了金融经营方式转轨的速度，因此改革和完善我国金融监管法律体系具有重要意义。

（二）完善监管主体制度

监管当局由银监会、证监会、保监会“三驾马车”组成，由于现代金融业的迅猛发展，各金融领域的边界越来越模糊，根本不可能做到泾渭分明，一些业务难免会出现监管交叉和监管真空。现行“分业经营、分行监管”的监管体制虽然在一定时期发挥了巨大的作用，在全球化的今天此种模式也存在相应的局限性，既不利于金融创新、不利于金融业的全面发展，也与国际上混业经营、混业监管的趋势不相适应，如保险基金进入证券市场时，保监会对流入证券市场的资金风险就无法监管。

2004年6月，虽然银监会、保监会、证监会签署了《在金融监管方面分工合作的备忘录》，明确三家机构要在工作中相互协调配合，避免监管真空和监管重复。但备忘录并不能解决三家地位平等机构之间可能产生的工作推

① 赵坤尧，闵芳. 关于金融危机后我国金融监管法律制度的完善[OL]. 中华会计网，2011-1-25

诿和相互扯皮的问题。随着国际混业趋势的发展，如何使国内金融业与国际趋势接轨，成为必须面对的问题。为了稳定和发展我国金融业，可以考虑借鉴英国和日本的做法，成立一家具有统一监管功能的国家金融管理局（以下简称金管局）。银监会、保监会、证监会仍保持相对独立的分业监管职能，在行政上统一接受金管局领导。金管局的职责对外代表国家监管部门，与中国人民银行、财政部之间建立协调机制，处理信息共享和监管职责交叉事宜。对内组织三会协调处理混业经营引起的跨行业监管中的分工合作问题，提高监管效率。

（三）建立健全我国金融监管自律机制

相对西方发达国家比较先进的监管方式而言，我国金融监管方式还处于初级阶段，主要使用行政命令式的监管、合规性监管和标准化监管。行政命令式的监管不利于发挥市场的活力，也容易滋生腐败；合规性监管是一种事后监管，经常会遇到想要"亡羊补牢"却发现为时已晚；标准化方法最大的优点在于它侧重于对风险的事前防范，通过评估金融机构的经营风险，及时和有针对性地提出监管措施，但该方法实际上是一种静态的风险监管，对当今瞬息万变的金融市场缺乏有效的风险预警能力。

我国应加大对非银行金融机构的监管，扩充监管的内容和范围，借鉴国外经验，设立对最高权力机构负责的内审机构，确立统一的审核标准，保证内审机构的独立性和权威性，以确保最高管理者关注实践中发现的任何问题，建立健全我国金融监管自律机制。

本章小结

1. 金融衍生工具的风险概括为信用风险、市场风险、流动性风险、操作风险和法律风险五大类。

2. 金融衍生工具的风险产生的原因既有内在原因又有外在原因；既有宏观层面的原因又有微观层面的原因。

3. 金融衍生工具风险的管理要从多方面着手，分层次地管理和控制这些风险。首先是金融机构内部自我监督管理；其次是交易所系统内部监管，作为衍生工具交易的组织者和市场管理者，它通过制定场内交易规则，监督市场的业务操作，保证交易在公平、公开、公正的竞争条件下进行。同时还要加强中央银行的监管和国际合作。

4. 场外金融衍生工具，各国对场外金融衍生工具的监管。

5. 金融衍生工具的国际监管组织，《巴塞尔协议Ⅲ》的主要内容，金融危机后西方金融监管的新趋势及对我国的启示。

关键术语

信用风险　市场风险　流动性风险　操作风险　法律风险　风险管理　场外金融衍生工具　巴塞尔委员会　国际清算银行　证监会国际组织

能力训练

一、选择题

1.《衍生工具风险管理指南》中金融衍生工具的风险被概括为:(　　)

A. 信用风险　　B. 市场风险

C. 流动性风险　　D. 操作风险　　E. 法律风险

2. 金融衍生工具的信用风险包括:(　　)

A. 交割前面临的风险　　B. 交割时面临的风险

C. 交割后面临的风险　　D. 市场波动面临的风险

3. 从银行看,具有金融衍生工具交易业务的银行均存在因金融衍生工具价格波动带来的市场风险,这种风险将随着交易期限的延长而(　　)

A. 增长　　B. 减少　　C. 不变　　D. 增长或减少

4. 流动性风险包括:(　　)

A. 市场流动风险　　B. 公司流动风险

C. 资金流动风险　　D. 货币流动风险

5. 操作风险的主要表现形式有:(　　)

A. 越权交易　　B. 误导客户

C. 主体不合法　　D. 进行私下对冲

6. 在金融衍生工具交易中,因做业务而发生的亏损,多半源自于(　　)

A. 交易不当　　B. 经营不善

C. 法律缺陷　　D. 规章制度

7. 金融衍生工具的交易多采用(　　)

A. 现金交易　　B. 保证金交易

C. 实物交易　　D. 现货交易

8. 通常按客户要求设计的金融衍生工具(　　)

A. 易于在市场转让　　B. 难以在市场转让

C. 流动性风险大　　D. 流动性风险小

9. 金融衍生工具风险产生的宏观条件是:(　　)

A. 金融自由化　　B. 银行业务的表外化

C. 金融技术的现代化　　D. 金融市场的全球化

10. (　　)是衍生品交易的组织者和市场管理者

A. 金融机构　　B. 交易所

C. 中央银行　　　　　　　　　　D. 国际监管

二、思考题

1. 金融衍生工具的风险有哪些?

2. 金融衍生工具风险产生的原因是什么?

3. 如何防范金融衍生工具风险?

4. 用国内外衍生工具风险案例说明风险管理的重要性。

5. 国际上的金融衍生工具监管机构主要有哪几个?

参考文献与网站链接

1. 阿尔弗雷德·施泰因赫尔. 金融衍生品的发展与监管[M]. 陈晗等译. 上海:上海远东出版社,2003.

2. 艾伦·加特. 管制、放松与重新监管[M]. 陈雨露等译. 北京:经济科学出版社,1999.

3. 李一智. 期货与期权教程[M]. 北京:清华大学出版社,2003.

4. 陈建华. 金融监管有效性研究[M]. 北京:中国金融出版社,2002.

5. 高盛公司、瑞银华宝. 风险管理实务[M]. 寇日明,陈雨露等译. 北京:中国金融出版社,2000.

6. 国际货币基金组织. 国际金融监管前沿问题[M]. 刘仁伍,吴竞择等译. 北京:中国金融出版社,2002.

7. 唐寿宁. 风险、不确定性与秩序,奥尔多投资评论[M]. 北京:中国财政经济出版社,2001.

8. 周英. 金融监管论[M]. 北京:中国金融出版社,2002.

9. 宋清华,李志辉. 金融风险管理[M]. 北京:中国金融出版社,2003.

10. 安东尼·桑德斯. 信用风险度量[M]. 刘宇飞译. 北京:机械工业出版社,2001.

11. 冉华. 衍生品市场对经济增长的作用[M]. 北京:中国金融出版社,2006.

12. 路透. 金融衍生工具导论[M]. 北京:北京大学出版社,2001.

13. Don M. Chance. 衍生金融工具与风险管理[M]. 郑磊译. 北京:中信出版社,2004.

14. 郑振龙. 衍生产品[M]. 武汉:武汉大学出版社,2005.

15. 约翰·赫尔. 期权、期货和其他衍生产品[M]. 北京:清华大学出版社,2006.

16. 中国证券业监督委员会网站 http://www.csrc.gov.cn

17. 中国银行业监督委员会网站 http://www.cbrc.gov.cn

参考文献

1. 江秀平. 金融衍生品基础知识[M]. 北京:中国物价出版社,2001.

2. 叶永刚. 衍生金融工具概论[M]. 武汉:武汉大学出版社,2000.

3. 郑振龙. 金融工程[M]. 北京:高等教育出版社,2003.

4. 冉华. 衍生品市场对经济增长的作用[M]. 北京:中国金融出版社,2006.

5. Andrew Kasapi. 信用衍生工具[M]. 于研译. 上海:上海财经大学出版社,2002.

6. 阿尔弗雷德・施泰因赫尔. 金融衍生品的发展与监管[M]. 陈晗等译. 上海:上海远东出版社,2003.

7. 约翰・赫尔. 期权、期货和其他衍生产品[M]. 张陶伟译. 北京:华夏出版社,2000.

8. 田国强. 现代经济学与金融学前沿发展[M]. 北京:商务印书馆,2002.

9. 周立. 金融工程与风险管理[M]. 北京:中国金融出版社,2001.

10. 斯科特・梅森等. 金融工程案例[M]. 胡维熊译. 大连:东北财经大学出版社,2003.

11. 周洛华. 金融工程学[M]. 上海:上海财经大学出版社,2004.

12. 朱利安・沃姆斯利. 新金融工具[M]. 北京:中国人民大学出版社,2003.

13. 宋清华、李志辉. 金融风险管理[M]. 北京:中国金融出版社,2003.

14. 陈工孟、吴文峰、朱云. 金融工程[M]. 北京:清华大学出版社,2003.

15. 李一智. 期货与期权教程[M]. 清华大学出版社,2003.

16. 黄海沧. 期货交易精要及案例[M]. 杭州:浙江大学出版社,2005.

17. 申觅. 外汇期货投资[M]. 广州:暨南大学出版社,2004.

18. 杨丹. 股指期货投资[M]. 广州:暨南大学出版社,2004.

19. 陈洪辉. 利率期货投资[M]. 广州:暨南大学出版社,2004.

20. 陈信华. 金融衍生工具——定价原理、运作机制及实际运用[M]. 上海:上海财经大学出版社,2006.

21. 朱国华、褚玦海. 期货投资学——理论与实务[M]. 上海:上海财经大学出版社,2006.

22. 叶永刚. 衍生金融工具[M]. 北京:中国金融出版社,2004.

23. 郑振龙. 衍生产品[M]. 武汉:武汉大学出版社,2005.

24. 路透. 金融衍生工具导论[M]. 北京:北京大学出版社,2001.

25. 罗伯特・A. 斯特朗. 衍生产品概论[M]. 王振山等译. 大连:东北财经大学出版社, 2005.

26. 朱国华、褚玦海. 期货市场学——理论与实务[M]. 上海:上海财经大学出版社,2004.

27. 杨锁柱、王晋生. 期货理论与实务[M]. 北京:经济科学出版社,2005.

28. 欧阳良宜. 期权期货市场理论与操作[M]. 北京:中国发展出版社,2006.

29. 欧洲期货交易所. 欧洲期货交易所——股票和股指衍生产品交易策略习题与

案例[M].北京:中信出版社,2007.

30.李强.论套期保值与期货转现货得关系[OL].国务院发展研究中心信息网.2003-7.

31.Don M. Chance.衍生金融工具与风险管理[M].郑磊译.北京:中信出版社,2004.

32.理查德·J.特维莱斯,弗兰克·J.琼斯.期货交易实用指南(第三版)[M].周刚,王化斌译.北京:经济科学出版社,2000.

33.John C. Hull.期权、期货和其他衍生产品(第三版).张陶伟译.华夏出版社,1999.

34.John C. Hull.期货与期权市场导论[M].周春生、付佳译.北京大学出版社,2006.

35.Max G. Ansbacher.新型期权市场[M].郑磊译.北京:中信出版社,2002.

36.芝加哥期权交易所期权学院.期权——基本概念与交易策略[M].郭晓利、郑学勤译.北京:中国财政经济出版社,2006.

37.王勇等.中国商业银行金融工具配置[M].武汉:武汉大学出版社,2002.

38.John F. Marshall.金融工程词典[M].任旭川、李蕊等译.北京:机械工业出版社,2003.

39.张东祥.中国外汇市场金融工具配置[M].武汉:武汉大学出版社,2002.

40.王莹.浅谈气候衍生品在我国的开发及应用[J].上海金融,2006(8).

41.Warren Edwardes.核心金融工具——在衍生品世界中领悟和创新[M].夏潆焱等译.成都:西南财经大学出版社,2005.

42.Robert Tompkins.解读期权[M].陈送生等译.北京:经济管理出版社,2004.

43.Johnathan Mun.实物期权分析.邱雅丽译.北京:中国人民大学出版社,2006.

44.Martha Amram,Nalin Kulatilaka.实物期权——不确定性环境下的战略投资管理[M].张维等译.北京:机械工业出版社,2001.

45.马柯维茨.资产组合选择和资本市场的均值——方差分析[M].上海:上海三联书店,上海人民出版社,1999.

46.唐旭.金融理论前沿课题[M].北京:中国金融出版社,2003.

47.汪同三.数量经济学前沿[M].北京:社会科学文献出版社,2001.

48.Darrel Duffie. Dynamic Asset Pricing Theory [M]. Princeton University Press,2001.

49.Robert W. Kolb. Futures,Options & Swaps,3th edition[M]. Blackwell Publishing,1999.

50.陈松易.金融工程学[M].上海:复旦大学出版社,2002.

51.吴冲锋、王海成、吴文锋.金融工程研究[M].上海:上海交通大学出版社,2000.

52.宋逢明.金融工程原理[M].北京:清华大学出版社,1999.

53.伊斯雷尔·尼尔肯.实用信用衍生产品[M].张云峰等译.北京:机械工业出版社,2002.

54.迪米特里·N.克拉克.信用衍生产品和风险管理[M].綦相译.北京:机械工

业出版社,2002.

55. 迪迪埃·克森,于格·皮罗特. 高级信用风险分析[M]. 殷剑峰等译. 北京:机械工业出版社,2005.

56. 盛刻索. 信用衍生产品在信用风险管理中的应用[J]. 天津大学学报,2005(5).

57. 方蔚华. 信用风险管理方法综述[J]. 长沙大学学报,2006(1).

58. 王仁祥、喻平. 金融风险管理[M]. 武汉:武汉理工大学出版社,2004.

59. 侯慧君. 我国金融信用的缺失与监管问题研究[J]. 上海金融,2005(8).

60. 郑振龙、陈森鑫. 信用风险度量模型评述. 信用理论与信用风险防范. 北京:中国金融出版社,2003.

61. 艾伦·加特. 管制、放松与重新监管[M]. 陈雨露等译. 北京:经济科学出版社,1999.

62. 陈建华. 金融监管有效性研究[M]. 北京:中国金融出版社,2002.

63. 高盛公司、瑞银华宝. 风险管理实务[M]. 寇日明、陈雨露等译. 北京:中国金融出版社,2000.

64. 国际货币基金组织. 国际金融监管前沿问题[M]. 刘仁伍、吴竞择等译. 北京:中国金融出版社,2002.

65. 唐寿宁. 风险、不确定性与秩序[M]——奥尔多投资评论. 北京:中国财政经济出版社,2001.

66. 周英. 金融监管论[M]. 中国金融出版社,2002.

67. 安东尼·桑德斯, 信用风险度量[M]. 刘宇飞译. 北京: 机械工业出版社,2001.

68. 陈威光. 新金融商品个案集 I [M]. 北京:中国人民大学出版社,2006.

69. 吴冲锋等. 金融工程学[M]. 北京:高等教育出版社,2005.

参考网站

1. 国际互换与衍生品协会网站,http://www. isda. org/
2. 中国金融期货交易所网站,http://www. cffex. com. cn/
3. 国际期货行业协会网站,http://www. futureindustry. org
4. 上海证券交易所 www. shfe. com. cn
5. 芝加哥证券交易所 www. cbot. com
6. 新浪财经频道 finance. sina. com. cn
7. 纽约证券交易所 www. nyse. com/
8. 欧洲证券交易所网址: www. euronext. com/
9. 中金在线 www. cnfol. com/
10. 华尔街日报 www. wsj. com
11. 全景网 www. p5w. net
12. 芝加哥商业交易所 www. cme. com

13. 搜狐:http://it. sohu. com
14. 雅虎财经频道:http://cn. finance. yahoo. com
15. 中国证监会:www. csrc. gov. cn
16. 中国期权网:http://www. chinaoptions. cn/
17. www. stockpoint. com
18. www. smartmoney. com
19. 国际清算银行网站:http://www. bis. org/
20. 国际互换与衍生品协会网站:http://www. isda. org/
21. 中国银行业监督委员会网站:http://www. cbrc. gov. cn
22. 期权天下:www. optionsky. com
23. www. esignal. com